Reputation und Reiseentscheidung im Internet

Von der Fakultät Wirtschaftswissenschaften der Leuphana Universität Lüneburg zur Erlangung des Grades Doktor der Wirtschafts- und Sozialwissenschaften (Dr. rer. pol.) genehmigte Dissertation

von

Eric Marc Oliver Horster

geb. 13.11.1976 in Hannover

Eingereicht am: 18.07.2012

Mündliche Prüfung am: 14.09.2012

Erstgutachter: Prof. Dr. Kreilkamp
Zweitgutachterin: Prof. Dr. Weisenfeld

Prüfungsausschuss:
Prof. Dr. Kreilkamp (Vorsitz)
Prof. Dr. Weisenfeld
Prof. Dr. Bekmeier-Feuerhahn

Erschienen unter dem Titel: Reputation und Reiseentscheidung im Internet
Untertitel: Grundlagen, Messung und Praxis

Druckjahr: 2013

Im Verlag: Springer Gabler Verlag

Reihe: Entrepreneurial Management und Standortentwicklung. Herausgegeben von: Edgar Kreilkamp, Christian Laesser, Harald Pechlaner und Karl Wöber.

Entrepreneurial Management und Standortentwicklung

Perspektiven für Unternehmen und Destinationen

Herausgegeben von
E. Kreilkamp, Lüneburg, Deutschland
Ch. Laesser, St. Gallen, Schweiz
H. Pechlaner, Eichstätt-Ingolstadt, Deutschland
K. Wöber, Wien, Österreich

Die Publikationen der Reihe behandeln die unternehmerische Orientierung des Managements von Unternehmen und Standorten. Regionen, Destinationen und Standorte stellen hierbei sowohl Wettbewerbseinheiten als auch den räumlichen Kontext für die Gestaltung der Wettbewerbsfähigkeit der Unternehmungen dar.

Herausgegeben von

Prof. Dr. Edgar Kreilkamp
Leuphana Universität Lüneburg

Prof. Dr. Christian Laesser
Universität St. Gallen

Prof. Dr. Harald Pechlaner
Katholische Universität
Eichstätt-Ingolstadt

Prof. Dr. Karl Wöber
MODUL University Vienna

Eric Horster

Reputation und Reiseentscheidung im Internet

Grundlagen, Messung und Praxis

Springer Gabler

Eric Horster
Fachhochschule Westküste
Heide, Deutschland

Dissertation Leuphana Universität Lüneburg, 2012

ISBN 978-3-658-00610-5   ISBN 978-3-658-00611-2 (eBook)
DOI 10.1007/978-3-658-00611-2

Die Deutsche Nationalbibliothek verzeichnet diese Publikation in der Deutschen Nationalbibliografie; detaillierte bibliografische Daten sind im Internet über http://dnb.d-nb.de abrufbar.

Springer Gabler
© Springer Fachmedien Wiesbaden 2013
Das Werk einschließlich aller seiner Teile ist urheberrechtlich geschützt. Jede Verwertung, die nicht ausdrücklich vom Urheberrechtsgesetz zugelassen ist, bedarf der vorherigen Zustimmung des Verlags. Das gilt insbesondere für Vervielfältigungen, Bearbeitungen, Übersetzungen, Mikroverfilmungen und die Einspeicherung und Verarbeitung in elektronischen Systemen.

Die Wiedergabe von Gebrauchsnamen, Handelsnamen, Warenbezeichnungen usw. in diesem Werk berechtigt auch ohne besondere Kennzeichnung nicht zu der Annahme, dass solche Namen im Sinne der Warenzeichen- und Markenschutz-Gesetzgebung als frei zu betrachten wären und daher von jedermann benutzt werden dürften.

Gedruckt auf säurefreiem und chlorfrei gebleichtem Papier

Springer Gabler ist eine Marke von Springer DE. Springer DE ist Teil der Fachverlagsgruppe Springer Science+Business Media.
www.springer-gabler.de

Geleitwort

Im Tourismus spielen Informations- und Kommunikationstechnologien eine entscheidende Rolle. Über ein Drittel der Deutschen geben an, schon einmal eine Reise im Internet gebucht zu haben. Darüber hinaus hat in den vergangenen Jahren die Relevanz der Kundenkommunikation und insbesondere Kundenbewertungen kontinuierlich zugenommen. Entsprechend große Bedeutung hat die Reputation der Anbieter. Fand der Austausch über Urlaubsreisen in der Vergangenheit vor allem in der persönlichen Kommunikation statt, so wird sie heute im Internet weitgehend offen geführt und verbreitet. Sie ist vor allem das Resultat von Interaktionsprozessen in sozialen Netzwerken. Entsprechend sehen sich touristische Akteure zunehmend mit der Herausforderung konfrontiert, die kundenseitigen Kommunikationsprozesse zu beobachten und zu lenken. Voraussetzung für eine Implementierung derartiger Steuerungsprozesse ist das Wissen darüber, wie die eigene Reputation im Netz ist und aus welchen Elementen sich Reputation zusammensetzt.

Dieser Fragestellung widmet sich die Arbeit von Herrn Horster. Ziel der Arbeit ist es, ein umfassendes Messinstrument bereit zu stellen, das die Komplexität des Reputationskonstrukts abbildet und dieses auf den Reiseentscheidungsprozess im Internet zu beziehen. Die Messung wird dadurch erschwert, dass Reputation Gegenstand verschiedener Wissenschaftsdisziplinen ist, zwischen denen erhebliche Uneinigkeit herrscht. Herr Horster diskutiert innerhalb seines theoretischen Bezugsrahmens Ansätze der Neuen Institutionenökonomie sowie der Verhaltenswissenschaften. Er bezieht diese Aspekte auf das Thema seiner Arbeit und veranschaulicht präzise die Bedeutung des theoretischen Rahmens für die anschließende Modellbildung, welche den Kern der Arbeit betrifft. Als Basis der Modellierung dienen ihm neben den vorangegangenen theoretischen Ausführungen Modelle der Kaufentscheidung sowie Ansätze der Reputationsmessung. Er geht dabei auf die wichtigsten und aktuellsten Untersuchungen ein und diskutiert deren Bedeutung für die Entwicklung eines eigenen Modells. Herr Horster geht dabei sehr systematisch vor, wägt die einzelnen Ansätze ab und begründet differenziert seinen eigenen Ansatz. Auf dieser Basis gelingt ihm dann auch die Ableitung eigener Hypothesen, die er sodann zu einem Strukturgleichungsmodell zusammenführt. Dabei differenziert er deutlich zwischen Kommunikations- und Handlungsebene sowie zwischen den Hypothesen zur grundsätzlichen Erklärung des Strukturzusammenhangs und moderierenden wie mediierenden Effekten. Insgesamt sind die Ableitungen schlüssig, gut begründet und zeigen die hohe methodische Kompetenz von Herrn Horster.

Der Modellierung schließt sich die Beschreibung der methodischen Vorgehensweise an. Sehr differenziert ist hierbei die Operationalisierung der einzelnen Variablen, wobei ein Bezug auf viele vergleichbare Untersuchungen erfolgt und die Aspekte jeweils sehr sorgfältig abgewogen werden. Auch die Durchführung der eigenen quantitativen empirischen Untersuchung ist umfassend und klar. Die Ergebnisse bestätigen dabei die Qualität der Indikatoren in Bezug auf ihre Konstrukte. Nach der Beurteilung und Modifizierung der Messmodelle geht Herr Horster dann differenziert auf die Bewertung der Strukturebenen ein und stellt diese sehr übersichtlich dar.

Im Anschluss an die theoretischen und empirischen Ausführungen erfolgt der Bezug auf die Praxis. Herr Horster klärt dabei zunächst, wie das Management von Reputation umgesetzt werden kann und auf welche Stakeholder er sich bezieht. Basis des Praxisbezugs sind drei verschiedene Anbieter, welche auch Gegenstand der empirischen Untersuchung waren: Das erste Deutsche Kartoffelhotel steht dabei als Repräsentant für die Hotellerie. Das Nordseeheilbad Cuxhaven vertritt die Destination. Schließlich wurde die Reputation von Bewertungsportalen am Beispiel von HolidayCheck untersucht.

Durch die vielen praktischen Beispiele gelingt es an dieser Stelle die Bedeutung des Themas für die touristische Praxis heute und in Zukunft deutlich herauszuarbeiten. Abschließend erfolgt eine Schlussbetrachtung unterteilt nach einer Beurteilung der theoretischen Erkenntnisse, des methodischen Vorgehens und der Beurteilung der Ergebnisse für die Praxis. Die Wirkungen werden dabei gut strukturiert und übersichtlich dargestellt und deren Relevanz sowohl für die Tourismusforschung als auch für die touristische Praxis kritisch hinterfragt. Zusammenfassend schafft das entwickelte Modell eine Grundlage für Wissenschaft und Praxis gleichermaßen. Es erweitert das Verständnis von Reputation und zeigt gleichzeitig die Relevanz für die Reiseentscheidung auf.

Insgesamt hat Herr Horster eine hervorragende Arbeit geschrieben. Sie ist nicht nur in der theoretischen und methodischen Vorgehensweise einwandfrei, sondern sie zeigt auch deutlich die enorme Bedeutung des Themas „Reputation" für die Praxis und gibt entsprechende Handlungsempfehlungen. Herrn Horster ist es gelungen, sowohl wissenschaftlich einen Fortschritt zu erzielen als auch Hinweise für Unternehmen und Destinationen abzuleiten.

Die Arbeit ist damit Pflichtlektüre für alle Führungskräfte im Tourismus, denn sie beschreibt und analysiert einen der wichtigsten Aspekte für die Kommunikation im Internet, die Reputation. Herr Horster konnte nachweisen, dass die Reputation die Reiseentscheidung der Kunden entscheidend positiv beeinflussen kann. Im Einzelnen wurde bestätigt, dass Reputation einen wesentlichen Einfluss auf die Bildung von Vertrauen in einen Anbieter besitzt. Aber auch der Einfluss auf die Kauf- und Weiterempfehlungsabsicht ist deutlich, womit gleichzeitig bestätigt wird, dass nicht nur die Kaufentscheidung selbst positiv durch die Reputation beeinflusst wird, sondern auch die Motivation, anderen von der Qualität eines Anbieters zu berichten. Dozenten und Studierenden liefert das Buch einen fundierten Beitrag für die Behandlung des in der Arbeit behandelten Themenfeldes und Wissenschaftlern eine exzellente Grundlage für weiterführende Forschungen.

Lüneburg, im April 2013   Prof. Dr. Edgar Kreilkamp

Vorwort

Das Internet bedeutet einen Umbruch traditioneller Kommunikationsformen. Dieser Umbruch wirkt sich auch auf Reiseentscheidungen im Internet sehr massiv aus. Durch Bewertungsportale wie HolidayCheck lassen sich Kunden durch die Meinungen von anderen in ihrer Kaufentscheidung beeinflussen. So determiniert das Internet zusehends das öffentliche Meinungsbild. Die kaufentscheidenden Informationen im Internet sind daher immer weniger Anbieterinformationen, sondern vielmehr Erfahrungsberichte anderer Kunden. Durch diesen kundenseitigen Austausch entsteht die Reputation touristischer Unternehmen. Für die Tourismuswirtschaft wird die Steuerung dieser Kommunikationsprozesse daher zum strategischen Faktor.

Um eine solche Steuerung erfolgreich zu gestalten, bedarf es eines Verständnisses davon, durch welche Komponenten eine positive Reputation bestimmt wird und welche Auswirkungen diese auf die Reiseentscheidung hat. Diesen Zusammenhängen widmet sich die vorliegende Arbeit unter Rückgriff auf die Neue Institutionenökonomik sowie verhaltenswissenschaftliche Ansätze. Auf dieser Basis wird ein Strukturgleichungsmodell entwickelt, das mithilfe einer PLS-Pfadanalyse beurteilt wird. Die empirischen Befunde sowie praktische Beispiele des digitalen Reputationsmanagements sind Ausgangspunkt für die wissenschaftlichen und praktischen Implikationen. Die Arbeit gibt abschließend einen Ausblick auf weiteren Forschungsbedarf.

Bremen, im April 2013   Eric Horster

Danksagung

Diese Arbeit wurde von mehreren Seiten gefördert. Zu nennen ist hierbei zuerst die finanzielle Förderung durch ein Promotionsstipendium der **Teilmaßnahme 1.4 Graduate School des Innovations-Inkubators Lüneburg**. Bei der Durchführung meiner empirischen Studie erhielt ich wertvolle Unterstützung von der **eResult GmbH**. Für eine Pilotstudie stellten sich das **1. Deutsche Kartoffelhotel**, die **CUX-Tourismus GmbH** sowie die **Nordseeheilbad Cuxhaven GmbH** zur Verfügung. Die Korrekturarbeiten übernahm die **knoefler-journalist . media + communications GmbH**. Die Druckkosten wurden großzügig von **PROJECT M**, der **Fachhochschule Westküste** sowie der **Leuphana Universität Lüneburg** gesponsert.

Im Verlauf des Erstellungsprozesses dieser Arbeit erhielt ich von vielen Seiten Unterstützung. Ich möchte mich hierfür bei den folgenden Personen bedanken. Florian Bauhuber, Prof. Dr. Sigrid Bekmeier-Feuerhahn, Eva Breitenstein, Prof. Dr. Sabine Einwiller, Prof. Dr. Bernd Eisenstein, Britta Göhrisch-Radmacher, Prof. Dr. Detlef Horster, Uschi Horster, Benjamin Knöfler, Prof. Dr. Edgar Kreilkamp, Prof. Dr. Christian Laesser, Elske Ludewig, Prof. Dr. Jörg Henseler, Ansgar Jahns, Cornelius Obier, Prof. Dr. Harald Pechlaner, Prof. Dr. Marko Sarstedt, Hanne-Katrin Schade, Wolf-Dieter Schink, Günter Schroeder, Dr. Brigitte Stangl, Olaf Stehr, Dr. Petra Trimborn, Prof. Dr. Gianfranco Walsh, Prof. Dr. Ursula Weisenfeld, Thorsten Wilhelm, Prof. Dr. Karl Wöber, Werner Wosniok und Prof. Dr. Anita Zehrer.

Inhaltsübersicht

Inhaltsverzeichnis .... *XI*

Abbildungsverzeichnis .... *XVII*

Tabellenverzeichnis .... *XIX*

Abkürzungsverzeichnis .... *XXIII*

1. Einleitung 1
2. Einordnung der Arbeit in das Themengebiet 9
3. Theoretischer Bezugsrahmen 29
4. Modellierung 69
5. Methodisches Vorgehen 97
6. Beurteilungskriterien der PLS-Pfadmodellierung 149
7. Ergebnisse der empirischen Erhebung 167
8. Praxisbeispiele 197
9. Implikationen und Schlussbetrachtung 233

Literaturverzeichnis *249*
Anhang *265*

Inhaltsverzeichnis

Abbildungsverzeichnis XVII

Tabellenverzeichnis XIX

Abkürzungsverzeichnis XXIII

1. Einleitung 1
   1.1 Problemstellung 1
   1.2 Ziele der Arbeit 2
   1.3 Aufbau der Arbeit 4
2. Einordnung der Arbeit in das Themengebiet 9
   2.1 Reputation 9
      2.1.1 Grundlagen des Reputationsbegriffs 9
      2.1.2 Abgrenzung der Reputation von sachverwandten Konstrukten 11
   2.2 Relevanz der Reputation bei der Reiseentscheidung 12
   2.3 Relevanz der Reputation bei der touristischen Leistung 16
   2.4 Relevanz der Reputation im Internet 20
   2.5 Zusammenfassende Betrachtung 25
3. Theoretischer Bezugsrahmen 29
   3.1 Konzeptionelle Vorüberlegung 29
   3.2 Neue Institutionenökonomik 30
      3.2.1 Transaktionskostentheorie 31
      3.2.2 Prinzipal-Agenten-Theorie 35
      3.2.3 Informationsökonomik 38
      3.2.4 Zusammenfassende Betrachtung 42
   3.3 Verhaltenswissenschaften 47
      3.3.1 Kognitive Prozesse 48
         3.3.1.1 Gedächtnis 48
         3.3.1.2 Wahrnehmung 49

3.3.1.3	Lernen	51
3.3.2	Aktivierende Prozesse	54
3.3.2.1	Emotionen	54
3.3.2.2	Motivation	55
3.3.2.3	Einstellung	57
3.3.3	Übergeordnete verhaltenswissenschaftliche Prozesse	60
3.3.3.1	Wahrgenommenes Risiko	60
3.3.3.2	Involvement	62
3.4	Zusammenfassende Betrachtung	64
4.	Modellierung	69
4.1	Modelle der Konsumentenforschung	69
4.1.1	Struktur von Kaufentscheidungsmodellen	70
4.1.2	Prozess von Kaufentscheidungsmodellen	72
4.1.3	Kaufentscheidungsmodelle im Tourismus	75
4.2	Voraussetzungen für die Modellierung	77
4.3	Reputationsmessung	78
4.3.1	Reputationsrankings durch Fachzeitschriften	79
4.3.2	Der Ansatz vom Reputation Institute	80
4.3.3	Der Ansatz von Schwaiger	82
4.3.4	Der Ansatz von Helm	83
4.3.5	Der Ansatz von Walsh und Beatty	84
4.3.6	Der Ansatz von Eberl	85
4.4	Zusammenführung der Messansätze und Hypothesen	86
4.4.1	Determinanten der Anbieterreputation	89
4.4.2	Auswirkungen einer positiven Reputation	91
4.4.3	Mediierende und moderierende Aspekte	93
4.4.4	Zusammenführung der Hypothesen	95

5. Methodisches Vorgehen ... 97
5.1 Grundlagen der Messtheorie ... 97
5.2 Auswahl der Methode ... 99
5.2.1 Aufbau von Strukturgleichungsmodellen ... 100
5.2.2 Messung von Strukturgleichungsmodellen ... 101
5.3 Die PLS-Pfadmodellierung ... 104
5.4 Arten der Konstruktspezifikation ... 106
5.5 Methodischer Ablauf bei der PLS-Pfadmodellierung ... 109
5.6 Methodischer Ablauf der Untersuchung ... 111
5.6.1 Literaturanalyse ... 111
5.6.2 Expertenworkshop ... 112
5.6.3 Pretest ... 112
5.6.4 Indikatorenzuordnungsaufgabe ... 114
5.7 Operationalisierung der Konstrukte ... 116
5.7.1 Glaubwürdigkeit ... 117
5.7.2 Kompetenzvermutung ... 119
5.7.3 Sympathie ... 121
5.7.4 Anbieterreputation ... 123
5.7.5 Vertrauen in den Anbieter ... 126
5.7.6 Kundeninvolvement ... 128
5.7.7 Einstellung zum Anbieter ... 130
5.7.8 Kauf- und Weiterempfehlungsabsicht ... 132
5.8 Spezifikation der Konstrukte ... 135
5.9 Untersuchungsrahmen ... 136
5.9.1 Untersuchungsablauf ... 137
5.9.2 Antwortskala ... 139
5.9.3 Untersuchungsgegenstand ... 140
5.9.4 Auswahl der Untersuchungsstimuli ... 141
5.9.5 Untersuchungssubjekte ... 143

6. Beurteilungskriterien der PLS-Pfadmodellierung 149
   6.1 Reliabilität und Validität bei der PLS-Pfadmodellierung 149
   6.2 Gütemaße reflektiver Messmodelle 151
   6.3 Gütemaße formativer Messmodelle 153
   6.4 Gütemaße des Strukturmodells 157
   6.5 Interaktionseffekte 159
      6.5.1 Moderierende Effekte in Strukturgleichungsmodellen 160
      6.5.2 Mediierende Effekte in Strukturgleichungsmodellen 163

7. Ergebnisse der empirischen Erhebung 167
   7.1 Reflektive Messmodelle 168
   7.2 Formative Messmodelle 171
   7.3 Beurteilung des Strukturmodells 176
      7.3.1 Direkte Effekte 178
      7.3.2 Mediatoreffekte 182
      7.3.3 Moderatoreffekte 184
         7.3.3.1 Erfahrung mit dem Anbieter als Moderator 184
         7.3.3.2 Stimulusumgebung als Moderator 187
         7.3.3.3 Kundeninvolvement als Moderator 189
      7.3.4 Gesamtbeurteilung des Strukturmodells 193

8. Praxisbeispiele 197
   8.1 Reputationsmanagement in der Praxis 197
   8.2 Reputationsmanagement bei Destinationen 199
      8.2.1 Interpersonelle Kommunikation mit Einheimischen 200
      8.2.2 Interpersonelle Kommunikation der Kunden 203
      8.2.3 Interpersonelle Kommunikation durch Meinungsführer 206
      8.2.4 Interpersonelle Kommunikation mit dem Anbieter 208
   8.3 Reputationsmanagement in der Hotellerie 211
      8.3.1 Interpersonelle Kommunikation mit Einheimischen 212
      8.3.2 Interpersonelle Kommunikation der Kunden 213

8.3.3	Interpersonelle Kommunikation durch Meinungsführer	217
8.3.4	Interpersonelle Kommunikation mit dem Anbieter	219
8.4	Reputationsmanagement der Bewertungsportale	223
8.4.1	Interpersonelle Kommunikation mit Einheimischen	223
8.4.2	Interpersonelle Kommunikation der Kunden	224
8.4.3	Interpersonelle Kommunikation durch Meinungsführer	226
8.4.4	Interpersonelle Kommunikation mit dem Anbieter	228
8.5	Zusammenfassende Betrachtung	229
9.	Implikationen und Schlussbetrachtung	233
9.1	Handlungsoptionen für die Untersuchungsobjekte	233
9.1.1	Handlungsoptionen für das Kartoffelhotel	234
9.1.2	Handlungsoptionen für Cuxhaven	236
9.1.3	Handlungsoptionen für HolidayCheck	238
9.2	Schlussbetrachtung	240
9.2.1	Beurteilung der theoretischen Erkenntnisse	240
9.2.2	Beurteilung des methodischen Vorgehens	242
9.2.3	Beurteilung der Erkenntnisse für die Praxis	246
9.3	Fazit	247

Literaturverzeichnis ... 249

Anhang ... 265

Abbildungsverzeichnis

Abbildung 1: Aufbau der Arbeit ... 7

Abbildung 2: Arten der Kaufentscheidung ... 13

Abbildung 3: Immaterialitätsgrad von Leistungen ... 18

Abbildung 4: Der Online-Kommunikationsprozess über das Internet ... 21

Abbildung 5: Zentrale Erkenntnisse der thematischen Grundlagen ... 28

Abbildung 6: Informationsasymmetrien und Agency-Probleme ... 37

Abbildung 7: Informationsökonomische Einordnung der Urlaubsreise ... 39

Abbildung 8: Reputation im Kontext der Neuen Institutionenökonomik ... 46

Abbildung 9: Theorie des geplanten Verhaltens ... 58

Abbildung 10: Modell der Involvementwirkungen ... 63

Abbildung 11: Reputation im Kontext der Verhaltenswissenschaften ... 67

Abbildung 12 S-O-R-Paradigma ... 71

Abbildung 13: Fünf-Phasen-Modell des Kaufprozesses ... 72

Abbildung 14: Die Customer Journey im Tourismus ... 74

Abbildung 15: OASIS-Modell nach Schmücker ... 76

Abbildung 16: Das RepTrak-Modell ... 81

Abbildung 17: Reputationsmodell nach Schwaiger ... 82

Abbildung 18: Reputations- und Kaufentscheidungsmodell nach Eberl ... 85

Abbildung 19: Kommunikations- und Inhaltsebene der Reputation ... 88

Abbildung 20: Strukturgleichungsmodell der Untersuchungshypothesen ... 95

Abbildung 21: Moderierender Effekt des Kundeninvolvement ... 96

Abbildung 22: Sprachebenen in der empirischen Forschung ... 98

Abbildung 23: Aufbau eines Strukturgleichungsmodells ... 100

Abbildung 24: Ablauf des PLS-Schätzalgorithmus ... 105

Abbildung 25: Reflektive und formative Messphilosophie ... 106

Abbildung 26: Methodischer Ablauf der Untersuchung ... 115

Abbildung 27: Beispiel für einen Stimulus beim Kartoffelhotel ... 138

Abbildung 28: Beispielansicht eines Schiebereglers 139

Abbildung 29: Evaluierung von PLS-Modellschätzungen 150

Abbildung 30: Direkter-, Moderator- und Mediatoreffekt im Vergleich 160

Abbildung 31 Interaktionsterme in Strukturgleichungsmodellen 161

Abbildung 32: Mediatormodell 164

Abbildung 33: Zwei-Konstrukt-Modell mit Phantomvariable 176

Abbildung 34: Pfadkoeffizienten im aggregierten Strukturmodell 180

Abbildung 35: Moderierender Einfluss des Kundeninvolvements 189

Abbildung 36: Interpersonelle Kommunikation im Internet 198

Abbildung 37: Islands Präsident bei der Ansprache zur Aktion „offene Türen" 202

Abbildung 38: Internetseite von EpicMix mit Auswahloptionen 205

Abbildung 39: Markenbotschafter mit Themenbezug (Beispiel „3 im Web") 207

Abbildung 40: Digitale Gästeinformation von Bad Hindelang 209

Abbildung 41: Hinweis vor Ort, das Prizeotel zu bewerten 214

Abbildung 42: Das hoteleigene soziale Netzwerk „Lobby Friend" 215

Abbildung 43: Anschreiben nach Foursquare Check-in im Hotel Berlin, Berlin 218

Abbildung 44: iFeedback im Hotel 220

Abbildung 45: Concierge auf Twitter bei den Hyatt Hotels 221

Abbildung 46: Nutzung des Facebook Netzwerkes auf TripAdvisor 224

Abbildung 47: Widget-Angebot von HolidayCheck 226

Abbildung 48: Beispiel des Gütesiegels „Fälschungssicherheit" vom Prizeotel 227

Abbildung 49: Beispiel für gegenseitige Bewertung bei Airbnb 228

Abbildung 50: Konstruktwerte auf der Kommunikationsebene (Kartoffelhotel) 235

Abbildung 51: Konstruktwerte auf der Kommunikationsebene (Cuxhaven) 236

Abbildung 52: Konstruktwerte auf der Kommunikationsebene (HolidayCheck) ... 238

Tabellenverzeichnis

Tabelle 1: Unterschiedliche Arten von Informationsquellen 43

Tabelle 2: Charakteristika von PLS und LISREL im Vergleich 103

Tabelle 3: Heuristiken zur Bestimmung der Spezifikationshypothesen 108

Tabelle 4: Rohindikatoren Glaubwürdigkeit 118

Tabelle 5: Indikatoren zum Konstrukt Glaubwürdigkeit 119

Tabelle 6: Rohindikatoren Kompetenzvermutung 120

Tabelle 7: Indikatoren zum Konstrukt der Kompetenzvermutung 120

Tabelle 8: Rohindikatoren Sympathie 121

Tabelle 9: Indikatoren zum Konstrukt Sympathie 122

Tabelle 10: Dimensionen der Anbieterreputation 123

Tabelle 11: Indikatoren zum Konstrukt Anbieterreputation 125

Tabelle 12: Rohindikatoren Vertrauen in den Anbieter 127

Tabelle 13: Indikatoren zum Konstrukt Vertrauen in den Anbieter 128

Tabelle 14: Rohindikatoren Kundeninvolvement 129

Tabelle 15: Indikatoren zum Konstrukt Kundeninvolvement 130

Tabelle 16: Rohindikatoren Einstellung zum Anbieter 131

Tabelle 17: Indikatoren zum Konstrukt Einstellung zum Anbieter 132

Tabelle 18: Rohindikatoren Kaufabsicht 133

Tabelle 19: Indikatoren zum Konstrukt Kaufabsicht 134

Tabelle 20: Rohindikatoren Weiterempfehlungsabsicht 135

Tabelle 21: Indikatoren zum Konstrukt Weiterempfehlungsabsicht 135

Tabelle 22: Spezifikation der Konstrukte 136

Tabelle 23: Demografische Charakteristika der Stichprobe 145

Tabelle 24: Internetnutzung zur Reiseinformation und Buchung 146

Tabelle 25: Informationsquellen bei der Reiseentscheidung 146

Tabelle 26: Reiseverhalten der Stichprobe 147

Tabelle 27: Zusammenfassung der Gütekriterien für reflektive Messmodelle 153

Tabelle 28: Zusammenfassung der Gütekriterien für formative Messmodelle 156

Tabelle 29: Zusammenfassung der Gütekriterien für Strukturmodelle 158

Tabelle 30: Ergebnisse der reflektiven Messmodelle (Kartoffelhotel) 169

Tabelle 31: Anwendung des Fornell-Larcker-Kriteriums (Kartoffelhotel) 170

Tabelle 32: Indikatoren mit kritischen Zuordnungswerten 171

Tabelle 33: Ergebnisse beim formativen Messmodell (Kartoffelhotel) 172

Tabelle 34: Korrelationsmatrix von REPU1 bis REPU10 (Kartoffelhotel) 174

Tabelle 35: Bestimmtheitsmaß und Effektstärke (aggregiertes Strukturmodell) 177

Tabelle 36: Pfadkoeffizienten und Signifikanzwerte (aggregiertes Strukturmodell) 179

Tabelle 37: Bestimmtheitsmaß und Effektstärke der Untersuchungsobjekte 181

Tabelle 38: Pfadkoeffizienten der Untersuchungsobjekte im Vergleich 182

Tabelle 39: Quantifizierung Mediatoreffekte (aggregiertes Strukturmodell) 183

Tabelle 40: Quantifizierung Moderatoreffekt (Erfahrung mit dem Anbieter) 186

Tabelle 41: Quantifizierung Moderatoreffekt (Stimulusumgebung HolidayCheck) 188

Tabelle 42: Ergebnis Kundeninvolvement (aggregiertes Strukturmodell) 190

Tabelle 43: Anwendung Fornell-Larcker-Kriterium (aggregiertes Strukturmodell) 190

Tabelle 44: Moderatoreffekt Kundeninvolvement (aggregiertes Strukturmodell) 191

Tabelle 45: Ergebnisse der Hypothesenprüfung 195

Tabelle 46: Durchschnittswerte der einzelnen Konstrukte in Prozent 233

Tabelle 47: Höhe der Gewichte der Anbieterreputation im Vergleich 234

Tabelle 48: Ergebnisse der Zuordnungsaufgabe bei reflektiven Konstrukten 266

Tabelle 49: Ergebnisse Zuordnungsaufgabe beim formativen Konstrukt 267

Tabelle 50: Ergebnisse der reflektiven Messmodelle (Cuxhaven) 268

Tabelle 51: Ergebnisse der reflektiven Messmodelle (HolidayCheck) 269

Tabelle 52: Indikatorladungen (Kartoffelhotel) 270

Tabelle 53: Indikatorladungen (Cuxhaven) 271

Tabelle 54: Indikatorladungen (HolidayCheck) 272

Tabelle 55: Indikatorladungen (aggregiertes Strukturmodell) 273

Tabelle 56: Kreuzladungen (Kartoffelhotel) 274

Tabellenverzeichnis

Tabelle 57: Kreuzladungen (Cuxhaven) 275

Tabelle 58: Kreuzladungen (HolidayCheck) 276

Tabelle 59: Kreuzladungen (aggregiertes Strukturmodell) 277

Tabelle 60: Fornell-Larcker-Kriterium (Cuxhaven) 278

Tabelle 61: Fornell-Larcker-Kriterium (HolidayCheck) 278

Tabelle 62: Fornell-Larcker-Kriterium (aggregiertes Strukturmodell) 278

Tabelle 63: Ergebnisse des formativen Messmodells (Cuxhaven) 279

Tabelle 64: Ergebnisse des formativen Messmodells (HolidayCheck) .. 279

Tabelle 65: Quantifizierung der Mediatoreffekte (Cuxhaven) 280

Tabelle 66: Quantifizierung der Mediatoreffekte (HolidayCheck) 280

Tabelle 67: Quantifizierung der Mediatoreffekte (Kartoffelhotel) 280

Tabelle 68: Ladungen und Gewichte (Erfahrung mit Cuxhaven) 281

Tabelle 69: Ladungen und Gewichte (Erfahrung mit HolidayCheck) 282

Tabelle 70: Ladungen und Gewichte (Stimulusumgebung HolidayCheck) ... 283

Tabelle 71: Indikatoren der Unternehmensreputation nach Helm 284

Tabelle 72: Indikatoren der Unternehmensreputation nach Wiedmann . 285

Tabelle 73: Indikatoren der CBR nach Walsh und Beatty 286

Tabelle 74: Indikatoren der Reputationstreiber nach Schwaiger 287

Abkürzungsverzeichnis

ADAC	Allgemeiner Deutscher Automobilclub
AHGZ	Allgemeine Hotel- und Gastronomie-Zeitung
AIEST	Association Internationale D'Experts Scientifiques Du Tourisme
AMAC	America's Most Admired Companies
AMOS	Analysis of Moment Structures
Anm. d. Verf.	Anmerkung des Verfassers
ARD	Arbeitsgemeinschaft der öffentlich-rechtlichen Rundfunkanstalten der Bundesrepublik Deutschland
Aufl.	Auflage
BVDW	Bundesverband Digitale Wirtschaft
bzw.	beziehungsweise
ca.	zirka
CBR	Customer-Based corporate Reputation
C-OAR-SE	Construct definition, Object classification, Attribute classification, Rater identification, Scale formation und Enumeration
CRS	Computerreservierungssysteme
Csv	Substantive-Validity Coefficient
CTZ	Congress- und Tourismuszentrale
DEV	Durchschnittlich erfasste Varianz
DGIQ	Deutsche Gesellschaft für Informationsqualität
DMO	Destinationsmanagementorganisation
EQS	EQuation System
FUR	Forschungsgemeinschaft Urlaub und Reisen
GDS	Global Distribution Systems
GMAC	Global Most Admired Companies
Hg.	Herausgeber
HRS	Hotel Reservation Service

IHA	International Hotel Association
IuK-Technologien	Informations- und Kommunikationstechnologien
JTB	Jordan Tourism Board
KMU	Kleine und mittlere Unternehmen
LISREL	LInear Structual RELations
LTM	Lübeck und Travemünde Marketing
MIMIC	Multiple Indicators and Multiple Causes
NFC	Near-Field Communication
NILES	Nonlinear Iterative Least Squares
n.s.	nicht signifikant
n.v.	nicht verfügbar
OASIS	Objects, Attributes, Strategies, Intensity, Sources
PLS	Partial Least Squares
Psa	Proportion of Substantive Agreement
RFID	Radio-Frequency-Identification
RQ	Reputation Quotient
S-O-R	Stimulus-Organismus-Reaktion
S-R	Stimulus-Reaktion
u.a.	und andere
UNWTO	United Nations World Tourism Organisation
VAF	variance accounted for
vgl.	vergleiche
VIF	Varianzinflationsfaktor
VIR	Verband Internet Reisevertrieb
WTO	World Tourism Organization
WTOBC	World Tourism Organization Business Council
ZDF	Zweites Deutsches Fernsehen

1. Einleitung

In dieser Einleitung werden der thematische Rahmen und die Relevanz der Untersuchung dargelegt. Zunächst wird mit der Beschreibung zur Entwicklung neuer Medien deutlich gemacht, weshalb Reputation eine zunehmende Bedeutung im Tourismus erfährt. Diese Relevanz wird mit verschiedenen Daten belegt. Aus diesen Ausführungen ergeben sich dann die genauen Ziele dieser Arbeit sowie das methodische Vorgehen. Abschließend wird der Ablauf der Untersuchung skizziert. Ziel des Kapitels ist es, einen Überblick über die Arbeit zu gewährleisten.

1.1 Problemstellung

Seit den 1990er-Jahren hat sich der gesellschaftliche Stellenwert der Informations- und Kommunikationstechnologien (IuK-Technologien) rasant geändert. Das Internet hat sich zunehmend zu einem universellen Trägermedium entwickelt – mit Auswirkungen auf alle Gesellschafts- und Wirtschaftsbereiche. Im Tourismus spielen IuK-Technologien traditionell eine entscheidende Rolle (vgl. Egger 2005: 13). Rund 32,5 Prozent der Deutschen geben an, schon einmal eine Reise im Internet gebucht zu haben. Damit stellt der Tourismus das drittgrößte Segment bei Onlinekäufen dar (vgl. de Sombre 2011: 7). Dem Internet kann damit eine hohe Relevanz für touristische Anbieter zugeschrieben werden. Der wachsende Einfluss des Internets auf die deutsche Tourismusbranche zeigt sich auch an den Umsatzzahlen. Im Jahr 2007 wurden in Deutschland für Reisebuchungen im Internet 14,81 Mrd. Euro ausgegeben, was einem Marktanteil von 33,9 Prozent entspricht. Es wird prognostiziert, dass sich dieser Wert bis 2012 auf 24,03 Mrd. Euro und einen Anteil von 47,4 Prozent steigert (vgl. VIR 2012: 26).

Neben dem Einfluss des Internets auf den **Transaktionsprozess** gewinnt dieses mittlerweile in allen Phasen der Reiseentscheidung an Bedeutung. Laut „ADAC Reisemonitor" ist das Internet mit 35,2 Prozent die am häufigsten genutzte Quelle, um Reiseinformationen zu beziehen. Klassische Medien wie Kataloge von Reiseveranstaltern (14,8 Prozent), Reiseführer (10,1 Prozent) oder Gästekataloge (9,5 Prozent) rangieren weit dahinter (vgl. ADAC 2012: 61).

Darüber hinaus hat in den vergangenen Jahren die Relevanz von **Kundenbewertungen** im Internet kontinuierlich zugenommen. Das Internet nimmt damit eine wichtige Rolle im Informationsprozess ein. Im Jahr 2007 nutzten 52 Prozent der Onlinekäufer Bewertungen anderer als Informationsquelle. Dieser Wert stieg bis 2011 auf 60 Prozent. Im gleichen Zeitraum sank die Relevanz der Anbieterwebsite von 60 auf 48 Prozent. Dieser Trend ist damit in der Tourismusbranche stärker ausgeprägt als in anderen Branchen (vgl. de Sombre 2011: 13-14). Kundenbewertungen sind in hohem Maße entscheidungsrelevant. So gaben 71 Prozent der Onlinekäufer an, dass die Meinung anderer Kunden ausschlaggebend für einen Kauf war; bei der Entscheidung gegen ein Produkt spielten die Nutzerkommentare für 68 Prozent eine entscheidende Rolle (vgl. de Sombre 2011: 16).

Es zeichnet sich also eine steigende Relevanz von Kundenmeinungen im Internet ab. Der Umgang mit Bewertungen wird zum bestimmenden Faktor. Durch Bewertungen ist der gesamte Dienstleistungsprozess touristischer Anbieter transparenter. Es findet ein Austausch unter den Gästen über Leistungen und Anbieter statt. Durch mobile Endgeräte können diese Kundenmeinungen zunehmend auch direkt am Reiseort abgerufen beziehungsweise Bewertungen im Moment der Leistungserbringung digital veröffentlicht werden.

Reputation verstanden als ein Produkt kommunikativer Prozesse erfährt in diesem Zusammenhang eine neue Qualität. Denn allgemein wird von Reputation dann gesprochen, wenn Bewertungen über Netzwerke verbreitet, ausgehandelt und öffentlich anerkannt werden. Sie geht über den Raum persönlicher Kontaktnetze hinaus und hat einen öffentlichen Geltungsbereich (vgl. Eisenegger 2005: 21). Im Internet ist sie das Resultat von Interaktionsprozessen in sozialen Netzwerken (vgl. Einwiller 2003: 89-90). Die Qualität dieser Bewertungen ist eine wichtige Größe bei der Reiseentscheidung. Gute Bewertungen sind ein Erfolgsfaktor für touristische Anbieter, sodass eine gute Reputation als immaterieller Unternehmenswert betrachtet werden kann. Vielfach wird postuliert, dass die Reputation auf verschiedene Weise positiv auf den Geschäftserfolg eines Unternehmens wirken kann (vgl. beispielsweise Walsh und Beatty 2007).

Zusammenfassend kann ein hoher Einfluss der Reputation auf den Absatz touristischer Leistungen im Internet vermutet werden. Die Beeinflussung der digitalen Kommunikation stellt aktuell eine der größten Herausforderungen für touristische Akteure dar. Voraussetzung einer solchen Beeinflussung ist das Wissen darüber, aus welchen Elementen sich Reputation zusammensetzt und wie diese die Entscheidung bei Reisebuchungen im Internet beeinflussen. Dieser Fragestellung widmet sich die vorliegende Arbeit.

1.2 Ziele der Arbeit

Übergeordnetes Ziel dieser Arbeit ist es, ein **umfassendes Messinstrument** bereitzustellen, das die Komplexität des Reputationskonstruktes abbildet und dieses auf die Reiseentscheidung im Internet bezieht. Da es sich bei Reputation um ein abstraktes Phänomen handelt, ist diese jedoch empirisch schwer zu erfassen. Die Messung wird dadurch erschwert, dass Reputation Gegenstand verschiedener Wissenschaftsdisziplinen ist, zwischen denen erhebliche Uneinigkeit herrscht (vgl. Kapitel 2.1).

In dieser Arbeit wird unter **Reputation** eine öffentlich anerkannte Bewertungskategorie bestimmter Stakeholder verstanden. Sie gibt Auskunft darüber, wie leistungsfähig der jeweilige Reputationsträger ist und welchen Leistungswillen er vermittelt (vgl. Kapitel 2.5). Bestehende Messansätze fordern dabei häufig eine gewisse Unternehmensgröße, um die Reputation messen zu können. Diese Reputationsmessungen haben mitunter zum Ziel, eine Rangliste (Reputationsranking) zu erstellen. Oft wird Reputation dabei als umfassendes Phänomen betrachtet, welches sich auf alle Stakeholder beziehen kann (vgl. Kapitel 4.3). Der Kunde ist dann ein Element von vielen. Sein Verhalten wird nicht explizit thematisiert. Aufgrund der Dominanz der genannten Ansätze, steht in dieser Arbeit der Kunde explizit im Fokus. Gleichzeitig wird angenommen, dass die Unternehmensgröße kein gerechtfertigtes Differenzierungskriterium innerhalb einer Reputationsmessung ist. Denn sobald ein Unternehmen am Markt agiert, ist es der Bewertung seiner Kunden ausgesetzt. Durch den Austausch der Kunden über den Anbieter entsteht damit auch bei kleinen Unternehmen eine Reputation, die gemessen werden kann. Durch diese Fokussierung ergeben sich **Prämissen an die Untersuchung**, die mit bestehenden Ansätzen nicht abgedeckt werden können. Zusätzlich rückt die Relevanz der neuen Medien erst seit einigen Jahren in den Fokus der Reputationsforschung, sodass dieses Feld bisher wenig untersucht wurde. Doch der Kunde nimmt im Internet durch die Aufnahme fremder und Abgabe eigener Bewertungen einen großen Einfluss auf die Reputationsbildung von touristischen Angeboten, wodurch die Relevanz des Themas dieser Arbeit zusätzlich betont wird.

Auffällig bei der Reputationsmessung ist die monothematische Betrachtung der Handlungs- bzw. Inhaltsebene (vgl. Kapitel 5.7.4). Da Reputation jedoch ein Produkt sozialer Aushandlungsprozesse ist, liegt die Vermutung nahe, dass die Art der Kommunikation eine entscheidende Rolle bei der Reputationsbildung spielt. Dieser Überlegung werden einige Ansätze durch die Integration von affektiven und kognitiven Reputationskomponenten gerecht (vgl. beispielsweise Schwaiger 2004 oder Ponzi et al. 2011). Eine **normative Reputationsdimension** wird lediglich auf einer konzeptionellen Ebene diskutiert (vgl. Eisenegger und Imhof 2009). Dabei sind die Werte und Normen, die innerhalb der öffentlichen Diskussion ausgehandelt werden zentral. Denn dadurch, dass die Basis von Reputation eine gesellschaftliche Anerkennung ist, ist das Einhalten von gesellschaftlichen Regeln elementarer Bestandteil der Reputation. Diesem Aspekt wird auch deshalb entscheidende Bedeutung in der vorliegenden Arbeit beigemessen, weil für touristische Anbieter durch das Internet nun die Möglichkeit besteht, aktiv an Diskussionen teilzunehmen. Die Kommunikation innerhalb des Wertebereiches der eigenen Kundschaft ist dabei elementar.

Der Effekt, den die Reputation bei der Reiseentscheidung spielt, ist zudem entscheidend, wenn ihre Relevanz im Internet ermittelt werden soll. Mit der Verknüpfung von Reputation und Reiseentscheidung wird hier also ein Fokus auf die Auswirkungen von Reputation gesetzt. Dabei gilt Reputation als Instrument, um das **kundenseitige Unterstützungspotenzial** zu erhöhen (vgl. Walsh und Beatty 2007: 130). Zentral im Rahmen der Buchungsentscheidung ist das Vertrauen in einen Anbieter. Die vertrauensstabilisierende Funktion von Reputation kann auf die Möglichkeit einer Sanktionierung des Anbieters in Form von Kundenkritik zurückgeführt werden (vgl. Windsperger 1996: 970). Diese Möglichkeit ist im Internet durch öffentliche Meinungsäußerungen auf Bewertungsportalen potenziert. Gleichzeitig kann angenommen werden, dass ein Unterstützungspotenzial mit einer Weiterempfehlungsabsicht korrespondiert. Diese Zusammenhänge sind von einigen Autoren bereits behandelt worden. Eberl (2006) untersucht beispielsweise den Einfluss der Reputation auf die Kaufabsicht und Einwiller (2003) ihren Einfluss auf das Vertrauen im elektronischen Handel. Dennoch variiert das Verständnis und die Operationalisierung von Reputation so stark, dass sich die Frage des Einflusses dieser Effekte neu stellt. Dies gilt insbesondere, da der Einfluss der Reputation auf die Reiseentscheidung im Internet bis dato nicht untersucht wurde. Schließlich wird innerhalb der Reputationsforschung der Einfluss der **Erfahrung mit einem Anbieter** kontrovers diskutiert (vgl. Kapitel 4.4.3). Dieser indirekte Einfluss auf die Reputationswirkung ist bisher nicht im Tourismus untersucht worden und erfolgt deshalb in dieser Arbeit.

Der Gesamtzusammenhang des daraus entstehenden Modells ist durch die Integration sowohl der Determinanten der Reputation als auch deren Konsequenzen auf die Reiseentscheidung komplex und mehrstufig. Die untersuchten Phänomene entziehen sich durch ihren abstrakten Charakter größtenteils einer direkten Messung. Sie müssen über den Umweg von sichtbaren Indikatoren gemessen werden. Die Erreichung dieser Ziele wird durch ein Strukturgleichungsmodell bewerkstelligt, das mithilfe einer **PLS-Pfadanalyse** ausgewertet wird.

Insgesamt ergibt sich durch die Fragestellung, die Begrenzung auf den genannten Untersuchungsgegenstand sowie die Zielsetzung die **Struktur dieser Arbeit**, die im Folgenden aufgeschlüsselt wird.

1.3 Aufbau der Arbeit

Die Arbeit ist in neun Kapitel gegliedert. Das dieser Einleitung folgende **Kapitel 2** gibt einen Überblick über die Grundlagen und ordnet so das Thema dieser Arbeit ein. Zunächst gilt es, den **Reputationsbegriff** zu klären und abzugrenzen. Darauf aufbauend wird die Struktur verschiedener Reiseentscheidungsarten erläutert und es werden die

Themengebiete Tourismus und Internet mit ihren spezifischen Merkmalen erfasst. Die Beschreibung dieser Produkt- und Mediencharakteristika erlaubt es, die Materien auf das Konstrukt der Reputation zu beziehen. Das Kapitel schließt mit einer zusammenfassenden Betrachtung, in der die Erkenntnisse der behandelten Konzepte aufeinander bezogen werden. Gleichzeitig bildet dieses Kapitel die Basis der Arbeit, sodass im weiteren Verlauf ein konstanter Rückbezug auf diesen Abschnitt erfolgt.

In **Kapitel 3** werden **ökonomische Theorieansätze** vorgestellt und im Hinblick auf diese Untersuchung diskutiert. Grundsätzlich kann der Reputationsbegriff auf den Ressourcenansatz, den industrieökonomischen Ansatz, die Neue Institutionenökonomik sowie auf verhaltenswissenschaftliche Ansätze zurückgeführt werden. In dem Ressourcenansatz und dem industrieökonomischen Ansatz wird die Reputation in erster Linie als intangibler Vermögensgegenstand angesehen, welcher der Abwehr neuer Wettbewerber dient. In der Neuen Institutionenökonomik sowie in den verhaltenswissenschaftlichen Ansätzen geht es hingegen nicht darum, die Rolle der Reputation im Wettbewerb mit anderen Unternehmen zu klären, vielmehr steht das Verhältnis zwischen Kunden und Unternehmen im Fokus (vgl. Zimmer 2010: 1-8).

Für diese Untersuchung ist das Verhältnis von Kunde und Unternehmen zentral. Als theoretischer Bezugsrahmen bieten sich folglich die Neue Institutionenökonomik sowie die Verhaltenswissenschaften an. Die Marktbedingungen, unter denen Reputation ihre Bedeutung entfaltet, werden durch die Neue Institutionenökonomik abgedeckt. Die verhaltenswissenschaftlichen Ansätze erklären hingegen, wie Reputation bei den Kunden wirkt. Diese Ausführungen liefern ein umfassendes theoretisches Verständnis von Reputation und ordnen es in den Untersuchungsrahmen ein und bilden daher das Fundament für **Kapitel 4**. In diesem erfolgt eine kritische Würdigung der bestehenden Modelle der Reputations- und Konsumentenverhaltensforschung. In Kombination mit dem theoretischen Bezugsrahmen bereitet diese theoretische Auseinandersetzung die Entwicklung eines **neuen Messkonzepts** vor. Durch die Formulierung von Untersuchungshypothesen wird dabei die Abhängigkeit verschiedener Konstrukte zueinander erläutert. Der Zusammenhang der Konstrukte wird schließlich in einem Strukturgleichungsmodell visualisiert.

Kapitel 5 kann separat von den vorherigen inhaltlichen Kapiteln betrachtet werden. Es ist insofern elementar, als hierin aufgezeigt wird, wie das entwickelte Modell evaluiert werden kann. Dazu werden zunächst die Möglichkeiten der Messung von Strukturgleichungsmodellen erläutert. Aus diesen Ausführungen wird das eigene methodische Vorgehen der Arbeit begründet. Sodann erfolgt die Zusammenführung der inhaltlichen und methodischen Ebene durch die Konzeptualisierung und Operationalisierung der Konstrukte, die im Strukturgleichungsmodell integriert sind. **Kapitel 6** zeigt auf, wie Strukturgleichungsmodelle evaluiert werden können. Die Messung wird dann in **Kapitel 7** dokumentiert und wird anhand verschiedener Untersuchungsgegenstände durchgeführt. Innerhalb des Tourismus gibt es verschiedene relevante Akteursgruppen, die sich als Untersuchungsgegenstand eignen. Hier erfolgt eine Konzentration auf **kleine und mittlere Unternehmen (KMU)** des Konvergenzgebietes Lüneburg.[1] Konkret wurden drei verschiedene touristische Anbieter untersucht. Das **1. Deutsche Kartoffelhotel** steht als Repräsentant für die Hotellerie. Das **Nordseeheilbad Cuxhaven** wurde als zweites Untersuchungsobjekt aufgenommen und vertritt die Destination. Schließlich wurde die Reputation der Bewertungsportale selbst untersucht. Als Repräsentant wurde **HolidayCheck** ausgewählt. Anschließend erfolgt eine Interpretation der empirischen Ergebnisse.

In **Kapitel 8** werden dann verschiedene Beispiele des Reputationsmanagements mithilfe der neuen Medien in den Bereichen Hotellerie, Destinationen und Bewertungsportalen vorgestellt. Diese Befunde sind Ausgangspunkt für die wissenschaftlichen und praktischen Implikationen in **Kapitel 9**. Dabei werden die Praxisbeispiele vor dem Hintergrund der empirischen Ergebnisse zunächst auf die Untersuchungsobjekte bezogen und deren Umsetzbarkeit am konkreten Beispiel diskutiert. Die Arbeit endet mit der Beurteilung der Forschungsergebnisse und gibt dabei einen Ausblick auf den weiteren Forschungsbedarf. In Abbildung 1 ist der Ablauf dieser Arbeit kompakt visualisiert.

---

[1] Diese Arbeit wurde durch den Innovations-Inkubator Lüneburg gefördert und finanziert. Der Innovations-Inkubator Lüneburg ist: „*ein europaweit einmaliges Projekt zur Förderung der Wirtschaft im ehemaligen Regierungsbezirk Lüneburg. Im Vordergrund stehen die Schaffung und Sicherung von Arbeitsplätzen in zukunftssicheren Branchen sowie die Stärkung des Forschungs- und Entwicklungspotenzials insbesondere von kleinen und mittleren Unternehmen der Region*" (Leuphana Universität Lüneburg 2012).

Aufbau der Arbeit

Abbildung 1: Aufbau der Arbeit

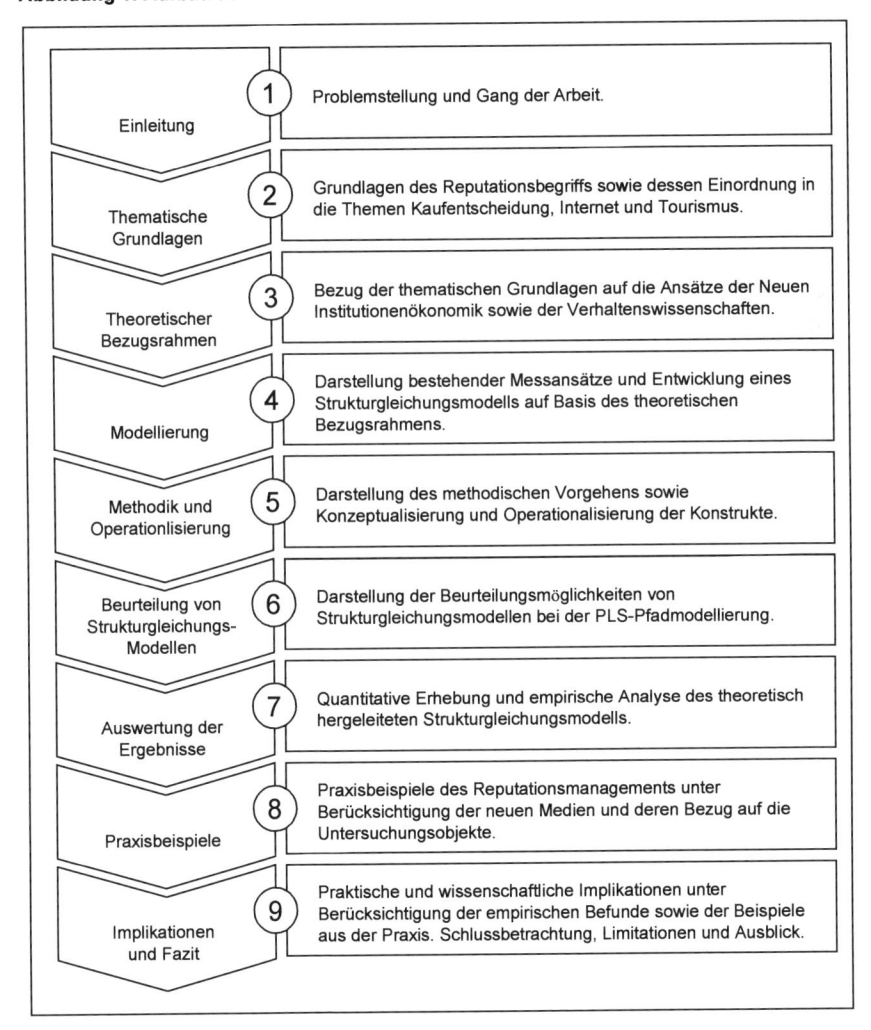

Einleitung (1)	Problemstellung und Gang der Arbeit.
Thematische Grundlagen (2)	Grundlagen des Reputationsbegriffs sowie dessen Einordnung in die Themen Kaufentscheidung, Internet und Tourismus.
Theoretischer Bezugsrahmen (3)	Bezug der thematischen Grundlagen auf die Ansätze der Neuen Institutionenökonomik sowie der Verhaltenswissenschaften.
Modellierung (4)	Darstellung bestehender Messansätze und Entwicklung eines Strukturgleichungsmodells auf Basis des theoretischen Bezugsrahmens.
Methodik und Operationlisierung (5)	Darstellung des methodischen Vorgehens sowie Konzeptualisierung und Operationalisierung der Konstrukte.
Beurteilung von Strukturgleichungs-Modellen (6)	Darstellung der Beurteilungsmöglichkeiten von Strukturgleichungsmodellen bei der PLS-Pfadmodellierung.
Auswertung der Ergebnisse (7)	Quantitative Erhebung und empirische Analyse des theoretisch hergeleiteten Strukturgleichungsmodells.
Praxisbeispiele (8)	Praxisbeispiele des Reputationsmanagements unter Berücksichtigung der neuen Medien und deren Bezug auf die Untersuchungsobjekte.
Implikationen und Fazit (9)	Praktische und wissenschaftliche Implikationen unter Berücksichtigung der empirischen Befunde sowie der Beispiele aus der Praxis. Schlussbetrachtung, Limitationen und Ausblick.

Quelle: Eigene Darstellung.

2. Einordnung der Arbeit in das Themengebiet

In diesem Kapitel soll zunächst eine grundsätzliche Klärung des Reputationsbegriffs erfolgen, da dieses Konzept im Zentrum dieser Arbeit steht. Daran schließt sich unter Zuhilfenahme der Konsumentenforschung eine Beschreibung der Reiseentscheidung an, um die Rolle der Reputation bei einem Kauf zu verdeutlichen. Indem die Charakteristika des touristischen Produktes sowie des Internets definiert werden, wird der Untersuchungsgegenstand eingegrenzt. Das Kapitel schließt mit einer zusammenfassenden thematischen Einordnung der Arbeit und verdeutlicht dabei die Relevanz der Reputation im Untersuchungskontext.

2.1 Reputation

Reputation stellt das zentrale Konstrukt dieser Arbeit dar. Es ist deshalb elementar, dieses zu definieren und von sinnverwandten Begriffen abzugrenzen. Auf dieser Basis ist eine Annäherung an den Begriff und dessen inhaltliche Ausgestaltung möglich.

2.1.1 Grundlagen des Reputationsbegriffs

Über die Konzeptualisierung von Reputation herrscht in den verschiedenen Wissenschaftsdisziplinen Uneinigkeit. Eine klare Definition wird auch dadurch erschwert, dass der Begriff häufig synonym mit „Image", „Standing" oder „Ruf" gebraucht wird (vgl. Fuchs 2009: 27). Meist erfolgt auch eine Gleichsetzung mit dem Terminus „Unternehmensreputation"[2]. „Reputation" kann sich aber auch auf andere Objekte (beispielsweise Produkte eines Unternehmens) beziehen. Zusätzlich kann der Begriff auf verschiedene Stakeholder (beispielsweise auch Mitarbeiter des eigenen Unternehmens) zielen. Von einigen Autoren wird die Definition daher ausdrücklich stakeholderübergreifend formuliert (vgl. beispielsweise Wiedmann et al. 2010: 6). Angewandt wird der Terminus häufig auf bestimmte soziale Akteure wie Personen, Gruppen oder Organisationen. Dies ist insbesondere dann der Fall, wenn nicht nur ein Reputationsranking von verschiedenen Unternehmen vorgenommen werden soll, sondern die Entstehung der Reputation bei bestimmten Stakeholdern in den Blick genommen wird. Diese definitorischen Unterschiede sind grundsätzlich nicht verwunderlich, denn seit Mitte der 1990er-Jahre ist das Interesse an der Reputationsforschung gewachsen. So ist durch die gestiegene Zahl an Veröffentlichungen auch eine definitorische Vielfalt entstanden, die

---

[2] Im Folgenden wird analog zu Einwiller (2003) der Begriff Anbieterreputation präferiert. Er kann inhaltlich jedoch synonym zu dem der Unternehmensreputation gesehen werden.

sich durch die Messung verschiedener Sachverhalte erklären lässt. Daraus lässt sich folgern, dass der Begriff der Reputation immer im Kontext gesehen werden muss (vgl. Hautzinger 2009: 13-14). Zum einen müssen der Reputationsträger und zum anderen auch die zu untersuchenden Stakeholder definiert werden. Eine eingrenzende Definition hierzu liefert Zimmer (2010: 69):

> *„Unter ‚Reputation' soll (...) das Wissen über die zentralen Eigenschaften und die Wahrnehmung charakterisierender Merkmale einer sozialen Entität [etwas Existierendes im ontologischen Sinne; Anm. d. Verf.] verstanden werden, über das bzw. die ein Individuum einer spezifischen Bezugsgruppe des Reputationsträgers in Gestalt eines Globalurteils verfügt"*

Im Rahmen dieser Definition, die sich an Schwaiger (2004: 49) orientiert, lässt sich sowohl eine Eingrenzung auf bestimmte Stakeholder – Menschen im Internet, die sich für eine Reiseleistung interessieren – vornehmen als auch eine Eingrenzung des Reputationsträgers – ein touristischer Anbieter im Internet.

Unabhängig von dieser kontextuellen Einbettung vergleichen Barnett et al. (2006: 32-36) in einer Studie 49 Quellen mit jeweils unterschiedlichen Reputationsdefinitionen. Sie konnten dabei drei Gruppen identifizieren: Reputation verstanden als die Kenntnis über ein Unternehmen, Reputation als Vermögenswert des Unternehmens selbst und Reputation als Grundlage zur Bewertung eines Unternehmens. Während die erste Gruppe die Wahrnehmung der Stakeholder fokussiert, zentriert die zweite Gruppe das Unternehmen und die Konsequenzen der Reputation. Die dritte Gruppe stellte sich für Barnett et al. als dominierende Bedeutungszuweisung dar, sodass sich die Autoren an dieser **Bewertungskategorie** orientieren (vgl. hierzu ausführlich Kirstein 2009: 26-32).

Analog zu diesem übergeordneten Verständnis liefert Helm (2007: 32) eine sehr allgemein gefasste Definition: *„Reputation ist die von Stakeholdern anerkannte Leistungsfähigkeit und der anerkannte Leistungswillen der Unternehmung"*. Nach Hall (1992: 138) setzt sich Reputation überdies aus dem Wissen, der Wahrnehmung und den Emotionen gegenüber einem Reputationsträger zusammen. Somit entspricht Reputation einem wahrgenommenen Bild über einen spezifischen Reputationsträger, in dem sowohl das Wissen um bestimmte Gegebenheiten als auch eine affektive Dimension in Form von Emotionen integriert sind (vgl. Zimmer 2010: 70). Reputation entwickelt sich aber primär nicht aus direkten Erfahrungen, sondern wird hauptsächlich durch **soziale Interaktion** beeinflusst (vgl. Einwiller 2003: 96). Sie ist also im Kern ein Prozess, der durch die Diffusion von Informationen, die Akteure innerhalb eines sozialen Netzwerkes austauschen, entsteht. Das heißt, dass das Globalurteil nicht zwingend die tatsächliche Leistungsfähigkeit bzw. den Leistungswillen des Reputationsträgers widerspiegeln muss. Das Urteil, das sich Stakeholder bilden, wird insbesondere über die Einschätzung anderer gebildet. Reputation beinhaltet deshalb stets auch ein gesellschaftliches Urteil. Der Definition von Helm wäre hinzuzufügen, dass es sich auch um die „*öffentliche Anerkennung der Leistungsfähigkeit und des Leistungswillens*" handelt (Hautzinger 2009: 16-17). Reputation besitzt dadurch einen vermittelten und auch einen direkt wahrgenommenen Charakter. In diesem Kontext konstatieren Zinkhan et al. (2001: 152), dass Reputation und Einstellung unmittelbar miteinander in Zusammenhang stehen, weshalb Reputation auch als einstellungsähnliches Konstrukt gilt. Die Einstellungsnähe betont auch Einwiller (2003: 96), indem sie Reputation als *"der gute Ruf eines Reputationsobjekts, welcher aus der sozial vermittelten Einstellung Dritter gegenüber selbigem resultiert"* definiert.

Zusammenfassend lässt sich damit folgendes Begriffsverständnis für diese Arbeit zugrunde legen: Reputation ist eine öffentlich anerkannte Bewertungskategorie bestimmter Stakeholder über die Leistungsfähigkeit und den Leistungswillen eines entsprechenden Reputationsträgers. Sie entwickelt sich sowohl durch vermittelte Einstellungen als auch über direkte Erfahrungen und ist daher immer ein Produkt sozialer Interaktion.

2.1.2 Abgrenzung der Reputation von sachverwandten Konstrukten

Im Folgenden wird der Reputationsbegriff von dem des Images, der Marke und der Identität eines Unternehmens konzeptuell abgegrenzt (vgl. Fuchs 2009: 27). Dies ist insofern sinnvoll, als dass sich dadurch der Geltungsbereich der einzelnen Begrifflichkeiten besser erschließt.

Während praxisorientierte Autoren (vgl. beispielsweise Machatschke und Eversmeier 2002: 54-56) dazu tendieren, „**Image**" und „Reputation" synonym zu verwenden, liefert Schwalbach (2000: 2) eine Erklärung zur Abgrenzung der beiden Konzepte. Er bestimmt „Reputation" als das *"wahrgenommene Ansehen eines Unternehmens"*. Zu dieser Einschätzung kommen auch andere Autoren (beispielsweise Einwiller 2003: 97-98). Während Reputation also wie dargestellt eine sozial vermittelte und in einem öffentlichen Netzwerk verbreitete Bedeutung gegenüber einem Objekt ist, bezieht sich das Image auf die kommunizierten und kurzfristig wandelbaren Botschaften eines Unternehmens. Ein Image bildet sich auf individueller Betrachtungsebene und hauptsächlich mittels öffentlich kommunizierter Unternehmensinformationen aus (vgl. Eberl 2006: 11). Der entscheidende konzeptionelle Unterschied besteht also darin, dass Reputation am Markt selbst ausgehandelt wird und sich diskursiv bildet. Sie entsteht in einem sozialen Netzwerk durch die Diffusion von Informationen, die unter den Akteuren ausgetauscht werden. Ein Image hingegen ist das Bild des Einzelnen. Es ist in erster Linie ein aus kommunizierten Botschaften resultierendes Abbild des Unternehmens.

Das Image beeinflusst die Reputation insofern, als ein Image, das von Konsumenten adaptiert wurde, bei der diskursiven Aushandlung mit eingebracht wird (vgl. Einwiller

2003: 98). Dies entspricht einer klaren Abgrenzung der beiden Termini, wobei das Kommunikationspotenzial eines Unternehmens beim Image wesentlich höher ist. Im Vergleich zum Image ist Reputation aus Unternehmenssicht weniger steuerbar, weil sie im Gegensatz zu den kommunikationspolitischen Bemühungen vielmehr auf den Urteilen der beteiligten Personen beruht. Reputation baut sich demzufolge langfristig auf und es besteht ein geringeres Maß an Beeinflussung seitens des Unternehmens (vgl. Zimmer 2010: 71-72).

Eng verbunden mit dem Begriff des Images ist auch der der **Marke**. Einwiller grenzt die beiden Konstrukte voneinander ab, indem sie das Image als intangiblen Gedächtnisinhalt einer Marke bezeichnet. Demnach wäre das Image der bedeutendste Teil der Marke, den *„Personen von einer markierten Entität in ihrem Gedächtnis gespeichert haben"* (Einwiller 2003: 99-100). Dabei können die tangiblen Elemente der Marke (wie beispielsweise ein Unternehmenslogo) Auslöser für die Aktivierung dieser intangiblen Gedächtnisinhalte sein. Relevant für diese Untersuchung ist hier vor allem, dass Reputation als ein Konstrukt definiert werden kann, das über den Terminus der Marke hinausgeht (vgl. Kirstein 2009: 40-41). So stellt Walsh (2006: 24) treffend fest: *„Über eine positive, indifferente oder negative Reputation verfügt indes jedes Unternehmen – ob es etwas bewusst dafür tut oder nicht".* Die Marke kann dabei als Schlüsselkomponente der Reputationssteuerung gesehen werden. Denn eine gute Markenführung verbessert die positive Wahrnehmung der Anspruchsgruppen und wirkt sich positiv auf die Reputation des Unternehmens aus (vgl. Meffert und Bierwirth 2005: 151-152).

Auch die **Identität** eines Unternehmens ist nicht mit seiner Reputation oder seinem Image gleichzusetzen. Während von der Identität dann gesprochen wird, wenn es darum geht, was das Unternehmen macht und darstellt, korrespondiert das Image mit der Botschaft, die das Unternehmen nach außen vertritt und kommuniziert. Diese wird dann beim Kunden individuell interpretiert. Die Unternehmensidentität ist das Selbstbild einer Firma. Grundsätzlich ist davon auszugehen, dass es das Ziel eines Unternehmens sein sollte, eine Übereinstimmung von Identität und Image zu erreichen (vgl. Kirstein 2009: 34). Die Reputation ist wiederum das, was sich aus diesen Konstrukten heraus entwickelt und einen öffentlichen Geltungsbereich besitzt. Sie entspricht dem, was Kunden der Unternehmung auf der Informationsbasis von Image und Identität zuschreiben (vgl. Hautzinger 2009: 17-18).

2.2 Relevanz der Reputation bei der Reiseentscheidung

Im Folgenden soll die Rolle der Reputation bei einer Reiseentscheidung geklärt werden. Grundsätzlich kann eine Kaufentscheidung sehr unterschiedlich zustande kommen. Kuß und Tomczak (2007: 107) weisen darauf hin, dass es Entscheidungen gibt, die *„in*

Bruchteilen von Sekunden ablaufen, aber auch solche, die wochen- und monatelang vorbereitet werden". Dabei spielen unterschiedlichste Faktoren eine Rolle. Da sich die Komplexität realer Entscheidungen jedoch nicht vollständig nachbilden lässt, greift die Konsumentenforschung auf Vereinfachungen zurück, um zu einer Klassifizierung zu gelangen. Anerkannt ist dabei die Einteilung der Kaufentscheidung nach ihrer kognitiven Steuerung. In der Regel sind dies vier Grundtypen: extensive, limitierte, habitualisierte und impulsive Kaufentscheidungen (siehe Abbildung 2).

Abbildung 2: Arten der Kaufentscheidung

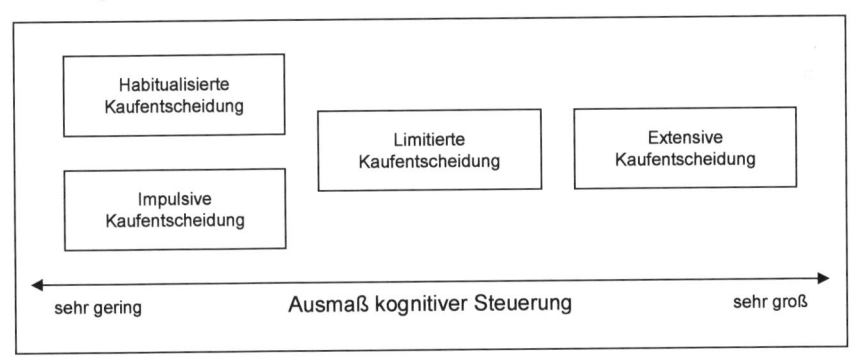

```
┌─────────────────────────────────────────────────────────────────────┐
│   ┌──────────────────┐                                              │
│   │ Habitualisierte  │                                              │
│   │ Kaufentscheidung │   ┌──────────────┐      ┌──────────────┐     │
│   └──────────────────┘   │  Limitierte  │      │  Extensive   │     │
│   ┌──────────────────┐   │Kaufentscheidung│    │Kaufentscheidung│   │
│   │    Impulsive     │   └──────────────┘      └──────────────┘     │
│   │ Kaufentscheidung │                                              │
│   └──────────────────┘                                              │
│                                                                     │
│ ◄─────────────────────────────────────────────────────────────────► │
│   sehr gering      Ausmaß kognitiver Steuerung         sehr groß    │
└─────────────────────────────────────────────────────────────────────┘
```

Quelle: Kuß und Tomczak 2007: 111.

Die einzelnen Entscheidungsarten differenzieren sich dabei in erster Linie durch die Menge an Informationen, die der Kunde vor seiner Entscheidung benötigt. Es wird davon ausgegangen, dass bei hohem Informationsbedarf auch ein hohes Maß an kognitiver Beteiligung vorliegt.

Insgesamt wird deutlich, dass eine reale Entscheidungssituation von vielen weiteren Faktoren beeinflusst werden kann, wodurch das Ausmaß der kognitiven Steuerung schwankt und sich die Kaufentscheidungsarten überlagern können (vgl. auch Kuß und Tomczak 2007: 107-111). Dennoch dient die genannte Einteilung dem theoretischen Verständnis der Kaufentscheidung, weshalb sie im Folgenden skizziert und ihre Relevanz für die Reputation erläutert wird:

Pepels (2005: 20-22) nimmt neben der kognitiven Steuerung zusätzlich die Komponenten „Bedeutung" und „Neuartigkeit" eines Kaufes zur Kategorisierung mit auf. Auch wenn diese Differenzierung nicht auf alle im Folgenden dargestellten Kaufentscheidungsarten anzuwenden ist, so kann zumindest für die **extensive Kaufentscheidung** angenommen werden, dass sie durch eine hohe Bedeutung und die Neuartigkeit des Kaufes gekennzeichnet ist, weshalb auch ein großes Risiko einer Fehlentscheidung besteht. Daher spricht man analog auch von „Suchkauf" oder einer „komplexen Entscheidung" (Kroeber-Riel et al. 2008: 423). Das führt zu einer langen Entscheidungsdauer, um Produkte und Anbieter vergleichen zu können. Es wird eine Vielzahl von Informationen aufgenommen, die dazu dienen, Bewertungskriterien zu erarbeiten. In diesem Kontext wird das Anspruchsniveau relevant: *"ein vom Individuum als verbindlich erlebter Standard der Zielerreichung"* (Kroeber-Riel et al. 2008: 434). Es ist *"das Ergebnis eines gleichzeitig und damit konfliktär wirkenden Strebens nach Erfolg und eines Vermeidens von Misserfolg"* und drückt damit die erwartete Zielnorm aus, die der Konsument an das Leistungsergebnis stellt. Da dieses Anspruchsniveau ex ante noch nicht definiert wurde, sind neben der kognitiven Steuerung in der Regel auch starke emotionale Prozesse beteiligt. Meist ist also die Erfahrung mit dem Produkt sehr gering (Neuartigkeit) oder aber die Bedeutung des Kaufes ist hoch. Die Informationsaufnahme sowie die Informationsverarbeitung sind entsprechend ausgeprägt und zunächst wenig zielgerichtet. Erst im Verlauf der Entscheidungsfindung entwickelt sich eine konkrete Vorstellung davon, welche Eigenschaften eines Produktes relevant sind (vgl. Kroeber-Riel et al. 2008: 423-424). Auf Urlaubsreisen trifft diese Beschreibung einer Kaufentscheidung insofern zu, als sie für den Kunden in der Regel eine hohe Bedeutung hat und er große zeitliche und monetäre Ressourcen zur Realisation aufbringt. Die Neuartigkeit ist dann gegeben, wenn ihm die Reiseform und/oder das Reiseziel unbekannt sind.

Dennoch besitzt der Konsument durch vorhergegangene Reisen meist generelle Urlaubserfahrungen, die in die Entscheidung mit einfließen können. Wenn bereits Kriterien zur Entscheidung aus früheren Käufen entwickelt wurden und diese lediglich an die jeweils neue Kaufsituation angepasst werden müssen, spricht man von einer **limitierten Kaufentscheidung** (vgl. Kuß und Tomczak 2007: 108).

Kroeber-Riel et al. (2008: 424) verstehen diese Art von Entscheidungen als solche, die *"geplant und überlegt gefällt werden und die auf Wissen bzw. Erfahrungen beruhen"*. Aufgrund dieser Sachlage kann der Konsument entscheidungsrelevante Informationen weitgehend intrinsisch definieren. Erst wenn die eigenen Informationen zur Entscheidungsfindung nicht ausreichen, beginnt die Suche nach neuen Informationen. Diese ist in der Regel sehr klar strukturiert, da die entscheidungsrelevanten Informationen bereits bekannt sind. Solche Informationen werden auch als Schlüsselinformationen bezeichnet (vgl. Kroeber-Riel et al. 2008: 425).

Die Nutzung von Schlüsselinformationen ist typisch für die limitierte Kaufentscheidung. Denn diese werden insbesondere dann herangezogen, wenn die Zahl der in Betracht kommenden Optionen klar begrenzt ist. Ein solches Alternativenspektrum wird in der Literatur als Evoked Set bezeichnet (vgl. Kroeber-Riel et al. 2008: 425-426). Die Begrenzung betrifft zum einen die im Evoked Set enthaltenen Anbieter und zum anderen diejenigen Schlüsselinformationen, die vor einer Kaufentscheidung in den Informationsprozess mit einbezogen werden. Damit ergibt sich eine Entscheidungsmatrix, die aus den zur Verfügung stehenden Produktattributen besteht, sodass die Angebote vergleichbar werden (vgl. Kuß und Tomczak 2007: 124). Solche Heuristiken können den Entscheidungsprozess erheblich vereinfachen. Daraus resultiert für den Kunden auch, dass sich sein Evoked Set lediglich aus den vergleichbaren und bekannten Komponenten einer Leistung zusammensetzen kann (vgl. Meffert und Bruhn 2009: 41-42). Aufgrund des komplexen Leistungsbündels einer Reise ist anzunehmen, dass der Konsument bei der Buchungsentscheidung Schlüsselinformationen nutzt, um die Komplexität des Gesamtproduktes zu reduzieren und den Entscheidungsprozess zu vereinfachen.

Hat ein Kunde ein Produkt bereits mehrmals erworben und mit diesem gute Erfahrungen gesammelt, entwickelt sich aus einer vormals extensiven oder limitierten Kaufentscheidung eine habitualisierte. Für die **habitualisierte Kaufentscheidung** ist kennzeichnend, dass zur Entscheidungsfindung keine oder nur eine sehr begrenzte Informationssuche und -verarbeitung erfolgen muss. Kuß und Tomczak (2007: 108) sprechen daher auch von „Routineverhalten" und stellen die Frage, ob der Begriff „Entscheidung" in diesem Kontext überhaupt angemessen ist, da es sich in der Regel um gewohnheitsmäßige Wiederholungskäufe handelt. Zu diesem Ergebnis kommen auch Hofbauer und Dürr (2007: 40), weshalb sie von einem „Gewohnheitskauf" sprechen und ebenfalls den Terminus „Entscheidung" bewusst aussparen. Zwei Gründe veranlassen den Konsumenten zu einem solchen Verhalten. Erstens wird er entlastet, indem er auf seine Vergangenheitsentscheidung vertraut. Bei der Reiseentscheidung muss in diesem Zusammenhang jedoch berücksichtigt werden, dass aufgrund der Charakteristika des touristischen Produktes stets das Risiko gegeben ist, dass das Leistungsergebnis jeweils unterschiedlich ausfällt (vgl. Kapitel 2.3). Daher ist diese Form der Reiseentscheidung zwar möglich, schützt den Kunden jedoch nicht vor Enttäuschungen, sodass also nicht ausgeschlossen werden kann, dass sich ein Gast trotz seiner Kenntnis der Region, der Unterkunft und möglicher Aktivitäten im Vorfeld erneut informiert. In diesem Fall würde er zu den komplexeren Typen der extensiven oder limitierten Entscheidung zurückkehren. Dies wäre auch dann der Fall, wenn eine Reise nicht verfügbar ist, wider Erwarten negative Erfahrungen während des Aufenthaltes gemacht wurden oder ein anderer Anbieter den Nutzen des vorher gewählten Reiseziels bzw. des Reiseanbieters zu übertreffen scheint (vgl. Kuß und Tomczak 2007: 149-151). Der zweite Grund für einen Gewohnheitskauf liegt darin, dass der Konsument eine emotionale Bindung zu einem bestimmten Anbieter aufgebaut hat. Dies kann gerade bei der touristischen Leistung der Fall sein, da sie von Menschen erbracht wird, zu denen eine Beziehung aufgebaut werden kann (vgl. Hofbauer und Dürr 2007: 40-42). Auf Basis dieser Beschreibung ist nicht nachvollziehbar, weshalb Pepels (2005: 20) der habitualisierten Kaufentscheidung eine geringe Bedeutung zuspricht. Denn eine Reise ist meist an hohe monetäre und zeitliche Ressourcen gekoppelt. Dies würde im Umkehrschluss bedeuten, dass die Wahl einer Urlaubsreise in der Regel nicht habitualisiert erfolgen kann. Der Kategorisierung von Pepels (2005: 20) wird im Kontext dieser Arbeit daher nicht gefolgt.

Trommsdorff (2008: 294) knüpft die Kaufentscheidungsarten an das Involvementniveau (vgl. Kapitel 3.3.3.2) und stellt fest, dass die **impulsive Kaufentscheidung** den „*Gegenpol zum Involvementkauf*" darstellt. Damit findet im Unterschied zu den bislang beschriebenen Typen ein spontaner Kauf statt. Der Konsument trifft direkt in der Kaufsituation eine Entscheidung. Der Kauf ist damit nicht geplant und erfolgt situativ und mit nur geringer kognitiver Steuerung. Ein solches Entscheidungsverhalten ist für touristische Produkte eher untypisch. Dennoch ist vorstellbar, dass die Entscheidung zu einer Reise in Einzelfällen aus einer besonders positiven oder negativen Stimmung und damit unter hoher affektiver Aufladung erfolgt (vgl. Hofbauer und Dürr 2007: 42-43).

Insgesamt konnte verdeutlicht werden, dass bei der habitualisierten und bei der impulsiven Kaufentscheidung weitestgehend auf eine Informationssuche verzichtet wird. Da sich der Fokus dieser Arbeit auf die Entstehung und Wirkung von Reputation richtet, wird eine Auseinandersetzung des Kunden mit dem jeweiligen Reiseprodukt jedoch vorausgesetzt. Während also das Auftreten von habitualisierten und impulsiven Reiseentscheidungen nicht ausgeschlossen wird, ist die Relevanz der Schlüsselinformationen innerhalb des „Evoked Set" zentral. Es wird daher zu klären sein, ob die Reputation als immaterieller Faktor ebenfalls als entscheidungsrelevantes Kriterium einfließen kann.

2.3 Relevanz der Reputation bei der touristischen Leistung

Um einen Überblick über die für die touristische Kaufentscheidung relevanten Charakteristika zu geben, wird in der Folge zunächst gezeigt, wie sich eine touristische Leistung zusammensetzt. Darauf aufbauend werden die Merkmale der touristischen Leistung beschrieben, um diese dann auf die Reputation zu beziehen und deren Relevanz für den Tourismus deutlich zu machen.

Die Erklärung, wie sich eine touristische Leistung zusammensetzt, führt zur Frage nach der Definition des **Tourismusbegriffs**. Eine Annäherung kann über eine bis heute anerkannte Begriffsbestimmung von Kaspar (1996: 16) erfolgen, der Tourismus als die „*Gesamtheit der Beziehungen und Erscheinungen, die sich aus der Reise und dem Aufenthalt (...) ergeben*", definiert. Diese Beschreibung impliziert, dass sich eine Reiseleistung mindestens aus den Teilleistungen Transport und Unterkunft zusammensetzt. Zusätzlich können die Aktivitäten am Aufenthaltsort als weitere Leistungskomponenten angesehen werden (vgl. Baumgartner und Röhrer 1998: 10). Die touristischen Erscheinungsformen geben den Kontext der Reise vor und bieten der Tourismuswirtschaft[3] Aufschluss über das gästeseitige Informationsbedürfnis. Auf Kundenseite besteht grundsätzlich die Möglichkeit, die Informationen über ein touristisches Gesamtpaket direkt und dezentral über Transport- und Beherbergungsbetriebe oder zentral über einen Reisevermittler, einen Reiseveranstalter oder eine Destinationsmanagementorganisation zu beziehen[4] (vgl. Adjouri und Büttner 2008: 24).

Dadurch wird im Laufe einer Reise immer eine Kombination aus vielen Teilleistungen in Anspruch genommen. In der Literatur wird das touristische Produkt daher als komplexes Leistungsbündel beschrieben. Gleichzeitig besteht Konsens darüber, dass sich ein Großteil der Reisekomponenten aus Dienstleistungen zusammensetzt (vgl. Bieger 2007: 47). Laesser (2004: 27) betont in Bezug auf die touristischen Leistungen daher: *„Information über ein gegebenes Angebot wird (...) zu einem zentralen Element im Entscheidungsprozess"*. Eine Annäherung an den Dienstleistungsbegriff kann helfen, die Merkmale der touristischen Leistung zu ordnen. Dabei sind die Differenzierungsmerkmale von Dienstleistungen jedoch umstritten, und es existieren unterschiedliche Herangehensweisen, um den Begriff „Dienstleistung" zu charakterisieren: das Aufzählen von Beispielen (enumerative Definition), eine Negativdefinition in Abgrenzung zu Sachgütern oder die Formulierung von entsprechenden Merkmalen (vgl. hierzu ausführlich Busch et al. 2008: 863-864 sowie Hogreve 2007: 13-15). Der letztgenannte Ansatz wird hier präferiert, da dieser es erlaubt, sich dem Charakter der touristischen Leistung zu nähern. Da die Einteilung in der Literatur nicht einheitlich ist, werden zur Charakterisierung im Folgenden die Termini der Immaterialität (oder Intangibilität), des Uno-actu-Prinzips (oder der Simultanität von Produktion und Konsum), der Individualität (oder Heterogenität) sowie der Integrativität (oder des externen Faktors) herangezogen (vgl. Zeithaml et al. 2009: 20-21; Busch et al. 2008: 868-873 sowie Meffert und Bruhn 2009: 40-45). Diese grundlegenden Merkmale kennzeichnen das touristische Produkt zum einen und weisen zum anderen auf verschiedene Konsequenzen hin. Zeithaml et al. (2009: 20) verdeutlichen eine Reihe dieser Implikationen für die Marketingpraxis. Sie gehen dabei auch auf die Folgen auf Anbieterseite ein. Hier sollen jedoch vornehmlich die kundenseitigen Konsequenzen aufgegriffen werden. Denn schließlich ist es der Kunde, der die Beurteilung einer Leistung weiterträgt; seine Meinung ist für die Reputationsbildung entscheidend.

---

[3] „Tourismuswirtschaft" soll hier alle Leistungsträger, die zu einer Reise beitragen, umfassen.

[4] Reiseveranstalter kombinieren einzelne touristische Leistungen zu einer neuen touristischen Gesamtleistung. Reisevermittler hingegen werden damit beauftragt, fremde touristische Gesamtleistungen zu verkaufen. Destinationsmanagementorganisationen fungieren als Dienstleister für öffentliche und private Tourismusunternehmen und integrieren damit ebenfalls Informationen. Die Abgrenzung zwischen diesen Strukturen ist fließend (vgl. Adjouri und Büttner 2008: 24-26).

Die **Immaterialität** zeigt sich darin, dass die touristische Leistung vor dem Kauf nicht beurteilt werden kann: „*When travel is bought it is typically no more than information (...). What the traveller is buying is the right to the product (...) at some time in the future. Travel is information at the point of sale*" (WTO 1999: 3). Der Kunde erwirbt zunächst lediglich das Recht, die Reise durchzuführen. Die qualitative Ausprägung beruht lediglich auf dem Leistungsversprechen des Anbieters. Bieger und Laesser (2000: 82) betonen daher: „*Die Information determiniert aus Sicht des Gastes Qualität und Quantität des Risikos, welches mit einem solchen Leistungsversprechen einhergeht*". Eine Reiseleistung kann demzufolge ex ante nicht inspiziert werden. Im Tourismus kommt hinzu, dass es sich in der Regel um komplexe Leistungsbündel handelt. In der Literatur wird daher richtigerweise die Auffassung vertreten, dass sich zusammengesetzte Leistungen zwischen vollständig materiellen und vollständig immateriellen Komponenten bewegen (vgl. Hogreve 2007: 17-18 sowie Abbildung 3).

Abbildung 3: Immaterialitätsgrad von Leistungen

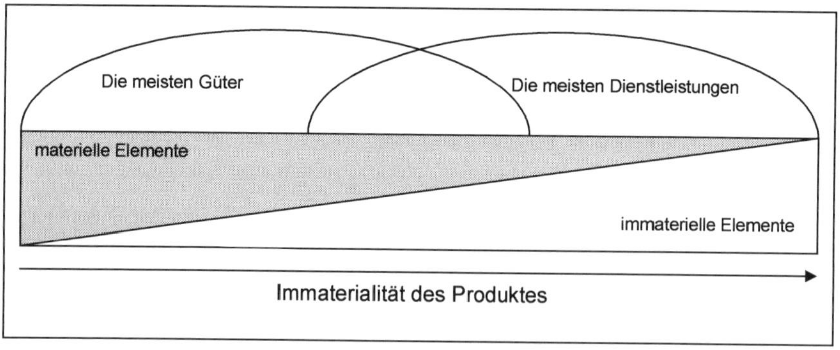

Quelle: Hogreve 2007: 17 in Anlehnung an Rushton und Carson 1989: 28.

Es kann angenommen werden, dass Reputation im Sinne einer Schlüsselinformation vor dem eigentlichen Kauf einen Teil der Unsicherheit, die sich aus der Immaterialität der Leistungsbestandteile ergibt, kompensieren kann. Dennoch sind diese Möglichkeiten kein Ersatz für eine tatsächliche Inspektion vor Ort. Denn die eigentliche Leistung wird erst in der Zielregion erbracht, weshalb auch von einer Simultanität aus Produktion und Konsumtion **(Uno-actu-Prinzip)** gesprochen wird. Daher sind auch Sachgüterelemente der touristischen Leistung für den Gast ex ante meist nicht direkt inspizierbar. Die Konsequenzen einer Kaufentscheidung sind damit irreversibel (vgl. Werthner und Borovicka 2006: 313).

Dieses Risiko eines potenziellen Fehlkaufes ergibt sich auch aus der **Individualität** einer Reise, wie sie sich aus den Serviceleistungen und den externen Bedingungen, wie beispielsweise dem Wetter, ergibt. Daraus resultiert ein heterogenes Leistungsergebnis, da sich die einzelnen Teilleistungen bei jedem Gast unterscheiden und auch unterschiedlich wahrgenommen werden. Im Hinblick auf die Reputation können Kundenbewertungen daher immer auch individuell unterschiedlich ausfallen (vgl. Busch et al. 2008: 872-873).

Die Charakteristika der Immaterialität, des Uno-actu-Prinzips sowie der Individualität beeinflussen zwar die Leistungserstellung, äußern sich jedoch erst im Leistungsergebnis. Die **Integrativität**[5] beeinflusst hingegen direkt den Leistungserbringungsprozess (vgl. Hogreve 2007: 19). Zahlen des „ADAC Reisemonitors" belegen den Willen der Reisenden, am Leistungserstellungsprozess mitzuwirken. So gaben 70,6 Prozent der Befragten an, dass sie die komplette Reise oder Teile davon selbst organisieren (ADAC 2012: 27). In der Praxis scheint es zudem schwer vorstellbar, dass ein Kunde eine gesamte Reise ohne eigene Mitwirkung realisieren kann. Die Dienstleistung kann also nur erbracht werden, wenn der Kunde sich selbst in den Leistungserstellungsprozess integriert, um dadurch die Grundlage für das Leistungsergebnis zu schaffen (vgl. Bieger 2007: 12-13). Er wird durch diese unmittelbare Einbeziehung zum Koproduzenten und kann durch den Austausch mit dem Anbieter selbst Einfluss auf das Leistungsergebnis nehmen. Durch die Integration dieses „externen Faktors" können Kundenwünsche potenziell besser erfüllt werden. Die Teilnahme sowie der Austausch zwischen Kunde und Anbieter können in der Konsequenz dann zu einem positiven Leistungsergebnis führen (vgl. Busch et al. 2008: 871-872). Dennoch bleibt das Leistungsergebnis vom Verlauf der Interaktion zwischen Kunde und Anbieter abhängig, wodurch die Ergebnisqualität a priori nicht garantiert werden kann.

Busch et al. (2008: 872) sehen aufgrund dieser Position des Kunden die Leistungsfähigkeit des Anbieters als weiteres Charakteristikum von Dienstleistungen an. Diese wird hier jedoch eher als Konsequenz der Charakterisierung, denn als eigenständiges Merkmal gesehen. Gleichwohl werden alle zeitlich stabilen Leistungscharakteristika, also die gesamte Infrastruktur eines Anbieters sowie die Kompetenz zur Aufgabenerfüllung, dieser potenziellen Befähigung zugesprochen (vgl. Meffert und Bruhn 2009: 41-42). Da der Kunde sich trotz dieser tangiblen Merkmale nicht von dieser Leistungsfähigkeit überzeugen kann, muss er sich im Hinblick auf seine Reiseentscheidung am wahrgenommenen Leistungspotenzial orientieren, um die Ergebnisqualität antizipieren zu können. Die Leistungsfähigkeit des Anbieters ergibt sich nach Busch et al. dabei jedoch nicht nur aus der Summe der angebotenen Teilleistungen, sondern auch aus deren Abstimmung. Für den Kunden muss sich somit ein konsistentes Bild der Gesamt-

---

[5] Es muss angemerkt werden, dass sich das Merkmal der Integrativität auch auf Sachleistungen beziehen kann, wenn diese kundenindividuell erstellt werden (vgl. Hogreve 2007: 19-20). Auch wenn mit dem Charakteristikum der Integrativität also keine Abgrenzung zwischen Sach- und Dienstleistungen möglich ist, so ist doch ersichtlich, dass sich dieses Merkmal fast immer auch auf das touristische Produkt beziehen kann. Zu denken ist hier besonders an das Prinzip des „Dynamic Packaging", bei dem der Kunde Einfluss auf die Kombination der einzelnen Teilleistungen nehmen kann.

leistung ergeben, damit das Leistungspotenzial positiv bewertet wird, was die Relevanz der Reputation – verstanden als Schlüsselinformation – in diesem Prozess betont (vgl. Stiller 2006: 54).

Zusammenfassend kann festgehalten werden, dass die **Reputation** ein entscheidender Faktor der Reiseentscheidung im Internet sein kann, wenn sie das wahrgenommene Leistungspotenzial beim Gast durch die Rezeption von Kundenbewertungen prägt. Denn durch das Lesen von Kundenbewertungen und Anbieterinformationen entstehen bereits bei der Urlaubsrecherche Kontaktsituationen. Die Bewertung der Reiseleistung beginnt somit schon vor dem eigentlichen Leistungsbezug. Dadurch hat das wahrgenommene Leistungspotenzial nicht nur Einfluss auf die Entscheidung, sondern ist Teil der Gesamtbewertung der touristischen Leistung (vgl. auch Hogreve 2007: 19).

2.4 Relevanz der Reputation im Internet

Für das touristische Produkt spielten **IuK-Technologien** bereits vor der Etablierung des Internets eine entscheidende Rolle. Dies lässt sich auch auf die beschriebenen Charakteristika der Reiseleistung zurückführen. Alle Informationen, die dem Kunden helfen, das Leistungspotenzial des Anbieters einzuschätzen, erfahren eine hohe Relevanz bei der Reiseentscheidung. Hierdurch kann auch die zentrale Rolle von Informationssystemen im Tourismus erklärt werden (vgl. Laesser 2004: 8). Gemäß der Simultanität von Produktion und Konsumtion muss zunächst eine räumliche Distanz überbrückt werden, um das touristische Produkt in Anspruch nehmen zu können. Hierbei können moderne IuK-Technologien in der Tourismuswirtschaft einen entscheidenden Beitrag leisten. Erwähnenswert sind in diesem Zusammenhang zwei tourismusspezifische Informationssysteme, welche die Tourismusindustrie seit Langem prägen: die Computerreservierungssysteme (CRS) sowie die Global Distribution Systems (GDS). Ziel beider Technologien ist die Übertragung von Echtzeitinformationen, um touristische Leistungen effizient distribuieren zu können (vgl. Dettmer 2008: 62-68). Egger (2005: 78) stellt daher treffend fest, dass *„kaum eine andere Branche (...) auf eine derart lange und erfolgreiche Geschichte im Zusammenspiel mit den IuK-Technologien zurückblicken"* kann. Buchungs- und Informationssysteme im Internet beziehen dabei zunehmend auch Kundenbewertungen mit ein (beispielsweise die Hotelbuchungsplattform HRS). Auch aufgrund dieser Entwicklung prägt das Internet das touristische Reputationsmanagement.

Um diese gesteigerte Relevanz der Reputation zu erläutern, wird das Internet im Folgenden auf Basis konstitutiver Charakteristika kommunikationstheoretisch eingeordnet. Je nach Autor finden sich dabei Differenzierungen mit unterschiedlichen Betrachtungsschwerpunkten. Ein grundlegendes Unterscheidungsmerkmal ist die Einteilung in lineare und nichtlineare Medien. Linearität ist dann gegeben, wenn die Informationsreihenfolge eingehalten werden muss, wie dies beispielsweise bei einer Fernseh- oder Hörfunksendung der Fall ist. Im Gegensatz dazu zählt das Internet zu den nichtlinearen Medien, da der Nutzer die Informationsreihenfolge aktiv selbst bestimmen kann bzw. muss (vgl. Meeder 2007: 54). Eine populäre Unterteilung mit ökonomischem Fokus findet sich bei Wirtz (2001). Ihm zufolge ergeben sich durch Digitalität, Vernetzung und Globalität veränderte wirtschaftliche Gesetzmäßigkeiten (vgl. Wirtz 2001: 23). Der Unterschied zur analogen Geschäftswelt beruht ihm zufolge auf den eingesetzten Technologien und deren Rahmenbedingungen. Weil in der digitalen Geschäftswelt Produkte durch Informationen repräsentiert werden, ist die Internetökonomie in erster Instanz ein Informationsgeschäft.

Abbildung 4: Der Online-Kommunikationsprozess über das Internet

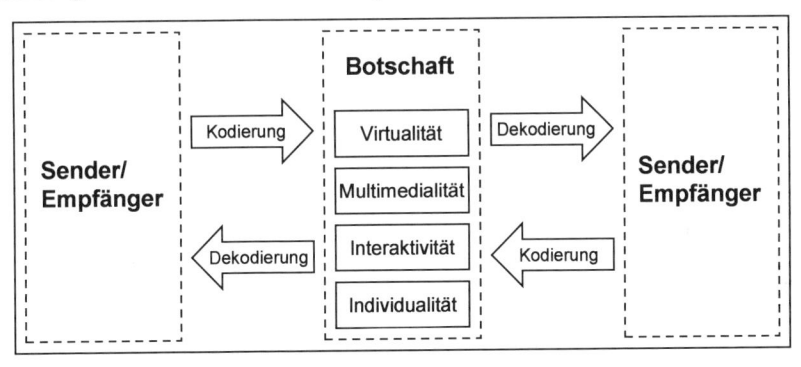

Quelle: Vereinfachte Darstellung in Anlehnung Kollmann 2007: 33.

Eine Einteilung mit touristischem Bezug findet sich bei Egger (2005: 26-28). Er bezieht sich auf Vesper (1998), der sieben „Paradigmen des Internets" identifiziert: Interaktivität, Freiheit, Multimedialität, Vielfalt, Virtualität, Globalität und Zeitstruktur. Da diese Paradigmen sich jedoch auf unterschiedliche Sachverhalte beziehen, ist die Einteilung von Kollmann (2007: 32-44 sowie Abbildung 4), dessen Kategorisierung sich an den kommunikationsrelevanten Charakteristika orientiert, hier angemessener. Er differenziert zwischen Virtualität, Multimedialität, Individualität und Interaktivität. Diese Merkmale bestimmen Kollmann (2007) zufolge den Online-Kommunikationsprozess und unterscheiden ihn so von klassischer Individual- und Massenmedienkommunikation. Sie werden im Folgenden auf den Tourismus bezogen und ihre Konsequenzen für die Reputation werden verdeutlicht.

Bei der Entscheidung über eine Reisebuchung kommt zunächst zum Tragen, dass Informationseinheiten im Internet kombinierbar sind. Digitale Informationen sind nicht an bestimmte Orte gebunden. **Virtualität** impliziert die Möglichkeit einer Entkopplung der Kommunikation von Raum und Zeit. Daraus resultiert, dass Informationseinheiten nicht mehr einer bestimmten Kategorie zugeordnet werden müssen (vgl. Weinberger 2008: 20-27). Das Kommunikationsmittel Internet hat damit die Eigenschaften eines ubiquitären Mediums (vgl. Kollmann 2007: 34). Hieraus ergeben sich im Kontext der Reputation zwei Konsequenzen: Zum einen ist es Anbietern möglich, durch Bewertungs-, Karten-, Bilder- und Videodienste vielfältige Informationen bereitzustellen, die weltweit und zeitunabhängig abrufbar sind (vgl. Fritz 2005: 153-154). Zum anderen erfährt das sogenannte „Word of Mouth" eine neue Dimension, da Informationen lediglich ein einziges Mal bereitgestellt werden müssen und danach beliebig oft und vor allem unverändert verbreitet und abgerufen werden können (vgl. Wohland 2008: 21). Im Hinblick auf die Reputation sind Kundenbewertungen unabhängig von Ort und Zeit abrufbar und können über stationäre oder mobile Endgeräte unmittelbaren Einfluss auf die Wahl einer touristischen Leistung nehmen.

Mit der virtuellen Kommunikation im Internet wächst gleichzeitig auch die Anonymität. Personen können sich, ohne ihre Identität zu offenbaren, frei im Internet bewegen (vgl. Kollmann 2007: 35). Dabei besteht auch die Möglichkeit, dass Leistungsanbieter opportunistisch handeln und unter falscher Identität versuchen, Kundenmeinungen zu manipulieren, um die eigene Reputation positiv zu beeinflussen. Bei entsprechenden Untersuchungen der Stiftung Warentest konnte festgestellt werden, dass vorsätzlich falsch eingestellte Bewertungen lediglich in zwei von 13 Fällen von dem jeweiligen Bewertungsportal erkannt wurden, was für die derzeitige Möglichkeit der Manipulation spricht (Stiftung Warentest 2010: 76-79). Gleichzeitig ist jedoch auch die Tendenz zu erkennen, dass die Abgabe einer Kundenbewertung zunehmend die Registrierung über ein soziales Netzwerk voraussetzt (beispielsweise mithilfe der Facebook-Connect-Funktion, die einer Internetseite Zugriff auf das Facebookprofil eines Anwenders erlaubt) (vgl. May 2010b).

Multimedialität ist ein weiteres Charakteristikum, das die Bedeutung der Reputation erhöht. Laut Kollmann (2007) bezieht sie sich auf die Ausgestaltung des virtuellen Kontaktes, wofür verschiedene Medienformate wie Bild, Text, Ton oder Video zur Verfügung stehen (vgl. auch Meeder 2007: 54 sowie Rougé 1994: 5). Mit dem Einsatz dieser multimedialen Formate und deren Kombination sind innovative Kommunikationsmöglichkeiten gegeben, die den Austausch und die Darstellung von Informationen effektiver und attraktiver machen können (vgl. Kollmann 2007: 36-37 sowie Nielsen 1995: 5-11). Das Bewertungs- und Buchungsportal HolidayCheck bietet in diesem Zusammenhang eine mobile Applikation an, mit der sogenannte QuickChecks realisiert werden können. Durch das Programm werden Gäste geortet und dem entsprechenden Hotel zugeordnet, in dem sie sich gerade befinden. Nun kann unmittelbar in der Situation, in der ein Service als besonders gut oder schlecht empfunden wird, ein Text, ein Foto oder ein Video dazu aufgenommen und in sozialen Netzwerken wie beispielsweise Facebook veröffentlicht werden (vgl. Amersdorffer 2011).

Im Rahmen der Reputation ist auch das Merkmal der **Individualität** relevant, da laut Kollmann (2007: 42) ein Wechsel „*von einer passiven, anonymen und massenmedialen Kommunikation zu einer (inter)aktiven, individualisierten und multimedialen Kommunikation*" möglich wird. Dies ist im Kontext der Reputation elementar, weil damit weitreichende Veränderungen in der Kommunikation des Unternehmens mit dem Kunden verbunden sind. Denn dadurch ist der fließende Wechsel zwischen Massen- und Individualkommunikation möglich. Innerhalb des sozialen Netzwerkes Google+ wird beispielsweise keine Nachrichtenfunktion mehr angeboten. Die persönliche Ansprache eines einzigen Kommunikationspartners oder einer Gruppe ergibt sich dann durch die Eingrenzung der Empfängerliste, die auch öffentlich sein kann. Relevant für die Reputation ist nun der Umstand, dass Massen- und Individualkommunikation auch konvergieren können, wenn beispielsweise eine öffentliche Kundenbewertung beantwortet wird. Der Anbieter schreibt in diesem Fall zum einen direkt an den Gast, der die Bewertung abgegeben hat, und zum anderen auch an das Publikum, das die Bewertung liest. Riemer und Klein (2001:141) stellen zudem fest, dass Individualisierung und Personalisierung „*zum einen durch den Kunden (explizit) erfolgen, der das Web-Angebot (...) selbst konfiguriert. Zum anderen kann die Personalisierung durch (...) sein elektronisch hinterlegtes Profil (...) erfolgen (implizit)*". Die explizite Personalisierung erfolgt also durch die aktive Teilnahme des Kunden, wohingegen die implizite Personalisierung auf Daten zurückzuführen ist, die ein System über den Kunden gesammelt hat (vgl. Kollmann 2007: 43). Ein weiterer Effekt der Individualität besteht also darin, dass Informationen und Angebote an die Bedürfnisse einzelner Kunden angepasst werden können. Dies erfolgt in der Regel über das Sammeln von Daten, wodurch Informationsfilter bei Internetanwendungen eingebaut werden können, die zunehmend auch entscheidungsrelevant werden (vgl. Fritz 2005: 166). Diese Individualisierung ist mehr und mehr an den sogenannten „Social Graph", also das eigene digitale Freundschaftsnetzwerk, gekoppelt. Ein Beispiel dieser Personalisierung ergibt sich aus der oben bereits beschriebenen Facebook-Connect-Funktion, die TripAdvisor auch im Rahmen der „Friend-of-a-Friend"-Anwendung nutzt, um jedem Nutzer eine individuelle Darstellung der Internetseite zu ermöglichen, bei der sowohl Bewertungen seines eigenen Freundschaftsnetzwerkes als auch seiner „Freundesfreunde" präferiert angezeigt werden (vgl. Sawers 2012).

Das im Rahmen der Reputation entscheidende, von Kollmann (2007: 38-41) benannte Merkmal ist jedoch die **Interaktivität**, die den Gast überhaupt erst dazu befähigt, eine Produzentenrolle einzunehmen und eigene Bewertungen abzugeben. Denn im Internet endet die Kommunikation nicht mit dem Aussenden einer Botschaft. Der Kunde kann auf Inhalte des Anbieters reagieren und wird so selbst zum Produzenten einer Nachricht. Die Bedeutung und Reichweite von Informationen entwickelt sich erst im Diskurs. Dies ist im Kontext der Reputation elementar, da damit weitreichende Veränderungen in der Kommunikation des Unternehmens mit dem Kunden verbunden sind. Der Austausch, der durch diese Rückkanalfähigkeit entsteht, wird auch als soziales Internet oder Social Web bezeichnet. Die Nutzer können selbst zu Produzenten von Inhalten werden und diese öffentlich oder privat teilen. Das eindeutige Verhältnis von Sender und Empfänger löst sich dadurch auf. So ist jeder Kommunikationsteilnehmer potenziell Sender und Empfänger zugleich (siehe auch Abbildung 4). Leggewie und Bieber (2004: 9) bezeichnen „Interaktivität" daher auch als das Schlüsselwort der neuen IuK-Technologien. Im Internet wird der Nutzer selbst aktiv und kann den Rezeptionsprozess dementsprechend beeinflussen (vgl. Goertz 2004: 98-99). Alle Nutzer des Internets können zu Produzenten von Inhalten werden und diese öffentlich publizieren. Das vormals eindeutige Verhältnis von Sender und Empfänger löst sich im Internet auf. Potenziell ist jeder Kommunikationsteilnehmer Sender und Empfänger zugleich (vgl. Abbildung 4). Diese Produzentenrolle des Kunden stellt somit den Ausgangspunkt der Reputationsentwicklung im Internet dar. Zentral ist dabei die Möglichkeit der Einflussnahme auf die Informationen sowie die Umkehrung der Kommunikationsrichtung (vgl. Leggewie und Bieber 2004: 9). Ein Novum ergibt sich aus der Überlagerung von Massen- und Individualkommunikation. Praktisch bedeutet dies, dass Reiseinformationen im Internet auf Basis eines dualen Kommunikationsprozesses entstehen, bei dem der Nutzer nicht nur entscheidungsrelevante Reiseinformationen abrufen, sondern auch selbst bereitstellen kann. Somit wird die Qualität eines touristischen Leistungsträgers zunehmend unter den Marktindividuen selbst diskutiert. Durch die Veränderungen hin zu einer interaktiven Kommunikation können auch Anbieter selbst in diesen Prozess eingreifen, was ein enormes Potenzial für wirtschaftliche Aktivitäten bedeutet. Diese positive Konnotation ist in Verbindung mit dem Interaktivitätsbegriff häufig anzutreffen und sie ist aufgrund des erläuterten Potenzials prinzipiell auch richtig. Dennoch wäre es falsch, aus dieser Tatsache auf eine kausale Beziehung zwischen Interaktivitätsniveau und wirtschaftlichem Erfolg zu schließen (vgl. Gerpott 2004: 61). Denn Interaktion kann bei berechtigter Kritik auch zu einer negativen Reputation führen. Die Relevanz dieser Öffentlichkeit wird durch die Mechanismen des Social Web ermöglicht. Kruse (2010: 4) nennt in diesem Zusammenhang drei systemimmanente Charakteristika, welche die Verbreitungsgeschwindigkeit von Informationen im Internet erhöhen: Erstens habe sich die Vernetzungsdichte der Gesellschaft durch die sozialen Netzwerke erhöht. Zweitens könne durch die digitale Form der Information eine Verbreitung sehr rasant verlaufen. Durch das Teilen von Inhalten entstehen ihm zufolge „kreisende Erregungen". Diese können sich drittens durch „Spontanaktivität" der Nutzer sehr schnell aufschaukeln.

Zusammenfassend lässt sich feststellen, dass im Internet der Wechsel von Individual- zu Massenkommunikation fließend ist, sodass es viele Funktionen der klassischen Kommunikationsmedien in sich vereint und die Formen der Ansprache erweitert. Strukturell ist das Internet also ein Medium neuen Typs, das sich von den herkömmlichen Medien wie Zeitung, Hörfunk oder Fernsehen grundlegend unterscheidet. Das Internet ist nicht nur ein weiterer Kommunikationskanal, sondern es kann vielmehr als zentrales Element einer umfassenden Markt- und Kundenorientierung eingesetzt werden (vgl. Fritz 2005: 176).

2.5 Zusammenfassende Betrachtung

Die thematischen Grundlagen liefern wichtige Erkenntnisse für den Bezugsrahmen dieser Untersuchung. Gleichzeitig konnte eine klare Eingrenzung des Untersuchungsrahmens erfolgen. Dies erlaubt eine fokussierte Sichtweise auf die Problemlage.

Es konnte verdeutlicht werden, dass sich die Relevanz des touristischen Produktes durch hohe monetäre und zeitliche Aufwendungen ergibt. Aufgrund dessen kann davon ausgegangen werden, dass die Reiseentscheidung häufig extensiv oder limitiert erfolgt. Eine solche Form der Entscheidung liegt häufig auch dann vor, wenn der Käufer bereits eine Urlaubsreise in eine Region unternommen hat und mit den Leistungen grundsätzlich vertraut ist. Dies ist darauf zurückzuführen, dass das touristische Leistungsergebnis heterogen ist. Es liegt stets ein gewisses Maß an Neuartigkeit vor, wodurch der Reisende zwar ein grundlegendes, jedoch nicht ausreichendes Evoked Set besitzt, das jeweils durch einen Suchprozess ergänzt werden muss. In diesem Zusammenhang wurde angemerkt, dass die Reputation eine Schlüsselinformation bei einer **Reiseentscheidung** sein kann. Weil sich die touristische Leistung aus zahlreichen Einzelprodukten diverser Leistungsträger zusammensetzt, ist für den Kunden eine Komplexitätsreduzierung hilfreich. Ebenfalls charakteristisch für die Entscheidungsfindung bei der touristischen Leistung ist eine hohe kognitive und emotionale Beteiligung, wodurch sich die Entscheidungsdauer verlängert. Daraus lässt sich schließen, dass der Reiseentscheidung meist eine umfassende Informationssuche vorausgeht. Dennoch sind auch habitualisierte und impulsive Reiseentscheidungen vorstellbar, beispielsweise wenn ein Reisender stets die gleiche Destination wählt (habitualisiert) oder aber bei Lastminuteangeboten (impulsiv). Erfolgt die Reiseentscheidung habitualisiert, kann Reputation ein Instrument sein, um die Kundenbindung zu festigen, da das touristische Produkt eine an Personen gebundene Dienstleistung ist, zu denen eine Beziehung aufgebaut werden kann. Im Gegensatz dazu ist bei einer impulsiven Kaufentscheidung anzunehmen, dass der Reputation des Anbieters eine zentrale Position als Schlüsselinformation zukommt, sollte das Evoked Set bereits entsprechend strukturiert sein. Auch die **Reputation** gilt als eine Schlüsselinformation: *„Reputation ist gewissermaßen die öffentliche Information über die bisherige Vertrauenswürdigkeit eines Akteurs. Sie spielt (...) eine große Rolle, wenn (...) im Web keine Rückschlüsse auf die Qualität der Leistung möglich sind"* (Picot et al. 2001: 126). Grundsätzlich sind somit alle Entscheidungsarten im Kontext der Reputation bedeutsam. Dennoch ist die Aufnahme von Informationen in besonderem Maße relevant, da in diesem Prozess eine Auseinandersetzung mit und ein Austausch über die Reiseleistungen stattfindet, wodurch die Reputation erst entwickelt wird. Daher steht dieser Prozess auch im Fokus der vorliegenden Arbeit.

Die Relevanz der Information wird auch durch die **touristischen Leistungsmerkmale** betont. Aufgrund ihrer Immaterialität ist eine Reise zunächst ein bloßes Versprechen einer potenziellen Leistungsfähigkeit des Anbieters (vgl. Meffert und Bruhn 2009: 41-42). Weil es bei einer Reise kein vorfabriziertes Produkt gibt, entsteht dieses erst mit der Einlösung des Leistungsversprechens (Uno-actu-Prinzip). Auf diese Weise fallen Leistung und Konsum zeitlich zusammen, sodass der Kunde das Produkt weder im Vorfeld testen noch bei Missfallen umtauschen kann (vgl. Bieger und Laesser 2000: 81-82). Hier muss im Rahmen dieser Arbeit gefragt werden, welche inhaltlichen Reputationskomponenten die Wahrnehmung der potenziellen Leistungsfähigkeit eines Anbieters positiv beeinflussen können und damit in der Lage sind, die Immaterialität der Leistungsbestandteile zu kompensieren. Diese Wahrnehmung ist dabei individuell, was sich in zweierlei Hinsicht bemerkbar macht: Erstens kann die Einschätzung der Leistung auf Kundenseite sehr unterschiedlich sein, was zu differenten Bewertungen führen kann. Zweitens können Bewertungen sehr individuell interpretiert werden. Daraus resultiert eine öffentliche Diskussion, was in der Konsequenz zu einer Änderung der Reputation führt. Grundsätzlich kann also bei touristischen Leistungen die inhaltliche Qualität der Information als Erfolgsfaktor bei interaktiven Informationsprozessen zwischen den Kunden untereinander bewertet werden. In der Integrativität des Kunden liegt im Zusammenhang mit der Reputation eine große Chance. Denn der Leistungsanbieter hat durch die Integration des Kunden in den Leistungserstellungsprozess die Möglichkeit, auf den Informationsbedarf des Kunden einzugehen und potenzielle Vorbehalte abzubauen. Schobert (2012) merkt daher treffend an, die Reise des Gastes beginne „*beim ersten Kontakt mit dem künftigen Urlaubsziel, und genauso können (...) die touristischen Marken-Versprechen nicht erst vor Ort, sondern im gesamten Planungs- und Reise-Prozess spürbar, erlebbar, erzählbar*" gemacht werden. Aber auch vor Ort kann durch die Integration des externen Faktors das Urlaubserlebnis beeinflusst werden. Dies wirkt sich dann positiv auf die Reputation aus, wenn der Kunde sich später mit anderen austauscht und innerhalb dieses Interaktionsprozesses eine positive Haltung gegenüber dem Anbieter vertritt. In jedem Fall stehen Kunde und Anbieter in einer interdependenten Beziehung zueinander, denn jede Leistungserstellung ist abhängig vom Integrationsverhalten des Kunden (vgl. Busch et al. 2008: 871). Es kann folglich angenommen werden, dass die Erwartungen des Kunden antizipiert werden müssen, um die Wahrnehmung des Leistungspotenzials zu beeinflussen. Dies kann durch eine gelungene Interaktion im Leistungserstellungsprozess erreicht werden.

Durch diesen Prozess nimmt die Leistungserstellung gleichzeitig Einfluss auf das Leistungsergebnis und fließt in die Gesamtbeurteilung des touristischen Produktes mit ein. Reputation kann in diesem Zusammenhang als Schlüsselinformation dienen, welche die Leistungsfähigkeit und den Leistungswillen des Anbieters vor und während der Leistungserstellung widerspiegelt und die subjektive Risikowahrnehmung mindert.

Diese kann auch durch die **Kommunikationsprozesse im Internet** beeinflusst werden, da sich diese infolge der beschriebenen Charakteristika von einem persönlichen Gespräch grundlegend unterscheiden können. Die Virtualität ermöglicht es dabei im Kontext der Reputation zum einen, dass multimediale Inhalte ubiquitär abgerufen werden, und zum anderen, dass diese unmittelbar und unverändert öffentlich geteilt werden können. Die Identität der Absender ist dabei jedoch nicht immer klar identifizierbar, sodass Informationen mitunter nicht in einen sozialen Kontext eingebettet werden können. Über das Charakteristikum der Individualität ergibt sich hingegen eine Konvergenz von kollektiver und individueller Ansprache. Diese muss nicht zwingend vom Leistungsträger ausgehen, vielmehr können auch Kunden selbst zu Produzenten einer Nachricht werden und diese in Abhängigkeit von ihrer Vernetzungsdichte verbreiten. Sind Kunden vor dem Bezug eines touristischen Produktes verunsichert und können durch die vom Anbieter bereitgestellten Informationen kein Vertrauen aufbauen, so müssen sie auf die Reputation als Schlüsselinformation zurückgreifen. Anders ausgedrückt, kann durch Reputation das Vertrauen des Kunden gestärkt werden (vgl. Einwiller 2003: 89-90).

Zusammenfassend kann damit festgehalten werden, dass der **Reputation** bei der Kaufentscheidung über eine touristische Leistung im Internet eine zentrale Rolle zukommt. Dieser Bedeutung wird mit der Annahme Nachdruck verliehen, dass es sich bei Reputation um ein soziales Phänomen handelt, das in diesem Fall durch die Interaktionsaktivitäten touristischer Kunden im Internet entsteht. Reputation – verstanden als ein Produkt kommunikativer Prozesse – entwickelt sich im Internet also dann, wenn die Bewertung eines Anbieters in einem sozialen Netzwerk verbreitet und anerkannt wird (vgl. Einwiller 2003: 97). Infolge der Interaktionsmöglichkeiten, die das Internet bietet, können aber nicht nur Kunden untereinander Reputation aushandeln. Touristische Anbieter haben selbst die Möglichkeit, an den Aushandlungsprozessen teilzunehmen und so eine Steuerung der Reputation zu erreichen (vgl. Rode 2004: 146-147). Über den Kundenkontakt im Internet erhalten touristische Anbieter direkte Rückmeldungen zu den Kundenurteilen, wodurch die Integration des externen Faktors schon vor einer komplexen Reiseentscheidung möglich wird. In Summe bedeutet dies, dass die Steuerung der digitalen Reputation im Tourismus zunehmend zum entscheidungsrelevanten Erfolgskriterium werden kann.

Die zentralen Ergebnisse dieser thematischen Eingrenzung sind in Abbildung 5 noch einmal zusammengefasst. Das hier erarbeitete Reputationsverständnis sowie dessen thematische Einbettung ermöglicht ein umfassendes Verständnis von Reputation im Kontext dieser Arbeit. Im Folgenden dient diese Vorarbeit dem theoretischen Bezugsrahmen als Grundlage, um die darin besprochenen Ansätze einordnen zu können.

Abbildung 5: Zentrale Erkenntnisse der thematischen Grundlagen

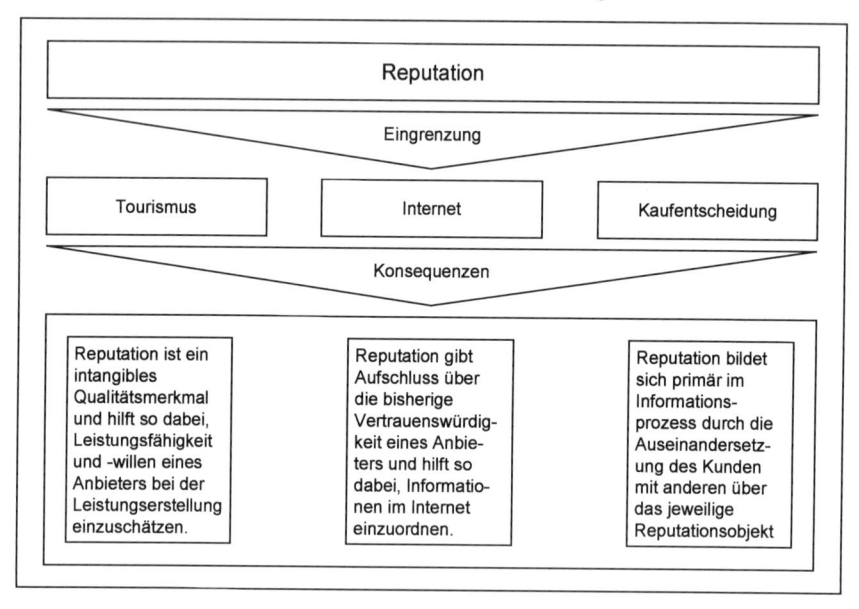

Reputation
Eingrenzung

| Tourismus | Internet | Kaufentscheidung |

| Konsequenzen |

| Reputation ist ein intangibles Qualitätsmerkmal und hilft so dabei, Leistungsfähigkeit und -willen eines Anbieters bei der Leistungserstellung einzuschätzen. | Reputation gibt Aufschluss über die bisherige Vertrauenswürdigkeit eines Anbieters und hilft so dabei, Informationen im Internet einzuordnen. | Reputation bildet sich primär im Informationsprozess durch die Auseinandersetzung des Kunden mit anderen über das jeweilige Reputationsobjekt |

Quelle: Eigene Darstellung.

3. Theoretischer Bezugsrahmen

Nachdem der thematische Rahmen festgelegt und eingegrenzt wurde, gilt es nun, der Untersuchung eine theoretische Basis zu geben. Dazu werden zunächst verschiedene Ansätze der Wirtschafts- und Sozialwissenschaften diskutiert, die für die vorliegende Arbeit hilfreich sein können. Daran anschließend werden ausgewählte Theorieansätze erläutert und auf die Arbeit bezogen. Diese Auseinandersetzung schafft die Rahmenbedingungen und Prämissen, auf denen im Anschluss an dieses Kapitel die Modellierung aufbaut.

3.1 Konzeptionelle Vorüberlegung

In Anlehnung an Fombrun und Shanley (1990) sehen Walsh und Beatty Reputation als das Ergebnis von Unternehmenssignalen an den Kunden, die dieser dann im Diskurs mit anderen verarbeitet. Sie argumentieren weiter, dass aus informationsökonomischer Perspektive die Vorkaufsunsicherheit durch eine hohe Reputation sinkt. Diese Reduzierung der Unsicherheit wirke sich dann positiv auf die Transaktionskosten aus (vgl. Walsh und Beatty 2007: 128). Da eine gute Reputation schwer zu replizieren sei, stelle diese im Sinne des Ressourcenansatzes einen immateriellen Vermögensgegenstand dar, der mit einem Wettbewerbsvorteil gegenüber Konkurrenten verbunden ist. Bezogen auf den Tourismus würde dies bedeuten, dass eine Reise bei gleichen Leistungscharakteristika dort gebucht wird, wo die höhere Reputation aufgebaut werden konnte. Reputation kann auch vor dem Hintergrund des industrieökonomischen Ansatzes erklärt werden. Basierend auf den Überlegungen des Ressourcenansatzes dient sie dann als Markteintrittsbarriere für neue Wettbewerber (vgl. Eberl 2006: 23). Treten neue Wettbewerber in einen Markt, so würde die Reputation des etablierten Anbieters den Markteintritt für den Neuling erschweren. Reputation ist in diesem Verständnis ein Instrument, um Konkurrenten fernzuhalten. Ein weiterer ökonomischer Theorieansatz, auf den sich Walsh und Beatty (2007: 128) übergeordnet beziehen und der sich mit der Bedeutung der Reputation beschäftigt, ist die **Neue Institutionenökonomik**. Im Fokus stehen hier Transaktionen. Reputation wirkt dabei als Instrument, das einem opportunistischen Anbieterverhalten vorbeugen kann, indem der Kunde durch eine negative Bewertung Einfluss auf die Stellung des Anbieters im Markt nimmt (vgl. Windsperger 1996: 970). Diese Gefahr ist auch im Kontext der touristischen Dienstleistungen höchst relevant. Schließlich beziehen sich **verhaltenswissenschaftliche Ansätze** auf das individuelle Kundenverhalten.

Reputation steht dabei dem Einstellungskonstrukt nahe. Einstellung und Verhalten stehen in Zusammenhang. Reputation nimmt daher in diesem Verständnis Einfluss auf die Kaufwahrscheinlichkeit (vgl. Zimmer 2010: 3-8).

Der **Reputationsbegriff** lässt sich also durch mehrere ökonomische Theorieansätze fassen: durch den Ressourcenansatz, den industrieökonomischen Ansatz, die Neue Institutionenökonomik und durch verhaltenswissenschaftliche Ansätze. Beim Ressourcenansatz und beim industrieökonomischen Ansatz wird die Reputation in erster Linie als intangibler Vermögensgegenstand angesehen, welcher der Abwehr neuer Wettbewerber dient (vgl. Helm und Klode 2011: 99). In der Neuen Institutionenökonomik sowie in den verhaltenswissenschaftlichen Ansätzen hingegen steht das Verhältnis zwischen Kunden und Unternehmen im Fokus (vgl. Zimmer 2010: 4-6). Bei der Frage, wie Reputation beim Kunden entsteht und wie sie sich auf die Reiseentscheidung auswirkt, ergänzen sich die Neue Institutionenökonomik und die Verhaltenswissenschaften: Die Neue Institutionenökonomik betrachtet vor allem objektivierbare Marktbedingungen, die zu einer Unsicherheit seitens des Konsumenten führen können. Damit lassen sich die sichtbaren Auswirkungen der Reputation am Markt erklären. Demgegenüber fokussieren verhaltenswissenschaftliche Ansätze die Unsicherheit auf individueller Ebene beim Kunden selbst. Mit dieser divergenten Akzentuierung der Ansätze kann sowohl die marktwirtschaftliche als auch eine kundenzentrierte Bedeutung von Reputation für die Reiseentscheidung erklärt werden.

Die Kombination mehrerer theoretischer Ansätze mit einem bestimmten Fokus ist in der Konsumentenforschung nicht ungewöhnlich (vgl. Buber 2005: 193-195). Der Vorteil besteht in der Möglichkeit, das Zusammenspiel von Reputation und Reiseentscheidung aus verschiedenen Perspektiven zu analysieren. Im Rahmen dieser Arbeit konkurrieren die genannten Ansätze nicht miteinander, sondern ergänzen sich und können komplementär genutzt werden (vgl. auch Kaas 1990: 542 sowie Müller 2008: 67).

3.2 Neue Institutionenökonomik

Da bei der touristischen Leistung eine vorab erfolgende Qualitätsbeurteilung durch den Nachfrager ein zentrales Problem darstellt, muss der theoretische Bezugsrahmen die Charakteristika der touristischen Leistung mit aufnehmen. Hierbei bietet sich insbesondere die Neue Institutionenökonomik an. Wesentlich für die Neue Institutionenökonomik ist die Einbeziehung verhaltenswissenschaftlicher Konzepte in die Modelle der Mikroökonomie. *„Die Neue Institutionenökonomie beschäftigt sich mit den aus den Verhaltenswissenschaften bekannten Marktcharakteristika"* (Hegner 2012: 71) wie der begrenzten Rationalität, dem opportunistischen Verhalten, der Existenz unvollständiger Informationen und der Unsicherheit, so Hegner. Auf diese Weise wird die reale Kaufentscheidung des Kunden berücksichtigt (vgl. auch Meeder 2007: 126). Mithilfe von

Institutionen[6] wird versucht, die aus jenen Marktbedingungen resultierende Unsicherheit beim Kunden zu reduzieren: *"Aus der Neuen Institutionenökonomik ergibt sich folglich für die ‚Institution Marketing' die Aufgabe, Unsicherheitsprobleme aus Informationsasymmetrien zu beseitigen"* (Meffert und Bruhn 2009: 55). Möglichkeiten und Grenzen der Unsicherheitsreduzierung sind auch Gegenstand marketingwissenschaftlicher Fragestellungen und beziehen sich dann häufig auf den Theoriekomplex der Neuen Institutionenökonomik. Insofern eignet sie sich auch für diese Untersuchung (vgl. Meeder 2007: 126).

Das Forschungsziel der Neuen Institutionenökonomik liegt in der Identifikation und Analyse exogener und endogener Marktunsicherheiten, die aus Informationsasymmetrien resultieren (vgl. Neumann 2007: 36 sowie Einwiller 2003: 29). Bezogen auf das Reiseinformationsverhalten im Internet lassen sich dabei zwei Informationsprobleme beobachten: Das leistungsbezogene Informationsproblem bezieht sich auf die Immaterialität der Reise. Durch das Social Web wird diese Immaterialität tendenziell abgeschwächt. Denn Hotelbewertungen, Videos von Destinationen, Fotos auf Flickr oder Kartendienste wie Google Maps verleihen dem touristischen Produkt eine gewisse Greifbarkeit. Dennoch bleibt das Leistungsergebnis durch den hohen Serviceanteil sowie äußere Umstände wie Wetter, störende Hotelgäste etc. heterogen. Das zweite Informationsproblem beruht auf dem unterschiedlichen Informationsstand der Transaktionspartner. Obwohl der Kunde im Internet recherchieren und sich durch Bewertungen von anderen Gästen informieren kann, bleibt sein Wissen dem der Anbieter unterlegen. Marketing kann sich dann darauf ausrichten und versuchen, die Unsicherheit und Transaktionskosten zu senken (vgl. Meffert und Bruhn 2009: 55-56). Die genannten Zusammenhänge werden durch die Informationsökonomik behandelt, die sich an die Neue Institutionenökonomik anschließt und die daraus entstandene Prinzipal-Agenten-Theorie sowie die Transaktionskostentheorie integriert. Die letztgenannten Theorien beziehen sich auf die beschriebenen Informationsprobleme, weshalb sie im Folgenden der Erläuterung der Informationsökonomik als Basis vorangestellt werden.

3.2.1 Transaktionskostentheorie

Die Transaktionskostentheorie geht auf Forschungsarbeiten von Coase (1937) zurück. Er formuliert in *„The Nature of the Firm"*, dass der Transaktionsprozess selbst bereits mit Kosten verbunden ist. Die zentrale Idee von Coase besteht darin, für eine Transaktion möglichst effektive Koordinations- und Abwicklungsformen zu entwickeln, um die Kosten der Transaktion zu minimieren (vgl. Windsperger 1996: 966). Dieser Leitgedan-

---

[6] In der Literatur wird der Institutionenbegriff mitunter weit gefasst. Picot und Dietl (1990: 178) schließen *„neben Märkten und Unternehmungen z.B. auch soziale Normen, die Sprache, das Geld und rechtliche Einrichtungen"* mit ein.

ke wurde von Williamson (1975) zu einer Transaktionskostentheorie weiterentwickelt. Die Transaktionskosten, die Coase ursprünglich als „marketing costs" bezeichnet, lassen sich nach Picot (1982: 270) in verschiedene Arten von Kosten gliedern. So fallen vor einem Vertragsabschluss Anbahnungskosten im Rahmen der Informationssuche und Entscheidungsfindung an. Nach der Entscheidungsfindung entstehen Vereinbarungskosten durch die Ausgestaltung von Verträgen. Die Abwicklungskosten beziehen sich auf die Formalitäten, die innerhalb eines Buchungsvorgangs notwendig sind. Aber auch nach Vertragsabschluss entstehen Kosten. Kontrollkosten ergeben sich aus der Überwachung von vertraglich festgelegten Vereinbarungen, Anpassungskosten können durch veränderte Rahmenbedingungen und deren Klärung anfallen, und mit der Beendigung einer Austauschbeziehung sind schließlich Auflösungskosten verbunden (vgl. Picot und Dietl 1990: 178 sowie Neumann 2007: 37-38).

Dabei ist zu beachten, dass die Ex-post-Kosten nicht separat gesehen werden können, da diese auch die Ex-ante-Informationssuche beeinflussen können. Die Gesamtheit der Transaktionskosten bezieht sich also auf die Informationsmenge, die nötig ist, um mit einer bestimmten Gewissheit eine Wahl treffen zu können (vgl. Kuß und Tomczak 2007: 123). „Gewissheit" bedeutet allerdings nicht, dass in einer Entscheidungssituation eine absolute Informationstransparenz herrscht. Tatsächlich besteht in jeder Kaufentscheidungssituation das potenzielle Risiko eines Fehlkaufes. Dementsprechend ist das Ziel weniger der Ausschluss eines Kaufrisikos als dessen Reduzierung. In welchem Maße Informationen eingeholt werden, hängt nach der Logik der Transaktionskostentheorie von den Kosten ab, die für die Erreichung eines optimalen Informationsgrades notwendig sind (vgl. Martin 2008: 84). Der Entscheidungsträger setzt also die Kosten für neue Informationen ins Verhältnis zu dem Nutzen, den die Informationen für seine Entscheidungsfindung haben. Nach diesem Verständnis helfen Informationen auf funktionaler Ebene, eine Entscheidung herbeizuführen. In der Theorie lassen sich dabei drei Hauptmerkmale identifizieren, die Einfluss auf die Höhe der Transaktionskosten haben: Spezifität, Unsicherheit und Häufigkeit der Transaktionen (vgl. Windsperger 1996: 966).

Die **Spezifität** ist nach Williamson die wichtigste Komponente und beschreibt transaktionsspezifische Investitionen. Eine Leistungsbeziehung ist umso spezifischer, je höher der Differenzbetrag (Quasirente) ist, der durch einen Anbieterwechsel entsteht. Als Folge transaktionsspezifischer Investitionen kommt es zur restriktiven Bindung der Transaktionspartner, da die Barrieren für einen Wechsel zu einem alternativen Geschäftspartner hoch sind (vgl. auch Meffert und Bruhn 2009: 61). Im Kontext der touristischen Leistung ergeben sich dabei durch die Integration des Kunden in den Leistungserstellungsprozess für diesen spezifische Investitionen. Durch die Interaktion mit dem Anbieter entsteht Wissen, das für eine spezifische Reise von großem Nutzen ist, in einem anderen Kontext allerdings nur bedingt eingesetzt werden kann. Die Differenz zwischen der besten und der nächstbesten Transaktionsalternative wird als Quasirente bezeichnet (vgl. Windsperger 1996: 966). Je höher diese Quasirente ist, desto spezifischer ist in diesem Fall die Reiseleistung. Durch die spezifische Ausrichtung eines touristischen Produktes mit hoher Beratungsleistung entsteht also eine Abhängigkeit der Transaktionspartner. Beim Kunden ist die Abhängigkeit zu Beginn des Leistungserstellungsprozesses hoch, da er dem Anbieter alle zur Reiseerstellung notwendigen Informationen zukommen lassen muss. Beim Anbieter steigt die Abhängigkeit hingegen durch die Überführung der Kundeninformationen in konkrete Leistungsangebote, da hierdurch spezifische Ressourcen zur Reiseerstellung aufgebracht werden müssen, die nur bedingt auf andere Kunden übertragbar sind. Diese Abhängigkeit wird erst durch die Bezahlung der Leistung aufgelöst (vgl. Neumann 2007: 39). Je nach Ausprägung kann diese Abhängigkeit von den Transaktionspartnern ausgenutzt werden (vgl. Picot und Dietl 1990: 179). So kann sich der Gast beispielsweise über die Qualität eines Hotelzimmers beschweren und einen Nachlass fordern. Umgekehrt kann das Hotel dem Gast bei seiner Ankunft anstatt des Wunschzimmers ein anderes zuweisen. Der Wechsel zu einem anderen Hotel wäre dann für den Gast mit weit höheren Investitionen verbunden als die Annahme des angebotenen Alternativzimmers.

Die zweite wichtige Dimension der Transaktionskosten ist die **Unsicherheit**. Diese kann bei einer Transaktion grundsätzlich umweltbezogene (exogene) und verhaltensbezogene (endogene) Risiken betreffen. Bei der Umweltunsicherheit stehen unerwartete Entwicklungen, die nicht vorhersehbar sind, im Fokus (beispielsweise Naturkatastrophen oder Terroranschläge in touristisch geprägten Regionen). Diese Einflüsse sind von den Transaktionspartnern nicht zu beeinflussen, können sich jedoch erheblich auf die Nachfrage und das Angebot auswirken (vgl. Martin 2008: 84). Wichtiger ist im Sinne der Transaktionskostentheorie jedoch die Verhaltensunsicherheit. Zurückzuführen ist diese Unsicherheit insbesondere auf die gezielte Ausnutzung von Informationsasymmetrien, wie sie besonders bei Produkten mit heterogenem Leistungsergebnis – also auch im Tourismus – zum Tragen kommen. Dabei geht es beispielsweise um die Frage, ob die einzelnen Leistungsversprechen auch wie angekündigt erfüllt werden (vgl. Martin 2008: 85). Im Bereich des Tourismus können viele Aussagen nicht oder nur schwer geprüft werden. So ist beispielsweise die Überprüfung, ob ein Hotel durch konsequente Mülltrennung, den Gebrauch von Energiesparlampen oder den Bezug von Ökostrom umweltfreundlich handelt, nur mit sehr hohem Aufwand durchführbar. In diesem Fall wird auch von Leistungsunsicherheit gesprochen, da die Leistungsqualität nicht ausreichend kontrolliert werden kann. Eine hohe exogene und endogene Unsicherheit führen zu einer Steigerung der Transaktionskosten. Um eine möglichst transparente und vertrauensvolle Informationssituation sicherzustellen, muss also verstärkt in die Informationssuche (Screening), aber auch in die Informationsübertragung (Signaling) investiert werden (vgl. Meffert und Bruhn 2009: 61-62).

Das dritte Merkmal, das die Höhe der Transaktionskosten mitbestimmt, ist die **Transaktionshäufigkeit**. Mit einer steigenden Zahl von Transaktionen beim selben Anbieter erfolgt ein Wechsel von extensiven zu habitualisierten Kaufentscheidungen (siehe hierzu Kapitel 2.2). Dabei können Transaktionskosten primär durch das Entfallen von Anbahnungs- und Kontrollkosten gemindert werden: Wenn aufgrund der eigenen Erfahrungen Vertrauen aufgebaut werden konnte, erübrigt sich die Kontrolle des Transaktionspartners und vor allem die Suche nach einem neuen Anbieter (vgl. Meffert und Bruhn 2009: 62). Obwohl also der Wechsel von einem Reiseanbieter zum nächsten im Internet unmittelbar erfolgen kann, wirken die sinkenden Transaktionskosten bei häufigen Buchungen beim selben Anbieter einem Wechsel entgegen. Voraussetzung dabei ist, dass es dem Reiseanbieter gelingt, den Gast von der Gesamtqualität seines Angebotes zu überzeugen. Sofern der Anbieter nur ein einzelnes Hotel oder eine Destination offeriert, hängt eine erneute Buchung zunächst davon ab, ob der Gast überhaupt gewillt ist, wiederholt an denselben Urlaubsort zu reisen.

Zusammengefasst heißt das: Aus den Effekten der Spezifität und der damit verbundenen Gefahr des opportunistischen Verhaltens resultieren hohe Transaktionskosten, die durch häufiges Buchen bei ein und demselben Transaktionspartner gesenkt werden können (vgl. Picot und Dietl 1990: 179). Windsperger (1996: 966) weist darauf hin, dass es in der Regel nur dann zu einem opportunistischen Verhalten kommt, wenn die Transaktionsspezifität asymmetrisch verteilt ist. Denn wenn die Investitionen gleich hoch sind, ist bei beiden Seiten die Quasirente identisch und so auch der Verlust, der durch den Wegfall der Transaktion entstehen würde: *„und desto größer ist somit die Motivation der Transakteure, sich kooperativ zu verhalten"* (Windsperger 1996: 967). Anders verhält es sich hingegen bei ungleich verteilter Transaktionsspezifität sowie einem asymmetrischen Informationsstand. Eine gewisse Sicherheit bietet dann aber die Reputation des Anbieters. Denn im Sinne des Ressourcenansatzes kann Reputation als Kapital eines Unternehmens angesehen werden. Das **Reputationskapital** bezieht sich in diesem Zusammenhang auf vergangene Transaktionsprozesse und das faire und kooperative Verhalten des Anbieters. Die Wirkung dieses Reputationskapitals beschreibt Windsperger als:

> *„eine ‚Geisel' in der Hand der potentiellen Transaktionspartner, weil der Unternehmer bei opportunistischem Verhalten in der gegenwärtigen Transaktionsbeziehung nicht nur die transaktionsspezifische Quasirente, sondern auch das Reputationskapital verliert"* (Windsperger 1996: 970).

Die Reputation eines Anbieters wirkt also der Tendenz eines opportunistischen Verhaltens entgegen, da sich ein solches negativ auf Folgegeschäfte auswirkt. Dies ist darauf zurückzuführen, dass von Kundenseite von vergangenen Verhaltensweisen auf zukünftige Handlungen geschlossen wird. Unternehmen sind aufgrund dieses konstruktimmanenten Umstandes potenziell stets der Gefahr des Reputationsverlustes ausgesetzt (vgl. Einwiller 2003: 96). Auf dieser Basis lassen sich Annahmen zur Wirkung von Reputation auf die Reiseentscheidung formulieren: Im Vordergrund steht dabei die Möglichkeit des opportunistischen Verhaltens aufgrund der hohen Transaktionsspezifität und der daraus resultierenden Unsicherheit seitens des Kunden. Diese mündet in erhöhte Anbahnungskosten. Reputation kann in diesem Zusammenhang Vertrauen aufbauen und Unsicherheit mindern.

Allerdings beschränkt sich die Transaktionskostentheorie auf die Analyse der entstehenden Transaktionskosten; andere Faktoren, die das Verhalten der Transaktionspartner beeinflussen, werden ausgeblendet. Hier bietet die Prinzipal-Agenten-Theorie erhebliche Vorteile.

3.2.2 Prinzipal-Agenten-Theorie

Untersuchungsgegenstand der Prinzipal-Agenten-Theorie, die ihrerseits Teil der Neuen Institutionenökonomik ist, ist die Beziehung zwischen Anbieter (Agent) und Nachfrager (Prinzipal). Der Agent wird dabei definiert als Person oder Organisation, die im Auftrag des Prinzipals handelt (vgl. Meffert und Bruhn 2009: 64). Die Delegierung des Auftrags an den Agenten bringt für diesen einen Handlungsspielraum mit sich. Es wird angenommen, dass die Beziehung auf divergenten Interessen beruht. Nach der Prämisse der Nutzenmaximierung versucht der Agent seinen Arbeitsaufwand so gering und seine Entlohnung durch den Prinzipal so hoch wie möglich zu gestalten. Die Interessen des Prinzipals sind konträr (vgl. Neumann 2007: 47). Diese divergente Interessenlage ist Ausgangspunkt dafür, dass in einer Auftragsbeziehung für den Prinzipal ex ante Unsicherheit über das Leistungsergebnis herrscht und sich ex post potenziell ein Nachteil für ihn ergeben kann (vgl. Ebers und Gotsch 2002: 213). Die Ursache dieses Problems liegt im unvollkommenen Informationsstand des Prinzipals über die angebotene Qualität der (Reise-)Leistung und über das Verhalten des Agenten. Die Prinzipal-Agenten-Theorie richtet sich zunächst auf die ökonomische Analyse und dann auf die optimale Ausgestaltung der Beziehung zwischen Leistungsanbieter und Leistungsnehmer (vgl. Neumann 2007: 47).

Der Reisemarkt ist aufgrund der hohen Bedeutung von Informationen in besonderem Maße von einer asymmetrischen Informationsverteilung geprägt. Die Theorie geht dabei davon aus, dass der Zugang zu Informationen begrenzt ist (vgl. Meffert und Bruhn 2009: 64). Diese Prämisse trifft auf elektronische Märkte nur bedingt zu. Denn durch den Einsatz von Suchmaschinen und anderen Informationstechnologien ergibt sich eine wesentlich höhere Markttransparenz als in traditionellen Märkten. Dennoch ist das Problem der unvollständigen Information damit nicht gelöst, zumal im Internet häufig die Informationsquelle unklar ist (vgl. Kapitel 2.4). Dementsprechend ergibt sich ein weiteres Informationsproblem: Die empfangene Information kann nicht in einen Kontext eingebettet und dementsprechend auch nicht bewertet werden. Die Reputation des Senders einer Information kann in diesem Zusammenhang ein wichtiger Indikator für die Validität der Nachricht sein.

Grundannahme ist also, dass die Vertragspartner divergierende Interessen haben, sodass ein opportunistisches Verhalten nicht ausgeschlossen werden kann (vgl. Picot und Dietl 1990: 179). Dies wiederum führt zur Unsicherheit seitens des Prinzipals. Dabei lassen sich drei Arten von Unsicherheit innerhalb einer Leistungsbeziehung unterscheiden, die auf dem opportunistischen Verhalten des Agenten beruhen. Spremann (1990) ordnet diese sogenannten Hidden Characteristics, Hidden Actions und Hidden Intentions danach ein, ob mit dem Agenten bereits ein Vertragsverhältnis geschlossen wurde (vgl. Meffert und Bruhn 2009: 64).

Hidden Characteristics oder **Qualitätsunsicherheit** bezeichnet die Unsicherheit eines Transaktionspartners über die Qualifikation des anderen. In der Regel stellt der Kunde die Qualität des Leistungsanbieters bzw. der angebotenen Leistung infrage. Die Unsicherheit resultiert daraus, dass der Nachfrager vor einem Transaktionsprozess die Qualität verschiedener Anbieter nicht mit Sicherheit bestimmen kann (vgl. Hogreve 2007: 67). Diese Unsicherheit bezüglich der Leistungsqualität sowie der Qualifikation des Agenten trifft auf das Reiseprodukt in besonderem Maße zu, da dieses durch ein heterogenes Leistungsergebnis gekennzeichnet ist (vgl. Kapitel 2.3). Im Rahmen der Anbahnung einer Transaktionsbeziehung wird der Prinzipal daher bestrebt sein, seine Ansprüche durch den Agenten bestmöglich repräsentiert zu sehen (vgl. Henrich 2011: 52-53). In diesem Kontext ergibt sich das Problem der Negativauslese (**Adverse Selection**): Dabei werden hochwertige Angebote nicht als solche erkannt und aussortiert. In diesem Fall liegt ein Kommunikationsproblem vor (vgl. Meffert und Bruhn 2009: 65). Eine grundsätzliche Möglichkeit, um diese Unsicherheit zu reduzieren, ist es, entsprechende Informationssignale zu setzen. Im Rahmen des Dienstleistungsmarketings kann die Lösung des Problems der Negativauslese analog zum Leistungspotenzial gesehen werden (vgl. Kapitel 2.5). Das Leistungspotenzial besitzt besondere Relevanz für den ersten Kontakt des Kunden mit dem Leistungsangebot. Daraus ergibt sich, dass der Leistungsanbieter den Kunden beim Erstkontakt von seiner Leistungsfähigkeit überzeugen muss, damit er sich weiter mit dem Produkt beschäftigt (vgl. Busch et al. 2008: 872). Da die Reputation das öffentlich anerkannte Leistungspotenzial und den Leistungswillen des Agenten repräsentiert, besitzt sie in dieser Austauschbeziehung eine Schlüsselposition (vgl. Helm 2007: 32).

Während sich die Hidden Characteristics aus der Zusammensetzung der touristischen Leistung selbst ergeben, beziehen sich Hidden Actions (**Handlungsunsicherheit**) auf das Verhalten der Partner nach Vertragsabschluss. Es wird dabei unterstellt, dass der besser informierte Transaktionspartner (meist der Agent) durch sein Verhalten einen Vorteil erlangen kann, ohne dass dies von seinem Vertragspartner (meist der Prinzipal) überprüft werden könnte (vgl. Hogreve 2007: 68). Dies trifft insbesondere im Dienstleistungsbereich zu, wo nicht alle Leistungskomponenten für den Gast nachvollziehbar sind. Dementsprechend können auch hier Parallelen zum Dienstleistungsmarketing und der dort erläuterten Phase der Prozessorientierung gezogen werden. Diese folgt der Potenzialphase und ist durch die Integration des Kunden in den Leistungserstellungsprozess gekennzeichnet (vgl. Meffert und Bruhn 2009: 42). Dadurch wird das touristische Produkt in einen interaktiven Prozess eingebunden, der sowohl vom Kunden als auch vom Leistungsträger beeinflusst wird (vgl. Busch et al. 2008: 863). Es ist offensichtlich, dass gerade in der Phase nach Vertragsabschluss durch die Co-Produktion der Leistung ein großes Konfliktpotenzial besteht. Denn der Anbieter tendiert im Sinne der Nutzenmaximierung dazu, seinen Aufwand zu minimieren. Dieses jeweils eigennützige Verhalten wird als **Moral Hazard** bezeichnet (vgl. Meffert und Bruhn 2009: 65). Die Aufnahme der Beziehung zwischen Prinzipal und Agenten ist immer mit einem Risiko für beide Seiten behaftet, das auch nach Vertragsabschluss bestehen bleibt. Reputation fungiert hier als regulierende Instanz. Denn über die öffentliche Bewertung des Agenten im Internet besitzt der Prinzipal die Möglichkeit, Einfluss auf dessen Reputation zu nehmen. Erkennt der Agent seine Reputation als einen immateriellen Unternehmenswert an, so wird er bemüht sein, dem Prinzipal das bestmögliche Urlaubserlebnis zu offerieren (vgl. Schwaiger 2006: 4).

Abbildung 6: Informationsasymmetrien und Agency-Probleme

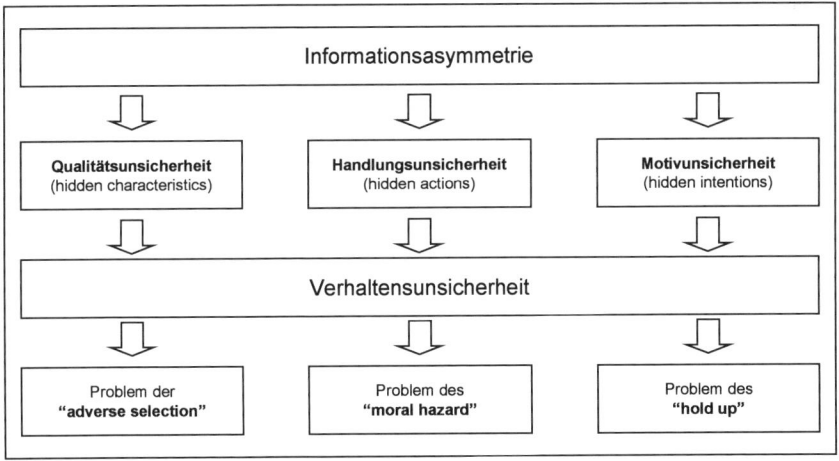

```
                        Informationsasymmetrie
         ⇩                       ⇩                        ⇩
  Qualitätsunsicherheit    Handlungsunsicherheit     Motivunsicherheit
  (hidden characteristics)  (hidden actions)         (hidden intentions)
         ⇩                       ⇩                        ⇩
                        Verhaltensunsicherheit
         ⇩                       ⇩                        ⇩
     Problem der             Problem des              Problem des
  "adverse selection"       "moral hazard"             "hold up"
```

Quelle: Henrich 2011: 52 in Anlehnung an Gaudig 2008: 61.

Die gezielte Zurückhaltung von Informationen seitens des Agenten, um einen eigenen Vorteil zu erlangen, ist die dritte Unsicherheitskomponente und wird Hidden Intentions bzw. **Motivunsicherheit** genannt (vgl. Henrich 2011: 54-55). Für den Prinzipal werden diese Informationen erst nach Abschluss des Vertrages zugänglich. Ihm stehen in einer solchen Situation kaum Handlungsmöglichkeiten zur Verfügung, da er vertraglich an den Agenten gebunden ist. Die Ausnutzung dieser Situation durch den Agenten zur eigenen Nutzenmaximierung wird in der Literatur als **Hold-up** bezeichnet (vgl. Meffert und Bruhn 2009: 65). Das Dienstleistungsmarketing propagiert in dieser ergebnisorientierten Phase, dass der Idealfall eine Übereinstimmung der Erwartungen des Kunden mit dem tatsächlichen Leistungsergebnis ist (vgl. Busch et al. 2008: 863). Die Hold-up-Situation schadet nicht nur dem Gast, sondern kann auch auf die Reputation des Leistungsanbieters zurückfallen (vgl. Windsperger 1996: 967). Denn durch eine Enttäuschung des Prinzipals wird eine negative Bewertung provoziert. Diese Mechanismen werden in Abbildung 6 noch einmal zusammengefasst.

Die Kategorie der Qualitätsunsicherheit bezieht sich somit auf das wahrgenommene Leistungspotenzial des Anbieters. Die Motivunsicherheit spielt in der Regel im Leistungserstellungsprozess und die Handlungsunsicherheit beim Leistungsergebnis eine Rolle. Die Immaterialität des touristischen Produktes sowie das heterogene Leistungsergebnis eröffnen dem Agenten einen großen Spielraum. Reputation besitzt in diesem Zusammenhang verschiedene Funktionen, sodass die erläuterten Agency-Probleme differenziert betrachtet werden müssen. Einschränkend muss hierbei erwähnt werden, dass durch die ubiquitäre Zugriffsmöglichkeit auf Informationen durch das Internet die räumliche und zeitliche Gebundenheit des Prinzipals an den Agenten gemindert wird (vgl. Kapitel 2.4). Unabhängig davon sollte diese unbefriedigende Ausgangslage von beiden Vertragspartnern offensiv gehandhabt werden, um so Agency-Problemen entgegenzuwirken (vgl. Henrich 2011: 55). In diesem Zusammenhang ergeben sich unterschiedliche Lösungsmechanismen. Eine Möglichkeit besteht durch das Einholen oder Aussenden von Informationen. Innerhalb der Informationsökonomik werden diese Optionen behandelt und durch die dort eingeführten Begriffe des Signalings und Screenings beschrieben.

3.2.3 Informationsökonomik

Das Erkenntnisinteresse der Informationsökonomik liegt in der Untersuchung von Kosten, die bei der Beschaffung und Bereitstellung von Informationen innerhalb eines Entscheidungsprozesses entstehen (vgl. Kuß und Tomczak 2007: 118). Ausgangspunkt ist dabei die Annahme, dass Informationen ungleich zwischen Anbieter und Nachfrager verteilt sind. Wie bereits festgestellt, führen Informationsasymmetrien zu Unsicherheit bei den Marktteilnehmern. Bei der Darstellung der Transaktionskostentheorie (vgl. Kapitel 3.2.1) konnten zwei Arten von Unsicherheit identifiziert werden. Zum einen bezieht sich die **Marktunsicherheit** auf das Verhalten der Nachfrager. Sie ist unmittelbar von den am Markt agierenden Akteuren abhängig und kann von diesen wechselseitig beeinflusst werden. Zum anderen ist die **Umweltunsicherheit** exogen gegeben. Sie kann nicht von den Transaktionspartnern beeinflusst werden kann (vgl. Hogreve 2007: 65). Daraus folgt, dass die Marktunsicherheit im Kontext des Reputationsmanagements eine besondere Stellung besitzt. Ausgelöst wird die Marktunsicherheit nach der Logik der Prinzipal-Agenten-Theorie durch den Informationsvorteil einer Seite in den unterschiedlichen Transaktionsphasen, was ein eigennütziges und opportunistisches Verhalten zur Folge haben kann (vgl. Neumann 2007: 42-43).

Abbildung 7: Informationsökonomische Einordnung der Urlaubsreise

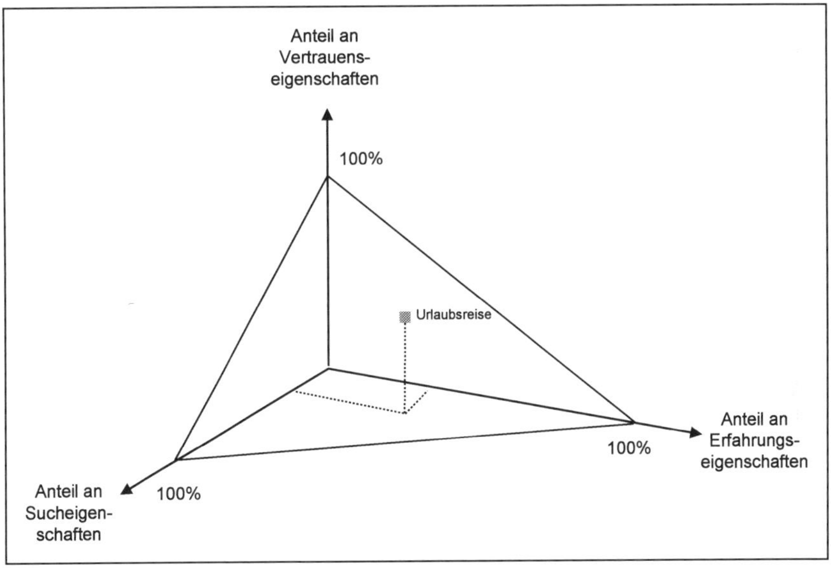

Quelle: Meffert und Bruhn 2009: 57 in Anlehnung an Weiber und Adler 1995: 61 (leicht modifiziert).

Für die Untersuchung von Unsicherheit aus der Perspektive des Konsumenten bietet sich das informationsökonomische Dreieck an (siehe Abbildung 7). Differenziert wird dabei zwischen Such-, Erfahrungs- und Vertrauenseigenschaften von Produkten (vgl. auch Kuß und Tomczak 2007: 118-121). Sucheigenschaften können bereits vor dem Leistungsbezug beurteilt werden, Erfahrungseigenschaften während und nach der Leistungserstellung. Vertrauenseigenschaften können hingegen gar nicht vom Nachfrager bewertet werden (vgl. Meffert und Bruhn 2009: 57). Je nachdem, wie also ein Produkt innerhalb dieses Dreiecks verortet ist, ergibt sich daraus der Grad der Unsicherheit beim Konsumenten. In diesem Fall wurde die Urlaubsreise als Beispiel innerhalb des Dreiecks verortet. Diese Anordnung hat jedoch lediglich exemplarischen Charakter, da Such-, Erfahrungs- und Vertrauenseigenschaften aufgrund der Beschaffenheit einer touristischen Leistung selbstverständlich schwanken können (vgl. Abbildung 7). Kuß und Tomczak (2007: 121) leiten aus diesen Charakteristika entsprechende Marketingstrategien ab. So stehe bei Sucheigenschaften die konkrete „leistungsbezogene Informationssuche" beim Kunden im Vordergrund (z.B. das Testen von einem Hotelbett), wohingegen bei Erfahrungseigenschaften Unsicherheit durch sogenannte „leistungsbezogene Informationssubstitute" (z.B. Garantieleistungen) reduziert werden können. Bei Vertrauenseigenschaften stehen die „leistungsübergreifenden Informationssubstitute" im Fokus. Hierzu wird auch die Reputation gezählt.

Beim touristischen Produkt ist anzunehmen, dass es neben Sucheigenschaften aufgrund des beschriebenen heterogenen Leistungsergebnisses sowie des hohen Anteils an Dienstleistungskomponenten sowohl Erfahrungs- als auch Vertrauenseigenschaften besitzt. Insgesamt sind touristische Produkte schwer vergleichbar (vgl. Laesser 2004: 8). Mit steigendem Anteil dieser Komponenten wächst auch das Informationsdefizit, was nach der Logik der Prinzipal-Agenten-Theorie in Unsicherheit mündet.

Bei der Unsicherheitsreduktion durch Informationsaktivitäten bevorzugen Kunden glaubwürdige Quellen von sogenannten *„neutralen Dritten"* (vgl. Kuß und Tomczak 2007: 132). Die Bewertung von Informationen auf ihre Glaubwürdigkeit ist schwierig. Denn meist stellt sich erst nach Inanspruchnahme der touristischen Leistung heraus, ob das vom Kunden durch die Informationsaufnahme entstandene Anspruchsniveau der Qualität der Reise entspricht. Die Erfüllung der Kundenerwartungen hängt von seinem selbst definierten Anspruchsniveau, seinem Verhalten als Koproduzent der Leistung, den Akteuren innerhalb der Dienstleistungskette sowie von äußeren Umständen ab (vgl. Busch et al. 2008: 871 sowie Kroeber-Riel et al. 2008: 434).

Die im Vorfeld bezogenen Informationen werden dabei immer im Kontext bisheriger Erfahrungen bewertet. Dadurch haben Informationen zu einer Reiseleistung selbst den Charakter von Erfahrungseigenschaften, was dazu führt, dass Reiseinformationen unvollständig bleiben können (vgl. Kapitel 3.3.1.2).

Die Informationsasymmetrie zwischen Leistungsanbieter und Kunde kann unterschiedlich hoch sein und ist auch von den Transaktionspartnern beeinflussbar. Es werden zwei Formen von Informationsaktivitäten zur Reduzierung der Informationsasymmetrie unterschieden (vgl. Meffert und Bruhn 2009: 58-59).

Beim **Signaling** kann die besser informierte Seite (in der Regel der Anbieter) Signale an die andere Seite übermitteln, um dieser die Vorteile ihres Produktes aufzuzeigen. Aus informationsökonomischer Sicht gilt dabei, dass das Signal geeignet sein muss, Informationsnachteile abzubauen (vgl. Neumann 2007: 45). Eine Voraussetzung dafür, dass Informationssignale eine Reduktion der Informationsnachteile beim Nachfrager bewirken, stellt im Sinne der Informationsqualität primär deren Glaubwürdigkeit dar (vgl. Gräfe und Maaß 2008: 180-182). Auf der Kommunikationsebene müssen Informationen daher glaubwürdig sein, um die Unsicherheit im Hinblick auf **Sucheigenschaften** reduzieren zu können. Im Kontext des Internets gehören hierzu auch alle Investitionsmaßnahmen, die dem Unternehmen eine physische Realität verschaffen, da sie aufgrund ihres irreversiblen Charakters dazu beitragen können, die Seriosität eines Unternehmens zu manifestieren (vgl. Meeder 2007: 128). Der Leistungsanbieter kann also spezifische Charakteristika seiner Leistung durch Marketingmaßnahmen präsentieren und so auf die Wahrnehmung des Kunden einwirken. Ist die Glaubwürdigkeit der Informationssignale dabei gegeben, kann das erhöhte Vertrauen des Kunden eine Reduktion der Such- und Prüfaktivitäten bewirken (vgl. Kuß und Tomczak 2007: 121). Es lässt sich ableiten, dass die Reputation eines Anbieters in diesem Zusammenhang gute Qualität und Service indiziert:

> „(...) when stakeholders, such as customers, interact with a firm they often lack the capacity and inclination to gather accurate firm-related information. A firm's reputation then becomes a surrogate indicator of the quality of goods or services" (Walsh und Beatty 2007: 130).

Des Weiteren können Signale wie (Dienstleistungs-)Garantien zur Reduktion von Unsicherheiten in Bezug auf **Erfahrungseigenschaften** eingesetzt werden. Diese beziehen sich insbesondere auf Konsequenzen nach dem Kauf. Sie dienen also direkt einer Reduktion des wahrgenommenen Kaufrisikos (vgl. Meffert und Bruhn 2009: 59). Ähnlich verhält es sich bei freiwilligen Selbstverpflichtungen, in denen sich Reputationssignale auch vertraglich manifestieren lassen (z.B. durch eine Reiserücktrittsversicherung). Zudem eignen sich Zertifikate und Testsiegel Dritter dazu, Unsicherheiten im Hinblick auf **Vertrauenseigenschaften** zu reduzieren. Im Kontext dieser Arbeit gehören dazu vor allem auch Auszeichnungen von Bewertungsportalen (vgl. Kuß und Tomczak 2007: 121). Denn diese werden immer dann vergeben, wenn ein Anbieter besonders gute Kundenkritiken bekommt (vgl. Kapitel 8.4.3). Insgesamt können somit Anbietersignale dazu dienen, eine positive Reputation zu fördern. Dennoch muss bedacht werden, dass der Ruf des Unternehmens nicht durch das Signal des Anbieters entsteht, sondern vielmehr dann, wenn die Signale auf Kundenseite diskutiert werden. Die Möglichkeiten des Signalings bei der Einflussnahme auf die Unternehmensreputation sind somit begrenzt.

Im Gegensatz zum Signaling, bei dem die Aktivität vom Leistungsanbieter ausgeht, versucht die schlechter informierte Seite (in der Regel der Kunde) beim **Screening** die Informationsverteilung zu nivellieren und so das Fehlkaufrisiko abzuschwächen (vgl. Meffert und Bruhn 2009: 58-60). Im Internet äußert sich dies in der Recherche nach Informationen (vgl. Meeder 2007: 128). Das können sowohl Informationen vom Anbieter selbst sein als auch Bewertungen dritter über den jeweiligen Leistungsträger. Mithilfe des Screenings kann der Kunde also durch eigene Aktivitäten einer asymmetrischen Informationsverteilung entgegenwirken. In diesem Kontext wird das Heranziehen von

Informationssubstituten diskutiert. Ähnlich wie bei den Schlüsselinformationen (vgl. Kapitel 2.2) wird hier von einer beobachtbaren Ausprägung eines Produktmerkmals auf nicht beobachtbare Aspekte eines Produktes geschlossen. Wie bereits angemerkt kann dabei zwischen leistungsbezogenen und leistungsübergreifenden Informationssubstituten differenziert werden (vgl. Kuß und Tomczak 2007: 121). Leistungsbezogene Merkmale betreffen den Preis oder Garantieleistungen eines Produktes, wohingegen leistungsübergreifende Merkmale sich auf den Anbieter und dessen Stellung im Markt beziehen, weshalb in diesem Kontext seine Reputation eine entscheidende Rolle innehaben kann. Anhand der Ausprägung der genannten Merkmale kann der Konsument auf ein nicht direkt beobachtbares Merkmal wie die Qualität einer Urlaubsreise schließen (vgl. Neumann 2007: 45).

Die Verfügbarkeit aller für eine Reiseentscheidung relevanten Informationen ist demnach abhängig vom Zeitverlauf des Kaufprozesses. In der Vorkaufphase können Kunden lediglich Sucheigenschaften einer Reise ermitteln. Dennoch besteht das Gesamtprodukt aus weiteren Facetten und schließt Erfahrungs- und Vertrauenseigenschaften mit ein. Leahy (2005: 47) konstatiert, dass Anbieter, die mit Erfahrungsprodukten arbeiten, eine höhere Werbeintensität und Informationskommunikation einsetzen als Anbieter, die Produkte mit Sucheigenschaften vertreiben. Durch die Charakterisierung der Reiseleistung in Kapitel 2.3 konnte gezeigt werden, dass bei einer Urlaubsbuchung die Erfahrungs- und Vertrauensmerkmale dominieren, weshalb der Reputation eine entscheidende Rolle zukommen kann (vgl. Meffert und Bruhn 2009: 58).

3.2.4 Zusammenfassende Betrachtung

In der Neuen Institutionenökonomik wird angenommen, dass Information dazu dient, Unsicherheiten zu mindern. In der **Informationsökonomik** werden zwei grundlegende Möglichkeiten zur Unsicherheitsreduktion genannt: Das Screening und das Signaling ermöglichen es dem Entscheidungsträger, eine bessere Entscheidung zu treffen. Im Kontext dieser Arbeit stellt sich daher die Frage, auf welche Informationssignale ein Kunde bei der Suche nach Informationen (Screening) trifft und wie sich diese auf die **Reputation** des jeweiligen Anbieters auswirken.

Innerhalb der Prinzipal-Agenten-Theorie wurden verschiedene Unsicherheitsproblematiken diskutiert. Die Reduzierung der **Qualitätsunsicherheit** kann mithilfe von Informationsaktivitäten (**Screening**) erfolgen (vgl. Henrich 2011: 56). Durch das Internet ergeben sich erhebliche Vorteile für den Gast, die vorher undenkbar gewesen wären. So ist es etwa durch Kartendienste möglich, die genaue Lage eines Hotels zu bestimmen. Durch Bewertungen können Meinungen Dritter eingeholt werden. Bilder und Filme können einen Eindruck des Hotels und der Destination vermitteln usw. Dementsprechend kann angenommen werden, dass die Qualitätsunsicherheit durch das Einholen von Informationen erheblich gemindert werden kann. Ein Problem liegt darin, dass die Aussagekraft der Informationen beim touristischen Produkt begrenzt ist, sodass sie in der Regel keine endgültige Beurteilung über die Fähigkeiten des Agenten zulassen. Der Nutzen der Informationen ist für den Gast im Vorfeld schwer abzuschätzen. Dies liegt auch daran, dass nicht alle Informationen hilfreich sind, um Unsicherheit zu reduzieren. Denn auch das Gegenteil kann der Fall sein, wenn beispielsweise durch die Informationssuche weitere Informationsdefizite aufgedeckt werden, die dem Konsumenten vorher nicht bewusst waren. Oder aber wenn sich Informationen widersprechen, sodass ein inkonsistentes Gesamtbild entsteht. Nach der Konsistenztheorie wären Konsumenten in diesem Fall bestrebt, weitere Informationen zu suchen, wodurch zum einen die Informationskosten und zum anderen auch die Unsicherheit steigen würden. Im Sinne der Transaktionskostentheorie müssen daher die Screeningkosten den Nutzen der Informationsbeschaffung reflektieren, wodurch der Informationsqualität ein wichtiger Wert zukommt.

Tabelle 1: Unterschiedliche Arten von Informationsquellen

Informationsweg/ Informationsquelle	Persönlich	Vermittelt
Direkte Betrachtung	Inspektion im Hotel	-
Neutrale Dritte	Onlinebewertungen, Empfehlungen von Freunden	Berichte von Stiftung Warentest
Anbieterbestimmt	Verkäufer	Internetseite eines Leistungsanbieters

Quelle: In Anlehnung an Kuß und Tomczak 2007: 132.

Allgemein wird angenommen, dass sich das Suchverhalten an bewährten Strategien orientiert. Bei der Wahl der Informationsquelle wird in der Regel ein Kosten-Nutzen-Vergleich[7] angestellt (vgl. Kroeber-Riel et al. 2008: 305-306). Leicht erreichbare Informationen sind kostengünstig, da wenig Aufwand betrieben werden muss, um sie zu beschaffen. Die am leichtesten erreichbaren Informationen oder solche, die den größten zu erwartenden Nutzen bieten, werden daher gesucht. Beales et al. (1981) unterscheiden in diesem Kontext drei Arten von externen Informationsquellen: die direkte Betrachtung, neutrale Dritte und anbieterbestimmte Informationen. Unter „direkter Betrachtung" wird die Untersuchung von Informationen durch den Nachfrager selbst verstanden. Neutrale Dritte sind Personen, für die die Entscheidung des Konsumenten keine Vor- oder Nachteile bringt. Anbieterbestimmte Informationen hingegen sind solche, die dem Konsumenten aktiv von Unternehmensseite zur Entscheidungsfindung

---

[7] Der Kosten-Nutzen-Vergleich ist nicht in erster Linie ein finanzieller Vergleich, sondern zielt vor allem auf eine Abwägung des psychischen Nutzens (beispielsweise Verminderung des wahrgenommenen Kaufrisikos) und der zeitlichen Kosten (vgl. Kroeber-Riel et al. 2008: 305-306).

angeboten werden (vgl. Tabelle 1). Da die Unternehmen von der Entscheidung des Kunden möglichst profitieren möchten, werden die Informationen über Unternehmensprodukte meist einseitig positiv dargestellt (vgl. Kuß und Tomczak 2007: 131).

Die Informationsquellen können auf unterschiedlichen Informationswegen rezipiert werden. Kuß und Tomczak (2007) differenzieren zwischen persönlichen und vermittelten Informationswegen. In einer Matrix ordnen sie die Informationswege den Informationsquellen zu und liefern dabei zu jedem Szenario ein Beispiel, das hier an den Kontext dieser Arbeit angepasst wurde. Da die direkte Inspektion der touristischen Leistung häufig nicht möglich ist, können Informationen von neutralen Dritten einen großen Nutzen für den Informationssuchenden darstellen. Dies können beispielsweise Freunde und Bekannte sein, da diese das Vertrauen des Kunden genießen. Deren Informationen kann der Kunde sodann mit eigenen Reiseerfahrungen abgleichen. Mit dieser Strategie überführt der Konsument Erfahrungs- und Vertrauensinformationen Dritter in die eigenen Suchinformationen. Dabei kommt der **Reputation** – im Sinne einer elektronischen Mund-zu-Mund-Kommunikation – eine besondere Bedeutung zu. Interessant ist in diesem Zusammenhang die Rolle von Bewertungsportalen wie TripAdvisor oder HolidayCheck. Es ist davon auszugehen, dass durch diese Portale eine Form der Interaktionsmöglichkeit etabliert wird, die den Dialog von Kunden untereinander fördert. Im Idealfall vereinfachen die Informationen die Kaufentscheidung, was zu einem Sinken der Informationskosten führen würde. Dennoch bleibt offen, ob sich die Integration solcher Bewertungsmöglichkeiten positiv auf den Kaufentscheidungsprozess auswirkt, da negative Bewertungen zwar die Entscheidung gegen ein Hotel, einen Ort, einen Anbieter etc. erleichtern, dann allerdings auch nicht zu einer erfolgreichen Transaktion beitragen. Die Dissonanztheorie der Konsumentenforschung nimmt in diesem Zusammenhang an, dass das Ziel der Informationsaufnahme eine Konsistenzerzeugung beim Konsumenten ist. Wenn ein Dissonanzgefühl vorhanden sein sollte, so kann dieses durch die Aufnahme zusätzlicher Informationen revidiert werden. Eine heterogene Beschreibung und Wahrnehmung eines Hotels kann aber die kognitive Dissonanz auch verstärken, was im Sinne der Dissonanztheorie kontra-produktiv für die Entscheidungsfindung wäre (vgl. Kroeber-Riel et al. 2008: 231-233 sowie Trommsdorff 2008: 237-238). Die **Reputation** des Anbieters kann daher ein wichtiges Indiz sein, um die Validität der Informationen einzuordnen und somit die aufgenommenen Informationen in einen Kontext zu bringen. Dies hilft dann dabei, den Wert der Information für den Kunden abzuschätzen.

Gräfe und Maaß (2008) haben in diesem Zusammenhang zwölf Informationsqualitätskriterien erarbeitet, die an die grundlegenden Kriterien der Deutschen Gesellschaft für Informationsqualität (DGIQ) angelehnt sind. Sie gehen dabei analog zur Transaktionskostentheorie (vgl. Kapitel 3.2.1) davon aus, dass Konsumenten bei der Transaktionsanbahnung den Informationsnutzen maximieren möchten. Qualitativ hochwertig sind solche Informationen, die die Entscheidung der Kunden verbessern. Daher muss der Zusammenhang von Informationen und Entscheidungen im Fokus der Betrachtung der Informationsqualität stehen. Gräfe und Maaß (2008) schreiben dem Kriterium der **Glaubwürdigkeit** hohe Relevanz zur Beurteilung der Informationsqualität zu. Diese ziehen Konsumenten immer dann heran, wenn sie Informationen nicht selbstständig verifizieren können. Glaubwürdigkeit ist bei der touristischen Leistung insofern von besonderem Interesse, als sie in hohem Maße bei Vertrauens- und Erfahrungseigenschaften zum Tragen kommt. Konsumenten filtern Informationen danach, ob sie ihnen Glauben schenken können oder nicht (vgl. Gräfe und Maaß 2008: 180-182). Es wird daher zu zeigen sein, dass Reputation förderlich für die Glaubwürdigkeitsbeurteilung von Informationen ist.

Der Agent kann in diesem Zusammenhang den Prinzipal unterstützen, indem er ihm entscheidungsrelevante Informationssignale (**Signaling**) proaktiv zukommen lässt. Denn Reputation kann als ein Qualitätsmerkmal verstanden werden, bei dem die Informationshoheit bei den Kunden liegt. Die Dynamiken am digitalen Markt sind geprägt durch Dialoge der Konsumenten untereinander. Dabei ist die Frage nach der Relevanz der Reputation neu zu stellen. Denn wenn diese dazu führen kann, dass Informationsasymmetrien aufgehoben werden, dann eignet sich das **Reputationsmanagement als Schlüsselmaßnahme** im Umgang mit Unsicherheitsproblemen. Verstärkt werden die Reputationssignale durch Zertifizierungen und Garantieleistungen (Selbstbindung), welche die Kompetenz des Anbieters von dritter und neutraler Seite bestätigen und reputationsfördernd wirken können (vgl. Schumacher 2004: 1116-1118)[8].

In Bezug auf die **Handlungsunsicherheit** sieht Henrich (2011: 58) die Androhung einer Strafe durch den Prinzipal, wenn beim Agenten ein opportunistisches Verhalten festgestellt wurde, als adäquate Konsequenz an. Ähnlich wird in Bezug auf die **Motivunsicherheit** argumentiert. Hier wird die Angleichung der Interessen als sinnvolles Instrumentarium postuliert (vgl. Neumann 2007: 49). Damit ein opportunistisches Verhalten für den Agenten uninteressant wird, muss der Prinzipal Druckmittel besitzen, um ein solches Fehlverhalten für den Agenten unattraktiv zu machen. Die Sanktion muss also geeignet sein, das Nutzenniveau des Agenten deutlich zu reduzieren. Neben einer Bestrafung kommen aber auch Belohnungsmechanismen in Betracht. Beide Aspekte lassen sich auf Bewertungssituationen übertragen, bei denen Kunden entweder positive oder negative Aussagen über einen Anbieter treffen und somit seine Reputation in beide Richtungen beeinflussen können. Während Henrich die Sanktionierungsmöglich-

---

[8] Im Kontext der Hotellerie sind Auszeichnungen von Bewertungsplattformen wie die Awards von HolidayCheck oder TripAdvisor ein gängiges Mittel, um die Leistungsfähigkeit des eigenen Hotels zu signalisieren. Hierbei muss beachtet werden, dass Bewertungsportale aufgrund der Möglichkeit, dort ein Hotel zu buchen, nicht als unabhängige Instanz gelten können.

keiten aufgrund der vertraglichen Bindung noch einschränkt, eröffnen sich also im Tourismus durch Bewertungsplattformen für den Kunden neue Möglichkeiten. Bewertungen beugen demzufolge einem opportunistischen Verhalten vor, da ein Fehlverhalten des Anbieters öffentlich gemacht werden kann und seine Reputation dadurch beschädigt werden würde.

Betrachtet man die bisherigen Lösungsansätze, so beziehen sich diese im Kern auf die Ausgestaltung der Auftragsbeziehung, damit sich der Agent im Sinne des Prinzipals verhält. Als „harte" Möglichkeiten dienen Anreiz- und Kontrollsysteme wie Zertifizierungen und Selbstverpflichtungen durch Garantieleistungen. Diese wirken gleichzeitig auf die „weichen" Lösungswege, bei denen in der **Reputation eines Anbieters** ein wirkungsvoller Mechanismus gesehen wird, um die Agency-Probleme in einer Auftragsbeziehung gar nicht erst aufkommen zu lassen (vgl. Meffert und Bruhn 2009: 65).

Abbildung 8: Reputation im Kontext der Neuen Institutionenökonomik

Neue Institutionenökonomik		
Ansätze		
Informationsökonomik	Transaktionskostentheorie	Prinzipal-Agenten-Theorie
Aspekte		
Reputation als Informationsqualitätssignal	Reputation als Schlüsselinformation	Reputation als Schutz vor opportunistischem Verhalten
Konsequenzen		
Reputation hilft bei der Validierung anderer Informationen und baut so Unsicherheit ab	Reputation hilft bei der Vereinfachung komplexer Informationen und reduziert so Informationskosten	Reputation hilft Verhaltensunsicherheit aufzuheben und schafft damit die Basis für eine funktionierende Prinzipal-Agenten-Beziehung

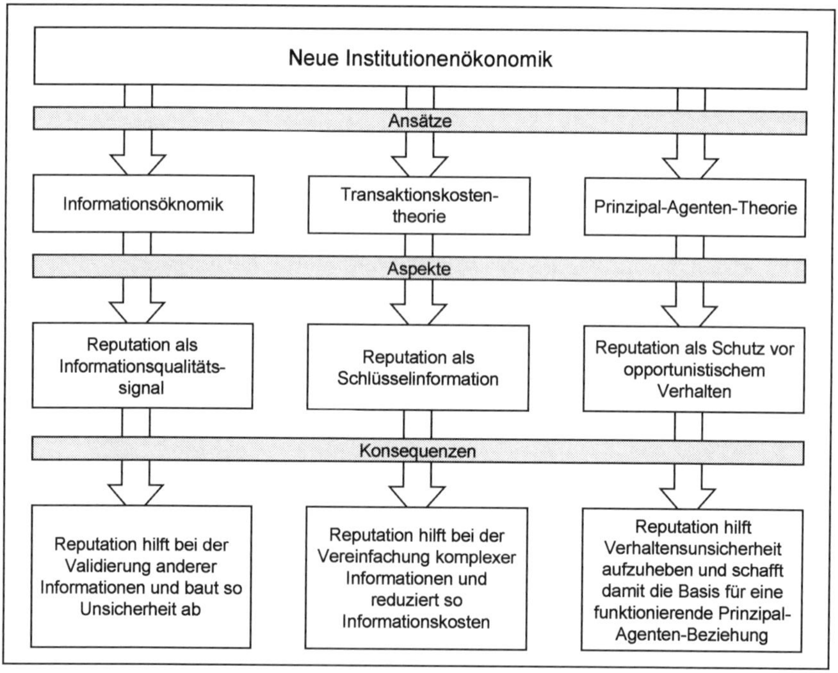

Quelle: Eigene Darstellung.

Zusammenfassend lässt sich feststellen, dass durch Informationsasymmetrien tendenziell eine Unsicherheit auf Konsumentenseite herrscht, die sich in einem erhöhten Informationsbedarf äußert (vgl. Meeder 2007: 127-128). Durch die Möglichkeiten des Signalings und Screenings finden sich in der **Informationsökonomie** Möglichkeiten, um diese Informationsasymmetrien abzubauen. Damit Informationen im Sinne der **Transaktionskostentheorie** wertvoll sind, müssen sie allerdings glaubwürdig sein. Informationsasymmetrien bei Erfahrungs- und Vertrauensprodukten können durch Informationssubstitute wie die Reputation reduziert werden. Gleichzeitig ist Reputation ein probates Mittel, um Qualitäts-, Handlungs- und Motivunsicherheit zu reduzieren. Sie wirkt daher auf allen Ebenen der **Prinzipal-Agenten-Probleme** und beugt diesen vor. Diese Erkenntnisse sind in Abbildung 8 noch einmal zusammengefasst und dienen als Basis für die später folgende Hypothesenformulierung.

Reputation ist daher in allen Ansätzen der Neuen Institutionenökonomik zentral und wirkt auf unterschiedliche Weise. Diese heterogenen Effekte beziehen sich jedoch auf die Marktebene. Sie werden daher im Folgenden auf der Verhaltensebene weitergeführt. Im Anschluss erfolgt in der Modellierung eine Strukturierung, um die unterschiedlichen Wirkungen zu ordnen.

3.3 Verhaltenswissenschaften

Es konnte gezeigt werden, dass die Neue Institutionenökonomik die Charakteristika der touristischen Leistung berücksichtigt. Dennoch richtet sie sich auf die Betrachtung von Marktbedingungen und fokussiert nicht das durch die Informationsasymmetrien verursachte Verhalten der Marktteilnehmer. Daher bilden die Verhaltenswissenschaften den zweiten Teil des theoretischen Bezugsrahmens. Die Verhaltenswissenschaften dienen also als Erklärungsgrundlage für die Frage, auf welche Art und Weise eine Entscheidung zustande kommt und welche Funktion in diesem Rahmen die Reputation übernimmt. In Analogie zu Kroeber-Riel et al. (2008: 10) wird die Konsumentenforschung als angewandte Verhaltenswissenschaft verstanden und ist durch ein interdisziplinäres Grundverständnis charakterisiert. Sie bedient sich verschiedener wissenschaftlicher Disziplinen, die sich mit dem menschlichen Verhalten beschäftigen. Die Forschungsergebnisse der Verhaltenswissenschaften vermitteln ein Verständnis davon, welche Bedürfnisse bei Menschen vorliegen können, welche Ziele sie verfolgen und wie sie ihre Handlungen steuern (vgl. Mangold 2008: 256). Zunächst sollen die Grundgedanken der Verhaltenswissenschaften erläutert werden, um eine Basis für die nachfolgenden Ausführungen zu haben.

Trommsdorff (2008) geht davon aus, dass Informationen beim Konsumenten in Wissens- und Gefühlseinheiten eingebettet sind. Die Wissenseinheiten werden dabei den kognitiven und die Gefühlseinheiten den aktivierenden Prozessen zugeordnet. Jeder aktivierende Prozess[9] beinhaltet auch Wissenseinheiten und umgekehrt. Diese Prozesse werden nicht separat voneinander betrachtet, sondern bedingen sich gegenseitig (vgl. Kroeber-Riel et al. 2008: 51).

Im Folgenden werden zunächst die kognitiven Prozesse beschrieben. Auch wenn diese nicht alle für die Entwicklung des Modells dieser Arbeit nötig sind, so schaffen sie dennoch ein Verständnis des menschlichen Verhaltens und werden in späteren Abschnitten noch zur Erklärung und Einordnung gebraucht. Daran anschließend erfolgt eine Erläuterung der aktivierenden Prozesse sowie weiterer Ansätze, die innerhalb der Verhaltenswissenschaften relevant für diese Arbeit sind.

3.3.1 Kognitive Prozesse

Im Gegensatz zu reinen Fakten sind kognitive Prozesse im subjektiven Sinnzusammenhang zu sehen. Das bedeutet, dass es Informationen sind, die bereits vom Individuum verarbeitet und dabei bewertet und interpretiert wurden (vgl. Trommsdorff 2008: 85). Kognitive Prozesse lassen sich daher als gedankliche und rationale Vorgänge beschreiben. Kognitive Vorgänge ermöglichen es also, das Verhalten zu kontrollieren und zu steuern (vgl. Hofbauer und Dürr 2007: 92). Dazu gehört auch die Aneignung von Wissen – ein Prozess, bei dem auf das **Gedächtnis** und auf Erinnerungen zurückgegriffen wird. Die Erinnerung ist dafür zuständig, dass vom Gedächtnis gespeicherte Informationen im Bedarfsfall abgerufen werden können. Das Interpretieren von neuen Informationen auf Basis von bestehenden bestimmt die **Wahrnehmung**. Wird eine bestehende Information abgeändert, so kann dies als **Lernen** bezeichnet werden (vgl. Kroeber-Riel et al. 2008: 274).

3.3.1.1 Gedächtnis

Um den Gedächtnisprozess näher beschreiben zu können, wird in der Psychologie vorrangig auf zwei Ansätze zur Erklärung kognitiver Verarbeitungsprozesse zurückgegriffen: auf das modale Gedächtnismodell[10] und das Gedächtnistiefemodell[11]. Das erstge-

---

[9] Bei Trommsdorff (2008) werden die aktivierenden Prozesse als Zustandskonstrukte bezeichnet. Aufgrund der terminologischen Einheitlichkeit soll in der Folge der von Kroeber-Riel et al. (2008) geprägte Begriff der „aktivierenden Prozesse" verwendet werden.

[10] Das modale Gedächtnismodell wird auch als Drei-Speicher-Modell bezeichnet. Die Begriffe werden hier synonym verwendet.

[11] Mitunter wird der englische Begriff Levels-of-processing-Ansatz auch im Deutschen genutzt (vgl. Schmücker 2007: 42-44). Andere sprechen vom Verarbeitungstiefeansatz oder Ein-Speicher-Modell. In der Folge wird jedoch der Begriff „Gedächtnistiefemodell" verwendet werden.

nannte Modell geht von drei Gedächtnisarten aus: sensorisches Gedächtnis, Kurzzeit- und Langzeitgedächtnis (vgl. Kuß und Tomczak 2007: 26-28). Das **sensorische Gedächtnis** nimmt Sinneseindrücke für wenige Hundert Millisekunden auf. Diese werden nach Relevanz selektiert. Teile der Reize gelangen so in das **Arbeitsgedächtnis**, wo sie für einige Sekunden gespeichert werden können. Vom Arbeitsgedächtnis gelangen vergleichsweise wenige Informationen in das **Langzeitgedächtnis**. Dort können sie aber mitunter ein Leben lang gespeichert werden. Gleichzeitig werden aber auch Informationen aus dem Langzeitgedächtnis abgerufen und zum Teil im Kurzzeitgedächtnis erneut verarbeitet und eingeordnet. Sind sie jedoch einmal ins Langzeitgedächtnis aufgenommen worden, sind diese Informationen dauerhaft abrufbar. Ein Lernprozess ergibt sich dann, wenn eine Information im Kurzzeitgedächtnis verarbeitet wurde und im Anschluss in das Langzeitgedächtnis übernommen wird. Dadurch erfolgt der Aufbau von Wissen. Das Langzeitgedächtnis entspricht also dem Wissen und den Erfahrungen eines Menschen und dient so der langfristigen Speicherung von Informationen (vgl. Kroeber-Riel et al. 2008: 275-277).

Die Differenzierung von drei Gedächtnisarten wird in der Literatur von mehreren Autoren infrage gestellt (vgl. Schmücker 2007: 42-44). Dennoch kann sie als heuristisches Erklärungsmodell sehr anschaulich sein. Craik und Lockhart (1972) propagieren, dass weniger die Dauer als vielmehr die Tiefe der Verarbeitung eine Langzeitgedächtnisspeicherung bedingt. Die Annahme ist, dass es verschiedene Verarbeitungsebenen innerhalb einer großen Gedächtniseinheit gibt (vgl. Raab und Unger 2005: 108-109). Damit wird die Informationsverarbeitung betont, wohingegen der Speichervorgang in den Hintergrund rückt. Wird eine Information nur oberflächlich verarbeitet, ist sie demzufolge kaum mit anderen Informationen verknüpft und kann leichter vergessen werden (vgl. Kroeber-Riel et al. 2008: 403). Die Auswahl der kognitiven Verarbeitungstiefe erfolgt je nach persönlicher Relevanz der Information. Es kann somit davon ausgegangen werden, dass Informationssignale, die sich auf die **Reputation** beziehen, dann eine höhere Relevanz besitzen, wenn sie entsprechend intensiv verarbeitet wurden. Es ist daher evident, dass die Etablierung einer positiven Reputation ein langer Prozess ist. Denn es ist anzunehmen, dass Informationen über einen Anbieter zunächst bei den einzelnen Marktindividuen verankert sein müssen, damit sie in einen themenspezifischen Diskurs eingebracht werden können. Der dominierende innere kognitive Prozess ist allerdings die Wahrnehmung, die durch Subjektivität, Selektivität und Aktivität charakterisiert ist (vgl. Kuß und Tomczak 2007: 30-31).

3.3.1.2 Wahrnehmung

„Wahrnehmung" bedeutet, Informationen der Umwelt in einer bestimmten Weise mit den Sinnesorganen aufzunehmen und diese subjektiven Erfahrungen zu interpretieren (vgl. Kroeber-Riel et al. 2008: 320-322). Die Informationsinhalte müssen also nicht nur erkannt, sondern auch verstanden werden (vgl. Mangold 2008: 258). Sind Informationen verstanden worden, so werden sie in einer **subjektiv** sinnvollen Weise im Gedächtnis zusammengefügt. Beeinflusst wird dieser Prozess durch Erfahrungen und Wertungen. Der Mensch hat dadurch Fortsetzungserwartungen an Situationen. Hierbei ist der Zusammenhang von Wahrnehmung und Einstellung zu beachten. Durch eine positive Einstellung gegenüber einem Leistungsanbieter kann die positive Wahrnehmung des Produktes dieses Anbieters verstärkt werden. Umgekehrt gilt, dass eine negative Einstellung die Wahrnehmung negativ prägen kann (vgl. Meffert und Bruhn 2006: 130). Die Art der Wahrnehmung ist also ausschlaggebend für die subjektive Bewertung der Reputation. Einstellung und Wahrnehmung bedingen sich gegenseitig. Die Wahrnehmung unterliegt aufgrund der begrenzten Verarbeitungskapazität des Gedächtnisses einer Selektion, sodass einer Informationsüberlastung (Information-Overload) vorgebeugt wird (vgl. Kroeber-Riel et al. 2008: 421 sowie Mangold 2007: 68-69).

Durch diese **Selektivität** der menschlichen Wahrnehmung erfolgen objektbezogene Prozesse wie Produktbeurteilungen häufig auf der Basis von Vereinfachungen. Untersuchungen ergaben, dass oft nur ein geringer Prozentsatz der zur Verfügung stehenden Produktmerkmale zur Meinungsbildung herangezogen wird (vgl. Hofbauer und Dürr 2007: 96-98). In diesem Kontext wird der Begriff der Schlüsselinformationen angeführt, zu denen auch die Reputation gezählt wird.

Die Aufnahme von Informationen erfolgt durch **Aktivität** und kann daher vom Menschen in einem bestimmten Umfang selbst gesteuert werden. Die Wahrnehmung ist so nie vollkommen erwartungs- oder vorurteilslos. Der Mensch nimmt keine wertfreien Abbilder der Realität wahr, sondern konstruiert seine Realität gewissermaßen eigenständig (vgl. Hofbauer und Dürr 2007: 93). Diese Erkenntnis wird durch die Hypothesentheorie der Wahrnehmung gestützt. Demnach ist Wahrnehmung *„nicht darauf ausgerichtet, sich bei jeder Informationsaufnahme wieder neu von der Beschaffenheit der Welt überraschen zu lassen"* (Mangold 2007: 118). Menschen versuchen bei ihrer Wahrnehmung stets, Hypothesen zu bestätigen, die sie einem Informationsangebot unterstellen, und tragen bereits Erwartungen an ein Informationsangebot heran (vgl. Mangold 2008: 260 sowie Neumann 2003: 70). Die ganzheitspsychologischen Ansätze der Wahrnehmung unterstellen im Gegensatz dazu, dass die Wahrnehmung immer die Gesamtheit der Informationen aufnimmt und beurteilt. In diesem Zusammenhang geht die Gestalttheorie davon aus, dass die Wahrnehmung durch Gestaltfaktoren gesteuert wird, die allgemeingültig sind und im Gegensatz zur Hypothesentheorie einen Anknüpfungspunkt für objektive Wahrnehmungsregeln liefern (vgl. Moser 2002: 121-123). Die beiden genannten Ansätze schließen sich dabei keineswegs aus, sondern können komplementär verwendet werden. In der Konsequenz bedeutet dies, dass der Mensch zwar Erwartungen an ein Informationsangebot heranträgt und dadurch seine Wahrnehmung subjektiv gesteuert wird, dass es aber gleichzeitig objektivierbare Maßstäbe gibt, welche kollektiv gelten. **Reputation** kann in diesem Zusammenhang als gesellschaftlich anerkannte Wahrnehmung eines Unternehmens betrachtet werden. Die Veränderung der Reputation ergibt sich aus der Fähigkeit der Menschen, zu lernen.

3.3.1.3 Lernen

Hofbauer und Dürr (2007: 103) bezeichnen **Lernen** als *„eine ständige Veränderung im Verhalten auf der Grundlage von Erfahrungen"*. Der Mensch kann gespeicherte Informationen abrufen und diese mit neuen Informationen vergleichen. Die Erfahrung, aus der die gespeicherte Information stammt, muss dabei nicht unmittelbar erlebt worden sein. Der Mensch kann auch durch die Beobachtung anderer lernen, was im Kontext der Reputation von entscheidender Bedeutung ist. Denn Reputation entsteht durch den Austausch über ein Reputationsobjekt. Ein verändertes Verhalten gegenüber einem touristischen Produkt kann auch durch vermittelte Informationen erfolgen (vgl. Kapitel 2.1.1). Auf der anderen Seite müssen Lernprozesse nicht zwingend Verhaltensänderungen zur Folge haben. Es besteht vielmehr die Möglichkeit, aus einem erweiterten Set an Verhaltensoptionen zu wählen (vgl. Kroeber-Riel et al. 2008: 364). Innerhalb einer Reiseentscheidung bedeutet die Aufnahme von Informationen anderer Gäste auch einen Lernprozess in Bezug auf die Reputation des jeweiligen Anbieters.

Um den Ablauf eines Lernprozesses zu erklären, finden sich in der Konsumentenforschung zwei relevante Lerntheorien, die der Lernpsychologie entlehnt sind[12] (vgl. Kuß und Tomczak 2007: 34-35). Die **behavioristische Lerntheorie** sieht Lernen als Ergebnis von Reiz-Reaktions-Prozessen an. Der Prozess, der zu einer Entscheidung führt, bleibt unberücksichtigt; es werden lediglich die beobachtbaren Verhaltensvorgänge analysiert (vgl. Hofbauer und Dürr 2007: 104-105). Da Reputation innerhalb der Reiseentscheidung relevant wird, bleibt sie der behavioristischen Lerntheorie verborgen. Insofern ist dieser Ansatz für diese Arbeit nicht zielführend.

Im Gegensatz dazu befassen sich **kognitive Lerntheorien** mit der Bedeutung mentaler Vorgänge. Es wird unterstellt, dass vorhandenes Wissen und Denkprozesse den Lernprozess beeinflussen (vgl. Baumgarth 2008: 63-64). Der Konsument wird nicht als passiv und konditionierbar angesehen, sondern als aktiv handelnder Problemlöser. Die Informationsverarbeitung wird in der kognitiven Lerntheorie als Codierung bezeichnet und kann auf unterschiedliche Weise erfolgen. In Bezug auf das Medium Internet bieten sich die Theorieansätze der dualen Codierung, der kognitiven Belastung sowie des

---

[12] Innerhalb der Lernpsychologie gibt es eine ideologische Grundsatzdiskussion, ob Lernprozesse automatisch oder kognitiv gesteuert werden. Für die vorliegende Arbeit ist diese Diskussion weniger relevant, zumal beide Ansichten ihre Legitimation haben und jeweils eigene Aufschlüsse über den Vorgang des Lernens geben können.

Multimedialernens an, die jeweils aufeinander aufbauen (vgl. Unterbruner 2007: 153-164). Nach der **Theorie der dualen Codierung** von Paivio (1979) sind die kognitiven Subsysteme „*verbal*" und „*visuell*" grundlegend. Paivio stützt sich bei dieser Annahme auf verschiedene Forschungsergebnisse aus Arbeiten zur Gedächtnisleistung, in denen u. a. gezeigt werden konnte, dass Versuchspersonen verbale Informationen zuverlässiger wiedergeben konnten, wenn diese mit bildhaften Vorstellungen verknüpft waren (vgl. beispielsweise Anderson und Bower 1973). Nach Paivios Theorie sind beide Systeme referentiell verbunden, sodass eine Kombination von Text- und Bildmaterial dazu genutzt werden kann, sowohl das verbale als auch das visuelle System anzuregen. Daraus lässt sich schließen, dass Informationssignale, die sowohl textlich als auch bildlich vorliegen, besser aufgenommen werden können. Voraussetzung dafür ist, dass die Informationspräsentation der einzelnen Medien aufeinander abgestimmt ist. Informationen zur Reputation müssen diesen Überlegungen entsprechend kommuniziert werden, um wirksam zu werden (vgl. Unterbruner 2007: 153).

Die **Theorie der kognitiven Belastung** (Cognitive Load Theory) bezieht sich direkt auf Multimediaumgebungen und stellt einen weit verbreiteten Erklärungsansatz innerhalb der Multimediaforschung dar, der als empirisch abgesichert gilt (vgl. Rey 2008: 9-10). Als zentrale kognitive Struktur wird vom Drei-Speicher-Modell bzw. vom modalen Gedächtnismodell ausgegangen (vgl. Kapitel 3.3.1.1). Lernen wird als Veränderung von Wissenseinheiten im Langzeitgedächtnis definiert. Zentral ist die Annahme, dass automatisierte Schemata das Wissen organisieren und die kognitive Belastung im Arbeitsgedächtnis verringern. Es wird davon ausgegangen, dass bestehendes Wissen nicht als eine Menge von Einzelinformationen vorliegt, sondern dass es um einige wenige Schlüsselinformationen herum konstruiert wird. Wissen kann also als ein Netzwerk verstanden werden, in dem sich Einzelinformationen um bestimmte Knotenpunkte herum gruppieren und dort gespeichert werden. Neue Informationen werden möglichst an einen bestehenden Knotenpunkt angedockt. Wenn eine neue Information jedoch zu fremd ist, wird sie entweder nicht gespeichert oder aber ein vorhandenes Schema wird entsprechend modifiziert oder neu gebildet. So bilden Schlüsselinformationen eine umfangreiche Menge an Einzelinformationen ab (vgl. Rey 2008: 11-12). Es konnte gezeigt werden, dass Reputation als eine solche Schlüsselinformation gilt. Wenn in der Vergangenheit schon Erfahrungen mit einem Anbieter gemacht wurden, so würde im Sinne der Theorie der kognitiven Belastung bereits ein Reputationsschema bestehen, auf das bei einer erneuten Entscheidung zurückgegriffen werden kann.

Die kognitive Belastung des Arbeitsgedächtnisses wird innerhalb der Theorie in drei Formen differenziert: intrinsische, extrinsische und lernbezogene Belastung[13]. Die

---

[13] Im englischen Original als intrinsic, extraneous und germane Load bezeichnet (vgl. Unterbruner 2007: 156).

intrinsische Belastung bezieht sich auf die Interaktivität einzelner Attribute untereinander. Sind diese abhängig voneinander, so müssen sie vom Arbeitsgedächtnis simultan verarbeitet werden (Elementinteraktivität), was eine hohe intrinsische Belastung nach sich zieht. Beispiele beim touristischen Produkt finden sich hierbei häufig. So ist die Qualität eines Hotels abhängig von Service, Ausstattung, Wetter, Sauberkeit usw. Die intrinsische Belastung kann durch Informationssignale gesenkt werden, wenn diese sich an bereits bestehende Schemata innerhalb der kognitiven Struktur des Konsumenten anschließen lassen. Es kann daher angenommen werden, dass der Einfluss der Reputation zur Reduzierung der intrinsischen Belastung auch davon abhängt, wie groß die Erfahrung mit dem Anbieter sowie die vorherige Ausarbeitung des Schemas ist (vgl. Sweller 2005: 27-28). Die **extrinsische Belastung** wird auch als lernirrelevante kognitive Belastung bezeichnet (vgl. Rey 2008: 13). Ähnlich wie bei der Theorie der dualen Codierung bezieht sie sich auf die Form der Informationssignale. Eine unstrukturierte Vermittlung von (überflüssigen) Informationen zu einem touristischen Produkt kann zu einer erhöhten extrinsischen Belastung führen und ist für den Lernprozess hinderlich. Die Vermeidung einer hohen extrinsischen Belastung durch klare Strukturen und Informationssignale ist von zentraler Bedeutung und kann vom Anbieter aktiv mitgestaltet werden (vgl. Sweller 2005: 26). Im Kontext der Reputation kann dies beispielsweise durch die aktive Reaktion auf Kundenbewertungen erfolgen. Durch eine offene Stellungnahme des Anbieters wird dem Kunden eine Hilfestellung gegeben, um eine Gästebewertung besser einschätzen zu können. Gleichwohl wird deutlich, dass der Einfluss des Anbieters auf reputationsrelevante Inhalte begrenzt ist. Die **lernbezogene kognitive Belastung** bezieht sich schließlich auf den Lernenden selbst. Dieser Terminus bezeichnet die Anstrengung, das Lernmaterial zu verstehen. Grundsätzlich gilt dabei: Je höher die lernrelevante kognitive Belastungsgrenze des Einzelnen ist, desto besser fällt die Verständnisleistung aus. Die drei Komponenten sind additiv und belasten in unterschiedlicher Ausprägung das Arbeitsgedächtnis des Konsumenten (vgl. Unterbruner 2007: 156).

Aufbauend auf der Theorie der dualen Codierung sowie der Theorie der kognitiven Belastung entwickelte Mayer (2005) die **kognitive Theorie multimedialen Lernens**. Definiert wird dieses Lernen als *„das Lernen mit Text (gesprochen oder geschrieben) und Bildern (Illustrationen, Fotografien, Grafiken, Animationen, Videos)"* (Unterbruner 2007: 153). Analog zu den Prozessen der Wahrnehmung findet auch in Multimediaumgebungen eine selektive Informationsverarbeitung statt. Dabei werden Modelle im Arbeitsgedächtnis mit bereits bestehenden abgeglichen, was im Resultat zur Generierung neuen Wissens führt. Es kann davon ausgegangen werden, dass sich der Lernprozess trotz der Selektionsleistung der Wahrnehmung fördern lässt, wenn der Lernende nicht mit zu vielen Informationseinheiten überlastet wird. Die Relevanz der einzelnen Informationen muss dabei vom touristischen Leistungsanbieter antizipiert werden, da er nicht weiß, welche Informationen der Konsument benötigt. Somit kann man an dieser Stelle auch von einem Informationsdefizit auf Anbieterseite sprechen. Es ist deshalb zu prüfen, welche Signale sich im Kontext der Reputation als besonders entscheidungsrelevant herausgestellt haben, um diese aktiv zu präsentieren (vgl. Unterbruner 2007: 153-164).

Zusammengefasst lässt sich sagen, dass sich die Lerntheorien primär auf die Art und Weise der Informationsvermittlung beziehen. Sie liefern insofern wichtige Hinweise zur Aufbereitung der Informationen. Daher ist die Form der Informationsvermittlung zwar ein wichtiger Bestandteil, steht jedoch nicht im Fokus dieser Arbeit. Auf Gestaltgesetze, die innerhalb der Theorie zum multimedialen Lernen entwickelt wurden, wird deshalb nicht weiter eingegangen.

Dennoch ist der Lernprozess grundsätzlich relevant. Denn durch Lernen entsteht Wissen, das der Kunde in Form von Erfahrungen bei einer Entscheidungssituation mit einbringt. Dadurch werden Reputationsinformationen unterschiedlich wahrgenommen. Sie können sowohl durch eigene Erlebnisse als auch durch vermittelte Erzählungen einen Lernprozess beeinflussen.

3.3.2 Aktivierende Prozesse

Der Begriff der Aktivierung beschreibt nach Trommsdorff (2008: 42) die *„Intensität der physiologischen Erregung des Zentralnervensystems"*. Kroeber-Riel et al. (2008: 60-62) gehen davon aus, dass ein Individuum durch die Aktivierung leistungsbereit und leistungsfähig wird. Die aktivierenden Vorgänge treiben den Konsumenten an. Die Stärke der Aktivierung beschreibt dabei die aktuelle Leistungsfähigkeit des Organismus. Man geht davon aus, dass mit zunehmender Aktivierung die geistige Aufnahmefähigkeit zunächst steigt und in einem Zustand hoher Erregung wieder sinkt (Überaktivierung) (vgl. Trommsdorff 2008: 44-45).

Diese innere Aktiviertheit kann durch verschiedene äußere Stimuli oder durch bestimmte Situationen erzeugt werden (vgl. Trommsdorff 2008: 237). In den Verhaltenswissenschaften gibt es drei dominierende Prozesse, die diesen Vorgang beschreiben können: Aktiv wird der Konsument durch seine **Emotionen**. Die **Motivation** leitet ihn zu den entsprechenden Informationen, während die **Einstellung** den Bezug zur Informationsquelle reflektiert. Diese drei Komponenten beeinflussen sich gegenseitig und können daher nicht isoliert betrachtet werden.

3.3.2.1 Emotionen

Die Psychologie verwendet die Begriffe „**Emotionen**" und „Gefühle" häufig synonym. Trommsdorff (2008: 59) weist darauf hin, dass der Begriff der Emotion irreführende Assoziationen wecke, da häufig davon ausgegangen werde, dass es sich bei Emotionen um Zustände hoher Erregung handele, was aber nicht zwingend der Fall ist. Unter Beachtung dieser sprachlichen Sensibilität lassen sich Emotionen definieren als: *„eine vorübergehende, nicht regelmäßig wiederkehrende interpretierte Aktiviertheit, das heißt ein nach Stärke (schwach bis stark), Richtung (positiv oder negativ) und Art (Gefühlstyp und Ausdruck) bestimmter Empfindungszustand"* (Trommsdorff 2008: 60).

Somit lassen sich Emotionen in drei Dimensionen unterteilen: Stärke, Richtung und Art (vgl. Kuß und Tomczak 2007: 48). Psychologisch betrachtet ist die Stärke der Emotion identisch mit der Aktiviertheit und in Abhängigkeit vom Involvement (vgl. Kapitel 3.3.3.2) zu betrachten. Die Richtung gibt an, ob ein Gefühl als angenehm (positiv) oder unangenehm (negativ) empfunden wird. Die Einteilung in Emotionsarten gestaltet sich dagegen schwieriger, da Gefühle sehr fein nuanciert sein können und sich über den „Umweg" der Sprache eine hohe Vielfalt an Begriffen zu ihrer Beschreibung finden lässt. Dadurch kann es leicht zu „Übersetzungsfehlern" kommen. Ungeachtet dessen benennen Izard und Murakami (1994: 60) zehn primäre emotionale Zustände, sogenannte *„Fundamentalemotionen"*. Diese sind: Interesse, Freude, Überraschung, Kummer, Zorn, Ekel, Geringschätzung, Angst, Scham und Reue (vgl. Hofbauer und Dürr 2007: 63). Bei näherer Betrachtung wird deutlich, dass sich diese Emotionen auch überlagern können. Dennoch liefert eine solche Kategorisierung eine Grundlage für eine theoretische Darstellung menschlicher Emotionen, aus denen weitere Gefühle abgeleitet werden können. Für den Verkauf bzw. Kauf touristischer Leistungen heißt das, die Angst des Kunden als eine elementare Emotionsart zu berücksichtigen[14]. Sie ergibt sich jeweils aus der Risikowahrnehmung des potenziellen Kunden und äußert sich in einer Verunsicherung über die Konsequenzen seiner Kaufentscheidung. Entscheidungsprozesse, die durch Gefühle der Unsicherheit geprägt sind, lassen sich mit dem Ansatz des wahrgenommenen Risikos (vgl. Kapitel 3.3.3.1) erklären. Als unsicherheitsreduzierend gilt dabei der Zustand des Vertrauens, der durch Reputation gesteigert werden kann.

3.3.2.2 Motivation

Ein weiteres Charakteristikum von emotionalen Vorgängen ist es, dass diese zwar oftmals bewusst wahrgenommen, aber nicht oder kaum gedanklich kontrolliert werden können. Sie besitzen kognitive Bestandteile, werden jedoch unwillkürlich gesteuert (vgl.

---

[14] Die Einteilung von Izard und Murakami ist an dieser Stelle nicht zur Gänze passend, da es als unwahrscheinlich gelten kann, dass ein Konsument ausschließlich aus dem Motiv der Angst heraus eine Urlaubsreise plant. Aus dem Involvementkonstrukt lässt sich daher zusätzlich ableiten, dass sich die Angst vor möglichen Kaufrisiken mit Interesse und Freude mischt, da ansonsten ein Involvement mit dem Reiseprodukt nicht vorhanden wäre (vgl. Kapitel 3.3.3.2).

Trommsdorff 2008: 108). Da Emotionen in der Regel nicht auf ein konkretes Handlungsziel ausgerichtet sind, wird mit der **Motivation** eine Wechselwirkung zwischen den emotionalen Erregungszuständen und kognitiven Prozessen beschrieben. Die Emotion ist der Auslöser für einen Handlungsprozess, während die Wissenskomponente die Richtung einer Handlung vorgibt. Die Motivationspsychologie beschäftigt sich dabei mit der Zielgerichtetheit von Verhalten (vgl. Musiol und Kühling 2009: 38). Motivation kann also als der Beweggrund menschlichen Verhaltens beschrieben werden, um zu einem bestimmten und erwünschten Ziel zu gelangen. Im Rahmen dieser Arbeit kann Motivation erklären, *warum* ein Konsument einen bestimmten Anbieter wählt. Da die Beweggründe hierfür stark subjektiv geprägt sind, wird der Persönlichkeitskomponente einer Entscheidungssituation Rechnung getragen (vgl. Mangold 2008: 268).

Hofbauer und Dürr (2007: 72-76) differenzieren zwischen drei dominanten Motivtheorien, um die menschlichen Motive zu veranschaulichen Die **monothematische Motivtheorie** versucht, das Verhalten an einem zentralen Motiv zu erklären. Es wird also davon ausgegangen, dass alle Bedürfnisse des Menschen auf ein zentrales Motiv verweisen. Die Motivstruktur wird dabei auf eine Sammelgröße komprimiert und bietet hier wenig hilfreiche Aufschlüsse.

Die **polythematische Motivtheorie** erklärt Verhalten über verschiedene Motive. Hierzu müssen die menschlichen Bedürfnisse kategorisiert werden. Die Bedürfnispyramide von Maslow (1954) ist einer der bekanntesten, jedoch gleichzeitig umstrittensten Versuche, Motive zu klassifizieren. Maslow ordnet die menschlichen Bedürfnisse hierarchisch, je nachdem, wie relevant sie für das Überleben des Menschen sind. Freyer (2007: 199) hat die Bedürfnispyramide am Beispiel des Tourismus erläutert. Allerdings ist anzuzweifeln, dass eine solche Anordnung sinnvoll ist. Die Einteilung Maslows wurde aufgrund ihrer Wertung stark kritisiert. Zudem kann davon ausgegangen werden, dass ein Produkt meist mehrere Bedürfnisse befriedigt. Maslows Einteilung bleibt dadurch unpräzise, denn fast jede Art von Konsumerfahrung kann gleichzeitig Grundbedürfnisse erfüllen (beispielsweise nach Schlaf) und der Selbstverwirklichung dienen (beispielsweise mit einer Übernachtung in einem Luxushotel) (vgl. Hofbauer und Dürr 2007: 73-74).

Die **athematische Motivtheorie** greift die Kritik an den beiden erstgenannten Ansätzen auf. Athematisch ist sie deshalb, weil hierbei generelle Motivinhalte und fertige Motivlisten ausgeschlossen werden. Es wird davon ausgegangen, dass Motive vom einzelnen Konsumenten sowie der Konsumsituation abhängig sind. Dies bedeutet im Kern auch, dass eindimensionale Ansätze an Erklärungskraft verlieren. Vielmehr muss ein komplexes Zusammenspiel verschiedener Kaufmotive analysiert werden. Bei der Gestaltung der Informationssignale ist es also wichtig, das Ziel des Nutzers zu kennen. Denn der Nutzer sucht genau diejenigen Informationen, die er zur Erfüllung seiner Ziele benötigt (vgl. Hofbauer und Dürr 2007: 74-76 sowie Felser 2007: 43-47).

Da es sich beim Internet um ein Medium handelt, bei dem aktive Aneignungshandlungen des Kunden eine Grundvoraussetzung sind, ist die Nutzung als Reaktion auf ein bestimmtes Informationsbedürfnis zu verstehen und hat ihren Ursprung folglich in den Nutzermotiven (vgl. Meeder 2007: 69).

Auch wenn hier ausdrücklich die Auffassung der athematischen Motivtheorie verfolgt wird, ist es aufgrund der erläuterten subjektiven Bestimmbarkeit von Motiven sinnvoll, lediglich übergeordnete Ziele zu unterstellen: Steht der Konsument emotional unter einer angstgeprägten Spannung, ist er bestrebt, diese Spannung aufzuheben. Diese Vermutung wird durch die Annahme der Informationsökonomik gestützt, dass die Informationssuche zur Verringerung des Risikos beitragen kann. Da dies mit Rückbezug der Transaktionskostentheorie unter möglichst ökonomischen Bedingungen erfolgen soll, kann auch der effektive Einsatz des Suchprozesses als übergeordnetes Motiv formuliert werden. Gleichzeitig will der Konsument das für ihn individuell beste Angebot wählen. Dementsprechend kann auch das Auffinden des Produktes mit dem subjektiv größten Nutzen als übergeordnetes Ziel gelten. Da Reputation hier als Schlüsselinformation gesehen wird, verweist sie in diesem Zusammenhang auf die Qualität des Produktes und damit auf den Nutzen für den Konsumenten. Gleichzeitig trägt sie zu einer Vereinfachung bei, indem sie repräsentativ für andere Informationen stehen kann und es zudem ermöglicht, die Qualität dieser Informationen einzuordnen.

3.3.2.3 Einstellung

Der Nutzen einer Information ist individuell und bestimmt sich im Kontext der Unsicherheitsreduktion maßgeblich über die **Einstellung**. Der Einstellung wird in der Konsumentenforschung ein besonders hohes Forschungsinteresse entgegengebracht. Dies liegt nicht zuletzt daran, dass häufig ein pauschaler Zusammenhang von Einstellung und Verhalten (E-V-Hypothese) unterstellt wird. Durch diese Hypothese wird das Einstellungskonstrukt in vielen Studien zu einem Gradmesser der Kaufentscheidung (vgl. Kroeber-Riel et al. 2008: 216-220). Und in der Tat konnten Six und Eckes (1996) durch die Zusammenführung verschiedener empirischer Studien nachweisen, dass Einstellung und Verhalten in einem Zusammenhang stehen. Kroeber-Riel et al. (2008: 175) stellen in diesem Kontext fest, dass die gedankliche Steuerung und das damit verbundene kognitive Involvement (vgl. Kapitel 3.3.3.2) mit der Stärke des Zusammenhangs zwischen Einstellung und Verhalten positiv korrelieren. Dennoch ist die Einstellung nicht der einzige Indikator zur Bestimmung des Verhaltens (vgl. Fassott 2007: 35).

Trotz oder gerade wegen des intensiven Forschungsinteresses gibt es bis heute keine allgemeingültige und akzeptierte Definition von „Einstellung". Etabliert wurde das Einstellungskonstrukt durch die Forschungen von Fishbein und Ajzen (1975). Sie verstehen „Einstellung" als ein konsistentes Verhalten, welches eine Zu- oder Abneigung zu einem bestimmten Objekt ausdrückt (vgl. Kuß und Tomczak 2007: 49-50). In dieser Definition kommen die Veränderbarkeit der Einstellung durch Lernprozesse sowie der Einfluss der Einstellungen auf die Richtungstendenz eines Verhaltens zum Ausdruck. Trommsdorff (2008: 159) weist auf eine situationsbedingte Komponente hin: „(...) in einer entsprechenden Situation gegenüber dem betreffenden Objekt regelmäßig mehr oder weniger stark positiv bzw. negativ zu reagieren". Die Entscheidungstendenz ist also relativ stabil, aber dennoch durch Erfahrungen erlernt und veränderbar (vgl. Kuß und Tomczak 2007: 50).

Abbildung 9: Theorie des geplanten Verhaltens

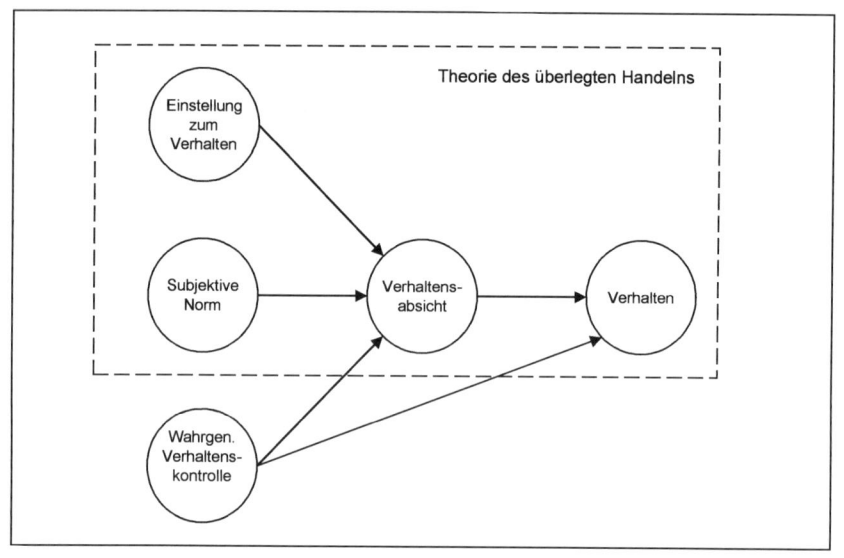

Quelle: Vereinfachte Darstellung in Anlehnung an Fassott 2007: 37 sowie Kroeber-Riel et al. 2008: 214.

Zur Erläuterung des Einstellungskonstruktes haben Fishbein und Ajzen (1975) im Jahre 1975 die **Theorie des überlegten Handelns** (Theory of Reasoned Action) entwickelt. Sie bezieht sich auf die Prognose von Verhalten, das vollständig willentlich und bewusst erfolgt, und postuliert, dass sich das Verhalten über Verhaltensabsichten aus der Einstellung (affektive Dimension) sowie einer subjektiven Norm (normative Dimension) des Kunden ableiten lässt. Die Einstellung ergibt sich analog zur behavioristischen Lerntheorie aus den Überzeugungen einer Person, dass ein Verhalten zu einem bestimmten Ergebnis führt (vgl. Königstorfer 2008: 22-23 sowie Fassott 2007: 36-37).

Diese Überzeugung setzt sich aus eigenen sowie vermittelten Bewertungen zusammen, wodurch die Nähe zum Reputationskonstrukt deutlich wird[15]. Die Theorie des überlegten Handelns wurde aufgrund ihrer einseitig kognitiven Sichtweise sowie einer geringen Vorhersagevalidität kritisiert.

Da emotionales und unbewusstes Verhalten jedoch häufig auftritt, hat Ajzen (1985) die Theorie des überlegten Handelns zur **Theorie des geplanten Verhaltens** (Theory of Planned Behavior) weiterentwickelt (siehe Abbildung 9). Damit sollte die Erklärungskraft auf Situationen ausgedehnt werden, in denen keine vollständige Kontrolle über das Verhalten ausgeübt werden kann (vgl. Kroeber-Riel et al. 2008: 212-213). Er integriert deshalb zusätzlich die Einflussgröße der wahrgenommenen Verhaltenskontrolle. Darunter wird das Ausmaß verstanden, von dem eine Person annimmt, Kontrolle über die Ausführung ihres Verhaltens zu haben. Die Vorteile der beiden Theorien liegen in deren Ordnung und Struktur sowie in der hohen Erklärungskraft der Bestandteile. Daraus lassen sich drei primäre Einflussfaktoren ableiten, die Verhaltensabsichten bestimmen: die Einstellung als affektive Gesamtbewertung, die subjektive Norm als Verhaltensprognose und die wahrgenommene Verhaltenskontrolle als kognitiv geprägte Überzeugung, wie schwer oder leicht ein Verhalten auszuführen ist (vgl. Fassott 2007: 38).

Weiterführend muss auf das von Davis (1985) entwickelte **Technologie-Akzeptanz-Modell** (Technology Acceptance Model) verwiesen werden, da es im Kontext des Internets häufig Anwendung findet. Das Ziel von Davis (1985) war es, ein Modell zu entwickeln, das die Akzeptanz von Informationstechnologien vorhersagen kann. Das Modell übernimmt die grundlegende Verknüpfung von Einstellung, Verhaltensabsicht und Verhalten. Es fokussiert dabei die Komponente der Verhaltensakzeptanz, die wiederum von den Faktoren wahrgenommener Nutzen (perceived usefulness) und wahrgenommene Benutzerfreundlichkeit (perceived ease of use) abhängig ist (vgl. Königstorfer 2008: 23 sowie Fassott 2007: 42). Auch wenn die Überlegungen zur Akzeptanz technologischer Entwicklungen zweifelsohne interessant sind, stehen sie hier nicht im Zentrum, weshalb auf das Technologie-Akzeptanz-Modell nicht weiter eingegangen wird (vgl. weiterführend beispielsweise Königstorfer 2008).

Zusammenfassend kann festgehalten werden, dass Reputation und Einstellung ähnlich konzeptualisiert werden können. Beide Ansätze werden sowohl über emotionale als auch über kognitive Komponenten gebildet. Wie zu zeigen sein wird, fehlt den empirisch geprüften Reputationsansätzen bisher eine normative Dimension, wie sie bei der Theorie des geplanten Verhaltens integriert ist. Wichtig ist bei der Differenzierung der

---

[15] Wichtig ist bei der Differenzierung der beiden Ansätze jedoch, dass Reputation einen öffentlichen Geltungsbereich besitzt und das Resultat von Interaktionsprozessen ist. Diese werden den über individuelle Einstellungen der teilnehmenden Akteure gegenüber dem Reputationsträger ausgehandelt (vgl. Eisenegger 2005: 21).

beiden Ansätze zudem, dass Reputation einen öffentlichen Geltungsbereich besitzt und das Resultat von Interaktionsprozessen ist. Diese werden über individuelle Einstellungen der teilnehmenden Akteure gegenüber dem Reputationsträger ausgehandelt (vgl. Eisenegger 2005: 21).

3.3.3 Übergeordnete verhaltenswissenschaftliche Prozesse

Mit den kognitiven und aktivierenden Prozessen konnten die zentralen personengebundenen Prozesse bei einer Reiseentscheidung erläutert werden. Die Verhaltenswissenschaften beschreiben zwei weiterführende Einflussfaktoren, die das Verhalten des Konsumenten beeinflussen und im Kontext dieser Untersuchung von übergeordnetem Interesse sind: das wahrgenommene Risiko sowie das Involvement.

3.3.3.1 Wahrgenommenes Risiko

Bauer erklärt das wahrgenommene Risiko wie folgt: *„Consumer behavior involves risk in the sense that any action of a consumer will produce consequences which he cannot anticipate with anything approximating certainty, and some of which at least are likely to be unpleasant"* (Bauer 1960: 389). Das individuell wahrgenommene Risiko entsteht also dann, wenn in einer Entscheidungssituation die Informationen keinen oder wenig Aufschluss über Folgen des Kaufes geben. Allgemein gefasst gilt Risiko als die mit einer Handlung verbundene Verlustgefahr. Trommsdorff (2008: 237) merkt an, dass sich bei einer Konsequenzorientierung der Kaufentscheidung die Höhe des Risikos aus der Eintrittswahrscheinlichkeit und der Höhe des zu erwartenden Schadens zusammensetzt (vgl. auch Heitmann 2006: 24). Eine Unsicherheitssituation ergibt sich durch die Gefahr einer negativen Abweichung von einem angestrebten Konsumziel. Das wahrgenommene Risiko bezeichnet also die Unsicherheit[16] des Konsumenten bezüglich unerwünschter **Handlungskonsequenzen** (vgl. Kroeber-Riel et al. 2008: 304-305). In diesem Zusammenhang kann Reputation als ein Instrument der Unsicherheitsreduktion

---

[16] Über die Differenzierung der Begriffe „Risiko" und „Unsicherheit" herrscht in der Literatur Uneinigkeit (vgl. hierzu ausführlich Müller 2008 sowie die dort angegebene Literatur). In dieser Arbeit wird unter Rückbezug auf die Informationsökonomie die Unsicherheit als Resultat der Informationsasymmetrie angesehen. Der Unsicherheitssituation steht somit eine Sicherheitssituation gegenüber, die bei einer vollkommenen Information eintreten würde. Das wahrgenommene Risiko bezieht sich hingegen auf die Konsequenzen eines Kaufes. Es ist somit durchaus möglich, dass ein Konsument dank neuer Informationen eine geringere Unsicherheit in Bezug auf seine Handlungskonsequenzen empfindet. Gleichzeitig können mit den neuen Informationen jedoch Risiken erst bekannt werden. Nimmt die Unsicherheit mit zunehmendem Informationsstand ab, muss dies also nicht zwingend mit einer Reduktion des Risikos in Zusammenhang stehen.

gesehen werden und erhöht die wahrgenommene Wahrscheinlichkeit der Erreichung des angestrebten Konsumziels.

Die möglichen Konsequenzen eines Kaufes können zudem aus unterschiedlichen Perspektiven betrachtet werden. Häufig wird zwischen **sechs Risikoarten** unterschieden: dem funktionellem Risiko, das sich auf die Leistung eines Produktes bezieht, dem finanziellen Risiko, das sich auf die monetären Kosten (in Relation zum Nutzen) bezieht, dem physischen Risiko, das sich auf die gesundheitlichen Folgen des Konsums bezieht, dem psychologischen Risiko, das sich auf die Vereinbarkeit des Konsums mit den eigenen Werten und Normen bezieht, dem sozialen Risiko, das sich auf die Auswirkungen des Konsums auf das persönliche Ansehen bezieht, sowie dem zeitlichen Risiko, das sich auf die Ungewissheit über den zeitlichen Aufwand bei Kauf und Nutzung eines Produktes bezieht (vgl. Kaplan et al. 1974: 287-291). Diese Einteilung macht deutlich, dass das wahrgenommene Risiko Personen, Produkte oder Situationen betreffen kann. Die Risikoarten sind dabei nicht unabhängig voneinander, sondern eng miteinander verflochten (vgl. Große-Bölting 2005: 43).

Das **wahrgenommene Risiko** tritt darüber hinaus dann auf, wenn es eine Inkonsistenz innerhalb der zur Verfügung stehenden Informationen gibt, was im Internet durch die Vielzahl der Informationsquellen häufig vorkommt (vgl. Foscht und Swoboda 2007: 83). Ungeachtet der Transparenz, die das Internet mit sich bringt, bleiben die Entscheidungskonsequenzen bei der Reiseentscheidung aufgrund der Heterogenität des Leistungsergebnisses stets zu einem bestimmten Maß unvorhersehbar. Entscheidungsrelevant ist dabei nicht das objektive, faktische Risiko, sondern das subjektive, wahrgenommene Risiko (vgl. Fassott 2007: 51). Und das Risikoempfinden variiert von Person zu Person. Zudem konnte empirisch bestätigt werden, dass die Risikowahrnehmung vor allem bei hochpreisigen und erklärungsbedürftigen Produkten – wie es auch das touristische Produkt ist – besonders ausgeprägt ist (vgl. Meffert und Bruhn 2006: 132).

Grundlegend für die Theorie des wahrgenommenen Risikos ist die Annahme, dass bei Überschreitung einer individuellen **Risikotoleranzschwelle** das Verhalten wesentlich durch Versuche zur Reduzierung des Risikos bestimmt wird (vgl. Kroeber-Riel et al. 2008: 437). Eine Möglichkeit, die Konsequenzen einer Reiseentscheidung abzuschätzen, besteht in der Suche nach Informationen (vgl. Müller 2008: 106). Je ausgeprägter also die kognitive Inkonsistenz ist, desto größer ist auch der Antrieb, zusätzliche Informationen zu suchen (vgl. Meeder 2007: 135). Das Finden von Informationen, die Hinweise auf potenzielle Entscheidungskonsequenzen geben, steht im Mittelpunkt des Informationsprozesses (vgl. Stiller 2006: 40). Bei komplexen Entscheidungen wie der Reiseentscheidung ist es dabei für den Konsumenten schwer abzuschätzen, welche Informationskosten zur Risikominimierung auf ihn zukommen. Auch hier fungiert Reputation als eine Instanz, welche dabei helfen kann, die aufgenommenen Informationen zu bewerten.

Alternativ zur Suche nach Informationen kann auch die Kaufstrategie abgewandelt werden. Dabei zielt der Konsument mit seinen Aktivitäten nicht auf eine Reduktion der Unsicherheit, sondern auf eine **Konsequenzreduktion**. Dies kann beispielsweise die Vereinbarung von erweiterten Umtausch- bzw. Garantiebestimmungen oder der Abschluss von Versicherungen sein (vgl. Gemünden 1985: 27). Bei der touristischen Leistung sind die Möglichkeiten zur Reduzierung des wahrgenommenen Risikos durch Kaufstrategien jedoch beschränkt. So kann zwar der Reisepreis in bestimmten Situationen erstattet werden, die Reise selbst jedoch nicht „umgetauscht" werden. Garantien können lediglich in Form von Qualitätssiegeln erteilt werden. Da der Konsument durch seine Integration selbst Einfluss auf das Leistungsergebnis nimmt, ist dieses nur bedingt vom Anbieter steuerbar. Es können keine objektivierbaren Garantien zur Leistungsqualität gegeben werden. Auch externe Faktoren wie das Wetter haben Einfluss auf die Qualitätsbeurteilung, sodass die touristische Leistung nicht standardisiert werden kann (vgl. auch Kapitel 2.3). Dennoch bietet sich hier Reputation als ein intangibles Qualitätssignal an, um die Konsequenzen eines Konsums besser abschätzen zu können – ohne dabei jedoch eine tatsächliche Garantieleistung zu erbringen.

Die Hypothese, dass mit zunehmendem Risiko auch die Informationssuche steigt, ist in der Literatur verbreitet, allerdings ebenso umstritten[17]. Unabhängig von diesem Befund ist es unter Rückbezug auf die Konsistenztheorie plausibel, dass das Ausmaß der Informationssuche von der Fähigkeit eines Anbieters abhängt, dem Kunden ein konsistentes Gesamtbild seiner Leistungen zu präsentieren. Im Rahmen der Informationssuche versuchen Konsumenten also die Konsequenzen ihrer Entscheidung ex ante einzuschätzen (Risikominimierung). Sie streben dabei nach einem konsistenten Gesamtbild über das Produkt, um dieses besser bewerten zu können (vgl. Müller 2008: 107). Reputation kann dabei als eine Art Metainformation gesehen werden, die Einfluss auf die Wahrnehmung der Validität anderer Informationen haben kann.

3.3.3.2 Involvement

Das Involvementkonstrukt fand in den 1960er-Jahren durch Krugman (1965) Eingang in die Konsumentenforschung. Trommsdorff (2008: 48) bezeichnet es als *„Schlüsselkonstrukt der Marketingforschung"*. Kroeber-Riel et al. (2008: 386) definieren „Involvement" übergeordnet als *„die Ich-Beteiligung bzw. das gedankliche Engagement und die damit verbundene Aktivierung, mit der sich jemand einem Sachverhalt oder einer Akti-*

---

[17] Wie bereits erläutert, hängt das Ausmaß der Informationssuche auch von der Wahl der Risikoreduktionsstrategie ab. Zudem ist die Informationssuche an Schwellenwerte gebunden. Ist das subjektive Risikoempfinden extrem hoch oder extrem niedrig, scheint das Risiko keinen stimulierenden Effekt auf die Informationssuche zu haben (vgl. Kroeber-Riel et al. 2008: 304-305).

vität zuwendet". Dieses Engagement korreliert dabei nach der Logik des Gedächtnistiefemodells mit der Verarbeitungstiefe von Informationen. Trommsdorff (2008: 49) integriert in seine Definition des Involvements folgerichtig den Informationsverarbeitungsprozess und bestimmt Involvement als *„Aktivierungsgrad bzw. die Motivstärke zur objektgerichteten Informationssuche, -aufnahme, -verarbeitung und -speicherung"*. Die subjektiv empfundene Relevanz der Information hat demnach Auswirkungen auf den Informationsverarbeitungsprozess. Die Übergänge zwischen hohem und niedrigem Involvement sind fließend (vgl. Trommsdorff 2008: 292). Bei hohem Involvement werden mehr Informationen herangezogen, um zu einer Kaufentscheidung zu gelangen. Eine sorgfältige Auswahl der Produktalternativen erfordert Zeit und Energie, sodass der Entscheidungsprozess entsprechend komplex wird. Es kann aufgrund dieser Charakterisierung des Involvementkonstruktes angenommen werden, dass dieses den Kaufentscheidungsprozess wesentlich mitbestimmt (vgl. auch Kuß und Tomczak 2007: 113-115). Eine gute strukturelle Übersicht über die Relevanz des Involvements bei der Kaufentscheidung bietet Schmücker (2007: 74-83), der sich unter anderem auf die Darstellung von Deimel (1989: 154) bezieht, welche die Involvementwirkung anschaulich illustriert (vgl. Abbildung 10).

Abbildung 10: Modell der Involvementwirkungen

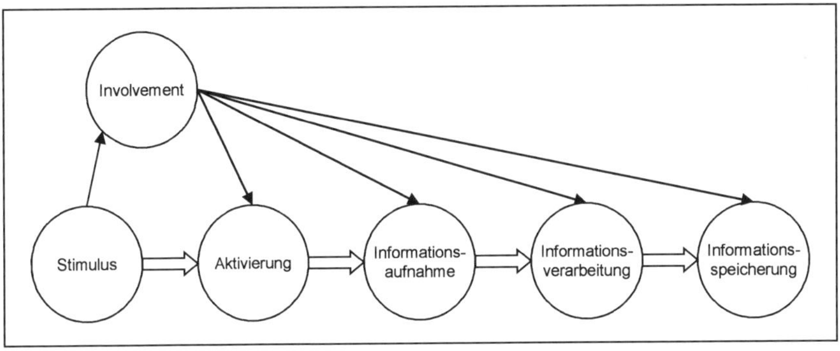

Quelle: Vereinfachte Darstellung in Anlehnung an Deimel 1989: 154.

Eine Reisebuchung ist in vielen Fällen an hohe finanzielle und zeitliche Investitionen gekoppelt, nicht zuletzt weil das touristische Produkt durch Komplexität gekennzeichnet ist. Aufgrund der Charakteristika des Internets ist zusätzlich davon auszugehen, dass Konsumenten bei der Informationsaufnahme und -verarbeitung hoch involviert sind, da das Medium eine aktive Auseinandersetzung voraussetzt. Diese Faktoren nehmen Einfluss auf die Höhe des Involvements. Es kann folglich angenommen werden, dass das Involvementniveau im Tourismus in der Regel hoch ist und eine umfassende Auseinandersetzung mit dem Produkt erfolgt. Laut der Reiseanalyse 2011 verbringen Nutzer pro Reise im Schnitt neun Stunden auf 13 verschiedenen Internetseiten zu Recherchezwecken (FUR 2011: 5). Diese Einschätzung ist aber nicht generalisierbar, da die Wertigkeit des Produktes vom Kunden selbst festgelegt wird. So kann also nicht per se ein hohes oder niedriges Involvementniveau für eine bestimmte Produktklasse angenommen werden (vgl. auch Schmücker 2007: 77). Es wird jedoch deutlich, dass die Höhe des Involvements die Verarbeitungstiefe der Informationen bestimmt. Dementsprechend ist das Involvement im Hinblick auf die Reputation von Bedeutung. Denn es kann angenommen werden, dass durch die Verarbeitungstiefe von Informationen, die reputationsrelevant sind, auch die Wirkung der Reputation auf die Kaufentscheidung bestimmt wird.

3.4 Zusammenfassende Betrachtung

Es konnte verdeutlicht werden, dass die dargelegten Erklärungsansätze der Verhaltenswissenschaften für die Wirkung der Reputation bei der Kaufentscheidung grundlegend sind. Als eigentliche Ursache des Verhaltens gelten die **Emotionen**, die maßgeblich die Stärke der Aktivierung und auch das Involvementniveau beeinflussen. Emotionen werden dabei sehr subjektiv erlebt und sind grundsätzlich abhängig von den Parametern Stärke, Richtung und Art. Im Internet ist es aufgrund des multimedialen Charakters möglich, verschiedene Reizarten zu kombinieren (Bilder, Musik, Text, Video) und dadurch sowohl das verbale als auch das visuelle System anzusprechen, was dem Lernprozess förderlich sein kann. Neben Interesse und Freude kann als wesentliche Emotion, die eine Reiseentscheidung im Internet auslöst, die Angst identifiziert werden. Diese ist primär auf hohe Entscheidungskonsequenzen und Informationsasymmetrien beim touristischen Produkt zurückzuführen und äußert sich in Unsicherheit beim Kunden. Die Unsicherheit richtet sich dabei auf das potenzielle Ausnutzen des kundenseitigen Informationsdefizits (Qualitäts-, Handlungs- und Motivunsicherheit) und mündet in der Verhaltensunsicherheit gegenüber dem Anbieter. **Reputation** kann hier also dazu dienen, diese Unsicherheit abzubauen.

Während Emotionen jedoch ungerichtet sind, verleiht die **Motivation** dem Verhalten eine Zielrichtung. Im vorliegenden Kontext ist ein übergeordnetes Motiv dementsprechend die Beseitigung der Verhaltensunsicherheit[18]. Unter Rückbezug auf die Transaktionskostentheorie kann zudem die Identifikation eines individuellen Produktnutzens als Motiv angesehen werden, um so die Qualitätsunsicherheit zu minimieren. Dieses Ziel kann durch das Auffinden von Sucheigenschaften (Bilder vom Hotel etc.) erreicht werden oder aber mithilfe von leistungsbezogenen (Preis- und Garantieleistungen) sowie

---

[18] Diese Erkenntnis ist unabhängig davon zu betrachten, dass eine Reiseentscheidung natürlich durch ein Bündel von Motiven und Bedürfnissen geprägt ist (vgl. Körber 2006: 88).

Zusammenfassende Betrachtung

leistungsunabhängigen Informationssubstituten (vgl. Neumann 2007: 45). Bei den letztgenannten gilt die **Reputation** als ein zentrales Informationssubstitut.

Die **Einstellung** führt die emotionale mit der motivationalen Ebene zusammen. Zudem ist das Einstellungskonstrukt eng mit den kognitiven Prozessen verzahnt. So sind Einstellungen zwar einerseits stabil, aber andererseits auch veränderbar. Das bedeutet, dass es eine Verbindung zwischen Einstellung und Lernen gibt. Da der Konsument zu Beginn einer Entscheidung auf Basis seiner bisherigen Erfahrungen abschätzt, wie hoch die voraussichtlichen Informationskosten sein werden, interessiert hier insbesondere, welche Einstellung der Konsument zum Anbieter hat und wie diese Einstellung positiv beeinflusst werden kann. Unter Voraussetzung der Einstellungs-Verhaltens-Hypothese resultiert daraus, dass bei einer positiven Einstellung die Kaufentscheidung zugunsten des betreffenden Leistungsanbieters ausfällt und auch die Weiterempfehlungsabsicht positiv beeinflusst wird. Die Wirkung der Einstellung auf das Verhalten ist abhängig von der Höhe des Involvements. Deshalb kann in diesem Zusammenhang angenommen werden, dass Involvement eine bestimmende Komponente im Reiseentscheidungsprozess einnimmt. Gleichzeitig wurden die starken Analogien zwischen dem Einstellungs- und dem Reputationskonstrukt verdeutlicht. Die Einstellung bezieht sich auf den einzelnen Konsumenten und ist unmittelbar mit der Kaufentscheidung verbunden. Daher ist anzunehmen, dass die **Reputation** der Einstellung vorgelagert ist und diese beeinflusst.

Mit den aktivierenden Prozessen konnte die Bedeutung der Reputation im Zusammenhang mit der Stärke der kundenseitigen Aktivität erklärt werden. Mit den kognitiven Prozessen wird hingegen der Einfluss der Reputation auf die Steuerung des Verhaltens erklärt. Die **Gedächtnismodelle** geben dabei den kognitiven Vorgängen eine Basis. Sie dienen zur Erklärung weiterer Phänomene.

Bei der **Wahrnehmung** kommt es im Gegensatz dazu zu einer subjektiven Bewertung der Information. Diese ist durch die Erfahrungen geprägt, die jeder Mensch individuell gemacht hat. Das bedeutet in diesem Zusammenhang, dass die Reputationssignale entsprechend kommuniziert werden müssen, um vom Kunden auch aufgenommen zu werden. Zusätzlich ist der Konsument gezwungen, die eingehenden Informationen zu selektieren, da seine Informationsverarbeitungskapazität begrenzt ist. Die Konzentration auf bestimmte Schlüsselinformationen führt dazu, dass Produkte oft vereinfacht beurteilt werden. Es lässt sich also feststellen, dass die Beurteilung des Anbieters von wenigen, aber relevanten Signalen abhängig ist, wobei der **Reputation** die Stellung einer solchen Schlüsselinformation zukommen kann.

Die Konstrukte des Wahrnehmungs- und Gedächtnisprozesses führen zu einem grundlegenden Verständnis des Lernprozesses. Durch **Lernen** sind Menschen dazu befähigt, ihr Verhalten zu verändern. Analog zu den Gedächtnisprozessen beruht diese Veränderung auf der Vorstellung, dass Menschen gespeicherte Informationen abrufen und diese mit neuen Umwelteindrücken abgleichen. Wichtig im Kontext der Reputation ist, dass diese Informationen nicht direkt erlebt sein müssen. Das bedeutet, dass auch durch Kundenbewertungen im Internet ein Eindruck von einem Hotel oder einer Destination entwickelt werden kann. Das Resultat daraus ist der Erwerb von neuem Wissen und ein erweitertes Verhaltensrepertoire. Damit ist begründet, weshalb Reputation über die Einstellung verhaltenswirksam werden kann.

Die wichtigste Erkenntnis der Theorie der dualen Codierung ist die Differenzierung zwischen verbalen und visuellen Systemen bei der Entcodierung von Informationen. Die Vermittlung von Reputationssignalen erhält so eine entscheidende Bedeutung. Denn wenn diese in der richtigen Form dargestellt werden, können sie ihre Wirkung entfalten. Die Theorie der kognitiven Belastung folgt auf Basis des Drei-Speicher-Modells des Gedächtnisses der Annahme, dass das menschliche Wissen in automatisierten Schemata organisiert und gespeichert wird. Diese Schemata sind vergleichbar mit den bereits genannten Schlüsselinformationen und können die kognitive Belastung reduzieren. Dabei ist das Vorwissen über einen Anbieter entscheidend, wodurch die Erfahrungen, die man bereits mit einem Anbieter gemacht hat, die Wirkung der Reputation beeinflussen können. Die Theorie des multimedialen Lernens weist auf die Gefahr der Informationsüberlastung hin und knüpft diese These an verschiedene Gestaltgesetze, auf die hier nicht im Einzelnen eingegangen werden soll. Wichtig ist im Rahmen dieser Arbeit, dass es bei den Reputationssignalen maßgeblich auf deren Informationswert ankommt. Ziel muss also die Identifikation von Reputationssignalen sein, die besonders wirkungsvoll im Sinne der Reiseentscheidung sind.

Diese These wird durch den Ansatz des **wahrgenommenen Risikos** bestätigt. Denn auch in dieser Sichtweise wird die Relevanz der Reputation als Informationsqualitätssignal deutlich. Wie jedoch auch verdeutlicht werden konnte, wird die Stärke, in der sie ihre Wirkung entfalten kann, durch die Höhe des Involvements bestimmt. Somit lassen sich verschiedene Konsequenzen der Reputation im Kontext der Verhaltenswissenschaften aufzeigen, die in Abbildung 11 noch einmal zusammengefasst sind.

Dabei sind die letztgenannten „weiteren Aspekte" ausgespart, da der Ansatz des wahrgenommenen Risikos zum einen zwar bestätigt, dass Reputation als Informationsqualitätssignal wirken kann, diese Erkenntnis jedoch bereits im Rahmen der Konsequenzen durch die Neue Institutionenökonomik festgestellt werden konnte. Zum anderen lassen sich durch die Wirkung des **Involvements** keine direkten Einflüsse der Reputation ableiten. Vielmehr wird hier deutlich, dass die Reputation nicht immer gleich stark wirken muss. Diese Vermutung muss jedoch im Rahmen der Modellierung noch empirisch belegt und konkretisiert werden. Die empirische Prüfung des Strukturgleichungsmodells

Zusammenfassende Betrachtung 67

kann mittels einer Kausalanalyse[19] erfolgen. Die einzelnen Konstrukte entziehen sich einer direkten Messung und müssen zu diesem Zweck operationalisiert werden. Dieser Vorgang ist entsprechend komplex. Daher wird im Anschluss an dieses Kapitel das methodische Vorgehen beschrieben.

Abbildung 11: Reputation im Kontext der Verhaltenswissenschaften

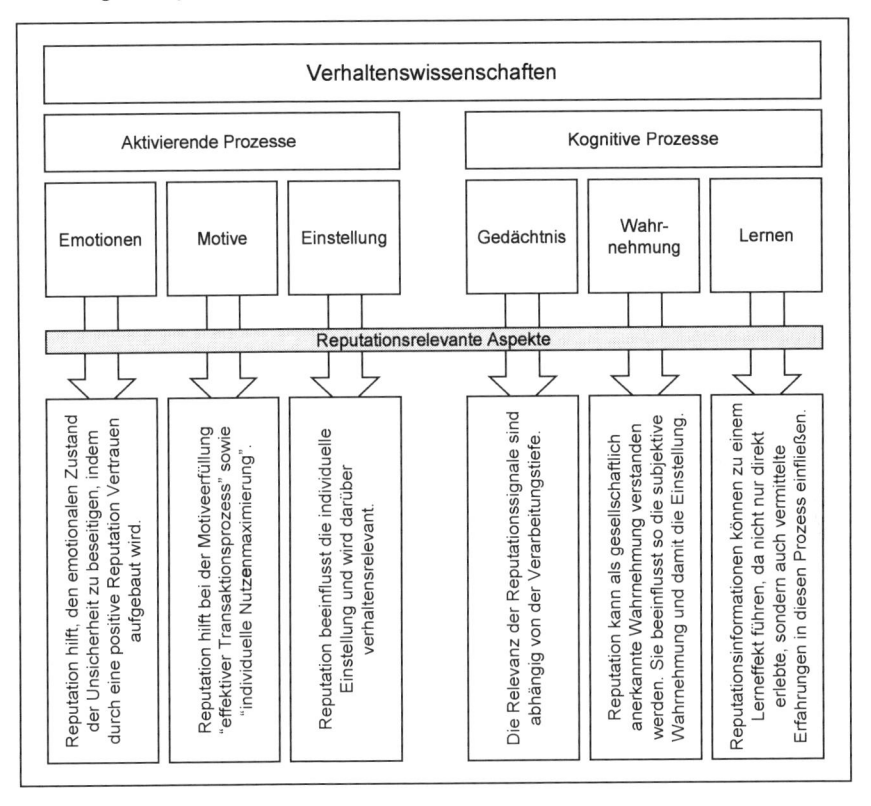

```
Verhaltenswissenschaften
├── Aktivierende Prozesse
│   ├── Emotionen
│   ├── Motive
│   └── Einstellung
└── Kognitive Prozesse
    ├── Gedächtnis
    ├── Wahrnehmung
    └── Lernen
```

Reputationsrelevante Aspekte:

- Reputation hilft, den emotionalen Zustand der Unsicherheit zu beseitigen, indem durch eine positive Reputation Vertrauen aufgebaut wird.
- Reputation hilft bei der Motiverfüllung "effektiver Transaktionsprozess" sowie "individuelle Nutzenmaximierung".
- Reputation beeinflusst die individuelle Einstellung und wird darüber verhaltensrelevant.
- Die Relevanz der Reputationssignale sind abhängig von der Verarbeitungstiefe.
- Reputation kann als gesellschaftlich anerkannte Wahrnehmung verstanden werden. Sie beeinflusst so die subjektive Wahrnehmung und damit die Einstellung.
- Reputationsinformationen können zu einem Lerneffekt führen, da nicht nur direkt erlebte, sondern auch vermittelte Erfahrungen in diesen Prozess einfließen.

Quelle: Eigene Darstellung.

---

[19] Die Bezeichnung „Kausalanalyse" ist nicht unumstritten, sie gilt aber als Oberbegriff für die Auswertung von Strukturgleichungsmodellen. Auf die Schwierigkeit des Begriffes wird in Kapitel 5.2.2 eingegangen.

4. Modellierung

Ein Modell kann als vereinfachte und grafische Darstellung von Strukturen und Prozessen in der Wirklichkeit verstanden werden, die sich auf einen bestimmten Untersuchungsgegenstand beziehen (vgl. Bortz und Döring 2009: 363). Entscheidend für diese Arbeit sind dabei Modelle der Konsumenten- und Reputationsforschung. Um ein Grundverständnis für die Modellierung von Kaufentscheidungen zu erhalten, werden zunächst Modelle der Konsumentenforschung vorgestellt. Darauf aufbauend soll der konzeptionelle Rahmen zusammengefasst werden, um so die Komplexität der Materie einzugrenzen und eine empirische Prüfung handhabbar zu machen. Darauf aufbauend werden Ansätze der Reputationsmessung betrachtet. Auf dieser Basis erfolgt dann über die Formulierung von Hypothesen die Modellierung für diese Arbeit.

4.1 Modelle der Konsumentenforschung

Um den Einfluss der Reputation auf die Kaufentscheidung im Internet erklären zu können, bietet sich zunächst ein Blick auf die klassischen Modelle der Konsumentenforschung an. Ziel dieser Modelle ist das: *„Verstehen und Erklären des Verhaltens von Konsumenten"* sowie die *„Ableitung von Handlungsempfehlungen zur Beeinflussung eben dieses Konsumentenverhaltens"* (Kroeber-Riel 2008: 16). Das Kernproblem dabei ist, dass sich die Ergebnisse immer auf schwer prognostizierbare Komponenten des menschlichen Verhaltens sowie nichtbeobachtbare Phänomene beziehen müssen. Der Anspruch der Modelle zum Konsumentenverhalten kann daher nur lauten, das reale Verhalten von Konsumenten zu vereinfachen, aber dennoch hinreichend genau abzubilden.

Balderjahn und Scholderer (2007: 10) stellen fest, dass sich innerhalb der Konsumentenforschung zwei Modellgruppen mit jeweils bipolaren Merkmalsausprägungen differenzieren lassen. Zum einen erfolgt eine Differenzierung in Struktur- und Prozessmodelle. **Prozessmodelle** gliedern die Kaufentscheidung in Phasen und betonen dadurch den Verlauf des Entscheidungs*prozesses*. Häufig werden auch mehrere Konsumepisoden über einen längeren Zeitraum betrachtet. **Strukturmodelle** fokussieren hingegen die Determinanten, die Einfluss auf das Verhalten haben. Die Konzentration liegt hierbei auf den intervenierenden Variablen, die nicht direkt beobachtbar sind und über sogenannte Messmodelle operationalisiert werden (vgl. Balderjahn und Scholderer 2007: 7). Beide Modellarten haben Vorteile: Mithilfe von Prozessmodellen können die unterschiedlichen Phasen einer Entscheidung fokussiert werden. Strukturmodelle erlauben es hingegen, die Vielzahl gleichzeitig wirkender Einflussfaktoren sichtbar und messbar zu machen. Letzteres ist übergeordnetes Ziel dieser Arbeit, weshalb hier die Entwicklung eines Strukturmodells präferiert wird.

Eine weitere Differenzierung bezieht sich auf den Umfang des Modells. Während **Totalmodelle** versuchen, die gesamte Kaufentscheidung sowie alle psychischen und sozialen Prozesse abzubilden, konzentrieren sich **Partialmodelle** auf Teilaspekte der Kaufentscheidung und die dazugehörigen Einflussfaktoren. Sie fokussieren also ein zentrales hypothetisches Konstrukt – in dieser Arbeit die Reputation (vgl. Schneider 2004: 37). Totalmodelle haben zwar den Vorteil, dass sie einer realen Entscheidung näherkommen, gleichzeitig bleibt die empirische Prüfung dieser Modelle jedoch eingeschränkt. Für eine empirische Untersuchung der Kaufentscheidung ist daher eine Komplexitätsreduktion notwendig, um wesentliche Einflussfaktoren herausarbeiten zu können (vgl. Balderjahn und Scholderer 2007: 10). Dieser Forschungslogik folgend, wird auch hier die Modellierung auf Verhaltensausschnitte beschränkt, die zu aussagekräftigen und anwendbaren Ergebnissen für das Reputationsmanagement führen können.

Um Möglichkeiten und Grenzen des hier angestrebten Strukturmodells zu erläutern, wird dieses im Folgenden von Prozessmodellen unterschieden. Dazu wird zunächst das für die verhaltensorientierte, empirische Konsumentenforschung klassische Stimulus-Organismus-Reaktions-Modell (S-O-R-Modell) erläutert. Im Anschluss daran erfolgt eine Darstellung des Fünf-Phasen-Modells der Kaufentscheidung sowie der Customer Journey. Abschließend wird mit dem Modell von Schmücker (2007) exemplarisch ein komplexes Modell präsentiert, welches sowohl Prozess- als auch Strukturelemente vereint und sich zudem auf den Tourismus bezieht. Aus diesen Ausführungen ergeben sich dann die Voraussetzungen der Modellierung im Rahmen dieser Arbeit.

4.1.1 Struktur von Kaufentscheidungsmodellen

Die moderne Konsumentenforschung kombiniert eine Vielzahl unterschiedlicher theoretischer Konzepte und empirischer Herangehensweisen (vgl. Kuß und Tomczak 2007: 2). Grundsätzlich wird bei Modellen der Konsumentenforschung versucht, den Vorgang im Organismus (O) zu erklären, der sich zwischen einem Stimulus (S) und einer Reaktion (R) abspielt. Dieses S-O-R-Modell baut auf dem Stimulus-Reaktions-Modell (S-R-Modell) auf, das wiederum auf dem Behaviorismus[20] basiert (vgl. Kroeber-Riel et al. 2008: 363). Grundidee des Behaviorismus ist es, dass auf jeden Reiz (Stimulus) eine bestimmte messbare Reaktion folgt. Das S-R-Modell ist damit auf direkt beobachtbare

---

[20] Der klassische behavioristische Ansatz geht auf den russischen Verhaltensforscher Pawlow zurück, der sich mit der Verbindung von Reizen und den darauf folgenden Reaktionen beschäftigte. Eine äquivalente Sichtweise verfolgt die behavioristische Lerntheorie (vgl. Fröhlich 1994: 84-86 sowie den Abschnitt 3.3.1.3 zur Lerntheorie).

Phänomene beschränkt. Hinzu kommt, dass das vereinfachte Menschenbild dieses Modells kritisiert wird, da sämtliche Prozesse in der Psyche des Kunden bewusst ignoriert werden. Daher bezeichnet man diese Perspektive auch als „Blackbox-Ansatz" (vgl. Balderjahn und Scholderer 2007: 5). Im Gegensatz zu S-R-Modellen versuchen S-O-R-Modelle die inneren Vorgänge beim Konsumenten zu beschreiben (vgl. Kroeber-Riel 2008: 364-367). Dieser innere Vorgang wird Organismus (O) bezeichnet und verdeutlicht Struktur und Prozess zwischen einem Stimulus (S) und einer Reaktion (R) (vgl. Kroeber-Riel 2008: 17). Genau dieser Organismus soll hier betrachtet werden. Dabei stehen die Schlüsselelemente der Reputation sowie die Beziehungen zwischen diesen Elementen im Fokus, um die Einflussparameter der Reputation auf den Konsumenten bei einer Kaufentscheidung beschreiben zu können. Diese inneren Vorgänge sind jedoch nicht direkt beobachtbar, sie müssen vielmehr mithilfe von hypothetischen Konstrukten gemessen werden, weshalb diese empirische Ausrichtung auch als „S-O-R-Paradigma" bezeichnet wird (vgl. Kuß und Tomczak 2007: 2-3, Balderjahn und Scholderer 2007: 7 sowie Abbildung 12). Diesem Paradigma soll auch in der vorliegenden Arbeit gefolgt werden.

Abbildung 12 S-O-R-Paradigma

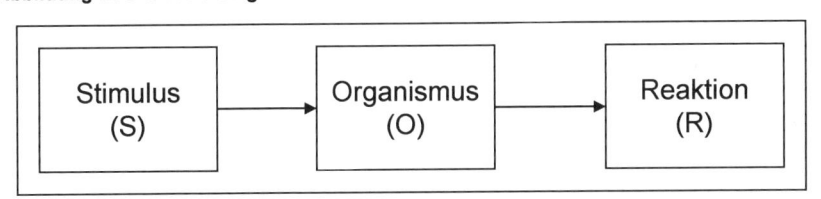

Stimulus (S) → Organismus (O) → Reaktion (R)

Quelle: Kuß und Tomczak 2007: 3.

Grundlage vieler Modelle, die empirisch orientiert sind, ist das Totalmodell von Howard und Sheth (1969). Es setzte einen Standard in der Konsumentenforschung, weshalb es hier als Grundlage zur Strukturbeschreibung der Kaufentscheidung dient. Es folgt ebenfalls der Logik von S-O-R-Modellen und integriert dabei bis heute prägende Ansätze. Als Totalmodell kann es allerdings nicht empirisch überprüft werden. Würden diese Modelle jedoch aufgrund ihres rein hypothetischen Charakters ignoriert werden, so würde der Konsumentenforschung eine wertvolle Basis für die Entwicklung von Partialmodellen genommen. Bei der Betrachtung der von Howard und Sheth (1969) integrierten Modellvariablen wird deutlich, dass dadurch ein grundlegender Rahmen für Modelle der Konsumentenforschung geschaffen wurde. Dabei sind insbesondere die von Howard und Sheth genannten Einflussfaktoren bis heute wichtige Ausgangspunkte. Denn das **Einstellungskonstrukt**, **Motive** oder die **Wahrnehmung** sind in der Konsumentenforschung bis heute grundlegend geblieben. Auch die Aufmerksamkeit des Konsumenten wird in das Modell integriert. Dies ist ein zentraler Aspekt der heutigen Konsumentenforschung, der im **Involvementkonstrukt** seine theoretische Ausarbeitung findet. Ebenso relevant für diese Untersuchung ist der Grad der Sicherheit, der bei Howard und Sheth berücksichtigt wird und auf das **Vertrauenskonstrukt** anspielt. Howards und Sheths Überlegungen enthalten damit eine Reihe wegweisender Strukturelemente der Konsumentenforschung, die eine theoretisch fundierte Basis für die Modellierung in dieser Studie liefern (vgl. Balderjahn und Scholderer 2007: 11-12). Ziel der vorliegenden Arbeit muss es daher sein, ein Partialmodell zu entwickeln, dessen integrierte Verhaltenskomponenten einer empirischen Prüfung standhalten. Diese Erkenntnis ist wichtig für den weiteren Forschungsprozess, da ein klar definierter Untersuchungsrahmen nicht nur wünschenswert, sondern aus pragmatischer Sicht unerlässlich ist, um eine empirische Überprüfung zu gewährleisten.

4.1.2 Prozess von Kaufentscheidungsmodellen

Neben der strukturellen Betrachtung der Kaufentscheidung ist auch eine Betrachtung auf Prozessebene möglich. Kuß und Tomczak (2007: 8) gehen auf diesen Prozesscharakter der Kaufentscheidung ein. Demnach lassen sich grob drei Phasen identifizieren: die Vorkauf-, die Kauf- und die Nachkaufphase (vgl. Meffert und Bruhn 2006: 121-126). Diese Einteilung verdeutlicht, dass der Kaufprozess bereits vor dem tatsächlichen Kaufakt beginnt und zudem Auswirkungen auf spätere Kaufentscheidungen hat (vgl. Musiol und Kühling 2009: 45). Neben der Aufteilung in drei Phasen finden sich weitere Modelle, die den Kaufprozess gliedern. Als klassisches Modell kann das **Fünf-Phasen-Modell** genannt werden (vgl. Hofbauer und Dürr 2007: 19-20 sowie Abbildung 13). Die einzelnen Phasen sind unterteilt in Problemerkennung, Informationssuche, Informationsverarbeitung, Kaufentscheidung und Nachkaufverhalten[21]:

Abbildung 13: Fünf-Phasen-Modell des Kaufprozesses

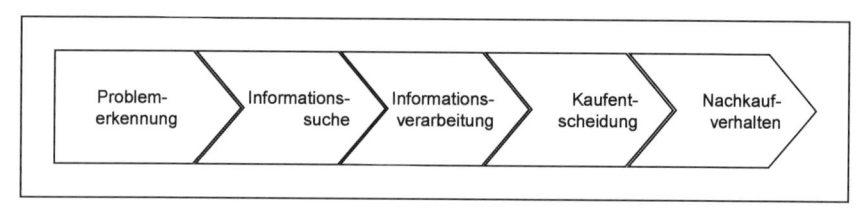

Problem- erkennung	Informations- suche	Informations- verarbeitung	Kauf- entscheidung	Nachkauf- verhalten

Quelle: In Anlehnung an Hofbauer und Dürr 2007: 20.

Dem Modell zufolge hat eine Kaufentscheidung ihren Ursprung in der Wahrnehmung eines Mangelzustandes. Der Konsument erhofft sich von der Buchung einer Reise einen individuellen Nutzen. Er hat Ziele, die er mit der Reise verbindet. Die Integration

---

[21] Auch wenn in der Literatur immer wieder unterschiedliche Termini für die einzelnen Phasen zu finden sind, so bezeichnen sie stets denselben inhaltlichen Ablauf.

des Nachkaufverhaltens weist darauf hin, dass eine Reise nach der Heimkehr nicht abgeschlossen ist, sondern in eine Nachbereitung mündet.

Hofbauer und Dürr (2007: 20-24) charakterisieren die einzelnen Phasen wie folgt: Die **Problemerkennung** ist gekennzeichnet durch eine Diskrepanz zwischen der aktuellen und einer erwünschten Situation. Um zu dem gewünschten Zustand zu gelangen, muss sich der Konsument zunächst darüber informieren, wie er sein Ziel erreichen kann. Dabei ist die Ausprägung der **Informationssuche** stark vom Individuum und seinen subjektiven Erfahrungen, seiner Persönlichkeitsstruktur und seinem Problemlösungsverhalten abhängig (vgl. auch Kapitel 2.2). Es kann demnach kein objektiver Informationsbedarf ermittelt werden. Dieser variiert vielmehr je nachdem, welche Informationsmenge erwartet wird und wie einfach diese Informationen voraussichtlich bezogen werden können. Im Kontext touristischer Leistungen ist davon auszugehen, dass die Bewertungen anderer Konsumenten aufgrund ihrer persönlichen Erfahrungen eine hohe Relevanz haben. Damit wäre in dieser Phase des Entscheidungsprozesses die Reputation ein wichtiger Indikator. Nach der Aufnahme der Information folgt die **Informationsverarbeitung**, auf deren Basis eine **Kaufentscheidung** getroffen werden kann. Die Zufriedenheit mit einer Reise korreliert dabei mit den Erwartungen, die der Kunde an diese gestellt hat. Der Grad dieser Zufriedenheit bestimmt im Anschluss das **Nachkaufverhalten** (vgl. Hofbauer und Dürr 2007: 31-34). Im Tourismus kann dieses Verhalten nach dem Kauf häufig in einer Bewertung der Reise im Internet münden, sodass diese Phase für die Reputation ebenfalls eine besondere Bedeutung hat, auch wenn durch mobile Endgeräte der Abruf sowie das Erstellen von Bewertungen zunehmend auch während der Reise selbst erfolgen kann. Die Kommunikation persönlicher Erfahrungen bestimmt sowohl im positiven als auch im negativen Sinne die Reputation des Anbieters.

Mit dem **Fünf-Phasen-Modell des Konsumentenverhaltens** wird eine grundlegende Vorstellung des Reiseentscheidungsprozesses vermittelt. In Bezug auf die Reputation können die Phasen Informationssuche und Nachkaufverhalten als zentrale Bereiche identifiziert werden. In diesen Phasen treffen sich potenzielle und frühere Gäste und entwickeln im Diskurs die Reputation des jeweiligen Anbieters. Denn in dieser Phase erfolgen Auseinandersetzung, Austausch und Reflexion mit und über den jeweiligen Anbieter einer Reiseleistung. Die Kaufentscheidung selbst ist das Ergebnis der Informationssuche und -verarbeitung. Alle Aspekte stehen in Verbindung miteinander und können in unterschiedlicher Weise maßgebend für die Entwicklung einer positiven Reputation sein. Gleichzeitig kann die Reputation selbst den Verlauf des gesamten Reiseentscheidungsprozesses bestimmen. In Anbetracht dieser interdependenten Beziehung erscheinen alle Phasen der Kaufentscheidung im Kontext der Reputation relevant.

Es muss jedoch hinzugefügt werden, dass diese lineare Sichtweise vernachlässigt, dass Erfahrungen von vorherigen Käufen Einfluss auf Folgekäufe haben können. Daher modelliert Schmücker (2007: 178 sowie Kapitel 4.1.3) den Prozess hin zu einer Kaufentscheidung konsequenterweise zirkulär[22]. Auch in der Marketingpraxis etabliert sich zunehmend eine kreisförmige Präsentation des Reiseentscheidungsprozesses, die mit dem Begriff **Customer Journey** beschrieben wird. Diese Reise des Gastes beschreibt der Bundesverband Digitale Wirtschaft (BVDW) (2012) wie folgt:

> *„Die Customer Journey stellt alle messbaren Kontaktpunkte eines Nutzers auf dem Weg zu einer definierten Aktion dar. Hierbei werden alle Marketing-Kanäle berücksichtigt, mit denen der Konsument im Rahmen dieser Aktion in Berührung kommt"*

Das Ziel der Customer Journey bezieht sich vornehmlich auf die Identifikation von Kontaktpunkten innerhalb eines Kaufprozesses. Damit löst sich diese Betrachtungsweise auch von den inneren Prozessen (Organismus) und bezieht sich eher auf eine Außen- denn auf eine Innenperspektive. Auch wenn die Modellierung der Customer Journey in der Praxis variiert, kann bei ihr im Gegensatz zum klassischen Fünf-Phasen-Modell eine Orientierung auf das eigentliche Urlaubserlebnis konstatiert werden.

Abbildung 14: Die Customer Journey im Tourismus

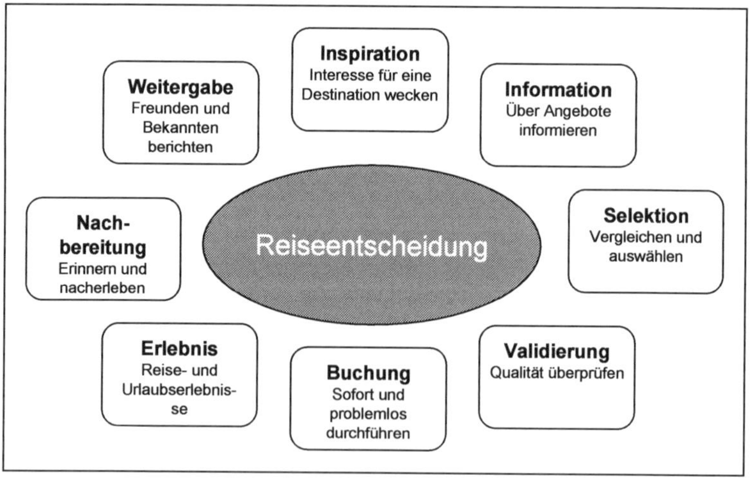

Quelle: Kreilkamp 2012: 10 in Anlehnung an Reich 2012a (leicht modifiziert).

Eine gängige Einteilung, die auch in dem Modell von Kreilkamp (2012: 10) erfolgt, ist die Differenzierung von acht Phasen (vgl. Abbildung 14). Diese Akzentuierung erlaubt eine Leistungsevaluation in der Zielregion. In diesem Kontext merkten Bieger und La-

---

[22] Im Gegensatz zum Fünf-Phasen-Modell erlaubt das Modell von Schmücker auch Iterationen einzelner Teilentscheidungen, womit es der realen Kaufentscheidung deutlich näherkommt (vgl. Schmücker 2007: 174-186).

esser (2000: 82) bereits im Jahr 2000 an: „*Es wird deshalb notwendig, den Entscheidungsprozess potentieller Gäste näher zu kennen und ihrem Informationsverhalten entsprechend zum richtigen Zeitpunkt die richtigen Quellen zur Verfügung zu stellen*". Genau diesem Ziel wird mit der Customer Journey Rechnung getragen. Insgesamt muss daher festgehalten werden, dass selbst wenn dieser Entscheidungsprozess im Rahmen des hier angestrebten Strukturmodells nicht evaluiert werden kann, dennoch über eine Relevanzprüfung der einzelnen Kontaktpunkte die Stellung der Reputation im Reiseentscheidungsprozess beurteilt werden kann. Wird dieser Einfluss nachgewiesen, so könnte evaluiert werden, welche Komponenten innerhalb des Evoked Set als reputationsrelevante Schlüsselinformationen dienen und entsprechend zur Komplexitätsreduzierung bei der Reiseentscheidung beitragen. Daher liegt der Fokus der Betrachtung innerhalb dieser Arbeit zwar auf der strukturellen Ebene, diese ist jedoch ebenfalls relevant für eine prozessorientierte Sichtweise. Ein Modell, welches sowohl Prozess als auch Struktur einer Reiseentscheidung beschreibt, ist das von Schmücker (2007).

4.1.3 Kaufentscheidungsmodelle im Tourismus

Schmücker identifiziert insgesamt 29 Modelle des Informationsverhaltens, die einen touristischen Bezug aufweisen. Diese sollen hier nicht im Einzelnen beschrieben werden, da sie in dem von Schmücker entwickelten OASIS-Modell[23] enthalten sind, das als umfassendes Modell der Konsumentenforschung mit touristischem Fokus beschrieben werden kann[24]. Es integriert dabei sowohl Prozess- als auch Strukturelemente (siehe Abbildung 15). Grundsätzlich kritisiert Schmücker, dass bisherige Modelle von einem linearen Entscheidungsprozess ausgehen. Obwohl es unterschiedliche Einteilungen bei den Phasen des Informations- und Entscheidungsprozesses gibt, wird die zeitliche Abfolge an sich selten infrage gestellt.

Schmücker weist darauf hin, dass diese Linearität bei der Reiseentscheidung nicht gegeben sei:

„Die Reiseentscheidung ist eine relativ komplexe Entscheidung: Nicht nur die Wahl der Destination, der Anbietermarke, des Transportmittels oder anderer Elemente, die zu einem Zeitpunkt vor der Reise abgeschlossen sind, sondern auch Entscheidungen hinsichtlich der Gestaltung der Freizeit während der Reise sind zu treffen. Diese Entscheidungen können selbst noch während der Reise getroffen werden" (Schmücker 2007: 177).

---

[23] Die Buchstaben OASIS stehen dabei für die Dimensionen innerhalb des sogenannten Informationsfeldes: Objects, Attributes, Strategies, Intensity und Sources.

[24] Für eine detaillierte Zusammenfassung der Modelle siehe Schmücker 2007: 170-174.

Betrachtet man den gesamten Reiseentscheidungsprozess, so ist die Einteilung Schmückers nachvollziehbar. Er kombiniert in seinem OASIS-Modell Prozess- und Strukturelemente miteinander und ordnet den Informationsprozess konsequenterweise ringförmig an.

Abbildung 15: OASIS-Modell nach Schmücker

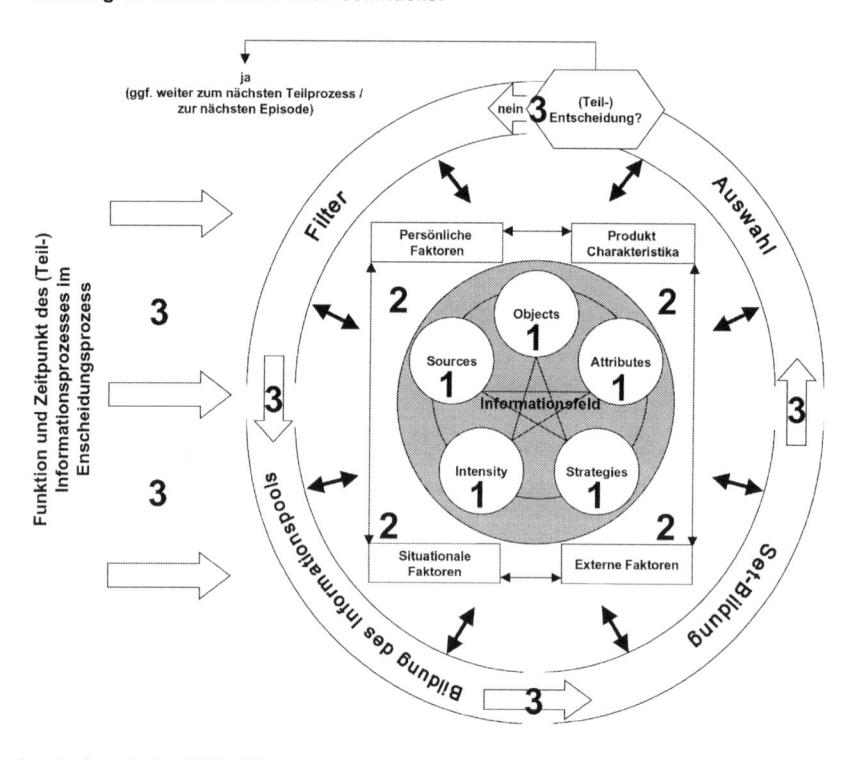

Quelle: Schmücker 2007: 178.

Der Informationsprozess wird in Abhängigkeit zu sich stets ändernden internen und externen Rahmenbedingungen gesehen, welche die Reiseentscheidung beeinflussen können. Es ergibt sich ein Wechselbezug von externen Ereignissen, die während des Informationsprozesses stattfinden, und dem Verlauf selbst.

Da hier mit der Fokussierung auf die Reputation lediglich ein Teilaspekt der gesamten Reiseentscheidung betrachtet wird, liefert Schmückers Modell eine Hilfestellung, den Entscheidungsprozess in sich variabel zu sehen. Durch die Sichtweise dieses Modells entsteht ein geschlossener Kreislauf, wobei auch Nachkaufprozesse wie die **Weiterempfehlungsabsicht** im Rahmen einer Kaufentscheidung relevant sind. Es ist daher zu klären, welchen Einfluss die Reputation auf die Absicht des Kunden haben kann, eine Reiseleistung weiterzuempfehlen. Diese Frage ist auf struktureller Ebene zu klären, da der Entscheidungsprozess hier nicht Gegenstand der Betrachtung ist.

Aufbauend auf diesem grundlegenden Verständnis einer Reiseentscheidung werden in der Folge wichtige Voraussetzungen für die Modellierung dargestellt. Im Anschluss erfolgt eine Evaluation der bisherigen Ansätze zur Reputationsmessung, um daraus einen eigenen Messansatz abzuleiten.

4.2 Voraussetzungen für die Modellierung

Da Kaufentscheidungen in all ihren Facetten sehr komplex sind, können oftmals lediglich Teile einer Entscheidung untersucht werden. Auch in dieser Arbeit wird durch die Fokussierung auf das Reputationskonstrukt ein solcher Ausschnitt untersucht. Insofern geht es hier um ein Partial-Struktur-Modell. Gleichwohl werden innerhalb der Struktur verschiedene Phasen der Reiseentscheidung analysiert. Die Darstellung des Reiseprozesses bietet damit eine Grundlage, um die Modellierung in Abhängigkeit zu den Phasen der Reiseentscheidung zu betrachten. Trotz dieser Eingrenzung wird der Versuch unternommen, ein möglichst ganzheitliches Modell zu konzipieren. Vorab werden einige Voraussetzungen geklärt, die es erleichtern, das Modell zu fokussieren:

Zunächst kann angenommen werden, dass in der Realität Reiseentscheidungen häufig durch **mehrere Personen** gemeinsam getroffen werden. Dieser Aspekt soll jedoch aufgrund der komplexen konzeptionellen Entwicklung und der Herausforderungen bei der empirischen Überprüfbarkeit nicht Gegenstand der Betrachtung sein. Das bedeutet im Umkehrschluss, dass im Rahmen dieser Untersuchung Gruppenentscheidungen nicht berücksichtigt werden können. Es gilt daher derjenige, der die Entscheidung trifft, als Käufer und Verbraucher gleichzeitig, auch wenn dies in der Realität nicht immer der Fall sein muss (vgl. Schneider 2004: 27).

Auch **Mehrfachkäufe** können im Rahmen der Modellierung nur sehr bedingt berücksichtigt werden. Damit ist die Betrachtung des Prozesses der Reiseentscheidung stark begrenzt; dieser Prozess ist jedoch auch nicht als Gegenstand der vorliegenden Arbeit definiert worden. So spielen Konstrukte wie beispielsweise die Weiterempfehlungsabsicht zwar auf nachfolgende Käufe an, eine Evaluierung und Einordnung der tatsächlichen Weiterempfehlung in den Reiseentscheidungsprozess kann jedoch nicht durch empirische Daten erbracht werden. Allerdings werden frühere Transaktionen nicht gänzlich ignoriert, sondern durch die Berücksichtigung der Erfahrungen der Probanden integriert. Neben der Festlegung, den Prozesscharakter der Reiseentscheidung in den Hintergrund treten zu lassen, sind im Rahmen dieser Arbeit die strukturellen Komponenten der Kaufentscheidung zentral.

Auch die **Art der Informationsquelle** (Internet) sowie die **Produktart** (Reise) wurden vorab definiert. Bei der Art der Informationsaufnahme ist daher davon auszugehen, dass diese primär aktiv und bewusst stattfindet. Dies ist einerseits auf die strukturellen Merkmale des Internets zurückzuführen, die dem Konsumenten eine aktive Rezeption abverlangen, andererseits auf das Reiseprodukt, das eine hohe kognitive Beteiligung des Konsumenten bei einer Entscheidung vermuten lässt (vgl. Kapitel 2). Dennoch ist die unbewusste Aufnahme von Informationen nicht auszuschließen. Im Rahmen der Untersuchung werden den Probanden genaue Suchaufgaben erteilt. Somit kann die **gezielte Suche** als Herangehensweise an den Untersuchungsgegenstand vorausgesetzt werden.

Auf Basis dieser Eingrenzung werden im Folgenden verschiedene Modelle der Reputationsmessung vorgestellt, um daraus die Struktur des eigenen Messansatzes zu entwickeln.

4.3 Reputationsmessung

Reputation kann unabhängig vom jeweiligen Kontext eine unterschiedliche Ausprägung haben und wird dadurch messbar. Hier soll Reputation aber nicht nur gemessen, sondern auch steuerbar gemacht werden. Aufgabe der Reputationsmessung in diesem Kontext muss es demzufolge sein, zu erkennen, in welchen Bereichen und durch welche Faktoren Reputation beeinflusst wird. Zusätzlich soll untersucht werden, welche Auswirkungen Reputation auf die Reiseentscheidung hat (vgl. Liehr et al. 2009: 3).

Die unterschiedlichen Auffassungen des Reputationsbegriffs spiegeln sich auch in den stark unterschiedlichen Messkonzepten wider. Fombrun identifizierte bei einer Recherche in 38 Ländern insgesamt 183 Ansätze zur Reputationsmessung (vgl. Fombrun 2007: 145). Dies erklärt den fehlenden Konsens bei der Implementierung eines einheitlichen Messkonzeptes. Häufig zitiert werden insbesondere Reputationsrankings durch Fachzeitschriften, das Reputationsmodell von Schwaiger (2004), der von Fombrun (vgl. beispielsweise Fombrun und Wiedmann 2001) entwickelte Reputation Quotient (RQ) sowie der Ansatz von Helm (2007). Interessant ist im Kontext dieser Arbeit auch die *„Customer-based corporate reputation of a service firm"* von Walsh und Beatty (2007), da die Messung auf den vorliegenden Untersuchungsgegenstand zugeschnitten ist.

Im Folgenden soll die genannte Auswahl dargestellt und auf ihre Eignung für diese Studie geprüft werden. Eine Integration der bisherigen Ansätze schließt das Kapitel ab. Dabei wird aufgezeigt, dass bisherige Messkonzepte die Indikatoren der Reputation eines Unternehmens fokussieren (Eisenegger und Imhof 2009: 243).

4.3.1 Reputationsrankings durch Fachzeitschriften

Verschiedene Fachzeitschriften erstellen bereits seit den 1980er-Jahren Reputationsrankings. Die Liste der America's Most Admired Companies (AMAC) bzw. die der Global Most Admired Companies (GMAC) des amerikanischen „Fortune-Magazins" misst Reputation anhand von acht Indikatoren bzw. Bewertungskriterien[25]. Die Bewertung erfolgt dabei durch brancheninterne Führungskräfte. Ein weiterer Ansatz ist der des „Manager Magazins", das seit 1987 die sogenannte *„Gesamtreputation"* misst (vgl. Kirstein 2009: 66). Mit einem Indexwert werden hier die 100 bedeutendsten deutschen Unternehmen identifiziert. Dieser Index ist analog zu dem des „Fortune-Magazins" aufgebaut, verwendet aber andere Indikatoren zur Operationalisierung (vgl. Helm 2007: 139-140).

Obgleich bereits aufgrund der kontinuierlichen Messungen Zeitreihendatensätze vorliegen, sind diese Rankings aus wissenschaftlicher Perspektive problematisch. Der wesentliche Kritikpunkt ist, dass bei diesen Studien im Vorfeld keine konzeptuelle oder definitorische Auseinandersetzung mit dem Reputationsbegriff erfolgte (vgl. Eberl 2006: 13). Zudem lassen Indikatoren wie beispielsweise *„Innovationsfreudigkeit"* oder *„Kommunikationsfähigkeit"* viel Interpretationsspielraum und können im wissenschaftlichen Kontext nicht als manifeste Variable gelten. Fryxell und Wang (1994: 11) konnten mittels einer konfirmatorischen Faktorenanalyse zusätzlich nachweisen, dass sich alle Fragen des „Fortune-Rankings" (ausgenommen die zur sozialen Verantwortung) ausschließlich auf die finanzielle Leistungsfähigkeit von Unternehmen bezogen (vgl. Wiedmann et al. 2010: 18). Diese eindimensionale Operationalisierung wird dem theoretischen Verständnis von „Reputation" in keiner Weise gerecht. Neben diesen methodischen Defiziten ist der entscheidende Nachteil, dass sich aus derartigen Rankings nicht ergibt, welches die Treiber der Reputation sind bzw. wie Reputation gesteuert und verbessert werden kann (vgl. Schwaiger 2006: 5). Hinzu kommt, dass durch den Rankingansatz in den Prozess der Reputationsbildung selbst eingegriffen wird. Ein Reputationsranking hat schon per definitionem einen Einfluss auf die zukünftige Reputation eines Unternehmens und kann daher keinen Reliabilitätsansprüchen genügen (vgl. Helm 2007: 153).

In der Konsequenz machen die mangelhafte Erläuterung der Methodik sowie die nachgewiesene Eindimensionalität der Indikatoren diese Ansätze für einen wissenschaftlichen Kontext unbrauchbar (vgl. Fuchs 2009: 28-29 sowie Kirstein 2009: 64). Vor diesem Hintergrund sind Reputationsrankings weder zielführend noch wissenschaftlich fundiert und scheiden im Kontext dieser Arbeit aus.

---

[25] Die Bewertungskriterien sind: „Quality of Management", „Quality of Products and Services", „Innovativeness", „Long-term Investment Value", „Financial Soundness", „Ability to attract, develop, and keep talented People", „Responsibility for the Community and the Environment" und „Wise Use of Corporate Assets" (vgl. Helm 2007: 134).

4.3.2 Der Ansatz vom Reputation Institute

Im Gegensatz zu den praxisorientierten Rankings stellt der von Fombrun (vgl. beispielsweise Fombrun und Wiedmann 2001), dem Vorsitzenden des Reputation Institute[26], in Zusammenarbeit mit Harris Interactive entwickelte **Reputation Quotient (RQ)** ein Modell dar, das die genannten methodischen Defizite nicht aufweist (vgl. auch Wiedmann et al. 2010: 18). Die Entwicklung des RQ richtete sich ausdrücklich gegen das einseitige Verständnis von „Reputation", wie es sich bei den Fachzeitschriften findet. Der RQ ist nicht auf bestimmte Gruppen fokussiert, sondern berücksichtigt verschiedene Stakeholder. Zudem soll durch Messungen in unterschiedlichen Ländern eine internationale Vergleichbarkeit garantiert werden. Schließlich führt eine differenzierte Auseinandersetzung mit dem Begriff „Reputation" zu einer multidimensionalen Vorstellung des Reputationskonstruktes, was sich in einer diversifizierten Messung niederschlägt (vgl. Helm 2007: 142-143). Diese erfolgt jeweils zweistufig. In einer Nominierungsphase sollen zunächst Unternehmen identifiziert werden, die eine hohe spontane Bekanntheit besitzen. In der zweiten Phase werden dann Einschätzungen der Befragten zu den in Phase eins ausgewählten Unternehmen eingeholt. In diesem explorativen Forschungsprozess wurden sechs Dimensionen entwickelt: emotionale Wirkung, Produkt und Service, Vision und Führung, Arbeitsplatzumgebung, finanzielle Leistung und soziale Verantwortung. Diese sechs Säulen bilden die Obergruppen für insgesamt 20 Indikatoren (vgl. Wiedmann et al. 2010: 19).

Kritisiert wird das Modell insbesondere aufgrund der mangelhaften Dokumentation der Indikatorengenerierung (vgl. Eberl 2006: 13-14). Gravierend ist, dass auch in diesem Modell nicht hinreichend zwischen der aktuellen Ausprägung der Reputation und deren Entstehungskräften differenziert wird. So kann auch mit diesem Modell nicht gemessen werden, welche Faktoren Einfluss auf die Reputation haben (vgl. Schwaiger 2006: 5). Auf Basis dieser Kritik ist der RQ zum **RepTrak-Modell** weiterentwickelt worden (siehe Abbildung 16). Dieses unterscheidet zwischen formativen und reflektiven Indikatoren der Reputation. Die formativen Indikatoren lassen sich dabei den folgenden Dimensionen zuordnen: Produkte und Service, Innovationen, Performance, Führung, Arbeitsplatzumgebung, Governance und Citizenship. Die reflektiven Dimensionen sind: Vertrauen, Bewunderung, positive Gefühle und Wertschätzung (vgl. Ponzi et al. 2011: 16-17)[27]. Helm (2007: 153) kritisiert bei diesem Ansatz, dass innerhalb der Messung die Abgrenzung zu den eigenen Erfahrungen der Stakeholder mit der Unternehmung nicht trennscharf sei. Es ist daher möglich, dass ein redundantes Konstrukt gemessen wird, das über Einstellung oder Image bereits abgedeckt ist.

---

[26] www.reputationinstitute.com

[27] Im englischen Original werden die formativen Dimensionen Products/Services, Innovation, Performance, Leadership, Workplace, Governance und Citizenship bezeichnet. Die reflektiven Indikatoren heißen: Trust, Admire, Feeling und Esteem (vgl. auch Abbildung 16).

Abbildung 16: Das RepTrak-Modell

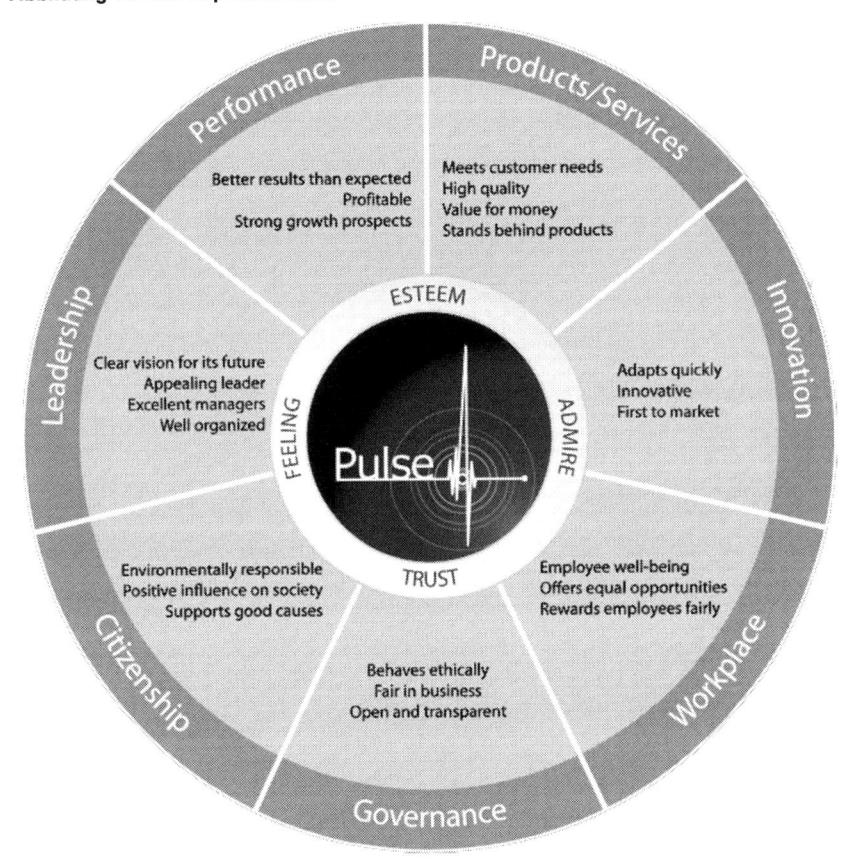

Performance
Better results than expected
Profitable
Strong growth prospects

Products/Services
Meets customer needs
High quality
Value for money
Stands behind products

Leadership
Clear vision for its future
Appealing leader
Excellent managers
Well organized

Innovation
Adapts quickly
Innovative
First to market

Citizenship
Environmentally responsible
Positive influence on society
Supports good causes

Workplace
Employee well-being
Offers equal opportunities
Rewards employees fairly

Governance
Behaves ethically
Fair in business
Open and transparent

ESTEEM · FEELING · ADMIRE · TRUST · Pulse

Quelle: Reputation Institute 2012.

Grundsätzlich ist der gesamte Ansatz stakeholderübergreifend formuliert. Er bezieht sich nicht ausschließlich auf Reputation im Kontext der Konsumenten. Zudem wird der RepTrak-Ansatz angewendet, um Reputationsrankings von sehr bekannten Unternehmen zu erstellen und ist so schon per definitionem nicht auf KMU ausgerichtet. Es kommt daher analog zu den Reputationsrankings durch Fachzeitschriften (vgl. Kapitel 4.3.1) zu einem Haloeffekt, bei dem das Ranking selbst Einfluss auf die Reputation des Unternehmens nimmt. Der globale Anspruch des RepTrak-Ansatzes findet seine Berechtigung darin, dass eine internationale und stakeholderübergreifende Messung angestrebt wird. Im Kontext dieser Arbeit kann er in dieser Form allerdings nicht übernommen werden. Der RepTrak-Ansatz liefert dennoch wichtige Hinweise sowie ein grundsätzliches Verständnis dafür, wie Reputation zu konzeptualisieren ist. Er kann daher als Ausgangspunkt für eine stärkere Fokussierung dienen, was unter anderem auch Ziel dieser Arbeit ist.

4.3.3 Der Ansatz von Schwaiger

Schwaiger verfolgt neben der Konzeptualisierung des Reputationskonstruktes auch die Identifikation von Reputationstreibern. „Reputation" selbst operationalisiert Schwaiger als zweidimensionales Konstrukt. Er geht von der Einstellungsnähe des Konstruktes aus und integriert Kompetenz und Sympathie als kognitive bzw. emotionale Reputationsdimensionen. Die kognitive Kompetenzkomponente verweist auf das Wissen und die subjektive Wahrnehmung bei der rationalen Bewertung des Reputationsobjektes. Die affektive Sympathiekomponente drückt die subjektive Einschätzung des Unternehmens und seiner Tätigkeiten aus (vgl. Liehr et al. 2009: 9). Die Konstrukte Kompetenz und Sympathie sind jeweils reflektiv spezifiziert. Treiber von Kompetenz und Sympathie sind dabei weitere vier Konstrukte: Verantwortung, Attraktivität, Qualität und Performance, die formativ operationalisiert werden (vgl. Eberl 2006: 14 sowie Abbildung 17).

Abbildung 17: Reputationsmodell nach Schwaiger

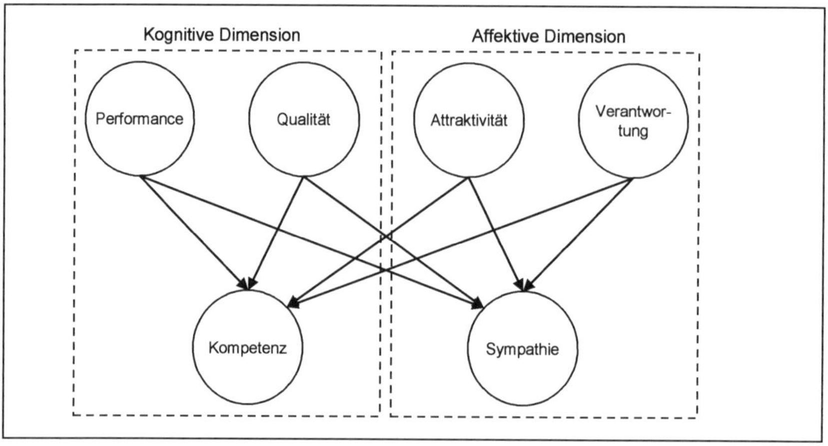

Quelle: Vereinfachte Darstellung in Anlehnung an Schwaiger 2004: 64.

Sein Modell zeichnet sich durch eine transparente und wissenschaftlich nachvollziehbare Operationalisierung aus (vgl. Eberl 2006: 15). Kritisch muss angemerkt werden, dass Schwaiger bei der Operationalisierung den C-OAR-SE-Ansatz Rossiters (2002) verfolgt, bei dem die Indikatoren einzig auf der Meinung von Experten beruhen. Helm merkt zudem an, dass einige von Schwaiger entwickelte Indikatoren selbst noch Konstrukte seien, was eine Messung problematisch macht, da die Probanden die abstrakten Begriffe innerhalb der Indikatoren unterschiedlich interpretieren können – wodurch es zu Messfehlern kommen kann (vgl. Helm 2007: 157-158). Relativierend muss hier ergänzt werden, dass es sich dabei um ein gängiges Problem der Sozial- und Wirtschaftswissenschaften handelt.

Dennoch ist das Modell interessant, da es Ansatzpunkte für eine umfassende Konzeptualisierung von Reputation bietet. Gleichzeitig sind Überschneidungen von Fombruns RepTrak-Indikatoren einerseits und Schwaigers Reputationstreibern andererseits unübersehbar.

Hervorzuheben ist an diesem Konzept, dass eine Trennung von inhaltlichen Dimensionen (Reputationstreiber) und dem Verständnis von Reputation als einstellungsähnliches Konstrukt erfolgt. Kritisch anzumerken ist bei dieser Aufteilung allerdings, dass die bei Schwaiger identifizierten Reputationstreiber bei anderen Modellen integrale Bestandteile der Unternehmensreputation sind. Dennoch liefert insbesondere die Operationalisierung der affektiven und kognitiven Komponenten von Reputation wichtige Anknüpfungspunkte.

4.3.4 Der Ansatz von Helm

Helm (2007: 130-132) greift in ihrem Ansatz das Problem auf, dass unterschiedliche Stakeholder jeweils andere Definitionen und Ansprüche an die Unternehmensreputation stellen. Ihr Hauptkritikpunkt an den bestehenden Ansätzen ist, dass nicht zwischen den Sichtweisen der Stakeholder differenziert wird und die Managementsicht dominiert. Dementsprechend sind die Indikatoren nach ihrer Auffassung jeweils an die zu untersuchende Stakeholdergruppe anzupassen. Auf dieser Basis prüft sie, ob die Indikatoren anderer Modelle in ihre Untersuchung übernommen werden können. Helm fasst dabei die bestehenden Messkonzepte sehr gut zusammen und arbeitet einen Konsens an Indikatoren heraus. Die sehr genaue Analyse der bestehenden Messansätze bietet eine gute Grundlage für eine Betrachtung der Dimensionen der Unternehmensreputation (vgl. Helm 2007: 158-159).

Sie ergänzt ihre Literaturanalyse durch Fokusgruppeninterviews und nutzt diese ebenfalls zur Indikatorengenerierung. In ihrer qualitativen Vorstudie beschränkt sie sich nicht auf die in der Literatur etablierten Indikatoren, sondern nimmt zusätzlich die Aspekte *„Preisehrlichkeit"* und *„Einhalten von Werbeversprechen"* in die Untersuchung mit auf (vgl. Helm 2007: 277).

4.3.5 Der Ansatz von Walsh und Beatty

Auffällig ist, dass weder das RepTrak Modell, noch der Ansatz von Schwaiger eine Eingrenzung der Stakeholdergruppen vornehmen. Auch die Branche der zu untersuchenden Unternehmen wird nicht spezifiziert. Helm (2007) weist in ihrer Arbeit auf dieses Defizit hin. Auch Walsh und Beatty (2007) knüpfen an diesem Desiderat an und entwickeln einen eigenen Ansatz. Er orientiert sich an dem RQ und modifiziert diesen, um ihn im Kontext von Dienstleistungsunternehmen auf die Anspruchsgruppe der Kunden zu beziehen (vgl. Walsh und Beatty 2007: 132). Ihren Ansatz nennen sie dementsprechend *„Customer-based corporate Reputation of a service firm"* (CBR).

In einer qualitativen Voruntersuchung identifizieren sie fünf Dimensionen der CBR: Kundenorientierung, guter Arbeitgeber, zuverlässiges und finanziell starkes Unternehmen, Produkt- und Servicequalität sowie Sozial- und Umweltverantwortung. Diese Dimensionen werden durch insgesamt 30 Indikatoren abgebildet[28]. Der Vorteil dieses Messansatzes liegt darin, dass der Bezug auf eine Stakeholdergruppe die Wahrscheinlichkeit eines homogeneren Reputationsbildes erhöht. Hierdurch wird Messfehlern vorgebeugt, die durch divergierende Bedürfnisse verschiedener Stakeholdergruppen entstehen könnten (vgl. Walsh und Beatty 2007: 130). Insgesamt handelt es sich um ein sehr spezifisches Konzept, das hervorragend in diesen Zusammenhang passt.

Ein zentraler Aspekt der Arbeiten von Walsh und Beatty ist die Feststellung, dass die bis dato vorliegenden Studien der Reputationsentstehung verhaftet bleiben. Die Konsequenzen der Reputation wurden hingegen weitestgehend vernachlässigt (vgl. Walsh und Beatty 2007: 128). In Anlehnung an Fombrun und Shanley (1990: 235) gehen sie daher in ihrem Konzept auch auf die Reputationsfolgen ein. Sie machen darauf aufmerksam, dass Reputation besonders dann relevant wird, wenn Leistungen schwer einzuschätzen sind. Wang et al. (2003: 76) stellen in diesem Kontext die Wichtigkeit der Reputation im Dienstleistungsbereich heraus: *„Reputation plays an especially important strategic role in service markets because the pre-purchase evaluation of service quality is necessarily vague and incomplete".*

Unter Rückbezug auf andere Studien arbeiten Walsh und Beatty vier Konstrukte heraus, die sich auf die Konsequenzen einer positiven Reputation beziehen: Kundenzufriedenheit, Loyalität, Vertrauen und word of mouth (vgl. Walsh und Beatty 2007: 130). Im weiteren Verlauf ihrer Arbeiten operationalisieren die Autoren diese Konstrukte und messen den Einfluss der Reputationsdeterminanten.

---

[28] In einer weiterführenden Arbeit filtern die Autoren die 15 wichtigsten Indikatoren heraus. Siehe hierzu Walsh et al. (2009).

4.3.6 Der Ansatz von Eberl

Eberl (2006) verknüpft in seinem Modell Schwaigers Reputationsmodell mit Konzepten der Kaufentscheidungsmodelle. Er verfolgt also einen ähnlichen Ansatz wie diese Arbeit. Innerhalb des Modells wird betont, dass es sich auf die Folgen von Reputation bezieht. Es wird eine Vielzahl an Determinanten aufgenommen (vgl. Abbildung 18).

Abbildung 18: Reputations- und Kaufentscheidungsmodell nach Eberl

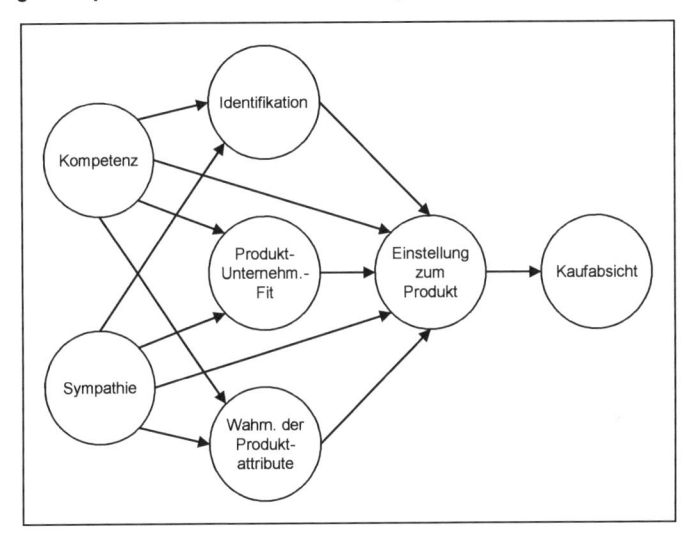

Quelle: Vereinfachte Darstellung in Anlehnung an Eberl 2006: 71.

Einige signifikante Haupteffekte stützen die Argumentationslinie der vorliegenden Untersuchung. So sieht Eberl die Einstellung zum Produkt als mediierende Variable zwischen Reputation und Kaufentscheidung an. Der Einfluss von Kompetenz und Sympathie – die in Eberls Modell gemeinsam als Unternehmensreputation angesehen werden – auf die Einstellung zum Produkt ist dabei entsprechend hoch und signifikant. Die Korrelation zwischen Unternehmensreputation und Einstellung zum Produkt ist damit empirisch bestätigt. Diese Einschätzung wird auch hier vertreten, da Reputation als einstellungsähnliches Konstrukt gilt (vgl. auch Eberl und Schwaiger 2004: 9). Die Einstellungs-Verhaltens-Hypothese weist hingegen auf eine direkte Beziehung zwischen Einstellung und Verhaltensabsicht hin. Limitierend muss hinzugefügt werden, dass die Operationalisierung Eberls vom hier zugrunde gelegten Verständnis abweicht (zur Begründung siehe Kapitel 5.7). Wichtig ist auch die Überlegung, dass die Reputation eines Anbieters bei Kaufentscheidungen als Informationssurrogat wirkt (vgl. Eberl 2006: 43-52). Dies stützt die Überlegungen dieser Arbeit, dass Reputation als Schlüsselinformation dienen kann.

Weiter zieht Eberl das Involvement als Moderatorvariable heran (vgl. Eberl 2006: 62-66). Er stellt fest, dass der Einfluss der Reputation auf die Kaufentscheidung vom Grad der kognitiven Verarbeitungstiefe und damit vom Involvement abhängig ist. Das Involvement bezieht sich dabei auf die Verbindung von Reputation und Einstellung. Insgesamt sind diese Erkenntnisse in hohem Maße relevant für die vorliegende Arbeit und werden daher Berücksichtigung in der Modellierung finden.

4.4 Zusammenführung der Messansätze und Hypothesen

Die publizierten Messergebnisse zur Reputation legen nahe, dass Reputation im Unternehmenskontext mehrdimensional betrachtet werden muss. Es wird bisher nicht ausreichend zwischen theoretischem und praktischem Verständnis von Reputation differenziert. Diese Erkenntnis dient im Folgenden als Ausgangspunkt für die Entwicklung eines eigenen Messinventars.

Betrachtet man die Ansätze zur Reputationsmessung, so lassen sich **zwei Konzepte** identifizieren: Zum einen wird versucht, Reputation über sichtbare Handlungen eines Unternehmens zu bestimmen. Die Messinstrumente wurden dabei von verschiedenen Autoren explorativ durch qualitative Interviews entwickelt[29]. Das Messinventar entspricht in der Konsequenz dem Verständnis der Stakeholder und ist ein aus der Praxis heraus entwickeltes Konzept. Zum anderen gibt es ein theoriegeleitetes Verständnis von Reputation. In diesem Zusammenhang besteht Einigkeit darüber, dass Reputation ein einstellungsähnliches Konstrukt mit einer affektiven und einer kognitiven Dimension ist[30]. Die Verhaltenswissenschaften zeigen, dass affektive Komponenten den Ausgangspunkt des menschlichen Verhaltens darstellen. Die Kognitionen bestimmen die Zielrichtung der Handlung (vgl. Kapitel 3.3.1). Im Kontext der Reputationsmessung manifestieren sich diese Dimensionen bei Schwaiger (2004) in den Konstrukten Sympathie und Kompetenz. Auch die Weiterentwicklung des RQ zum RepTrak-Ansatz nimmt als affektive und kognitive Komponenten Vertrauen, Bewunderung, positive Gefühle und Wertschätzung mit auf.

Beide Herangehensweisen haben ihre Berechtigung. Auch ist bei Schwaiger (2004) der Versuch zu erkennen, die genannten Konzepte zu kombinieren. Er nennt die Determinanten der Reputation allerdings Treiber. Sie sind bei ihm also per definitionem kein integraler Bestandteil von Reputation, sondern treiben diese. Betrachtet man die gängigen Ansätze in der Literatur, so ist dieses Verständnis unüblich (vgl. beispiels-

---

[29] Siehe hierzu auch die Ansätze von Schwaiger (2004), Walsh und Beatty (2007) oder Helm (2007).

[30] Siehe hierzu insbesondere die Ausführungen von Eisenegger und Imhof (2009), aber auch den Messansatz von Schwaiger (2004).

weise Walsh und Beatty 2007, Ponzi et al. 2011, Helm 2007). Die bei Schwaiger identifizierten Indikatoren zu seinen Konstrukten Verantwortung, Attraktivität, Performance und Qualität finden sich in ähnlicher Form auch in anderen Messansätzen, sind dort allerdings Bestandteil der Unternehmensreputation. Insgesamt betrachtet ist es sinnvoll, die Treiberkonstrukte Schwaigers in das Konstrukt der Anbieterreputation zu integrieren. Daneben spielen die generischen Konstrukte Sympathie und Kompetenz auf affektive und kognitive Prozesse an und werden im Rahmen der Verhaltenswissenschaften als Auslöser und Zielbestimmung des Verhaltens angesehen. Aus **verhaltenswissenschaftlicher Perspektive** kann die von Schwaiger postulierte Kausalrelation also umgekehrt werden. Diese Überlegung wird durch die Erkenntnisse der Lerntheorie (vgl. Kapitel 3.3.1.3) gestützt, aus der hervorgeht, dass die Art der Informationsvermittlung eine zentrale Stellung bei der Aufnahme von Informationen hat. Dabei werden die einzelnen inneren Prozesse angesprochen. Es ist wichtig, zunächst die Form (Sympathie und Kompetenz) der Vermittlung zu betrachten, bevor die inhaltliche Ebene (Qualität, Performance, Attraktivität und Verantwortung) Bedeutung erlangt. Daher wird in dieser Arbeit Reputation auf zwei Ebenen konzeptualisiert: zum einen auf einer Kommunikations- und zum anderen auf einer Inhaltsebene. Wie sich diese Ebene zusammensetzen, wird im Folgenden erläutert.

Um „Reputation" aus einer **kommunikativen Perspektive** gerecht zu werden, wird auf die Arbeit von Eisenegger und Imhof (2009) zurückgegriffen. Ihr Ansatz strukturiert die theoriegeleiteten Determinanten und erweitert diese um eine normative Komponente. Diese normative Ebene ist von besonderer Relevanz, da sie den gesellschaftlichen Aushandlungsprozess der Reputationsbildung betont. Lediglich im RepTrak-Modell (vgl. Ponzi et al. 2011) wird durch das Vertrauenskonstrukt eine ähnliche Komponente bedacht. Es muss aber einschränkend angemerkt werden, dass Vertrauen in der Literatur als Reputationsfolge angesehen wird und nicht als deren Determinante (vgl. beispielsweise Walsh und Beatty 2007: 130). Die von Eisenegger und Imhof benannte *„soziale Reputation"* beschreibt die normative Komponente mit der *„Legitimität des Handelns"* und prüft damit, inwiefern sich ein Unternehmen an gesellschaftliche Werte und Normen hält. Im Kern wird die Frage aufgeworfen, wie glaubwürdig die Handlungen eines gesellschaftlichen Akteurs a priori sind (vgl. Eisenegger und Imhof 2009: 247).

In konzeptueller Hinsicht wird ebenfalls kontrovers diskutiert, ob die Indikatoren der Reputation an die Unternehmung sowie deren **Stakeholder** angepasst werden müssen. Helm und Klode (2011: 107-108) weisen nach, dass es bei unterschiedlichen Stakeholdergruppen Überschneidungen wie auch Divergenzen bei dem Verständnis von Reputation gibt. Sie kommen zu dem Ergebnis, dass ein an das Unternehmen und die Stakeholdergruppe angepasstes Messinstrument zielführender sei als ein allgemeines. Um bessere Handlungsoptionen für die Praxis aufzeigen zu können, müssen daher Indikatoren identifiziert werden, die sowohl für die jeweilige Stakeholdergruppe als auch für die Art der Unternehmung relevant sind.

Zusammenfassend lässt sich unter Berücksichtigung der dargestellten Messansätze festhalten, dass es grundsätzlich zwei verschiedene Wege gibt, Reputation zu operationalisieren, wobei auch eine Kombination möglich ist. Zum einen erfolgt die Messung an konkreten inhaltlichen Komponenten, die sich auf die Handlungen des Unternehmens beziehen. Diese Messungen sind bereits sehr dezidiert entwickelt, auch wenn sich die einzelnen Ansätze jeweils leicht unterscheiden. Sie werden im Rahmen dieser Arbeit als **Inhaltsebene** bezeichnet.

Abbildung 19: Kommunikations- und Inhaltsebene der Reputation

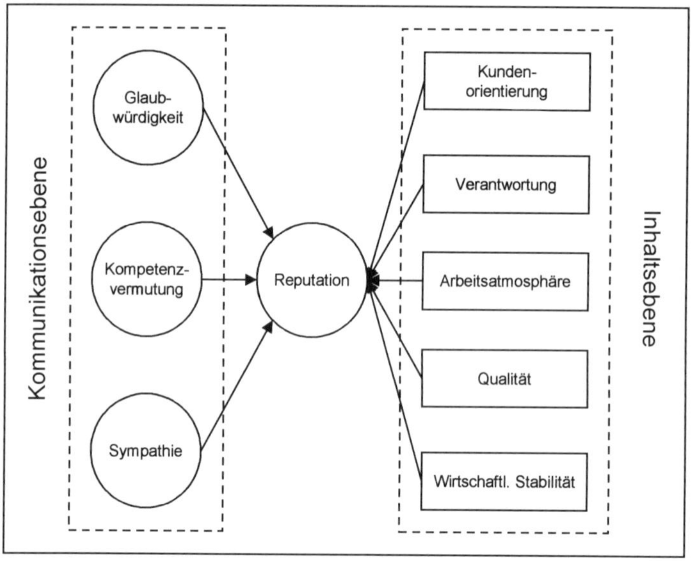

[Diagram: Kommunikationsebene (Glaubwürdigkeit, Kompetenzvermutung, Sympathie) → Reputation → Inhaltsebene (Kundenorientierung, Verantwortung, Arbeitsatmosphäre, Qualität, Wirtschaftl. Stabilität)]

Quelle: Eigene Darstellung.

In Kapitel 5.7.4 werden dabei die Dimensionen Kundenorientierung, Verantwortung, Arbeitsatmosphäre, Qualität und wirtschaftliche Stabilität herausgearbeitet (vgl. Abbildung 19). Zum anderen erfolgt die Messung theoriegeleitet. Einen akzeptablen Ansatz liefert lediglich Schwaiger (2004). Allerdings passen die in diesem Ansatz entwickelten Indikatoren nicht für den vorliegenden Untersuchungsgegenstand: Im Bereich der Kompetenz wird mit den Indikatoren *„Top-Unternehmen"* und *„International anerkannt"* auf die Größe eines Unternehmens abgestellt (vgl. Anhang 6). Die Unternehmensgröße sollte aber kein Indikator für die Höhe der Reputation sein (vgl. Walsh 2006: 24). Zusätzlich ergeben sich die Konstrukte Sympathie und Kompetenz bei Schwaiger aus einer qualitativen Vorstudie. Dementsprechend liefert die Arbeit von Schwaiger einen Hinweis auf das öffentliche Verständnis affektiver und kognitiver Reputationskomponenten. Es bedarf allerdings noch einer weiterführenden theoretischen Auseinandersetzung mit den Konstrukten. Zudem müssen die Indikatoren an den Kontext dieser Arbeit angepasst und nach dem Verständnis von Eisenegger und Imhof (2009) um eine normative Dimension erweitert werden. Dieses theoriegeleitete Verständnis von Reputation, in dem eine normative, eine kognitive und eine affektive Dimension integriert sind, wird in dieser Arbeit als **Kommunikationsebene** bezeichnet. Sie werden in Kapitel 5.7 mit den Konstrukten Glaubwürdigkeit, Kompetenzvermutung und Sympathie operationalisiert (vgl. Abbildung 19).

4.4.1 Determinanten der Anbieterreputation

Bei den gezeigten Ansätzen fällt eine eindimensionale Ausrichtung des Reputationsbegriffs auf direkte Handlungen eines Unternehmens auf. Diesen Umstand identifizieren Eisenegger und Imhof (2009: 243) als eines der Grundprobleme der Reputationsforschung. Sie bescheinigen daher der fachbezogen Reputationsdebatte einen *„Corporate Bias"*. Grundsätzliches Problem ist, dass durch die allgemeine Fassung bestehender Definitionen nicht deutlich wird, aus welchen Dimensionen der Reputationsbegriff besteht. Aus diesen weit gefassten Definitionen lässt sich kein Messkonzept ableiten. Alternativ gibt es sehr konkrete Definitionen aus der Marketingforschung. Hier ist der Begriff aber so spezifisch formuliert, dass er nur im Firmenkontext anwendbar ist. Auf Basis dieser identifizierten Schwachstellen entwickeln Eisenegger und Imhof einen universellen Reputationsbegriff, der sowohl auf Personen als auch auf Unternehmen und Organisationen übertragbar sei (vgl. Eisenegger und Imhof 2009: 243).

Weitestgehende Einigkeit besteht bei der Auseinandersetzung mit Reputation darüber, dass es sich um ein Konzept aus affektiven und kognitiven Aspekten handelt (vgl. beispielsweise Schwaiger 2004, Wiedmann et al. 2010, Helm 2007). Es konnte gezeigt werden, dass die Erweiterung des Verständnisses um eine normative Komponente sinnvoll und theoretisch begründet ist. Nach Eisenegger und Imhof besitzt eine allgemein gefasste Reputation eine objektive, eine soziale und eine subjektive Dimension. Sie sprechen daher von funktionaler, sozialer und expressiver Reputation. Die genannten Komponenten sind nach diesem Verständnis ein integraler Bestandteil der Reputation als Ganzes. Die Relevanz einer affektiven, kognitiven sowie normativen Komponente wurde auch bei der Auseinandersetzung mit dem Einstellungskonzept betont, denn die Theorie des geplanten Verhaltens integriert mit der Einstellung zum Verhalten eine affektive Gesamtbewertung, mit der wahrgenommenen Verhaltenskontrolle eine kognitiv geprägte Überzeugung und mit der subjektiven Norm eine Prognose des Verhaltens (vgl. Kapitel 3.3.2.3). Im Folgenden werden diese drei Komponenten in messbare Konstrukte überführt.

Durch die funktionale Reputation wird der Reputationsträger dahingehend beurteilt, ob er sich in kognitiver Hinsicht bewährt hat. Es stellt sich die Frage, ob er seine **Leistungsziele** erreicht. Die funktionale Reputation ist ein *„Indikator für Erfolg und Fachkompetenz"* (Eisenegger und Imhof 2009: 246). In Analogie zu Schwaiger wird mit der funktionalen Reputation auf die Kompetenz des Anbieters hingewiesen. Betont werden muss, dass es sich dabei nicht um eine geprüfte, sondern um eine vermutete Kompetenz seitens des Kunden handelt. Daher wird im Folgenden der Terminus **Kompetenzvermutung** verwendet. Aus diesem Verständnis heraus lässt sich der Begriff der Kompetenz repräsentativ für die funktionale Reputation in das Hypothesensystem einführen. Die Kompetenzvermutung ist auf der kommunikativen Ebene der Reputation zu verorten und damit integraler Bestandteil des Reputationskonzeptes. Damit können auch ausgewählte Indikatoren aus dem Ansatz von Schwaiger (2004) in das Messkonzept integriert werden. Da hier davon ausgegangen wird, dass die kommunikative Ebene die Handlungen des Akteurs beeinflusst, lautet die erste Hypothese folglich:

H 1: **Die Kompetenzvermutung beeinflusst die inhaltliche Ebene der Anbieterreputation positiv.**

Die soziale Reputation beruht hingegen auf der Legitimität des Handelns des Reputationsträgers. Die Bewertung liegt auf der normativen Ebene. Demnach müssen sich Akteure auch an gesellschaftlich festgesetzten Werten und Normen messen lassen. Die soziale Reputation fußt auf der **ethischen Korrektheit des Handelns** eines gesellschaftlichen Akteurs. Die ethische Integrität eines Unternehmens wird durch öffentliche Aushandlungsprozesse bewertet und verweist auf dessen Glaubwürdigkeit. Auf die Relevanz der **Glaubwürdigkeit** wurde bereits ausführlich hingewiesen (vgl. Kapitel 3.2.4). Der Glaubwürdigkeitsbegriff ist theoretisch gut erfasst. So lassen sich bestehende Ansätze zur Analyse der Glaubwürdigkeit finden, auf die bei der Entwicklung eines Messinventars zurückgegriffen werden kann. Die entsprechende Hypothese lautet dann:

H 2: **Die Glaubwürdigkeit beeinflusst die inhaltliche Ebene der Anbieterreputation positiv.**

Im Gegensatz zu den erstgenannten Aspekten bezieht sich die expressive Reputation nicht auf das Verhalten des Reputationsträgers innerhalb des gesellschaftlichen Kontexts. Im Zentrum der Reputationszuweisung steht die emotionale Anziehungskraft des Anbieters selbst. Die expressive Reputation *„manifestiert sich in einer positiv bzw. negativ besetzten affektuellen Einstellung"* (Eisenegger und Imhof 2009: 248) und bezieht sich auf die **Sympathie** gegenüber dem Reputationsträger. Wie in Kapitel 3.3.2.3 festgestellt werden konnte, besteht eine starke Analogie zwischen Einstellung und Reputation. Im Gegensatz zur Einstellung ist hier jedoch die öffentlich anerkannte Sympathie des Reputationsträgers entscheidend. Es geht bei der expressiven Reputation also um den gemeinschaftlich wahrgenommenen Charakter des Reputationsträgers – unabhängig davon, ob es sich um eine Person oder eine Organisation handelt. Das Besondere ist, dass sie sich durch Abgrenzung auszeichnet. Eine unverwechselbare Identität, die auf die Stakeholder eine Anziehungskraft ausübt, kann nur durch eine trennscharfe Kontur entstehen, die sich deutlich von der Konkurrenz absetzt (vgl. Eisenegger und Imhof 2009: 247). Auf diese Weise lässt sich folgende Hypothese formulieren:

H 3: **Die Sympathie beeinflusst die inhaltliche Ebene der Anbieterreputation positiv.**

Ein guter Ruf definiert sich in der erfolgreichen Kommunikation dieser drei Kategorien. Es kann resümiert werden, dass Reputation auf der kommunikativen Ebene das Ergebnis der Vermittlung funktionaler Leistungsanforderungen, der Befolgung moralischer Ansprüche sowie der Pflege einer emotional attraktiven und unverwechselbaren Identität ist. Dementsprechend muss ein nachhaltiges Reputationsmanagement in der Kommunikationspolitik all diese Dimensionen berücksichtigen (vgl. Eisenegger und Imhof 2009: 250). Die Ausführungen von Eisenegger und Imhof (2009) erweitern den Blick auf Reputation und lösen sie vom starren Unternehmenskontext ab. Dabei liefern sie über die Reputationsdimensionen generische Ausdrücke, die verallgemeinerbar sind. Dies schafft Anhaltspunkte, auf welche Art und Weise handlungsorientierte Maßnahmen kommuniziert werden müssen, um einer positiven Anbieterreputation zuträglich zu sein. Insofern ist der Ansatz von Eisenegger und Imhof in diesem Kontext sehr hilfreich.

Es ist davon auszugehen, dass bei der Untersuchung eines touristischen Anbieters sowohl die Charakteristika auf kommunikativer Ebene nach Eisenegger und Imhof zum Tragen kommen als auch die der spezifischen und handlungsrelevanten Reputation des Anbieters. Einen hilfreichen Ansatz der kundenbasierten Unternehmensreputation bieten Walsh und Beatty (2007: 129). Sie entwickeln einen Messansatz, der sich auf den Dienstleistungssektor bezieht und die Stakeholdergruppe der Kunden fokussiert. Der Ansatz eignet sich als Basis für die Entwicklung eines Messinventars der handlungsbezogenen Anbieterreputation. Er wird im Rahmen der Operationalisierung eingehend besprochen und mit anderen Ansätzen verglichen. Dabei werden zentrale Aspekte herausgefiltert, die alle Ansätze im Unternehmenskontext gemein haben (vgl. Kapitel 5.7.4).

4.4.2 Auswirkungen einer positiven Reputation

Welche Auswirkungen hat nun eine positive Reputation? Walsh und Beatty (2007) nehmen unter Rückbezug auf die Informationsökonomik an, dass eine positive Reputation die Transaktionskosten sowie das wahrgenommene Risiko senken und zudem die Loyalität des Kunden erhöhen kann. Da diese Überlegungen den Ergebnissen der theoretischen Auseinandersetzung dieser Arbeit entsprechen, sollen die Konsequenzen hier empirisch untersucht werden. Die Konsequenzen einer positiven Reputation sind entscheidend, weil sie das **Unterstützungspotenzial** ausdrücken, das die Kunden dem Unternehmen entgegenbringen. Die allgemeine Hypothese in Bezug auf die Reputationskonsequenzen ist daher, dass die Anbieterreputation positiv mit dem kundenseitigen Unterstützungspotenzial korreliert. Diese Unterstützung kann unterschiedlich ausgeprägt sein. Eisenegger und Imhof (2009: 250) gehen beispielsweise davon aus, dass ein Reputationsträger vor dem Kauf einen **Vertrauensvorschuss** besitzt. In einem ähnlichen Kontext weist Einwiller (2003) den Zusammenhang zwischen Reputation und einer „vertrauensvollen Einstellung" nach. Die Reputation eines Leistungsanbieters wird daher auch als Basis für Vertrauen angesehen, weil dieser auch dann als geprüfte Quelle gilt, wenn der Kunde mit dem Anbieter noch keine direkte Erfahrung gesammelt hat. Eine hohe Reputation ergibt sich durch das Verhalten des Anbieters am Markt. Wird dieses Verhalten als verlässlich angesehen, so ergeben sich direkte Auswirkungen auf die Reputation des Anbieters. Er wird vom Nachfrager als vertrauenswürdiger angesehen als einer, dem diese Charakteristika nicht zugeschrieben werden (vgl. Bauer et al. 2005: 5). Damit lässt sich Hypothese vier wie folgt konkretisieren:

H 4: Je höher die inhaltliche Ebene der Anbieterreputation, desto höher ist das Vertrauen in den Anbieter.

Walsh und Beatty gehen in ihrer Arbeit davon aus, dass sich Reputation sowohl aus den eigenen als auch aus vermittelten Erfahrungen mit einer Dienstleistung entwickelt. Eine positive Reputation bezieht sich dabei im Sinne der Transaktionskostentheorie auf ein faires und kooperatives Verhalten des Anbieters in der Vergangenheit, baut so Vertrauen auf und kann schließlich zur Bindung des Kunden führen (vgl. Kapitel 3.2.1). Bei einer Messung kann jedoch nicht davon ausgegangen werden, dass jeder Proband bereits Erfahrungen mit einem Anbieter sammeln konnte. Würden also Kundenzufriedenheit und Loyalität abgefragt werden, müssten die Probanden zwingend eine direkte Erfahrung mit dem jeweiligen Unternehmen gemacht haben. Eine Eingrenzung auf bestehende Kunden würde dem Reputationskonzept daher nicht gerecht werden. Aus diesem Grund müssen die Kategorien Kundenzufriedenheit und Loyalität so angepasst werden, dass sie sowohl von bestehenden als auch von potenziellen Kunden beantwortet werden können. Die Unterstützung kann in einem sogenannten *„Supportive Behaviour"* münden, das sich in der **Weiterempfehlungsabsicht** des Kunden ausdrückt (vgl. Kirstein 2009: 40). Diese Absicht kann sowohl von Probanden geäußert werden, die bereits Erfahrung mit dem Anbieter gemacht haben, als auch von solchen, die sich lediglich über diesen informiert haben. Die fünfte Hypothese dieser Arbeit lautet daher:

H 5: Je höher die inhaltliche Ebene der Anbieterreputation, desto höher ist die Weiterempfehlungsabsicht.

Die Kernfrage in Bezug auf die Konsequenzen der Reputation bleibt in dieser Untersuchung aber ihr Einfluss auf die Kaufwahrscheinlichkeit. Den Zusammenhang von Anbieterreputation und **Kaufabsicht** beschreibt auch Eberl (2006) sowie Einwiller (2003). Da sie die empirische Überprüfung dieser Beziehung jedoch in einem anderen Zusammenhang und einem abweichenden Messkonzept erbringen, soll eine Prüfung auch in dieser Arbeit erfolgen. Damit lässt sich folgende Hypothese formulieren:

H 6: **Je höher die inhaltliche Ebene der Anbieterreputation, desto höher ist die Kaufabsicht.**

4.4.3 Mediierende und moderierende Aspekte

Bei der Auseinandersetzung mit dem Reputationskonstrukt wird stets dessen Nähe zum Einstellungskonstrukt betont (vgl. beispielsweise Schwaiger 2004, Helm 2007, Eisenegger und Imhof 2009). Dabei ist nicht klar, ob Reputation als vermittelte oder direkte Erfahrung mit einem Anbieter betrachtet wird. Diese Differenzierung wird hier vorgenommen. Reputation wird dabei als vermittelte Anerkennung betrachtet (vgl. auch Kapitel 2.1), die auf einer Aushandlung im öffentlichen Diskurs beruht. Dies schließt eine persönliche Erfahrung mit dem Reputationsobjekt allerdings nicht aus (vgl. auch Einwiller 2003: 145-146).

Die eigene Betroffenheit wird erst durch das Einstellungskonstrukt deutlich. Denn „Einstellung" bezieht sich dann direkt auf die einzelne Person und deren Einschätzung des Anbieters. Die Reputation wird also erst dann verhaltenswirksam, wenn diese auch die Einstellung des jeweiligen Kunden beeinflusst (vgl. hierzu auch 3.4). Man spricht in diesem Zusammenhang von einer mediierenden Wirkung. Diese wird durch das Konstrukt „Einstellung zum Anbieter" deutlich und betrifft auch die Hypothesen **H 4** bis **H 6**, da der Zusammenhang zwischen Anbieterreputation und dem Vertrauen in den Anbieter auf der einen Seite und der Kauf- und Weiterempfehlungsabsicht auf der anderen mediiert wird. Zusammenfassend bedeutet dies:

H 7: **Die Wirkung der inhaltlichen Ebene der Anbieterreputation auf das kundenseitige Unterstützungspotenzial wird durch die Einstellung zum Anbieter mediiert.**

Durch die Aufnahme dieser Wirkungszusammenhänge wird die Anbieterreputation selbst zum Mediator zwischen Glaubwürdigkeit und Sympathie einerseits und Kompetenzvermutung und der Einstellung zum Anbieter andererseits. Daher muss dieser Zusammenhang auch hier überprüft werden und äußert sich in der folgenden Hypothese:

H 8: **Die Wirkung der Kommunikationsebene der Reputation auf die Einstellung zum Anbieter wird durch die inhaltliche Ebene der Anbieterreputation mediiert.**

Neben den Mediatoren gibt es auch sogenannte moderierende Einflussfaktoren. Eberl postuliert in diesem Zusammenhang, dass der Einfluss der Reputation auf die Kaufentscheidung abhängig vom Grad der kognitiven Verarbeitungstiefe und damit dem Involvement ist. Dieses kann sich auf unterschiedliche Objekte beziehen. Eberl merkt in diesem Zusammenhang an: „Ob sich das Involvement dabei auf das Produkt oder die Entscheidungssituation bezieht, ist a priori unerheblich" (Eberl 2006: 66). Das Involvement zum Anbieter und seinen Produkten wird im Rahmen dieser Arbeit als bedeutend angesehen. Daher wird in der Folge von Kundeninvolvement gesprochen[31]. Neben diesem inhaltlichen Bezug konnte bereits festgestellt werden, dass das Involvement in allen Phasen der Kaufentscheidung relevant ist (vgl. Kapitel 3.3.3.2). Auch wenn damit die moderierende Wirkung des Kundeninvolvements auf alle Zusammenhänge innerhalb des Modells vorstellbar ist, konzentriert sich diese Arbeit auf jene Aspekte, die sich direkt auf die Kaufentscheidung beziehen. Dies sind die Konstrukte Vertrauen in den Anbieter, Kauf- und Weiterempfehlungsabsicht. Daraus ergibt sich die Moderatorhypothese:

H 9: **Die durch die Einstellung zum Anbieter mediierte Wirkung der inhaltlichen Ebene der Anbieterreputation auf das kundenseitige Unterstützungspotenzial wird durch das Kundeninvolvement moderiert.**

In den vorausgegangenen Abschnitten wurde wiederholt die Rolle der Erfahrung mit einem Anbieter angesprochen (vgl. auch Einwiller 2003: 145-146). Dabei wird vermutet, dass die Verunsicherung und die Relevanz der Reputation vor einer Reisebuchung auch von Erfahrungswerten beeinflusst werden können. Erfahrung kann mithin eine moderierende Position haben, sodass sich folgende Hypothese formulieren lässt:

H 10: **Die Wirkung der inhaltlichen Ebene Anbieterreputation wird durch die kundenseitige Erfahrung mit dem Anbieter moderiert.**

Bei Reisevermittlern ergibt sich aufgrund ihrer Rolle eine Besonderheit, denn diese bieten keine eigenen Leistungen an. Gleichwohl werden die Leistungen von anderen dort zusammengeführt und dargestellt. Die Unterschiede, die sich für die Portale hierdurch ergeben, werden in der Folge als Stimulusumgebung bezeichnet. Es stellt sich daher die Frage, ob die jeweils angebotenen Leistungen einen Einfluss auf die Reputation des jeweiligen Portals selbst haben. Um diese Frage beantworten zu können, wird hier die folgende Hypothese formuliert:

H 11: **Die Wirkung der inhaltlichen Ebene Anbieterreputation wird durch die Stimulusumgebung moderiert.**

---

[31] Eine ausführliche Erläuterung, weshalb der Terminus „Kundeninvolvement" präzise und angemessen ist, erfolgt in Kapitel 5.7.6.

4.4.4 Zusammenführung der Hypothesen

Auf der Basis der hier entwickelten Hypothesen lassen sich nun Wirkungszusammenhänge visualisieren. Dies erfolgt durch ein Strukturgleichungsmodell. Dabei werden die einzelnen Konstrukte mit ihren postulierten Beziehungen zusammengesetzt. Insgesamt ergibt sich daraus ein Modell, das die Ergebnisse der Reputationsforschung mit denen der Konsumentenforschung verbindet. Es wird zwischen einer Kommunikations- und einer Handlungsebene der Reputation differenziert. Die Hypothesen eins bis sechs geben den grundsätzlichen Strukturzusammenhang wieder. Die Hypothese sieben beschreibt den mediierenden Einfluss der Einstellung zum Anbieter. Daraus ergibt sich ein **Strukturgleichungsmodell**, das in Abbildung 20 dargestellt ist.

Abbildung 20: Strukturgleichungsmodell der Untersuchungshypothesen

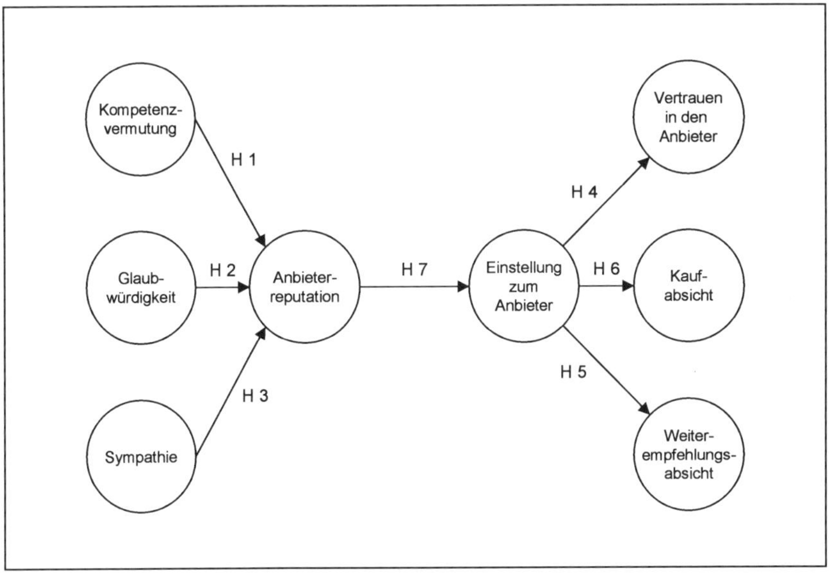

Quelle: Eigene Darstellung.

Zu diesen Einflüssen wurden moderierende Effekte formuliert. Da die Erfahrung als Moderator nicht operationalisiert wurde, sondern mithilfe eines Multigruppenvergleichs[32] ermittelt wird, erfolgt hier keine Visualisierung dieses Einflusses. Gleichwohl wird sie bei den Ergebnissen berücksichtigt und besprochen. Anders verhält es sich mit der moderierenden Wirkung des **Kundeninvolvements**. Dieser Einfluss wird mithilfe einer Interaktionsvariablen (vgl. hierzu Kapitel 6.5.1) ermittelt, wodurch das Konstrukt des Kundeninvolvements operationalisiert werden muss und so in das Strukturglei-

---
[32] Zu dieser Vorgehensweise siehe Abschnitt 6.5.1.

chungsmodell eingeführt wird. Diese moderierende Wirkung ist in Abbildung 21 dargestellt. Die Wirkung der **Erfahrung mit dem Anbieter** sowie die **Stimulusumgebung** beziehen sich auf alle Konstrukte innerhalb des Strukturgleichungsmodells und werden daher nicht gesondert visualisiert.

Abbildung 21: Moderierender Effekt des Kundeninvolvement

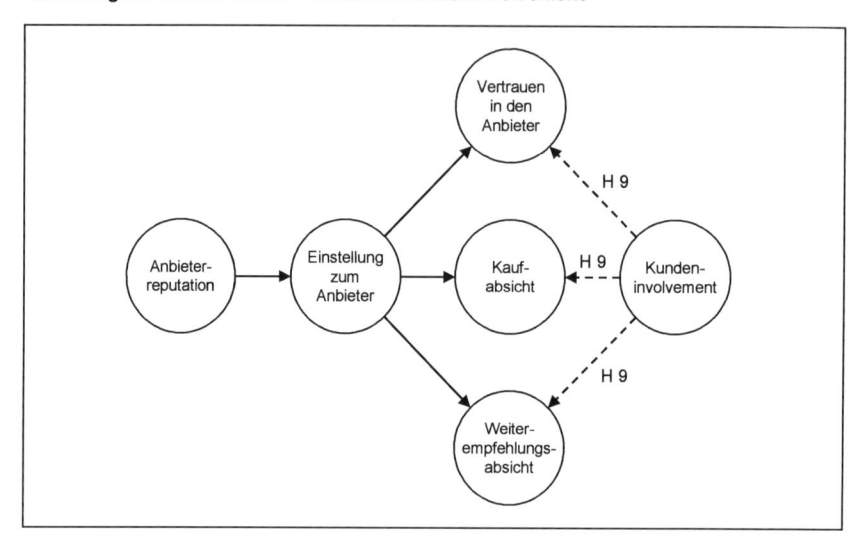

[Diagramm: Anbieterreputation → Einstellung zum Anbieter → Kaufabsicht; Einstellung zum Anbieter → Vertrauen in den Anbieter; Einstellung zum Anbieter → Weiterempfehlungsabsicht; Kundeninvolvement moderiert (H 9) die Effekte auf Vertrauen in den Anbieter, Kaufabsicht und Weiterempfehlungsabsicht]

Quelle: Eigene Darstellung.

Die empirische Prüfung des Strukturgleichungsmodells kann mittels einer Kausalanalyse[33] erfolgen. Die einzelnen Konstrukte entziehen sich einer direkten Messung und müssen deshalb operationalisiert werden. Dieser Vorgang ist entsprechend komplex. Daher wird im Anschluss an dieses Kapitel das methodische Vorgehen beschrieben.

---

[33] Die Bezeichnung „Kausalanalyse" ist nicht unumstritten, sie gilt aber als Oberbegriff für die Auswertung von Strukturgleichungsmodellen. Auf die Schwierigkeit des Begriffes wird in Kapitel 5.2.2 eingegangen.

5. Methodisches Vorgehen

Die auf der Basis theoretischer Überlegungen aufgestellten Hypothesen sollen im Folgenden geprüft werden. Hierzu ist die Wahl des methodischen Vorgehens von entscheidender Bedeutung. Dieses Kapitel dient daher der Beschreibung der in Betracht kommenden Methoden und erläutert die Vor- und Nachteile der gewählten Untersuchungsmethode, ohne dabei jedoch bereits auf die empirischen Ergebnisse einzugehen. Inhaltlich kann das folgende Kapitel daher separat von den vorhergehenden gesehen werden. Eine Zusammenführung der inhaltlichen und methodischen Ebene erfolgt jedoch sodann durch die Konzeptualisierung und Operationalisierung der Konstrukte, mit der das folgende Kapitel schließt.

5.1 Grundlagen der Messtheorie

Grundsätzlich sollten im Folgenden zwei Sprachebenen unterschieden werden. Bei der Herleitung eines Modells wird in der Regel auf der theoretischen Sprachebene kommuniziert. Das bedeutet, dass auf der Grundlage von theoretischen Überlegungen argumentiert wird und aus diesen Überlegungen das entsprechende Modell entsteht. Um die Theorie prüfen zu können, ist die Überführung des Modells in eine Beobachtungssprache notwendig. Durch die Zusammenführung dieser Sprachebenen kann die regelgeleitete Korrespondenz von Theorie- und Beobachtungsebene überprüft werden (vgl. Fassott 2007: 85-86).

Eggert (2004: 114-115) verdeutlicht den Zusammenhang der beiden Sprachebenen, indem er feststellt, dass theoriegeleitete Hypothesen sich auf einer Beobachtungsebene wiederfinden. Die Korrelation zwischen den in Abbildung 22 eckig dargestellten Indikatoren sind die beobachtbaren Gegenstücke zu einer in der Theorie entwickelten Hypothese. Innerhalb eines solchen Modells gibt es mehrere Variablen, die sich einer direkten Beobachtung entziehen. Sie sind abstrakte Gebilde, die in der Statistik als latente Variablen bezeichnet und kreisförmig dargestellt werden (vgl. Backhaus et al. 2011: 519 sowie Fassott 2007: 86-87). Um derartige Konstrukte erfassen zu können, müssen diese über mehrere beobachtbare Indikatoren (manifeste Variablen) gemessen werden, die rechteckig visualisiert werden (vgl. Abbildung 22). Durch die Kombination mehrerer Indikatoren kann ein solches Konstrukt direkt erfasst und einer Messung zugänglich gemacht werden (vgl. Anderson und Gerbing 1982: 453). Äußere latente Variablen, von denen eine Wirkung auf andere postuliert wird, werden als exogen oder unabhängig bezeichnet. Variablen, die in der Kausalkette weiter hinten stehen, nennt man endogen bzw. abhängig (vgl. Henseler 2006: 93-94). Hierbei muss angemerkt werden, dass in den Wirtschafts- und Sozialwissenschaften ein Kausalzusammenhang in den seltensten Fällen nachgewiesen werden kann. So stellt Ringle (2004: 7) fest: *„Mit statistischen Verfahren können nur Beziehungen zwischen Variablen, aber keine Kausalitäten aufgedeckt werden".* Daher wird der Begriff der Kausalität im Folgenden mit Vorsicht verwendet. Der Anspruch einer nachgewiesenen Korrelation der Variablen untereinander soll hingegen maßgebend sein.

Abbildung 22: Sprachebenen in der empirischen Forschung

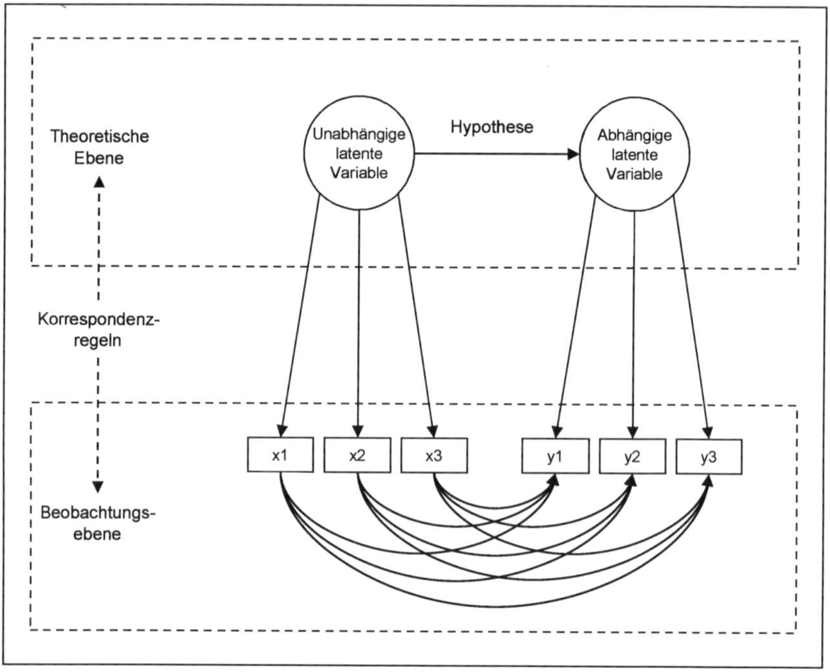

Quelle: In Anlehnung an Eggert 2004: 115.

Auf theoretischer Ebene wird in den Wirtschafts- und Sozialwissenschaften eine Abhängigkeit häufig zwischen mehreren Variablen postuliert. Die Gesamtheit der Beziehungen ergibt sich durch die im Forschungsverlauf aufgestellten Hypothesen. Diese beziehen sich auf die vermuteten Zusammenhänge zwischen den latenten Variablen auf der Theorieebene und werfen häufig spannende offene Forschungsfragen auf. In dieser Arbeit wurden beispielsweise die theoretischen Ansätze der Neuen Institutionenökonomik sowie der Verhaltenswissenschaften kombiniert. Das Ergebnis dieser theoretischen Überlegungen ist das in Kapitel 4.4.4 postulierte Modell, das den Einfluss der Reputation auf die Reiseentscheidung wiedergibt.

5.2 Auswahl der Methode

Um ein Modell, wie es oben beschrieben wurde, statistisch erfassen und auswerten zu können, muss die Analysemethode bestimmten Anforderungen genügen. Vorausgesetzt werden muss, dass sowohl **latente Variablen** also auch manifeste Variablen abgebildet werden können. Hierfür muss die Methode **multivariat** sein – also geeignet sein, mehrere Variablen gleichzeitig zu untersuchen. Aufgrund der Komplexität des vorliegenden Modells scheiden uni- und bivariate Methoden aus (vgl. Berekoven et al. 2009: 187-188). Da zusätzlich angenommen wird, dass sowohl die Determinanten also auch die Konsequenzen der Reputation in einem linearen Zusammenhang stehen, werden sowohl abhängige als auch unabhängige latente wie manifeste Variablen modelliert. Fornell (1987: 411) differenziert zwischen multivariaten Verfahren der ersten und zweiten Generation. Zur ersten Generation multivariater Verfahren zählt er beispielsweise die multiple Regressionsanalyse oder die Faktorenanalyse. Nachteilhaft ist bei diesen Methoden, dass sie sich nur auf manifeste Variablen anwenden lassen, die Möglichkeit von Messfehlern nicht einkalkulieren und sich keine komplexen Abhängigkeitsstrukturen modellieren lassen. Hier sind die multivariaten Verfahren der sogenannten zweiten Generation im Vorteil, da sie die genannten Aspekte explizit mitberücksichtigen. Diese verbinden regressions- und faktoranalytische Elemente (vgl. Fassott 2007: 107 sowie Nitzl 2010: 2).

In dieser Studie sollen sowohl die Entstehung der Reputation als auch deren Auswirkungen auf die Reiseentscheidung abgebildet werden. Der Gesamtzusammenhang ist dabei sehr komplex und mehrstufig. Die Analysemethode muss diesen **mehrstufigen Abhängigkeiten** gerecht werden und sie abbilden können.

Unter Berücksichtigung der genannten Kriterien kommen lediglich die multivariaten Verfahren der zweiten Generation in Betracht, die auch **Strukturgleichungsmodelle** genannt werden (vgl. Backhaus et al. 2011: 517-518). Sie ermöglichen die Überprüfung von theoretischen und sachlogischen Hypothesen, wie sie in dieser Arbeit erstellt wurden. Mittels der Strukturgleichungsmodellierung kann also die Stärke der Wirkungszusammenhänge zwischen den Konstrukten geschätzt werden, sodass Rückschlüsse auf das Hypothesensystem gezogen werden können. Zudem bilden sie die Qualität der latenten Variablen auf Basis von Reliabilitäts- und Validitätskriterien ab.

Weitere Vorteile von Strukturgleichungsmodellen liegen darin, dass die Zusammenhänge in ihrem nomologischen Netz modelliert werden können und Messfehler dabei explizit berücksichtigt und korrigiert werden. Durch die grafische Darstellung kann die komplexe Struktur zudem schnell und verständlich visualisiert werden, da das Strukturmodell die Hypothesen grafisch abbildet (vgl. Henseler 2006: 91-92).

5.2.1 Aufbau von Strukturgleichungsmodellen

Bei Strukturgleichungsmodellen werden die latenten Variablen über mehrere manifeste Variablen[34] (also direkt messbare Größen) operationalisiert, d. h. messbar gemacht. Dies erfolgt über ein sogenanntes Messmodell. Das Messmodell bildet eine latente Variable ab und wird dann über ein Strukturmodell inhaltlich in Beziehung gesetzt. Basis der Modellstruktur ist ein theoretisch abgeleitetes Hypothesensystem. Diese Hypothesen beziehen sich in erster Linie auf die Wirkungsbeziehung der latenten Variablen untereinander. Verbunden mit der Konzeptualisierung ist eine Annahme, die sich auf den Zusammenhang zwischen latenten und manifesten Variablen bezieht. Folglich muss für jede latente Variable ein korrespondierendes Messmodell mit Indikatorvariablen erstellt werden. Ein Strukturgleichungsmodell besteht also aus mehreren Messmodellen und einem Strukturmodell (vgl. Ringle 2004: 7 sowie Henseler 2006: 92-94). Dieser Aufbau ist in Abbildung 23 wiedergegeben.

Abbildung 23: Aufbau eines Strukturgleichungsmodells

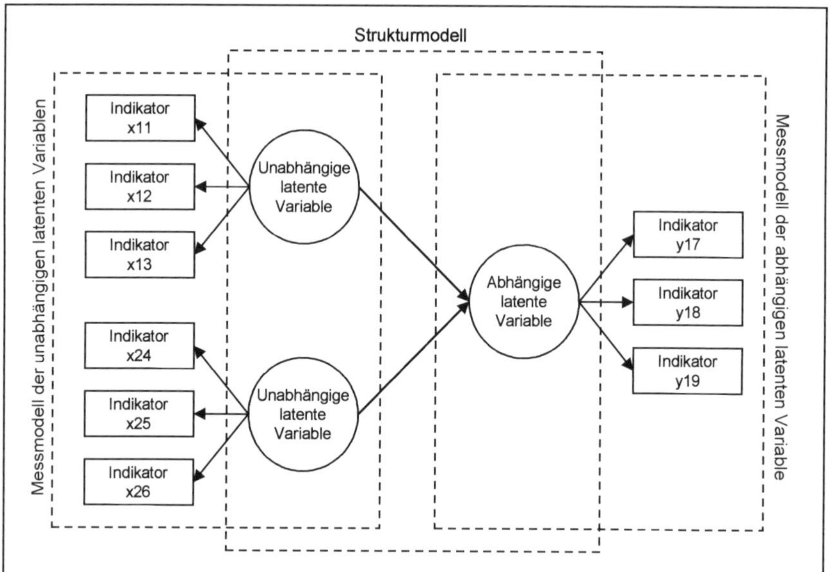

Quelle: In Anlehnung an Henseler 2006: 93 sowie Nitzl 2010: 4.

Das Strukturgleichungsmodell wird durch den Forscher spezifiziert, indem die latenten Variablen mit Pfeilen verbunden werden. Diese Verbindungen zeigen den vermuteten Wirkungszusammenhang an (vgl. Henseler 2006: 93-94). Die Verbindungen zwischen

---

[34] Synonym finden sich in der Literatur auch die Begriffe „Item", „Indikator" bzw. „Indikatorvariable".

den latenten Variablen werden mit Pfeilen markiert. Innerhalb der einzelnen Messmodelle müssen den latenten Variablen eindeutige Indikatoren zugeordnet werden, damit diese bestmöglich gemessen werden können.

Die Messung kann auf zwei Arten erfolgen. Abhängig von der Wirkungsrichtung der Indikatoren spricht man von reflektiven oder formativen Messmodellen. Ist die latente Variable die Ursache und die manifeste Variable die Folge, zeigen die Pfade entsprechend auf die Indikatoren. Man spricht in diesem Fall von einem reflektiven Messmodell, da das Konstrukt durch die Indikatoren reflektiert wird. Im umgekehrten Fall sind die manifesten Variablen die Ursache. Dann formen bzw. definieren die Indikatoren in ihrer Summe das Messmodell, weshalb diese Spezifikationsart formativ genannt wird. In der Marketingliteratur wird die Art der Spezifikation häufig nicht thematisiert. Gängig ist eine reflektive Spezifikation. Allerdings können gerade formativ spezifizierte Messmodelle Aufschluss über konkrete Handlungsmaßnahmen geben. Denn durch die inhaltliche Ausdifferenzierung mittels der Indikatoren kann ein Konstrukt wesentlich differenzierter betrachtet werden und es ergeben sich häufig konkrete Optionen für die Praxis (vgl. Fassott 2007: 87 sowie Christophersen und Grape 2006: 104).

5.2.2 Messung von Strukturgleichungsmodellen

Man spricht im Kontext von Strukturgleichungsmodellen von einem Schätzverfahren, da nicht alle empirischen Daten genau bestimmt werden können und auch eine genaue Berechnung nicht möglich ist (vgl. Eberl 2006: 84). Es handelt sich um eine Annäherung an das empirische Material. Strukturgleichungsmodelle werden dabei in der Regel mittels zweier etablierter Verfahren geschätzt: zum einen mit der Kovarianzstrukturanalyse (häufig auch in Anlehnung an die gleichnamige Auswertungssoftware LISREL [LInear Structural RELations] genannt), die auf Jöreskog zurückgeht, und zum anderen mit der von Jöreskogs akademischen Lehrer Wold entwickelten Partial-Least-Squares-(PLS)-Pfadmodellierung. Häufig wird für die Verfahren der Oberbegriff „Kausalanalyse" verwendet. Diese Bezeichnung suggeriert, dass mithilfe der Methode Kausalitäten identifiziert werden können. Wie oben bereits angemerkt, ist die Annahme von Kausalitäten innerhalb der Sozial- und Wirtschaftswissenschaften jedoch äußerst kritisch zu beurteilen (vgl. Ringle 2004: 7).

Die Verbreitung von PLS hat erst um die Jahrtausendwende durch die Etablierung von PLS-Softwarelösungen zugenommen (beispielsweise PLS Graph oder das in dieser Arbeit verwendete und kostenlose Programm SmartPLS[35]). Im Gegensatz dazu gab es für die Kovarianzstrukturanalyse bereits früh Programme, beispielsweise LISREL, AMOS oder EQS (vgl. Fassott 2007: 108). Daneben spielten auch inhaltliche Überle-

---

[35] www.smartpls.com

gungen eine Rolle. Denn in den ersten gemeinsamen Publikationen hielten Jöreskog und Wold PLS für das Testen von Theorien für weniger geeignet (beispielsweise Jöreskog und Wold 1982: 270). Wold nutzte die PLS-Methode zunächst vorwiegend, um Daten zu analysieren, für die es nur geringe theoretische Erklärungsansätze gab (vgl. Henseler 2006: 92). Dies tat er deshalb, weil PLS im Gegensatz zu LISREL auch bei einer geringen Anzahl an Datensätzen einsetzbar ist. Eine Daumenregel besagt, dass die Zahl der Fälle lediglich das Zehnfache der Anzahl an Pfaden betragen muss, die auf eine latente Variable zeigen. Allerdings nimmt in diesem Fall die statistische Aussagekraft erheblich ab, sodass lediglich sehr starke Effekte beobachtbar sind. Dennoch kann diese Regel – auch *„rule of ten"* genannt – angewandt werden. Im Gegensatz zu LISREL benötigt PLS keine Verteilungsannahmen, was die Anforderungen an die Daten verringert (vgl. Fassott 2007: 117). PLS wird auch als *„soft modelling"* bezeichnet. Ringle merkt im Umkehrschluss an, dass bei LISREL die Restriktionen bei den erhobenen Daten eine Abbildung und Überprüfung realer Phänomene erschwere (vgl. Ringle 2004: 17). Fassott (2007: 129) kritisiert, dass *„nur in den wenigsten Anwendungsfällen eine Kovarianzstrukturanalyse so gestaltet wird bzw. werden kann, dass der angestrebte Theorietest auch wirklich methodisch abgesichert ist"*. Dennoch ergibt sich durch die Annahme einer multivariaten Normalverteilung die Möglichkeit, parametrische Gütekriterien einzusetzen. Damit können auch sogenannte globale Anpassungsmaße zum Einsatz kommen, die das Strukturmodell als Ganzes beurteilen. Laut Eberl (2006: 86) dürfe jedoch nicht vergessen werden, *„dass dies nur unter stark restriktiven und in der Realität hochproblematischen Annahmen gilt"*. Henseler et al. (2009: 282) merken an: *„PLS path modelling is recommended in an early stage of theoretical development in order to test and validate exploratory models"*.

Die Sichtweise, dass LISREL gegenüber PLS zu bevorzugen sei, wurde im Laufe der Zeit relativiert – insbesondere aufgrund der genannten Vorteile, die PLS bietet. Im wissenschaftlichen Diskurs wird zudem beklagt, dass bei LISREL häufig pauschal angenommen werde, bei allen Konstrukten handele es sich um reflektive Messmodelle. Dies führe häufig zu Fehlspezifikationen, was dann Auswirkungen auf das Gesamtmodell habe (vgl. hierzu beispielsweise Diamantopoulos und Winklhofer 2001: 269). Ein Grund für die unreflektierte Festlegung des reflektiven Spezifikationstypus kann sein, dass bei Strukturgleichungsmodellierungen auf das Softwarepaket LISREL und die Kovarianzstrukturanalyse zurückgegriffen wird (vgl. Ringle 2004: 6). Dabei ist die Integration formativer Messmodelle nur als zusammengefasste Indexvariable möglich, welche dann als manifeste Größe behandelt wird. Dadurch kann dann aber der Einfluss der einzelnen Indikatoren nicht mehr nachvollzogen werden. Zudem wird von dieser Option häufig kein Gebrauch gemacht (vgl. Fassott 2007: 126). PLS bietet hier den Vorteil, dass die Integration formativer Messmodelle problemlos möglich ist.

Damit wird im Rahmen der Marketingforschung der Einfluss der einzelnen Indikatoren der formativen Konstrukte erkennbar. Dadurch eröffnen sich innerhalb der PLS-Pfadmodellierung Möglichkeiten, konkrete Ansatzpunkte für die Praxis zu identifizieren, da die Gewichtung eines jeden Indikators auf das Konstrukt erfasst werden kann. Voraussetzung dafür ist jedoch, dass das Modell dem Untersuchungsgegenstand angemessen ist, die Messmodelle korrekt spezifiziert werden und das Ergebnis in einem Erkenntnisgewinn mündet, anstatt *„immer wieder neue multidimensionale Konstrukte zu entwickeln, ohne deren Sinnhaftigkeit richtig zu bedenken"* (Diller 2004: 177).

Tabelle 2: Charakteristika von PLS und LISREL im Vergleich

Kriterium	PLS	LISREL
Hauptziel	Prognoseorientiert: Erklärung latenter und/oder Indikatorvariablen	Parameterorientiert: Erklärung empirischer Datenstrukturen
Methodenansatz	Varianzbasiert	Kovarianzbasiert
Annahmen	Prädikatorspezifikation	Multinormalverteilung und unabhängige Beobachtungen
Parameterschätzer	Konsistent, wenn Fallzahl und Indikatorenzahl hoch („consistency at large")	Konsistent
Latente Variable	Werte explizit geschätzt	Werte nicht determiniert
Messmodell	Reflektiv und/oder formativ	Reflektiv
Theorieanforderungen	Flexibel	Hoch
Modellkomplexität	Hochkomplexe Modelle analysierbar	Begrenzt
Stichprobengröße	Auch für kleine Stichproben geeignet	Hoch (200 plus)
Implikation	Optimal für Prognosegenauigkeit	Optimal für Parametergenauigkeit

Quelle: Fassott 2007: 125 in Anlehnung an Chin und Newstedt 1999: 314 sowie Fornell 1987: 413.

Zusammenfassend lässt sich daher sagen, dass die Kovarianzstrukturanalyse häufig als konfirmatorische Methode zum Theorietest eingesetzt wird. Es wird ex ante davon ausgegangen, dass das Modell gilt. Dabei werden hohe Anforderungen an die Daten gestellt. Denn streng genommen muss das Modell bereits dann verworfen werden, wenn auch nur ein Parameter des Modells nicht die erforderlichen Gütekriterien erreicht. Die Spezifizierung formativer Messmodelle ist im Fall von LISREL nur eingeschränkt möglich. Zudem ist es gerade bei komplexen Modellen wahrscheinlich, dass eine alternative Modellierung zu ähnlichen Ergebnissen führt, was den Forscher auf die Erklärung aus der Theorie heraus zurückwirft. In der Praxis werden diese Aspekte häufig nicht hinreichend berücksichtigt, sodass die Erklärungskraft des Modells erheblich leiden kann (vgl. Fassott 2007: 128-129). Fassott fasst die Unterschiede beider Methoden sehr anschaulich zusammen, die in Tabelle 2 abgebildet sind.

Die PLS-Pfadmodellierung eignet sich im Gegensatz dazu zur Prognose und wird daher als explorative Methode angeführt. Bisher fehlt bei der Modellierung von PLS ein globales Gütekriterium (vgl. Fassott 2007: 118). Dies ist in Bezug auf einen Theorietest ein entscheidender Nachteil. Mittels PLS kann die Theorie also lediglich interpretiert und daraus ein Hypothesenset entwickelt werden, welches dann in ein Modell überführt wird. PLS eignet sich daher in frühen Phasen der Theorieentwicklung, um ein exploratives Modell zu testen und zu validieren (vgl. Henseler et al. 2009: 282). Da in dieser Arbeit ein neuer Ansatz entwickelt werden soll, der eine umfassende Sichtweise auf das Konzept der Reputation erlaubt und dieses in die Reiseentscheidung einordnet, handelt es sich hier um ein solches Vorgehen. Ziel ist es, eine Prognose über die Zusammensetzung und Wirkung von Reputation zu geben. Deshalb wird in dieser Arbeit der PLS-Ansatz präferiert. Im Folgenden wird daher das Schätzverfahren von PLS im Detail erläutert.

5.3 Die PLS-Pfadmodellierung

Die PLS-Pfadmodellierung beruht auf dem Prinzip der Regressionsanalyse. Ursprünglich wurde die Methode von Wold (1966) als *„Nonlinear Iterative Least Squares (NILES) Procedures"* eingeführt. Das Schätzverfahren von PLS erfolgt in einem iterativen Prozess. Ein Teil der Einflussgrößen wird zunächst als bekannt angenommen und konstant gehalten. Andere Teile des Modells werden auf dieser Basis blockweise geschätzt. Dies führt dazu, dass Teilmengen des gesamten Modells gebildet werden. Auf diesen Schätzalgorithmus ist auch der Name „Partial Least Squares", zu Deutsch „partielle kleinste Quadrate", zurückzuführen. Denn mittels der Methode der kleinsten Quadrate[36] wird partiell versucht, die Abweichungen der einzelnen linearen Zusammenhänge zu minimieren. Es werden also für die einzelnen Messmodelle sowie für deren Verbindungen auf Strukturebene Prognosewerte ermittelt. Dementsprechend orientiert sich die Schätzung an den empirischen Daten und nicht daran, ob das entwickelte Modell zu den Daten aus der Empirie passt. Dennoch: Die Berechnung selbst ist dabei im Wesentlichen auf die Logik der (multiplen) Regressionsanalyse zurückzuführen (vgl. Eberl 2006: 88-92).

In den einzelnen Ablaufschritten werden dabei eine Initialisierung (häufig *„Schritt 0"* genannt) sowie drei weitere Schritte durchlaufen (vgl. Henseler et al. 2009: 287-288).

---

[36] Die Methode der kleinsten Quadrate hat zum Ziel, die Summe der quadratischen Abweichungen zu minimieren. Die Abweichungen vom Mittelwert werden Residuen genannt und geben die Fehlerterme an (vgl. Ringle 2004: 12-13).

Um mit dem Schätzverfahren starten zu können, müssen Werte für jede latente Variable ermittelt werden. Bei der Initialisierung wird das Gewicht des ersten Indikators der jeweiligen latenten Variable auf 1 gesetzt. Alle übrigen Indikatoren erhalten den Wert 0. Auf Basis dieser Ausgangswerte folgen in einem sich wiederholenden Prozess die Schritte eins und zwei. Ziel ist hier eine Schätzung der latenten Variablen – und zwar sowohl in Bezug auf die Beziehung der latenten Variablen im Strukturmodell untereinander, auch innere Approximation genannt (Schritt eins), als auch auf jedes Messmodell selbst – äußere Approximation (Schritt zwei).

Abbildung 24: Ablauf des PLS-Schätzalgorithmus

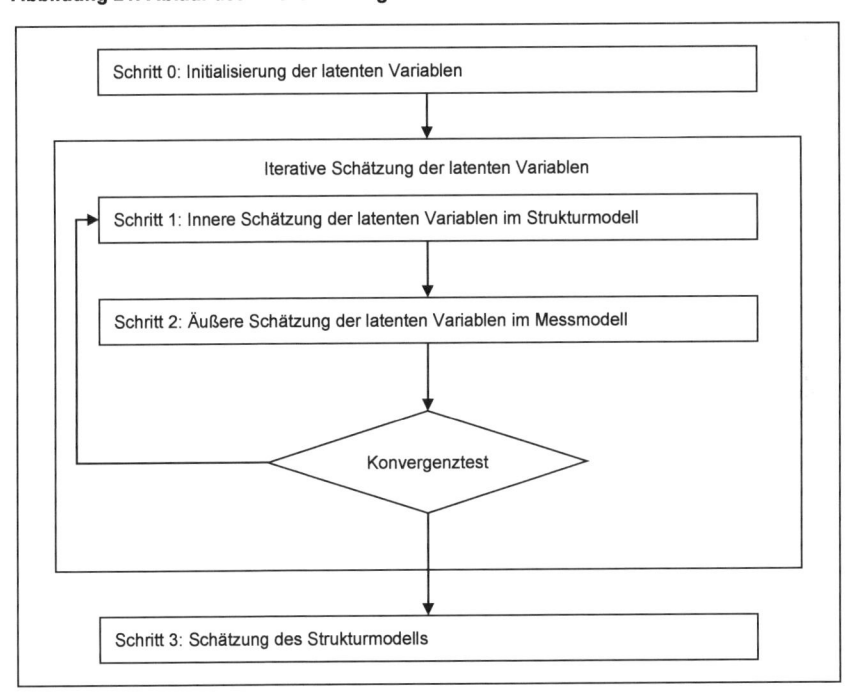

```
┌─────────────────────────────────────────────────────────┐
│  Schritt 0: Initialisierung der latenten Variablen      │
└─────────────────────────────────────────────────────────┘
                            ↓
┌─────────────────────────────────────────────────────────┐
│         Iterative Schätzung der latenten Variablen      │
│  ┌───────────────────────────────────────────────────┐  │
│→ │ Schritt 1: Innere Schätzung der latenten Variablen│  │
│  │            im Strukturmodell                      │  │
│  └───────────────────────────────────────────────────┘  │
│                            ↓                            │
│  ┌───────────────────────────────────────────────────┐  │
│  │ Schritt 2: Äußere Schätzung der latenten Variablen│  │
│  │            im Messmodell                          │  │
│  └───────────────────────────────────────────────────┘  │
│                            ↓                            │
│                    ◇ Konvergenztest ◇                   │
└─────────────────────────────────────────────────────────┘
                            ↓
┌─────────────────────────────────────────────────────────┐
│  Schritt 3: Schätzung des Strukturmodells               │
└─────────────────────────────────────────────────────────┘
```

Quelle: Fassott 2007: 114 in Anlehnung an Götz und Liehr-Gobbers 2004: 6.

Zur Berechnung dieser Schritte gibt es mit dem Zentroidschema, dem Faktorgewichtsschema und dem Pfadgewichtsschema drei gängige Verfahren, deren Ergebnisse sich nicht stark voneinander unterscheiden. Hier wurde zur Berechnung das Pfadgewichtsschema eingesetzt, da dies eine Weiterentwicklung des Faktorgewichtsschemas darstellt und zudem bei kleinen Korrelationen nicht den Nachteil der sprunghaften Veränderung der inneren Gewichte besitzt, wie dies beim Zentroidschema der Fall ist (vgl. Fassott 2007: 114-115). Die ersten beiden Schritte werden so lange wiederholt, bis die Ergebnisse sich nicht mehr stark ändern und einem Konvergenztest standhalten (vgl.

Abbildung 24). Mit Abschluss dieser Wiederholungen sind die Messmodelle bestimmt. Im dritten und letzten Schritt können dann mittels multipler Regressionsanalysen die Pfadkoeffizienten zwischen den Messmodellen berechnet werden, sodass das Strukturmodell bestimmt wird (vgl. Ringle 2004: 24-25).

5.4 Arten der Konstruktspezifikation

Auf der Basis des vorgestellten Schätzalgorithmus können sowohl die Ladungen der reflektiven Messmodelle als auch die Gewichte der formativen Messmodelle ermittelt werden. Bei reflektiven Messmodellen wird dabei eine möglichst hohe Korrelation der einzelnen Indikatoren angestrebt. Die Ladungen geben dann an, wie hoch die Varianz mit dem korrespondierenden Konstrukt ist. Im formativen Fall ist das Ziel, mittels der Indikatoren einen möglichst breiten und überschneidungsfreien Inhalt zu erfassen. Dementsprechend stellt die Höhe der Gewichte im formativen Fall dar, wie groß der Einfluss der einzelnen Indikatoren auf das ihnen zugeordnete Konstrukt ist (vgl. Zinnbauer und Eberl 2004: 4 und 9).

Abbildung 25: Reflektive und formative Messphilosophie

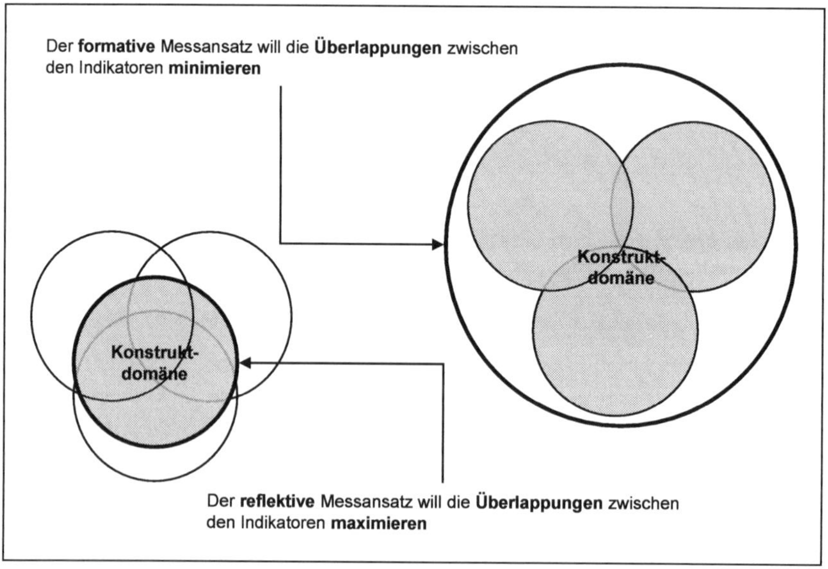

Quelle: In Anlehnung an Ebert und Raithel 2009: 518 sowie Nitzl 2010: 10.

Bei **formativen Messmodellen** beziehen sich die Indikatoren auf die Konstrukte. Das Konstrukt wird dabei als eine gewichtete Zusammensetzung seiner Indikatoren betrachtet. Eine Änderung eines formativ spezifizierten Konstruktes kann lediglich auf die

Änderung eines Indikators zurückzuführen sein. Die Indikatoren beziehen sich somit auf die Ursachen eines Konstruktes. Diese Form der Spezifikation ist daher typisch bei der Erfolgsfaktorenmessung, da hierdurch die Ursachen eines Konstruktes untersucht werden können. Ziel ist es dabei, dass die einzelnen Indikatoren möglichst das gesamte Konstrukt definieren (vgl. Zinnbauer und Eberl 2004: 4). Formative Konstrukte werden daher auch als definiert oder als Index bezeichnet (vgl. Diamantopoulos und Winklhofer 2001: 269). Über die inhaltliche Bestimmung werden Dimensionen eines Konstruktes extrahiert, die dann durch die Indikatoren abgebildet werden. Damit das Konstrukt möglichst heterogen erfasst wird, sollten die Indikatoren die unterschiedlichen Dimensionen des Konstruktes abbilden (vgl. Abbildung 25). Die Indikatoren sind inhaltlich unabhängig voneinander zu sehen, auch wenn sie korrelieren sollten[37] (vgl. Ebert und Raithel 2009: 517). Voraussetzung eines formativen Messmodells ist also, dass das Konstrukt inhaltlich exakt und vollständig identifiziert ist; andernfalls käme es zu einer Fehlspezifikation. Durch die formative Kausalitätsannahme führt die Eliminierung eines Indikators bei einem formativen Messmodell zu einer inhaltlichen Veränderung (vgl. Fassott 2007: 89). Das Entfernen eines Indikators bedingt in der Regel einen Verlust der Inhaltsvalidität und kann daher nicht ohne Weiteres erfolgen (vgl. Henseler et al. 2009: 286).

Im Falle eines **reflektiven Messmodells** verläuft die Pfadbeziehung vom Konstrukt zum Indikator. Die Indikatoren sind eine Erscheinungsform des Konstruktes und bilden die Folgen eines Konstruktes ab (vgl. Henseler 2006: 94). Sie sollten ähnliche Inhalte haben und hoch miteinander korrelieren. Verändert sich ein Konstrukt, so ändern sich auch dessen Indikatoren. Damit reflektieren alle Indikatoren dasselbe Konstrukt und werden austauschbar. In diesem Fall führt die Eliminierung zu keiner inhaltlichen Veränderung des korrespondierenden Konstruktes. Die Entfernung eines reflektiven Indikators ist daher unproblematisch, solange genügend Indikatoren zur Messung vorhanden sind und diese das Konstrukt exakt abbilden (vgl. Nitzl 2010: 7). Helm merkt in diesem Kontext kritisch an: *„De facto finden sich in der Literatur zahlreiche Messmodelle mit kuriosen Häufungen nahezu identisch formulierter Items"* (Helm 2007: 273). Es ist demzufolge darauf zu achten, dass die Indikatoren jeweils unterschiedliche Folgen des Konstruktes darstellen und messen.

Die Spezifizierung eines Konstruktes als reflektiv oder formativ ist dabei auf der Basis theoretischer Überlegungen zu treffen. In der Literatur finden sich dazu verschiedene Heuristiken, bei denen häufig entsprechende Fragen zu den Konstrukten formuliert werden, die dann zu einer Spezifikationsentscheidung leiten. Dabei lassen sich drei

---

[37] Daher kann im formativen Fall die Korrelation der Indikatoren nicht als Gütekriterium herangezogen werden (vgl. Eberl 2004: 7).

grundsätzliche Kriterien extrahieren, die Nitzl (2010: 9) in einer Tabelle visualisiert und zu denen Kirstein (2009: 150) entsprechende Fragen formuliert hat (vgl. Tabelle 3):

Tabelle 3: Heuristiken zur Bestimmung der Spezifikationshypothesen

Kriterium	Entscheidungsfrage	Art der Spezifikation
Richtung der Kausalität	Stellen die Indikatoren die Ursache des Konstruktes dar?	formativ
Austauschbarkeit der Indikatoren	Sind die Indikatoren austauschbar?	reflektiv
Korrelation der Indikatoren	Sind Konstellationen vorstellbar, bei denen die Indikatoren nicht hoch miteinander korrelieren?	reflektiv

Quelle: In Anlehnung an Kirstein 2009: 151 sowie Nitzl 2010: 9.

Zunächst muss die Richtung der Kausalität geklärt werden. Es ist also zu fragen, ob die Indikatoren die Ursache oder die Wirkung des Konstruktes sind. Dies ist nicht immer klar zu beantworten. Denn so könnte beispielsweise beim Konstrukt Vertrauen gesagt werden: *"Ich vertraue dem Anbieter, weil ich ihn für fair halte"*. Auf diese Weise wäre Fairness die Ursache. Wenn man die Kausalbeziehung umkehrt, ergibt sich jedoch gleichermaßen eine logische Kette: *"Weil ich dem Anbieter vertraue, halte ich ihn für fair"*. In diesem Fall ist die Fairnessvermutung die Wirkung von Vertrauen. Somit müssen weitere Bewertungsmaßstäbe helfen. Deutlicher wird die Spezifikation, wenn die Austauschbarkeit der Indikatoren berücksichtigt wird. Es ist also zu fragen, ob die Indikatoren des Konstruktes den gleichen thematischen Kern besitzen. Ist dies der Fall, dann bestimmt das Konstrukt die Indikatoren und die Spezifikation ist reflektiv. An diese Überlegung schließt sich auch die Forderung der Korrelation der Indikatoren an. Denn wenn die Indikatoren das gleiche Thema beschreiben, dann sollten diese auch eine hohe Korrelation aufweisen. Anders hingegen im formativen Fall, wo durch die unterschiedlichen thematischen Facetten die Unabhängigkeit der Indikatoren gegeben ist und meist unkorrelierte Werte zu erwarten sind (vgl. Kirstein 2009: 151 sowie Nitzl 2010: 9).

Trotz dieser Hilfsmittel ist die Kausalrelation nicht immer eindeutig zu klären. Zudem können einige Konstrukte formativ und reflektiv gemessen werden. Sind beide Messmodellrichtungen möglich, so hängt die Art der Spezifikation in letzter Instanz von der Forschungsfrage ab. Wichtig ist, dass vor einer empirischen Erhebung geklärt ist, wie ein Konstrukt spezifiziert wird, um das Befragungsdesign entsprechend zu gestalten (vgl. Nitzl 2010: 13).

5.5 Methodischer Ablauf bei der PLS-Pfadmodellierung

Zur Überprüfung des Modells sind sowohl inhaltliche als auch statistische Kriterien zu beachten. Um dabei die theoretischen Überlegungen in ein Strukturgleichungsmodell überführen zu können, bedarf es mehrerer Arbeitsschritte, durch die theoretische Überlegungen in ein konkretes Messinstrument überführt werden (vgl. Ringle 2004: 8). Homburg und Giering (1996) differenzieren in diesem Kontext zwischen dem Prozess der Konzeptualisierung und dem der Operationalisierung. Bei der **Konzeptualisierung** werden die Konstrukte auf theoretischer Ebene beleuchtet, um so ein umfassendes Verständnis von ihren inhaltlichen Dimensionen zu erlangen. Ziel ist es, vermutete theoretische Zusammenhänge auf die Realität zu beziehen, um diese dann zu messen. Nach Kuß (2005: 23-24) geht es bei der Konzeptualisierung darum, die Realität mittels bestehender Theorien zu abstrahieren. Dieser theoretische Klärungsprozess kann auf Basis einer Literaturanalyse erfolgen und wurde in dieser Arbeit durch die Ausführungen im theoretischen Bezugsrahmen sowie die Modellierung umgesetzt.

Im Rahmen der **Operationalisierung** wird das aus der Literatur gewonnene theoretische Verständnis um bestehende Messmethoden der jeweiligen Konstrukte ergänzt. Es wird empfohlen, immer dann auf bestehende Messmethoden und Indikatoren zurückzugreifen, wenn sich diese bewährt haben und als etabliert gelten (vgl. Homburg und Giering 1996: 11). Darauf aufbauend lassen sich Indikatoren formulieren, welche die theoretischen Konstrukte im entsprechenden Kontext beschreiben. Diese Indikatoren sind direkt beobachtbar und können das Konstrukt messen (vgl. Kuß 2005: 24-25). Bei der Operationalisierung formativer und reflektiver Konstrukte ergeben sich unterschiedliche Gewichtungen.

Bei einer **reflektiven Spezifikation** ist es das Ziel, das definitorische Umfeld zu bestimmen. Es werden also alle Indikatoren gesammelt, die thematisch in die Konzeption des Konstruktes passen. Wichtig ist dabei, zu beachten, dass dieses „Indikatorenuniversum" einen gemeinsamen Kern besitzt. Denn im reflektiven Fall stellen die Indikatoren Ausprägungen des Konstruktes dar. Dieser gemeinsame Kern hat zur Folge, dass die Indikatoren potenziell – bei einer Abwesenheit von Messfehlern – eine perfekte Korrelation aufweisen könnten. Umgekehrt sollten Variablen, die wenig mit dem restlichen Indikatorenuniversum korrelieren, eliminiert werden, da sie im Rahmen dieser Argumentation auch nicht zu dem entsprechenden Konstrukt passen können (vgl. Churchill 1979: 67-68). Mit dieser Annahme entwickelte Churchill (1979) ein Ablaufmodell zur Operationalisierung reflektiver Messmodelle. Dieses Verfahren wurde vielfältig weiterentwickelt (beispielsweise durch Homburg und Giering 1996) und basiert auf dem Paradigma, dass die Indikatoren als austauschbar angesehen werden. Die Beurteilung der Messgüte stützt sich also auf die Korrelation der Indikatoren untereinander (vgl. auch Ebert und Raithel 2009: 518; Eberl 2004: 4 sowie Fassott 2007: 116-117).

Im formativen Fall sind die Indikatoren unabhängig voneinander und müssen daher nicht untereinander korrelieren. Sie ergeben in ihrer Gesamtheit die inhaltliche Bestimmung. Eine genaue und ganzheitliche Definition des Konstruktes wird zum Kern der Gütebeurteilung formativer Messmodelle. Denn ist das Konstrukt inhaltlich nicht eindeutig bestimmt, so können auch die Indikatoren nicht so gewählt werden, dass sie das Konstrukt bestmöglich definieren (vgl. Zinnbauer und Eberl 2004: 9). Grundsätzlich sollte die inhaltliche Bestimmung bereits vor der Datenerhebung sichergestellt sein. Die Relevanz der Inhaltsvalidität betont auch Rossiter (2002: 308): *„(...) there is only one type of validity that is essential: content validity. Content validity is an 'appeal to reason', conducted before the scale is developed, that the items will properly represent the construct"*. Damit wird die inhaltliche Validierung des Messinstrumentes ungleich schwerer, da das Vorgehen von Churchill bzw. dessen Weiterentwicklungen im formativen Fall nicht eins zu eins übernommen werden können. In der Literatur wird bei **formativen Konstrukten** meist auf die Vorgehensweisen von Diamantopoulos und Winklhofer (2001) sowie auf Rossiter (2002) verwiesen. Rossiter schlägt allgemeine Operationalisierungsschritte vor. Dieses Vorgehen nennt er *„C-OAR-SE"*[38]. Die Entwicklung und Skalenbereinigung soll hierbei durch Expertenbefragungen vorgenommen werden, um eine höhere Inhaltsvalidität zu erreichen. Dabei wird auf die klassischen Gütemaße nach Churchill (1979) verzichtet. Die Verneinung statistischer Methoden im Prozess der Operationalisierung ist insofern kritisch zu sehen, als ausschließlich auf die Meinung von Experten vertraut wird (vgl. Ebert und Raithel 2009: 529-531). Doch dass Korrelationen einen Zusammenhang wiedergeben, ist auch im Hinblick auf die in dieser Arbeit angewandte Methode der PLS-Pfadmodellierung unbestritten. Zudem können Kennzahlen wie die Höhe und Signifikanz der Gewichte oder der Nachweis von Multikollinearität[39] ebenfalls Hinweise auf die Güte formativer Indikatoren geben, ohne dass hierbei inhaltliche Aspekte vernachlässigt werden müssen (vgl. Eberl 2006: 81-82). Aus diesem Grund wird der Verzicht auf diese Instrumentarien hier nicht als sinnvoll erachtet. Eine Alternative bietet der Ansatz von Diamantopoulos und Winklhofer (2001), der sich ebenfalls auf formative Messmodelle bezieht. Demnach müssen im formativen Fall vier Kriterien erfüllt sein: (1) Das Konstrukt muss eindeutig definiert sein, (2) die Indikatoren müssen das Konstrukt inhaltlich vollständig und korrekt wiedergeben, (3) mögliche Multikollinearität muss überprüft werden, um inhaltliche Redundanzen zu vermeiden, und (4) die externe Validität muss gegeben sein, da die Reliabilität des Konstruk-

---

[38] Die Abkürzung C-OAR-SE steht für: *Construct* definition, *Object* classification, *Attribute* classification, *Rater* identification, *Scale* formation und *Enumeration*. Sie bezeichnet die Prozessschritte, die hier jedoch nicht im Einzelnen benannt werden müssen, da das Verfahren für diese Arbeit nicht übernommen wird.

[39] Von Multikollinearität spricht man, wenn der Zusammenhang der einzelnen Indikatoren eines formativen Messmodells einen kritischen Wert überschreitet (vgl. hierzu ausführlich Kapitel 7.2).

tes im formativen Fall nicht anhand von Korrelationszusammenhängen überprüft werden kann (vgl. Dickinger und Stangl 2012 sowie Fassott 2007: 95-96).

5.6 Methodischer Ablauf der Untersuchung

Die Vorgehensweise von Diamantopoulos und Winklhofer (2001) bezieht sich lediglich auf formative Messmodelle. Daher werden im Folgenden die besprochenen Ansätze kombiniert, da im Strukturgleichungsmodell dieser Arbeit sowohl formative als auch reflektive Messmodelle zum Einsatz kommen.

5.6.1 Literaturanalyse

Parallel zu Churchill (1979) stellt die **inhaltliche Ausgestaltung** der Konstrukte einen ersten elementaren Schritt bei der Operationalisierung dar. Zunächst geht es um die klare Definition des Konstruktes. Dabei bestimmt der Forscher auch die konzeptionelle Breite des Konstruktes sowie die inhaltliche Abgrenzung zu anderen Konstrukten. Diese Vorgehensweise gilt sowohl für formative als auch für reflektive Messmodelle. Allerdings ist die inhaltliche Bestimmung bei einer formativen Spezifizierung erheblich bedeutsamer, da das Konstrukt durch die Indikatoren definiert wird. Es müssen daher alle vorab definierten Facetten eines Konstruktes durch die Indikatoren abgebildet werden. Ansonsten wird der Inhalt des Konstruktes nicht in seiner Gesamtheit erfasst. Eine umfassende Literaturanalyse ist daher in dieser Arbeit Garant für eine eindeutige Definition der Konstrukte. Neben der Literaturanalyse können zusätzlich qualitative Vorstudien Aufschluss über die inhaltliche Validität geben (vgl. Eberl 2006: 80).

Die Konstrukte dieser Arbeit sind aufgrund ihrer Komplexität alle mehrdimensional, sodass sie über verschiedene Indikatoren abgebildet werden. Im Kontext von PLS fordern Reinartz et al. (2009: 342) sechs Indikatoren je Konstrukt. Dies wird mit der *„consistency at large"*-Eigenschaft von PLS begründet, bei der die Messmodelle umso genauer werden, je höher die Anzahl der ihnen zugeordneten Indikatoren ist (vgl. hierzu auch Kapitel 6.2). Die geforderte Konsistenz erhöht sich auch mit zunehmender Größe der Stichprobe. Reflektive Messmodelle können theoretisch zwar mit zwei oder als Single-Item auch mit nur einem Indikator gemessen werden, in der Praxis haben sich aber drei bis vier Indikatoren als adäquat herausgestellt (vgl. Gerbing und Anderson 1988: 186-187). Somit sollte ein Konstrukt zwar mindestens über drei Indikatoren verfügen, gleichzeitig ist aber darauf zu achten, dass das Messmodell nicht zu komplex wird. Denn ein zu umfangreicher Fragenkatalog führt zur Ermüdung der Probanden und ungenauen Messergebnissen (vgl. Einwiller 2003: 161). Um dies zu vermeiden, wurden in dieser Arbeit bei reflektiven Messmodellen jeweils vier Indikatoren bestimmt und im formativen Fall zehn. Die Konsistenz der Ergebnisse wurde dann durch eine große Stichprobe sichergestellt (vgl. Kapitel 5.9.5).

Aufbauend auf der Definition der Konstrukte erfolgt die **Ausgestaltung der Indikatoren**. In der Literatur (vgl. beispielsweise Churchill 1979: 67-68 oder Diamantopoulos und Winklhofer 2001: 274-275) wird empfohlen, auf etablierte Messinstrumente zurückzugreifen, sofern das möglich ist. Churchill (1979) schlägt in diesem Kontext eine qualitative Vorstudie vor. Diese kann in Form eines Expertengespräches stattfinden, um das aus der Theorie entwickelte Messmodell zu diskutieren und die Konstrukte an den Forschungskontext anzupassen (vgl. auch Einwiller 2003: 162).

5.6.2 Expertenworkshop

Dem Vorschlag von Churchill folgend, wurde in Kooperation mit dem Marktforschungsunternehmen eResult[40] ein mehrstündiger **Expertenworkshop** durchgeführt (vgl. hierzu auch Jäger und Reinecke 2009: 31). Innerhalb des Workshops wurden pro Konstrukt jeweils vier Indikatoren identifiziert, die das jeweilige Konstrukt bestmöglich repräsentieren. Die einzelnen Konstrukte wurden besprochen, mit etablierten Messkonzepten abgeglichen und die Ergebnisse dokumentiert. Ein besonderer Fokus lag dabei auf der Anpassung der Konstrukte an den Untersuchungsgegenstand. Die Ergebnisse wurden schließlich inhaltlich mit den Bestimmungen in der Literatur abgeglichen, um sicherzustellen, dass sich das Verständnis des Konstruktes innerhalb des Workshops nicht von der zuvor aufgestellten inhaltlichen Definition unterschied.

Bei der Anzahl der Indikatoren bildeten die Konstrukte Kaufabsicht und Weiterempfehlungsabsicht eine Ausnahme, da sie lediglich mit drei Indikatoren gemessen wurden. Diese Entscheidung erfolgte aus der Überlegung heraus, dass in der Literatur die genannten Konstrukte mitunter auch eindimensional gemessen werden. Zudem wurde das Zielkonstrukt Reputation aufgrund seiner formativen Spezifikation sowie seiner Relevanz für die Arbeit mit zehn Indikatoren gemessen. Durch diese Systematik umfasste der Fragebogen genau 39 Fragen zu den Konstrukten sowie elf Fragen zu Persönlichkeitsmerkmalen, um die Stichprobe entsprechend beschreiben zu können.

5.6.3 Pretest

Die Ergebnisse wurden dann in einen **Pretest** überführt, dessen Ziel die Überprüfung der Verständlichkeit und Vollständigkeit des entwickelten Fragebogens war. Methodisch wurde ein kombiniertes Gedankenprotokoll (auch Denke-laut-Protokoll genannt)

---

[40] www.eresult.de

angewandt. Dieses bietet einen direkten Zugang zur Informationsaufnahme und -verarbeitung. Bei der Durchführung wurden die Probanden dazu aufgefordert, ihre Gedanken während der Beantwortung des Fragebogens zu verbalisieren. Diese Protokolle konnten dann in der Folge analysiert werden, um Rückschlüsse auf die Verständlichkeit der Fragen zu ziehen (vgl. Buber und Holzmüller 2009: 560-561). Unklar ist bei diesem Vorgehen, in welchem Umfang die Probanden tatsächlich in der Lage sind, ihre inneren mentalen Prozesse zu beschreiben (vgl. Büttner und Mau 2004: 355). Daher wurde das Gedankenprotokoll mit einem leitfadengestützten Interview kombiniert. Hierzu wurde im Vorfeld ein Leitfaden entwickelt, der kritische Aspekte der Befragung beinhaltete (vgl. Frommann 2005: 2-6). Die Vorteile dieser Methode sind evident. So konnten die Probanden im Nachhinein gezielt auf spontane Kommentare, Ausrufe oder kritische Momente während der Fragenbeantwortung angesprochen werden. Die Befragung wurde direkt im Anschluss vorgenommen, um Erinnerungslücken so gering wie möglich zu halten.

Insgesamt wurden fünf Personen befragt und die Anmerkungen jeweils in einer Mitschrift festgehalten und im Anschluss ausgewertet. Ergebnis dieses Prozesses war eine Optimierung des Fragebogens. Vor allem Verständnisprobleme bei Einleitungstexten konnten vermieden und Erklärungen zum Ausfüllen des Fragebogens verständlicher formuliert werden. Zudem lieferten die beteiligten Probanden durch ihre Gedanken wichtige Hinweise zu den einzelnen Indikatoren. So hatten drei Probanden Schwierigkeiten, den Indikator „Anbieter X ist ehrlich" einzuschätzen. Zur Lösung dieses Problems wurde gemeinsam mit den Probanden eine Alternative gesucht und mit dem Attribut „Aufrichtigkeit" gefunden.

Verständnisschwierigkeiten traten beim Konstrukt der Anbieterreputation auf. Die Formulierung des Indikators „Anbieter X ist bekannt dafür, sich für wohltätige Zwecke zu engagieren (im kulturellen und sozialen Bereich)" wurde als kompliziert eingestuft und daraufhin zu „Anbieter X ist bekannt dafür, soziale und kulturelle Zwecke zu unterstützen" geändert. Ebenso wurde deutlich, dass die bewusst passiv gestellten Fragen beim Konstrukt Anbieterreputation variiert werden mussten, da sie ansonsten sehr konstruiert wirkten und die Beteiligten irritierten. So wurde neben der Formulierung „hat den Ruf" zusätzlich „gilt als" und „ist bekannt dafür" aufgenommen. Der Indikator der Anbieterreputation „Anbieter X hat den Ruf, Marktchancen zu erkennen und zu nutzen" wurde als irrelevant für Kunden eingestuft. Da diese Dimension in anderen Studien durch die Formulierung „Anbieter X hat den Ruf, profitabel zu wirtschaften" abgedeckt wurde, konnte auch dieser Indikator getauscht werden.

Darüber hinaus wurden Nuancen in den Formulierungen geändert. So war bei zwei Indikatoren zunächst das Adverb „sehr" integriert, was die Probanden aber als störend empfanden. Beim Konstrukt des Vertrauens wurde die Formulierung „Wenn ich Anbieter X buche, gehe ich kein hohes Risiko ein" falsch gelesen, sodass das Wort "kein" unterstrichen wurde, um die Eindeutigkeit dieser Aussage zu garantieren. Zusätzlich wurden beim Vertrauenskonstrukt die Attribute „entgegenkommend" und „kooperativ" als Synonyme wahrgenommen. Daher wurde anstelle von „entgegenkommend" das Wort „kulant" verwendet. Der Indikator des Kundeninvolvements „Anbieter X bereitet mir Freude" wurde als zu allgemein eingestuft. Da sich das Kundeninvolvement auf die Motivation bezieht, sich mit einem Anbieter auseinanderzusetzen (vgl. Kapitel 5.7.6), wurde der Indikator wie folgt umformuliert: „Es bereitet mir Freude, mich über Anbieter X zu informieren". Schließlich waren die Indikatoren von Kaufabsicht und Weiterempfehlungsabsicht zu umständlich formuliert. Daher wurden diese Indikatoren vereinfacht. So wurde beispielsweise die Frage „Wenn ich es mir leisten könnte, wäre ich zu einer Buchung bei Anbieter X bereit" umformuliert zu „Wenn ich es mir leisten könnte, würde ich bei Anbieter X buchen". Insgesamt waren die Ergebnisse des Pretests sehr aufschlussreich und führten zu einer Verbesserung des Fragebogens. Abschließend wurden die Fragen in einer Indikatorenzuordnungsaufgabe auf deren eindeutige Bestimmung und Relevanz im Hinblick auf das korrespondierende Konstrukt untersucht. Dieses Verfahren wird in der Folge erläutert.

5.6.4 Indikatorenzuordnungsaufgabe

Zur externen Beurteilung der Indikatoren hat sich die Indikatorenzuordnungsaufgabe etabliert. Bei dieser sogenannten **Expertenvalidität** werden zwölf bis 30 Personen gebeten, die entwickelten Indikatoren den entsprechenden Konstrukten zuzuordnen (vgl. Christophersen und Grape 2006: 111). Anderson und Gerbing (1991) schlagen auf Basis der Ergebnisse dieser Untersuchung die Prüfung über zwei Merkmale vor. Der sogenannte „Proportion of Substantive Agreement Index (P_{sa}-Index)" errechnet sich über die Formel:

(1) $$P_{sa} = \frac{n_c}{N}$$

Dabei gibt n_c die Summe der korrekten Zuordnungen an und N die Anzahl der befragten Personen. Durch die Berechnung des Verhältnisses von Übereinstimmungen und befragten Personen wird die **Eindeutigkeit der Zuordnung** ermittelt.

Der als „Substantive-Validity Coefficient (C_{sv})" bezeichnete Index hingegen richtet sich auf die **inhaltliche Relevanz** und wird wie folgt berechnet:

(2) $$C_{sv} = \frac{n_c - n_o}{N}$$

Methodischer Ablauf der Untersuchung 115

Dabei ist n_o zusätzlich die Anzahl der am häufigsten genannten falschen Zuordnungen. Mit dieser Rechnung wird die Differenz von richtigen und den meistgenannten falschen Zuordnungen ermittelt und ins Verhältnis zur Gesamtzahl der Antworten gesetzt. Dieser Pretest eignet sich sowohl für formative als auch für reflektive Messmodelle und hat sich in der Praxis bewährt (vgl. Fassott 2007: 98).

Abbildung 26: Methodischer Ablauf der Untersuchung

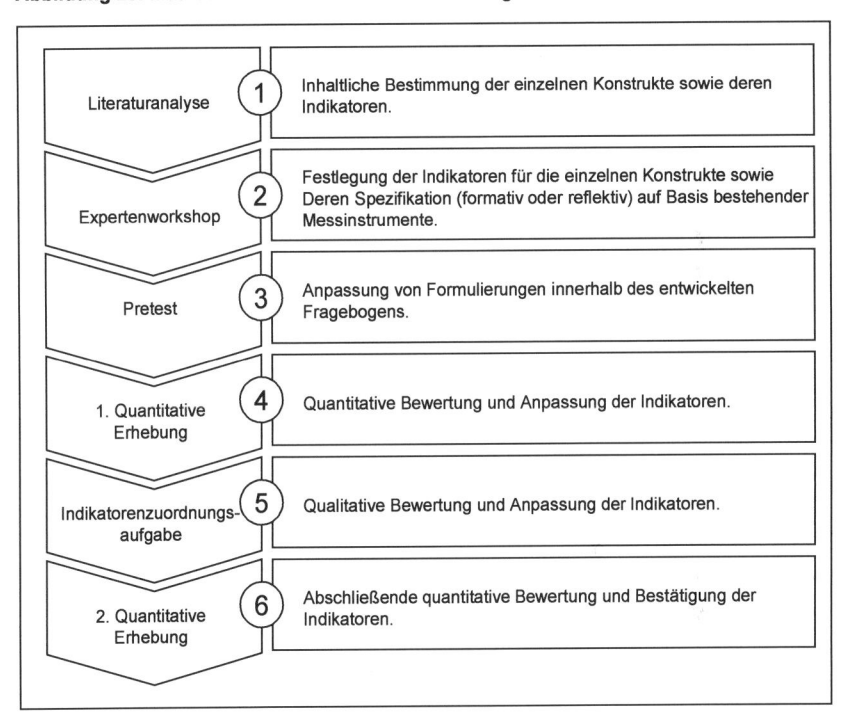

Literaturanalyse	1	Inhaltliche Bestimmung der einzelnen Konstrukte sowie deren Indikatoren.
Expertenworkshop	2	Festlegung der Indikatoren für die einzelnen Konstrukte sowie Deren Spezifikation (formativ oder reflektiv) auf Basis bestehender Messinstrumente.
Pretest	3	Anpassung von Formulierungen innerhalb des entwickelten Fragebogens.
1. Quantitative Erhebung	4	Quantitative Bewertung und Anpassung der Indikatoren.
Indikatorenzuordnungsaufgabe	5	Qualitative Bewertung und Anpassung der Indikatoren.
2. Quantitative Erhebung	6	Abschließende quantitative Bewertung und Bestätigung der Indikatoren.

Quelle: Eigene Darstellung.

Die Werte können sich beim P_{sa}-Index zwischen 0 und 1 bewegen und beim C_{sv}-Index zwischen -1 und +1 (vgl. Ebert und Raithel 2009: 523). Absolute Grenzwerte existieren in der Literatur nicht. Dies ist auch darauf zurückzuführen, dass die Werte je nach Anzahl der abgefragten Indikatoren variieren. Denn bei einer geringen Anzahl an Indikatoren fallen die Werte tendenziell höher aus, da dem Antwortenden entsprechend weniger Auswahlmöglichkeiten zur Verfügung stehen. Dieser Umstand wurde bisher nicht berücksichtigt. Dennoch macht der Test eine tendenzielle Aussage über das Verständnis und die Interpretation des Konstruktes. In der Literatur werden Anspruchsniveaus angeführt, an denen sich auch diese Arbeit orientiert. Demnach wird ein P_{sa}-Wert von mindestens 0,5 und ein C_{sv}-Wert über 0 als ausreichend angesehen (vgl. Ettinger 2010: 97).

Sodann lassen sich im Folgeschritt die geeigneten Indikatoren bestimmen. Gleichwohl gelten die genannten Limitationen, weshalb die Ergebnisse der Zuordnungsaufgabe nur als Orientierungshilfe dienen können. Eine Elimination eines Indikators muss daher jeweils geprüft werden. Diese Einschränkung war ausschlaggebend für die Entscheidung, alle im Expertenworkshop identifizierten Indikatoren in eine erste quantitative Studie zu übernehmen. Es ergab sich die Möglichkeit, nicht nur auf die Ergebnisse der Zuordnungsaufgabe zu vertrauen, sondern diese gleichfalls mittels quantitativer Maßstäbe zu bewerten. Die einzelnen Ablaufschritte sind in Abbildung 26 noch einmal aufgelistet.

Im Folgenden wird zunächst die Operationalisierung der Konstrukte dokumentiert (Schritte 1 bis 3). Im Anschluss daran erfolgt eine Beschreibung des Vorgehens bei den quantitativen Erhebungen sowie bei der Indikatorenzuordnungsaufgabe (Schritte 4 bis 6).

5.7 Operationalisierung der Konstrukte

Im Folgenden werden die genannten Konstrukte operationalisiert. Ziel dieses Operationalisierungsprozesses ist es, ein Messinventar für die einzelnen Konstrukte zu entwickeln. Hierzu werden diese zunächst definiert und eingegrenzt. Bei intensiver Beschäftigung mit den jeweiligen Konstrukten wird schnell klar, dass jedes einzelne sehr komplex und weitreichend konzeptionalisiert werden kann. Würde dies auch im Rahmen dieser Arbeit geschehen, dann würde sich die Komplexität des Strukturmodells erheblich erweitern. Zudem wären die Aspekte nicht immer zielführend, da sich viele nicht auf das Zielkonstrukt Reputation beziehen würden. Es ist daher wichtig, die Konstrukte entsprechend einzugrenzen. Bei der Operationalisierung wurde grundsätzlich auf bestehende Messinventare zurückgegriffen. Diese bezogen sich entweder direkt auf das entsprechende Konstrukt, oder aber es wurden inhaltlich ähnliche Konstrukte als Grundlage genommen. Eine Abwandlung dieser Vorlagen erfolgte durch den beschriebenen Expertenworkshop (siehe Kapitel 5.6.2). Abänderungen erfolgten hier insbesondere dann, wenn die Indikatoren kompliziert formuliert waren. Denn das übergeordnete Ziel der Operationalisierung war ein vollständiger und dennoch schlanker und leicht verständlicher Fragebogen.

5.7.1 Glaubwürdigkeit

Glaubwürdigkeit kann sich grundsätzlich auf Personen, Organisationen oder Inhalte beziehen. Küster-Rohde (2010: 13) stellt fest, dass Glaubwürdigkeit „*beschreibt, inwiefern die Kommunikation als unverzerrt und valide wahrgenommen wird*". Die Folge einer glaubwürdigen Kommunikation sei die Bereitschaft des Empfängers, eine Botschaft als zutreffend zu akzeptieren. Glaubwürdigkeit spielt innerhalb der Marketingkommunikation eine entscheidende Rolle. Laut Informationsökonomik und Risikotheorie gewährleistet Glaubwürdigkeit dabei die Überzeugungskraft einer Information, die nicht direkt vom Gast nachgeprüft werden kann. Neben diesen inhaltlichen Aspekten der Glaubwürdigkeit ist auch die Quelle der Information entscheidend. Es sollte deshalb auch danach differenziert werden, in welchem Umfeld eine Information gesendet wird. In der klassischen massenmedialen Werbung wird das Unternehmen als Sender der Information angesehen. Innerhalb der klassischen PR ist die jeweilige Zeitung die Informationsquelle. In den sozialen Netzwerken wird hingegen der jeweilige Verfasser das Bezugsobjekt. Dies ist in der Regel eine Person, sodass auch über die Beziehung zum Kunden die Glaubwürdigkeit einer Aussage gestärkt werden kann (vgl. Küster-Rohde 2010: 11-12).

Einige Autoren konzeptionalisieren Glaubwürdigkeit dahingehend, dass sie dieser Kompetenz und Vertrauen unterordnen (Eisend 2003: 35-65). Im Hinblick auf die Kompetenz ist gemeint, dass der Sender einer Information die Fähigkeit besitzen sollte, wahre Informationen zu übermitteln. Denn wenn etwa ein Reiseanbieter sich die Zimmer in dem von ihm vermittelten Hotel nicht zuvor angeschaut hat, kann er keine glaubwürdigen Informationen zu den Zimmern geben. Das Konzept der Kompetenz wird hier allerdings separat betrachtet, da eine Vermischung zu einer inhaltlichen Unschärfe führen würde. Neben der Fähigkeit, korrekte Informationen zu übermitteln, muss der Anbieter zudem die Absicht haben, wahre Informationen zu geben und nichts vorsätzlich zu verschweigen. Glaubwürdigkeit ist somit eine Eigenschaft, die einem touristischen Anbieter in Bezug auf dessen Aussagen zugeschrieben wird (vgl. Bentele 1988: 408). Glaubwürdigkeit kann analog zur Reputation als Informationssurrogat dienen, wenn Informationen nicht direkt nachvollzogen werden können. Sie kann sich dabei sowohl auf die Quelle der Information als auch auf die Botschaft selbst beziehen. Zum Verhältnis von Glaubwürdigkeit und Vertrauen merkt Reinmuth (2006 S. 132) treffend an: „*Setzt man die beiden Phänomene in einen kausalen Zusammenhang, so ist Vertrauen offensichtlich das Ergebnis einer glaubwürdigen Kommunikation; insofern ist Glaubwürdigkeit gewissermaßen eine Vorstufe für Vertrauen*". Diese Argumentation hilft dabei, eine klare Abgrenzung zu schaffen, weshalb die Konzepte Glaubwürdigkeit und Vertrauen in dieser Arbeit ebenfalls getrennt betrachtet werden und damit unterschiedliche Definitionen verbunden sind (vgl. auch Kapitel 5.7.5). Ziel touristischer Anbieter muss es nach dieser Definition sein, durch glaubwürdige Kommunikation Vertrauen aufzubauen.

Tabelle 4: Rohindikatoren Glaubwürdigkeit

Konstrukt	Indikator	Quelle
Glaubwürdigkeit	Kompetent – inkompetent	Sonnabend (2006)
	Professionell – Amateurhaft	
	Gründlich recherchiert – schlecht recherchiert	
	In die Tiefe gehend – oberflächlich	
	Fair – unfair	
	Unvoreingenommen – voreingenommen	
	Vertrauenswürdig – nicht vertrauenswürdig	
	Gemeinwohl orientiert – Profit orientiert	
	Seriös – unseriös	
Ehrlichkeit	[Anbieter] ist aufrichtig	Neumann (2007)
	[Anbieter] ist rechtschaffend	
	[Anbieter] ist ehrhaft	

Quelle: Eigene Darstellung.

In Bezug auf die Messung von Glaubwürdigkeit entwickelt Sonnabend (2006) ein semantisches Differenzial[41]. Die Autorin integriert dabei unter Rückbezug auf eine umfassende theoretische Auseinandersetzung verschiedene Aspekte, die primär auf Kompetenz und Vertrauen Bezug nehmen. Da sich Glaubwürdigkeit im Rahmen dieser Arbeit auf die wahrgenommene Unverzerrtheit und Validität einer Aussage bezieht, wurde zudem ein Ansatz von Neumann integriert, der das Konstrukt Ehrlichkeit operationalisiert. Durch eine umfangreiche qualitative Vorstudie identifiziert er wichtige Attribute dieses Konstruktes, welches sich auch auf das Verständnis von Glaubwürdigkeit anwenden lässt (Neumann 2007: 120-126). Die Indikatoren der genannten Ansätze wurden zusammengeführt und innerhalb eines Expertenworkshops (vgl. Kapitel 5.6.2) selektiert, sodass sich die Indikatoren auf ein einheitliches thematisches Umfeld beziehen und reflektiv gemessen werden können (vgl. Tabelle 4). Aus den bestehenden Ansätzen wurden lediglich die Attribute „seriös" und „aufrichtig" mit der zugrunde gelegten Definition als vereinbar anerkannt und unverändert in den Messansatz dieser Arbeit integriert. Zusätzlich wurden die Wörter „rechtschaffend" und „ehrhaft" zwar als inhaltlich

---

[41] Für diese Arbeit scheidet ein semantisches Differenzial aus, da ein einheitliches Messinventar angestrebt wird, bei dem die Probanden auf verschiedene Fragen mit ihrer Zustimmung oder Ablehnung antworten können.

stimmig aber auch als zu abstrakt wahrgenommen. Dennoch waren sie Ausgangspunkt weiterer Überlegungen, die innerhalb des Expertenworkshops (siehe Kapitel 5.6.2) zu den Begriffen „Objektivität" und „Transparenz" führten. Die Indikatoren gliedern sich daher wie in Tabelle 5 dargestellt.

Tabelle 5: Indikatoren zum Konstrukt Glaubwürdigkeit

Indikator	Ausformulierung
GLAU1	Anbieter X ist seriös.
GLAU2	Anbieter X ist objektiv.
GLAU3	Anbieter X ist aufrichtig.
GLAU4	Anbieter X ist transparent.

Quelle: Eigene Darstellung.

5.7.2 Kompetenzvermutung

Die vielfältigen Ansätze von Kompetenz in den unterschiedlichen Forschungsdisziplinen verleihen dem Begriff eine gewisse Unschärfe (vgl. Wilkens et al. 2006: 123). Daher wird im Rahmen dieser Arbeit eine eingrenzende Definition von „Kompetenz" bzw. der „Kompetenzvermutung" angestrebt. Einen ersten Anhaltspunkt für eine homogene Betrachtungsweise liefern ökonomische Ansätze, bei denen sich die Kompetenz meist auf die Wettbewerbsfähigkeit von Unternehmen bezieht (vgl. Gillen und Kaufhold 2005: 364). Ausgehend von einer Definition von Schreyögg und Kliesch (2003: 22): *„Kompetenz ist ein handlungsbezogenes Konstrukt, das sich in einer erfolgreichen Bewältigung von Problemsituationen niederschlägt"*, kann als allgemeines Merkmal der Kompetenz die Handlungs- und Problemlösungsfähigkeit festgehalten werden.

Wilkens et al. (2006: 131-133) entwickeln unter Rückbezug auf die Theorie komplexer adaptiver Systeme in diesem Zusammenhang vier Kompetenzdimensionen, die es Unternehmen ermöglichen, auch in dynamischen Entwicklungsprozessen eine Ordnungsform zu entwickeln, welche sich an Komplexitätssteigerungen in der Umwelt anpassen kann. Hierzu zählt die Selbstreflexion, welche die Handlungsroutinen einer Unternehmung hinterfragen kann und dazu befähigt, Umweltveränderungen in das eigene Handeln zu integrieren. Durch die Kompetenzdimension der Kombination wird ermöglicht, auf diese Umweltveränderungen auf der Grundlage von bestehendem Wissen zu reagieren. In einer ähnlichen Weise wird auch die Fähigkeit der Kooperation angesprochen, wobei Unternehmen dann handlungsfähig bleiben, wenn sie Beziehungen zu anderen Marktakteuren aufbauen und dadurch in der Lage sind, mit Netzwerkpartnern zu kooperieren. Diese Fähigkeiten sind für den Kunden nicht direkt nachvollziehbar. In Bezug auf die Informationsvermittlung integrieren Wilkens et al. (2006: 131) zusätzlich die Dimension der Komplexitätsbewältigung. Das bedeutet, dass ein Anbieter die Fähigkeit besitzen muss, Informationen für den Kunden sinnvoll zu selektieren, sodass Komplexität reduziert wird. Diese Komponente spielt auf die Kommunikationsebene der Reputation an, in die das Konstrukt der Kompetenzvermutung in dieser Arbeit eingegliedert wurde. Einem Anbieter muss es im Hinblick auf die Reputation gelingen, den Kunden von seiner Leistungsfähigkeit zu überzeugen. Aus dieser Definition ergibt sich, dass die Indikatoren primär auf die Fähigkeit abstellen, die Leistungsfähigkeit eines Unternehmens zu kommunizieren.

Tabelle 6: Rohindikatoren Kompetenzvermutung

Konstrukt	Indikator	Quelle
Kompetenz	[Anbieter] traue ich außergewöhnliche Leistungen zu	Schwaiger (2004)
	[Anbieter] gehört wirklich zu den TOP-Anbietern in ihrem/seinem Markt	
	Soweit ich es beurteilen kann, ist [Anbieter] ist international anerkannt	
Kompetenz	[Anbieter] ist professionell	Neumann (2007)
	[Anbieter] ist kompetent	
	[Anbieter] ist erfahren	
	[Anbieter] ist leistungsfähig	

Quelle: Eigene Darstellung.

Bei der Entwicklung der Indikatoren wurde dabei auf das Messinventar von Schwaiger (2004) zurückgegriffen. Ergänzt wurde das Messinventar durch den Ansatz von Neumann (2007: 174), der wie Schwaiger (2004) die Kompetenzindikatoren mittels einer qualitativen Vorstudie entwickelte (vgl. Tabelle 6). Von Schwaigers Indikatoren konnte der Indikator „[Anbieter] traue ich außergewöhnliche Leistungen zu" übernommen werden.

Tabelle 7: Indikatoren zum Konstrukt der Kompetenzvermutung

Indikator	Ausformulierung
KOMP1	Anbieter X traue ich außergewöhnliche Leistungen zu.
KOMP2	Anbieter X ist professionell.
KOMP3	Anbieter X ist erfahren.
KOMP4	Anbieter X ist angesehen.

Quelle: Eigene Darstellung.

Zusätzlich konnte das Ansehen als Indikator der Kompetenzvermutung identifiziert werden. Allerdings musste dieser Indikator abgewandelt werden, da sich die Formulierung „international anerkannt" auf die Größe des Unternehmens bezieht, die hier kein Kompetenzkriterium ist. Von Neumann wurden die Attribute „erfahren" und „professionell" übernommen, sodass sich die Indikatoren wie in Tabelle 7 darstellen.

5.7.3 Sympathie

Mit „Sympathie" wird im Zusammenhang dieser Arbeit eine affektive Dimension angesprochen. Im Hinblick auf die Reputation wird dabei die emotionale Verbundenheit eines Kunden mit einem touristischen Anbieter charakterisiert. Ein Konstrukt, das im Marketing in diesem Zusammenhang etabliert ist, ist das des Commitments. Der Begriff findet seinen Ursprung in der Psychologie und Soziologie und ist nur schwer übersetzbar. Zimmer (2000: 14) schlägt vor, den Begriff sinngemäß mit den Formulierungen innere Bindung, Verpflichtung oder Verbundenheit zu übersetzen. Er versteht „Commitment" als zweidimensionales Konstrukt mit den Dimensionen Verpflichtung und Verbundenheit. Mit „Verpflichtung" wird das *„Wissen, auf einen bestimmten Geschäftspartner festgelegt zu sein"* (Zimmer 2000: 29), beschrieben. Diese Festlegung lässt sich mittels der Faktorspezifität der Transaktionskostentheorie (vgl. Kapitel 3.2.1) begründen, der zufolge im Tourismus ein Anbieterwechsel mit hohen Informationsaktivitäten und zeitlichen Investitionen verbunden wäre.

Tabelle 8: Rohindikatoren Sympathie

Konstrukt	Indikator	Quelle
Sympathie	[Anbieter] ist ein Unternehmen, bei dem ich es mehr als bei anderen Unternehmen bedauern würde, wenn er nicht mehr besteht	Schwaiger (2004)
	[Anbieter] halte ich für ein sympathisches Unternehmen	
	[Anbieter] ist ein Unternehmen, mit dem ich mich mehr identifizieren kann als mit anderen Unternehmen	
Emotionale Verbundenheit	[Anbieter] ist freundschaftlich	Neumann (2007)
	[Anbieter] ist kameradschaftlich	
	[Anbieter] ist persönlich	
Commitment (affektiv)	Ich bin gerne Kunde von [Anbieter]	Neumann (2007)
	Ich würde es bedauern, nicht mehr Kunde von [Anbieter] zu sein	
	Ich mag [Anbieter]	
	Ich fühle mich [Anbieter] emotional verbunden	

Quelle: Eigene Darstellung.

Damit ist die kognitive Komponente angesprochen, wodurch das Commitment auch bewusst vom Kunden erlebt wird. Diese Dimension passt inhaltlich jedoch nicht zum

Konzept der expressiven Reputation, welche die Grundlage der Überlegungen ist. Daher soll „Sympathie" in der Folge als affektive Dimension des Commitments konzeptualisiert werden. Deshalb ist auch die zweite von Zimmer angesprochene Komponente der Verbundenheit sehr viel passender. Zimmer (2000: 29) umschreibt diese als *„emotionale Orientierung und den Glauben an gemeinsame Ziele"*, womit der Begriff der Sympathie treffend umschrieben wird und sich zudem in die Definition der expressiven Reputation eingliedert (vgl. Kapitel 4.4.1). Sympathie wird als eine *„wachsende, existente oder ersehnte affektive Beziehung"* (Bauer et al. 2008: 96) verstanden, aus der eine emotionale Verbundenheit mit einem Anbieter resultiert.

Für die Messung von Sympathie bietet der Ansatz von Schwaiger (2004) eine gute Basis, da er diesen Begriff in einer qualitativen Untersuchung explizit operationalisiert. Weiterführend wurden die Indikatoren von Neumann (2007: 178) integriert, dessen Messinstrumente auf bestehenden Commitment-Indikatoren der affektiven Dimension basieren. Diese Begrenzung auf den Aspekt der emotionalen Verbundenheit erlaubt es auch, das Konstrukt reflektiv zu messen (vgl. Tabelle 8). Die Indikatoren von Schwaiger sind mit dem Verständnis von Sympathie in dieser Arbeit vereinbar. Jedoch wurde der Indikator „[Anbieter] halte ich für ein sympathisches Unternehmen" nicht übernommen, da sich die Aussage auf das Konstrukt „Sympathie" selbst bezieht, welches durch die einzelnen Indikatoren erst abgebildet werden soll. Bei Neumann wurden die Indikatoren des Konstruktes „emotionale Verbundenheit" als zu abstrakt eingestuft. Anders verhielt es sich mit den Indikatoren des „affektiven Commitments". Hier konnte zum einen der Indikator „Ich mag [Anbieter]" direkt übernommen und zum anderen der Indikator „Ich bin gerne Kunde von [Anbieter]" in „Anbieter X gefällt mir" modifiziert werden. Diese Anpassung war deshalb notwendig, weil in der vorliegenden Messung nicht davon ausgegangen werden kann, dass die befragten Personen bereits Kunde des jeweiligen Unternehmens sind, was der Indikator von Neumann jedoch suggeriert. Als Resultat ließen sich somit die in Tabelle 9 aufgeführten vier Indikatoren identifizieren.

Tabelle 9: Indikatoren zum Konstrukt Sympathie

Indikator	Ausformulierung
SYMP1	Bei Anbieter X würde ich es mehr bedauern als bei anderen, wenn er nicht mehr bestünde.
SYMP2	Mit Anbieter X kann ich mich identifizieren.
SYMP3	Ich mag Anbieter X.
SYMP4	Anbieter X gefällt mir.

Quelle: Eigene Darstellung.

5.7.4 Anbieterreputation

Eine differenzierte Betrachtung der Anbieterreputation wird im Folgenden durch die theoretische Verankerung gewährleistet, die durch die Zusammenführung bestehender Ansätze zur Unternehmensreputationsmessung erfolgte. Für die Entwicklung eines eigenen Messansatzes schlägt Helm (2007: 129-130) drei Konkretisierungsstufen vor. Erstens solle festgelegt werden, aus welcher Sichtweise die Reputation untersucht wird, zweitens ob durch das Untersuchungsziel Anbieterreputation als formatives oder reflektives Konstrukt gemessen werde, und drittens solle identifiziert werden, welche Teilbausteine die Anbieterreputation in dem jeweiligen Messkontext beinhalte. Entsprechend dieser Logik werden die besprochenen Messkonzepte nachfolgend bewertet und auf den vorliegenden Untersuchungsgegenstand angewendet.

Tabelle 10: Dimensionen der Anbieterreputation

Dimension/Autor	Walsh et al. (2009)	Schwaiger (2004)	Wiedmann et al. (2010)	Helm (2007)
Kundenorientierung	Kundenorientierung			Kundenorientierung
Arbeitsatmosphäre	Guter Arbeitgeber	Attraktivität	Arbeitsplatzumgebung	Verhalten gegenüber Mitarbeitern
			Vision und Führung	Qualität des Managements
Qualität	Produkt- und Servicequalität	Qualität	Produkte und Service	Produktqualität
				Preisehrlichkeit
Verantwortung	Soziale und Umweltverantwortung	Verantwortung	Soziale Verantwortung	Engagement für wohltätige Zwecke
				Engagement für den Umweltschutz
Wirtschaftliche Stabilität	Finanziell starkes Unternehmen	Performance	Finanzielle Leistung	Finanzielle Lage des Unternehmens
				Unternehmerischer Erfolg
				Einhalten von Werbeversprechen

Quelle: Eigene Darstellung.

Aufbauend auf einer grundsätzlichen Konzeptualisierung sollte eine stakeholder- und branchenspezifische Anpassung des Messinventars erfolgen. Dementsprechend wird der Ansatz von Walsh und Beatty (2007) als Grundlage für die Messung von handlungsrelevanten Elementen der Reputation herangezogen. Denn das Messkonzept von Walsh und Beatty bezieht sich sowohl auf Dienstleistungsunternehmen als auch auf die Stakeholdergruppe der Kunden. Der Ansatz ist sehr gut an den Untersuchungsgegenstand angepasst. Zudem ist die Erhebung methodisch nachvollziehbar und gut dokumentiert. Als Ausgangsbasis für die Indikatorenentwicklung dieser Untersuchung soll auf das verdichtete und weiterentwickelte Messinventar von Walsh et al. (2009) zurückgegriffen werden, da dieses sich auf die 15 wichtigsten Indikatoren konzentriert.

Des Weiteren muss geklärt werden, ob Anbieterreputation formativ oder reflektiv operationalisiert werden soll. Im Kontext dieser Arbeit ist Anbieterreputation ein formatives Konstrukt, weil es durch seine Indikatoren definiert wird. Ein Unternehmen, das eine hohe Produktqualität und Kundenorientierung hat, genießt aufgrund dieser Attribute einen guten Ruf – und nicht vice versa (vgl. Helm 2007: 103). Ein weiteres Argument für eine formative Konzeptualisierung ist, dass die integrierten Attribute der Anbieterreputation heterogen sind und sich daher nach der Logik des Domain-Samplings nicht auf einen einheitlichen thematischen Rahmen beziehen (vgl. Kapitel 5.4).

Vergleicht man die Indikatoren der Anbieterreputation, so finden sich erstaunlich viele Parallelen, auch wenn die jeweiligen Konstrukte unterschiedlich benannt sind (vgl. auch Helm 2007: 158). Ausgehend von den Überlegungen von Walsh und Beatty (2007) werden die Anbieterreputationsdimensionen von Schwaiger (2004), Wiedmann et al. (2010) sowie Helm (2007) integriert und in Tabelle 10 zusammengefasst. Eine ausführliche Dokumentation der einzelnen Indikatoren findet sich in Anhang 6.

Die Zusammenfassung der Ansätze bietet in diesem Kontext allerdings lediglich die Basis, um das Konstrukt Anbieterreputation definieren zu können. Die Dimension der **Kundenorientierung** wird lediglich von Walsh et al. (2009) sowie von Helm (2007) explizit integriert. Dennoch findet sich bei Schwaiger (2004) im Konstrukt „Qualität" der Indikator: „Man merkt, dass der Kundenwunsch bei [Anbieter] im Mittelpunkt steht". Bei Wiedmann et al. (2010) bezieht sich die Dimension „Produkt- und Servicequalität" mit dem Indikator: „[Anbieter] bietet Produkte an, die den Bedürfnissen der Kunden entsprechen" ebenfalls auf die Kundenorientierung. Zudem konnte dargelegt werden, dass beim touristischen Produkt der Kunde am Leistungserstellungsprozess partizipiert (vgl. hierzu 2.3). Die Berücksichtigung von Kundenwünschen ist demnach ein zentraler Bestandteil der Anbieterreputation eines touristischen Dienstleisters. **Arbeitsatmosphäre** wird als zweite Dimension integriert. Der Qualität der Mitarbeiterführung und dem Verhalten gegenüber Mitarbeitern seitens des Managements wird damit Rechnung getragen. Dieser Aspekt wird im Hinblick auf die Unternehmensreputation regelmäßig diskutiert, kann aber durch die Kunden nicht immer nachvollzogen werden. Dennoch kann angenommen werden, dass im Kontakt zwischen Mitarbeitern und Kunden die Arbeitsatmosphäre an vielen Stellen latent spürbar ist. Helm weist darauf hin, dass in die Unternehmensreputation auch Aspekte einfließen, die *„von Kunden in einer Transaktion oder Geschäftsbeziehung nicht regelmäßig beurteilt werden"* (Helm 2007: 277) können. Somit muss die Dimension der Arbeitsatmosphäre integriert werden, auch wenn diese nicht zwingend im Mittelpunkt der Anbieterreputation steht und ihre empirische Relevanz erst nachgewiesen werden muss. Demgegenüber ist die **Qualität** zentraler Bestandteil der Unternehmensbeurteilung und stellt die dritte Dimension der Anbieterreputation dar. Aus der Perspektive der Informationsökonomik ist die Unternehmensreputation das entscheidende Signal für eine hohe Dienstleistungsqualität (vgl. Helm 2007: 276). Neben den Attributen, die sich direkt auf den Anbieter beziehen, trägt auch die Übernahme gesellschaftlicher **Verantwortung** zur Anbieterreputation bei. Hierzu zählen insbesondere soziales Engagement und Umweltschutz. Schließlich ist der Erfolg des Unternehmens selbst entscheidend für seinen Ruf. Denn eine **wirtschaftliche Stabilität** ist gerade im Tourismus entscheidend, da der Kunde das Produkt bezahlt, bevor er es nutzt. Als maßgebende Dimensionen der Anbieterreputation können Kundenorientierung, Arbeitsatmosphäre, Qualität, Verantwortung und wirtschaftliche Stabilität genannt werden.

Tabelle 11: Indikatoren zum Konstrukt Anbieterreputation

Indikator	Dimension	Ausformulierung
REPU1	Verantwortung	Anbieter X ist bekannt dafür, soziale und kulturelle Zwecke zu unterstützen.
REPU2	Verantwortung	Anbieter X hat den Ruf, in Bezug auf die Umwelt verantwortungsbewusst zu handeln.
REPU3	Qualität	Die Leistungen von Anbieter X gelten als qualitativ hochwertig.
REPU4	Qualität	Anbieter X ist bekannt dafür, seine Leistungen zu einem guten Preis-Leistungs-Verhältnis anzubieten.
REPU5	Arbeitsatmosphäre	Anbieter X hat den Ruf, ein hervorragendes Management zu haben.
REPU6	Arbeitsatmosphäre	Anbieter X ist bekannt dafür, ausgezeichnet geführt zu sein.
REPU7	Wirtschaftliche Stabilität	Anbieter X gilt als zuverlässig.
REPU8	Wirtschaftliche Stabilität	Anbieter X hat den Ruf, profitabel zu wirtschaften.
REPU9	Kundenorientierung	Anbieter X ist bekannt dafür, den Kundenwunsch in den Mittelpunkt zu stellen.
REPU10	Kundenorientierung	Anbieter X hat den Ruf, sich an den Bedürfnissen seiner Kunden zu orientieren.

Quelle: Eigene Darstellung.

Aus diesen Dimensionen wurden jeweils zwei Indikatoren entwickelt. Dabei konnte auf die bestehenden Messinventare der in Tabelle 10 genannten Autoren zurückgegriffen werden. Ausgangspunkt war dabei stets das Messinventar von Walsh et al. (2009), welches alle fünf Dimensionen abdeckt und zu diesen jeweils drei Indikatoren anbietet. Dennoch konnten die Indikatoren nicht einfach übernommen werden. Denn durch die Auseinandersetzung mit mehreren Autoren ergaben sich mitunter andere Schwerpunkte innerhalb der jeweiligen Dimension. Hier wurde dann dem dominierenden Verständnis gefolgt. Zudem wurde angestrebt, die Formulierung der Indikatoren kurz zu halten, um eine gute Verständlichkeit bei den Probanden garantieren zu können. Da einige bestehende Indikatoren sehr lang waren, wurden diese umformuliert. Das Ergebnis dieser Auseinandersetzung findet sich in Tabelle 11.

Dieses Indikatorenset wurde wie alle anderen Konstrukte in einem Pretest auf Verständlichkeit und Überschneidungsfreiheit geprüft. Dies diente der Vorbeugung von Multikollinearität. Diese qualitative Maßnahme im Vorfeld der Hauptuntersuchung ist Garant für eine hohe Inhaltsvalidität. Bei der Entwicklung der Indikatoren für die Anbieterreputation war dies besonders wichtig, da das Konstrukt hier formativ spezifiziert wird (vgl. Kapitel 6.3).

Helm (2007) weist darauf hin, dass in bestehenden Messansätzen eine klare Abgrenzung zwischen individueller und kollektiver Beurteilung fehlt. So ist nicht klar, ob die Einzelmeinungen der Befragten sich aus den eigenen Erfahrungen ergeben oder aufgrund des wahrgenommenen Rufes in der Öffentlichkeit (Helm 2007: 271). Im Gegensatz zu den allgemein gefassten Reputationsdimensionen ist die Anbieterreputation daher auf die vorherrschende öffentliche Meinung bezogen. Die Indikatorfragen so formuliert, dass sie diesem Umstand gerecht werden. Hierbei erfolgte die Formulierung mit „gilt als", „hat den Ruf" und „ist bekannt dafür". Daraus ergeben sich schließlich zehn Indikatoren, von denen jeweils zwei auf eine Dimension der Anbieterreputation anspielen:

Neben den auf die Dimensionen bezogenen Indikatoren wurde zusätzlich ein globaler Indikator der Anbieterreputation abgefragt. Dies war möglich, da empirisch nachgewiesen wurde, dass Reputation sowohl multidimensional als auch mit nur einem einzelnen Indikator messbar ist (vgl. Helm 2007: 276). Zwar wird ein globaler Indikator den genannten Dimensionen der Reputation nicht gerecht, allerdings kann offensichtlich ein Urteil direkt über den Ruf eines Unternehmens in der Öffentlichkeit abgegeben werden. Dieser Umstand ermöglicht es, die externe Validität des entwickelten Messinventars mittels einer Untersuchung der Korrelation zwischen der multidimensionalen und der eindimensionalen Messung der Reputation zu prüfen (vgl. Kapitel 6.3).

5.7.5 Vertrauen in den Anbieter

Rousseau et al. (1998) weisen dem Vertrauenskonstrukt die drei zentralen Charakteristika Risiko, Abhängigkeit und Zukunft zu. Vertrauen steht damit in engem Zusammenhang mit der Risikotheorie. Innerhalb des theoretischen Bezugsrahmens konnte verdeutlicht werden, dass das wahrgenommene Risiko ein zentrales Hemmnis bei einer Entscheidung darstellen kann (vgl. Kapitel 3.3.3.1). Vertrauen kann ein Gefühl der Sicherheit vermitteln, da der Kunde durch seine Erwartung in die Vertrauenswürdigkeit des Leistungsanbieters von einer funktionierenden Austauschbeziehung ausgeht (vgl. Kroeber-Riel et al. 2008: 438). Vertrauen impliziert aber auch die Möglichkeit der Enttäuschung. Dieses Abhängigkeitsverhältnis von Vertrauensgeber und Vertrauensnehmer wird innerhalb der Prinzipal-Agenten-Theorie thematisiert (vgl. Kapitel 3.2.2). Deshalb bezieht sich Vertrauen auch auf das zukünftige Verhalten des Agenten und kann daher potenzielle Verhaltensrisiken des Agenten absorbieren. Demzufolge kann angenommen werden, dass Kunden mit hohem Vertrauen in einen touristischen Anbieter das Kaufrisiko entsprechend gering einschätzen (vgl. Neumann 2007: 57). Hinsichtlich dieser Definition ist die zentrale Funktion des Vertrauenskonstrukts in diesem Zusammenhang also die Reduktion des wahrgenommenen Risikos (vgl. Eichenlaub 2010: 13).

Tabelle 12: Rohindikatoren Vertrauen in den Anbieter

Konstrukt	Indikator	Quelle
Vertrauen	[Anbieter] ist ehrlich	Einwiller (2003)
	[Anbieter] ist offen	
	[Anbieter] ist um meine Belange und Wünsche bemüht	
Offenheit	[Anbieter] ist zugänglich	Neumann (2007)
	[Anbieter] ist kooperativ	
	[Anbieter] ist entgegenkommend	

Quelle: Eigene Darstellung.

Die Indikatoren wurden in Anlehnung an die Forschungen von Einwiller (2003) entwickelt (vgl. Tabelle 12). Dabei konnten aber lediglich jene Indikatoren übernommen werden, die einen Aufschluss über das Vertrauen in die zukünftigen Handlungen eines Anbieters zulassen. Das Attribut „Ehrlichkeit" sollte jedoch konkreter auf Kauffolgen bezogen werden. Innerhalb des Expertenworkshops (vgl. Kapitel 5.6.2) wurde der Begriff „fair" identifiziert, da sich dieser auf die konkrete Austauschbeziehung zwischen Kunde und Anbieter bezieht. Ähnlich verhielt es sich beim Indikator „[Anbieter] ist um meine Belange und Wünsche bemüht". Dieser könnte sich auch auf die Dimension der Kundenorientierung beim Konstrukt Anbieterreputation beziehen. Daher wurde auch hier der Aspekt der konkreten Kaufhandlung sowie der Risikosituation betont. Weiter wurde der Begriff „Offenheit" abstrahiert.

Hier half eine Operationalisierung dieses Konstruktes von Neumann (2007), bei der sich die Indikatoren direkt auf ein gleichberechtigtes Prinzipal-Agenten-Verhältnis (vgl. Kapitel 3.2.2) beziehen (vgl. Tabelle 12). Der Indikator „[Anbieter] ist kooperativ" konnte dabei unverändert übernommen werden. Auch der Aspekt des „Entgegenkommens" ist im Sinne der hier festgelegten Definition von Vertrauen elementar und bezieht sich direkt auf das Verhältnis von Anbieter und Kunde. Dennoch wurde die Bezeichnung „Kulanz" präferiert und der Indikator dementsprechend abgewandelt. Der Begriff „zugänglich" schied als Indikator für diese Arbeit aus, wodurch sich die in Tabelle 13 dargestellten Indikatoren für das Konstrukt des Vertrauens in den Anbieter ergeben.

Tabelle 13: Indikatoren zum Konstrukt Vertrauen in den Anbieter

Indikator	Ausformulierung
VERT1	Anbieter X ist fair.
VERT2	Wenn ich bei Anbieter X kaufe, dann gehe ich kein hohes Risiko ein.
VERT3	Anbieter X ist kulant.
VERT4	Anbieter X ist kooperativ.

Quelle: Eigene Darstellung.

5.7.6 Kundeninvolvement

Wie in Kapitel 3.3.3.2 bereits ausgeführt, folgt diese Arbeit dem Involvementverständnis von Kroeber-Riel et al. (2008: 386). Damit wird unter dem Begriff „Involvement" die Motivation verstanden, sich mit einem Sachverhalt oder einer Aufgabe auseinanderzusetzen. Gleichzeitig richtet sich das Involvement immer auch auf ein bestimmtes Ziel, das den Involvementgrad ebenfalls bestimmt. Relevante Dimensionen, die auf die Richtung des Involvements verweisen, sind insbesondere die Produktart, das Rezeptionsmedium, die Botschaft, die Zielperson und die Entscheidungssituation. Analog spricht man daher von Produkt-, Medien-, Botschafts-, Situations- und personenspezifischem Involvement (vgl. Trommsdorff 2008: 50-54).

Die **Situation** des Kunden sowie die Umwelt bestimmen die Bereitschaft, sich mit der jeweiligen Reise auseinanderzusetzen. In Abhängigkeit vom Nutzen einer Information und dem Zeitdruck, unter dem sie eingeholt wird, bestimmt sich das Involvement (vgl. Trommsdorff 2008: 52). Es kann daher angenommen werden, dass Kauf- und Weiterempfehlung auch von der Motivation des Kunden abhängen. Dementsprechend muss diese Motivation Bestandteil der Analyse sein. Im Hinblick auf das **Produkt** kann diese Motivation natürlich auch abhängig davon sein, wie wertvoll eine bestimmte Leistung vom Konsumenten eingeschätzt wird. Auch das jeweilige **Medium** hat Einfluss auf die Höhe des Involvements. Aufgrund der Bedingung einer aktiven Auseinandersetzung ist das Involvementniveau im Internet im Vergleich zu anderen Medien hoch einzustufen. Das Medium ist gleichzeitig auch ausschlaggebend für die Form, in der eine **Botschaft** vermittelt wird. Dementsprechend spielt das inhaltliche Umfeld des Produktes ebenfalls eine Rolle bei der Bestimmung des Involvementniveaus. Im Hinblick auf verschiedene Merkmale einer **Person**, wie beispielsweise Interessen, kann das Involvementniveau ebenfalls variieren. Bei unterschiedlichen Personen kann das Involvement in der gleichen Situation unterschiedlich stark ausgeprägt sein. Der Bezug des Konsumenten zu einem Produkt spiegelt wider, wie hoch jemand involviert ist. Es wird deutlich, dass das Involvementkonstrukt äußerst komplex ist. Jedes Produkt wird in unterschiedlichen Medien verschieden präsentiert, sodass die Kombination von Botschafts-, Medien- und Produktinvolvement zu diversen Marktsituationen führen kann. Zusätzlich wirken personenspezifische und situative Einflussgrößen (vgl. Trommsdorff 2008: 50-54). Daher werden in dieser Arbeit Produkt, Botschaft, Medium sowie Situation konstant gehalten. Zentral ist einzig das personenspezifische Involvement. Die Neigung, nach Informationen zu suchen, wird in erster Linie durch das persönliche Involvement bestimmt und ist abhängig von den Zielen des Kunden (vgl. Kroeber-Riel et al. 2008: 303-304). Im Mittelpunkt steht dabei unter Rückbezug auf die Definition von Kroeber-Riel et al. (2008: 386) die Relevanz des jeweiligen Anbieters für den Kunden. Das hier operationalisierte Konstrukt wird daher in der Folge als Kundeninvolvement bezeichnet. Ist dieses hoch, so wird sich der Kunde anbieterbezogenen Informationen mit dem entsprechenden Engagement zuwenden. Damit direkt verbunden ist die Tiefe und Qualität der Informationsverarbeitung (vgl. Eberl 2006: 63).

Tabelle 14: Rohindikatoren Kundeninvolvement

Konstrukt	Indikator	Quelle
Involvement	[Anbieter] interessiert mich sehr	Gierl et al. (2001)
	[Anbieter] ist sehr wichtig für mich	
	Ich wähle meine [Produkt] sehr sorgfältig aus	
	Die Entscheidung, welche [Produkt] ich kaufe, ist mir sehr wichtig	
	Es bereitet mir viel Vergnügen, neue [Produkt] zu kaufen	
	[Produkt] machen Spaß	

Quelle: Eigene Darstellung.

In Bezug auf die Messung von Involvement leistet Eberl (2006: 200-201) erhebliche Vorarbeit, indem er eine Matrix bestehender Involvementmessungen zusammenstellt. Für diesen Untersuchungsgegenstand sind davon lediglich einige wenige Indikatoren brauchbar, da sich das Involvementkonstrukt auf unterschiedliche Zieldimensionen beziehen kann, die von Eberl übersichtlich aufgelistet werden. Zutreffend sind insbesondere die von Eberl integrierten Indikatoren von Gierl et al. (2001), die sich auf die Bewertung von Produkten beziehen (vgl. Tabelle 14).

Diese wurden jedoch so umformuliert, dass sie zu dem Untersuchungsrahmen dieser Arbeit passten. Der Indikator „[Anbieter] interessiert mich sehr" steht dabei stellvertretend für die Motivation, sich mit diesem auseinanderzusetzen. Da der Aspekt der Motivation aufgrund der hier aufgestellten Definition zentral ist, wurde der Indikator entsprechend modifiziert. Weiter wurde davon ausgegangen, dass bei einem starken Interesse auch eine Faszination für den Anbieter vorliegen müsse, was sich durch die Integration dieses Aspektes ausdrückt. Die Aspekte „Spaß" und „Vergnügen" wurden ebenfalls aufgenommen und auf den konkreten Informationsprozess bezogen. Schließlich wird bei Gierl et al. (2001) der Aspekt der „Wichtigkeit" des Anbieters für den Kunden betont, sodass dies ebenfalls berücksichtigt wurde. Entsprechend leitet sich aus dieser Liste sowie der beschriebenen Zielrichtung und Definition des Involvements das in Tabelle 15 dargestellte Messkonzept ab.

Tabelle 15: Indikatoren zum Konstrukt Kundeninvolvement

Indikator	Ausformulierung
INVO1	Es bereitet mir Freude, mich über Anbieter X zu informieren.
INVO2	Anbieter X ist mir wichtig.
INVO3	Ich bin motiviert, mich ausführlich über Anbieter X zu informieren.
INVO4	Anbieter X finde ich faszinierend.

Quelle: Eigene Darstellung.

5.7.7 Einstellung zum Anbieter

Innerhalb des theoretischen Bezugsrahmens konnte festgestellt werden, dass das Einstellungskonstrukt eine stabile Richtungstendenz einer Entscheidung vorgibt. Dabei wurde die Auffassung Trommsdorffs (2008: 146) unterstützt, dass die Einstellung ein *„Zustand einer gelernten und relativ dauerhaften Bereitschaft, in einer entsprechenden Situation gegenüber dem betreffenden Objekt regelmäßig mehr oder weniger stark positiv bzw. negativ zu reagieren"*, ist. Daraus ergibt sich auch, dass eine Entscheidungstendenz durch eigene Erfahrungen verändert werden kann. Unter Rückgriff auf die Lerntheorie (vgl. Kapitel 3.3.1.3) impliziert dies, dass bestehende Einstellungen Einfluss auf die Wahrnehmung aufgenommener Informationen haben. Die Anbieterreputation wird also vor dem Hintergrund bestehender Einstellungen beurteilt und erlangt so eine individuelle Relevanz. Aus der Theorie des geplanten Verhaltens (vgl. Kapitel 3.3.2.3) wird deutlich, dass sich die Konzepte Einstellung und Anbieterreputation im Hinblick auf die affektiven, kognitiven wie normativen Determinanten überschneiden. Eine Abgrenzung ergibt sich erst durch die individuelle Betroffenheit. So verweist die Einstellung ähnlich wie das Image auf die persönliche Betroffenheit, wohingegen sich die Reputation auf das öffentliche Meinungsbild bezieht.

Problematisch ist diese weit gefasste Einstellungsdefinition im Hinblick auf ihre empirische Messung. Es wird in diesem Zusammenhang daher häufig auf die konstitutiven Bestandteile der Einstellung verwiesen. Dabei lassen sich Komponenten und Dimensionen der Einstellung differenzieren. Die Einstellungskomponenten beziehen sich auf die Drei-Komponenten-Theorie, bei der Einstellung in eine kognitive, affektive sowie konative (verhaltensorientierte) Komponente gegliedert ist – hier gibt es eine Parallele zur Theorie des geplanten Verhaltens (vgl. Oguachuba 2009: 80 sowie Lucco 2009: 158-159).

Tabelle 16: Rohindikatoren Einstellung zum Anbieter

Konstrukt	Indikator	Quelle
Einstellung	Der Anbieter ist grundsätzlich ein guter Anbieter	Lucco (2009)
	Der Anbieter ist grundsätzlich ein fairer Anbieter	
	Ich mag den Anbieter an sich gut.	
	Der Anbieter ist mir grundsätzlich sympathisch	
	Ich würde den Anbieter weiterempfehlen	
	Ich könnte mir in Zukunft vorstellen, wieder beim Anbieter eine Dienstleistung in Anspruch zu nehmen	
Markeneinstellung	[Anbieter] finde ich attraktiv - unattraktiv	Oguachuba (2009)
	[Anbieter] finde ich langweilig - interessant	
	[Anbieter] finde ich negativ - positiv	
	[Anbieter] finde ich unansprechend - ansprechend	
	[Anbieter] finde ich unsympathisch - sympathisch	
	[Anbieter] finde ich qualitativ minderwertig - qualitativ hochwertig	
	[Anbieter] finde ich schlecht - gut	

Quelle: Eigene Darstellung.

Die **kognitive Komponente** richtet sich auf das Wissen, das ein Kunde über den jeweiligen Anbieter besitzt, sowie auf seine Einschätzung. Weil diese Komponente auf konkrete Merkmale einer Leistung abzielt, ist sie nicht auf unterschiedliche Untersuchungsgegenstände anwendbar. Da hier der Einfluss der Reputation auf verschiedene touristische Akteure untersucht werden soll, ist diese Einstellungskomponente nicht zielführend. Die **affektive Komponente** bezieht sich auf die Emotionen und Motive des Kunden. Mit Verweis auf die verhaltenswissenschaftlichen Konzepte der Emotion und Motivation kann angenommen werden, dass die Einstellung in diesem Zusammenhang dem Verhalten eine starke Richtungstendenz verleiht, was im Hinblick auf das in dieser Arbeit entwickelte Strukturgleichungsmodell entscheidend ist. Schließlich richtet sich die **konative Komponente** an die Verhaltensintention, die sich aus der Einstellung ergibt. Diese Bestandteile werden durch die Integration der Verhaltensabsichten (Kauf- und Weiterempfehlungsabsicht) innerhalb des Strukturmodells bereits abgedeckt (vgl. Kapitel 5.7.8). Damit kommt für eine Messung lediglich die affektive Komponente der Einstellung in Betracht. Da diese Sichtweise durch andere Konzeptualisierungen gestützt wird, kann sie als legitim angesehen werden.

Bei den Dimensionen der Einstellung lassen sich die Eigenschaften identifizieren, auf welche sich das Einstellungskonstrukt bezieht (vgl. Glogger 1999: 50). Bei den **Denotationen** geht es im Kontext der Einstellungsmessung um die sachhaltigen Merkmale einer touristischen Leistung. Da diese sehr unterschiedlich ausgeprägt sein können, sind sie analog zu den kognitiven Komponenten hier nicht Gegenstand der Betrachtung. Im Gegensatz dazu stehen die **Konnotationen** mit den affektiven Eindrücken in Verbindung. Die Komponenten der Einstellung geben die Eigenschaften an, die mit einem Einstellungsobjekt verbunden sind, wohingegen die Dimensionen sich auf die Art und Weise der Auseinandersetzung richten. Mit der Begrenzung auf die affektive Komponente sowie die konative Dimension lässt sich das zu messende Indikatorenspektrum daher effektiv eingrenzen. Hierbei dienen die Messkonzepte von Lucco (2009: 159) sowie Oguachuba (2009: 82) als Grundlage (vgl. Tabelle 16). Da ihre Messungen alle Komponenten und Dimensionen der Einstellung umfassen, werden für diese Arbeit lediglich ausgewählte Indikatoren übernommen. Oguachuba erarbeitet ein semantisches Differenzial, aus welchem die Aspekte „attraktiv", „interessant", „ansprechend" und „gut" herausgefiltert werden konnten. Die Indikatoren von Lucco (2009) sind hingegen eher unpassend und überschneiden sich mitunter mit anderen Konstrukten dieser Arbeit (zum Beispiel Sympathie und Weiterempfehlungsabsicht). Dennoch decken sich einige Aspekte mit den bei Oguachuba übernommenen Indikatoren und bestätigen diese damit. Daraus ergibt sich das in Tabelle 17 dargestellte Messinventar.

Tabelle 17: Indikatoren zum Konstrukt Einstellung zum Anbieter

Indikator	Ausformulierung
EINST1	Anbieter X ist interessant.
EINST2	Anbieter X ist ansprechend.
EINST3	Anbieter X finde ich attraktiv.
EINST4	Anbieter X finde ich gut.

Quelle: Eigene Darstellung.

5.7.8 Kauf- und Weiterempfehlungsabsicht

Walsh und Beatty (2007) merken an, dass die Konsequenzen der Reputation bislang nicht ausreichend empirisch untersucht wurden. Sie postulieren dabei in ihrer Arbeit vier Konsequenzen der Reputation: Kundenzufriedenheit, Loyalität, Vertrauen und word of mouth (vgl. Walsh und Beatty 2007: 130). Die Rolle des Vertrauens wurde bereits besprochen und analog zu Walsh und Beatty als Folge der Unternehmensreputation anerkannt und operationalisiert (vgl. Kapitel 4.4.2). Die anderen drei Konsequenzen können nicht in dieser Form in die Untersuchung einfließen. Denn Kundenzufriedenheit bezieht sich auf Produkte und Anbieter, mit denen bereits Erfahrungen gemacht wurden. Sie kann also nicht im Kontext dieser Arbeit gemessen werden, da Reputation sich per definitionem auch auf Produkte bezieht, mit denen keine unmittelbare Erfahrung besteht. Erfahrung wird in dieser Arbeit als moderierender Effekt angesehen. Dessen Einfluss wird im Rahmen der Prüfung von Interaktionseffekten untersucht (vgl. Kapitel 7.3.3.1). Giering (2000: 18) definiert Kundenloyalität als *„die Absicht eines Kunden, die Produkte eines bestimmten Anbieters wieder zu kaufen, den entsprechenden Anbieter weiterzuempfehlen und die Einkäufe bei diesem Anbieter auszudehnen"*. „Kundenloyalität" meint insofern weniger das tatsächliche als das beabsichtigte Verhalten. Die Kundenloyalität kann als konative Komponente der Einstellung anerkannt werden (vgl. Foscht und Swoboda 2007: 213). Diese bezieht sich nach der Definition von Giering auf die Weiterempfehlungsabsicht, wodurch das von Walsh und Beatty angesprochene „word of mouth" integraler Bestandteil der Kundenloyalität ist (vgl. auch Helm 2007: 193-197).

Aus diesen Überlegungen folgt, dass neben dem Vertrauen die Reputationskonsequenzen Kaufabsicht und Weiterempfehlungsabsicht untersucht werden können.

Tabelle 18: Rohindikatoren Kaufabsicht

Konstrukt	Indikator	Quelle
Kaufabsicht	Wenn Sie es sich leisten könnten, wie würden Sie Ihre Bereitschaft zum Kauf des Produktes einschätzen?	Küster-Rohde (2010)
Weiterkaufabsicht	Es ist wahrscheinlich, dass ich wieder ein Produkt von [Anbieter] kaufe	Neumann (2007)
	Ich habe die Absicht, dem Unternehmen [Anbieter] treu zu bleiben	
	Ich beabsichtige, in den nächsten Jahren weiterhin Produkte von [Anbieter] zu kaufen	
Zusatzkaufabsicht	Ich denke, dass ich auch andre Produkte als bisher von [Anbieter] ausprobieren werde	Neumann (2007)
	Ich beabsichtige, in Zukunft auch andere Produkte als bisher von [Anbieter] zu kaufen	
	Ich beabsichte, meine Käufe von Produkten von [Anbieter] auszuweiten	

Quelle: Eigene Darstellung.

Im Sinne der Kundenloyalität stellt die **Kaufabsicht** die konative Dimension der Einstellung dar. Die Kaufabsicht ist nicht zu verwechseln mit dem tatsächlichen Kauf. Sie meint hier die vom Kunden subjektiv eingeschätzte Wahrscheinlichkeit, eine entsprechende Reiseleistung zu buchen (vgl. Einwiller 2003: 180). Spears und Singh (2004: 56) definieren Kaufabsicht als „*an individual's conscious plan to make an effort to purchase a brand*". Dieser Definition wird auch in dieser Arbeit gefolgt. Sie wird zudem durch die Arbeit von Baker und Churchill (1977) bestätigt, die Kaufabsicht ebenfalls als konative Einstellungskomponente operationalisieren. Eberl (2006: 203) verweist in Bezug auf die Messung von Kaufabsicht auf Dawar und Pillutla (2000) sowie Klein und Dawar (2004) und betont „Kaufwahrscheinlichkeit" und „geäußerte Kaufabsicht". Diese Aspekte werden auch von Giering (2000) bei der Entwicklung eines Messinventars zur Kundenloyalität hervorgehoben, das von Neumann (2007) adaptiert wurde und als Grundlage der folgenden Indikatorenformulierung dient (vgl. Tabelle 18). Da Neumann (2007: 179-180) die Konstrukte Zusatz- und Weiterkaufabsicht operationalisiert, mussten die Indikatoren entsprechend auf eine allgemeine Kaufabsicht modifiziert werden, die auch einem Erstkauf Rechnung trägt. Zusätzlich wurde ein Indikator von Küster-Rohde (2010) integriert, die Kaufabsicht als Single-Item-Konstrukt operationalisiert.

Interessant ist bei diesem Indikator, dass durch die Aussage „wenn ich es mir leisten könnte" die finanzielle Lage des Befragten unberücksichtigt bleibt. Dies ist vor dem Hintergrund einer Reiseleistung besonders relevant, da diese häufig mit hohem monetärem Aufwand verbunden ist. Hieraus ergibt sich das in Tabelle 19 dargestellte Messinventar.

Tabelle 19: Indikatoren zum Konstrukt Kaufabsicht

Indikator	Ausformulierung
KAUF1	Es ist wahrscheinlich, dass ich bei Anbieter X buchen würde.
KAUF2	Wenn ich es mir leisten könnte, würde ich bei Anbieter X buchen.
KAUF3	Ich beabsichtige, bei Anbieter X zu buchen.

Quelle: Eigene Darstellung.

Die Operationalisierung der **Weiterempfehlungsabsicht** findet bei Neumann (2007) ebenfalls Berücksichtigung, da sie Bestandteil des Konstruktes der Kundenloyalität ist (vgl. Tabelle 20). Im Kontext der Reputation nimmt die Weiterempfehlung eine entscheidende Position ein.

Die Betrachtung dieser Reputationskonsequenz ist daher von hervorgehobener Bedeutung. Wie schon beim Konstrukt Kaufabsicht dient der Ansatz von Neumann (2007), der die Arbeit von Giering (2000) als Ausgangspunkt nimmt, auch hier als Grundlage der Indikatorenbildung.

Tabelle 20: Rohindikatoren Weiterempfehlungsabsicht

Konstrukt	Indikator	Quelle
Weiterempfehlungs-absicht	Ich werde [Anbieter] an jemanden, der meinen Rat sucht, weiterempfehlen	Neumann (2007)
	Ich habe die Absicht Freunde und Verwandte zu ermuntern, Leistungen von [Anbieter] auszuprobieren	
	Von meinen guten Erfahrungen mit [Anbieter] sollen auch andere erfahren	

Quelle: Eigene Darstellung.

Die Indikatoren wurden dabei leicht abgewandelt, da nicht davon ausgegangen werden kann, dass jeder Proband bereits Erfahrungen mit dem jeweiligen Anbieter sammeln konnte. Aussagen wie „von meinen guten Erfahrungen mit [Anbieter] sollen auch andere erfahren" mussten dementsprechend geändert werden, was zu den Indikatoren in Tabelle 21 führte.

Tabelle 21: Indikatoren zum Konstrukt Weiterempfehlungsabsicht

Indikator	Ausformulierung
WEIT1	Ich habe die Absicht, Freunde und Verwandte zu ermuntern, Anbieter X auszuprobieren.
WEIT2	Sollte ich danach gefragt werden, so würde ich empfehlen, Kunde bei Anbieter X zu werden.
WEIT3	Anbieter X würde ich weiterempfehlen.

Quelle: Eigene Darstellung.

5.8 Spezifikation der Konstrukte

Bevor die einzelnen Konstrukte in das angestrebte Strukturgleichungsmodell überführt werden können, muss geklärt werden, welche Messmodelle formativ und welche reflektiv spezifiziert werden. Um die Spezifikationshypothesen zu testen, wird auf die in Kapitel 5.4 vorgestellten Heuristiken zurückgegriffen. Demnach sind drei Kriterien maßgebend (vgl. hierzu ausführlich Nitzl 2010: 9 sowie Kirstein 2009: 150). Erstens muss die Frage beantwortet werden, ob die Indikatoren Ursache oder Wirkung des Konstruktes sind. Zweitens stellt sich die Frage, ob die Indikatoren austauschbar sind. Bei der Operationalisierung wurde dieses zweite Kriterium bereits berücksichtigt, weshalb die Konstrukte stark eingegrenzt wurden. Dies hat zur Folge, dass bis auf die Anbieterreputation die Indikatoren der Konstrukte den gleichen thematischen Kern besitzen. Drittens besteht die Forderung, dass die Indikatoren bei einer reflektiven Spezifikation untereinander hoch korrelieren.

Hier konnte die eindeutige Bestimmung vornehmlich durch die Operationalisierung und die damit einhergehende Definition der Konstrukte erreicht werden. Die Beantwortung der Spezifikationsfragen fällt daher entsprechend leicht. Mit Ausnahme der Anbieterreputation wird für alle anderen Konstrukte eine reflektive Spezifikation vermutet (vgl. Tabelle 22).

Tabelle 22: Spezifikation der Konstrukte

Konstrukt	Kausalität	Austauschbarkeit	Korrelation	Spezifikationshypothese
Glaubwürdigkeit	Unklar	Ja	Ja	Reflektiv
Sympathie	Unklar	Ja	Ja	Reflektiv
Kompetenzvermutung	Unklar	Ja	Ja	Reflektiv
Anbieterreputation	Ursache	Nein	Nein	Formativ
Einstellung zum Anbieter	Unklar	Ja	Ja	Reflektiv
Vertrauen in den Anbieter	Unklar	Ja	Ja	Reflektiv
Kaufabsicht	Wirkung	Ja	Ja	Reflektiv
Weiterempfehlungsabsicht	Wirkung	Ja	Ja	Reflektiv

Quelle: Eigene Darstellung.

5.9 Untersuchungsrahmen

Basierend auf der Operationalisierung der Konstrukte, den qualitativen Vorstudien sowie deren Spezifikation, konnte im Anschluss die quantitative Erhebung durchgeführt werden. Der Untersuchungsrahmen wurde in Zusammenarbeit mit dem Marktforschungsunternehmen eResult umgesetzt. Ausgangspunkt der Kooperation war die Überlegung, dass im Rahmen dieser Arbeit ein Fragebogen erstellt werden kann, der theoretisch wie empirisch fundiert ist. Dann besitzt eResult im Anschluss einen wissenschaftlich abgesicherten Fragebogen, der zur Reputationsmessung von Unternehmen eingesetzt werden kann. Unterstützt wurde diese Studie durch die Bereitstellung des durch eResult betriebenen Onlinepanels **Bonopolis**[42]. Ein Onlinepanel *ist „ein Pool von registrierten Personen, welche sich bereit erklärt haben, wiederholt an online Un-*

---

[42] www.bonopolis.de

tersuchungen teilzunehmen" (Göritz et al. 2000: 62). Der Vorteil bei Panelteilnehmern ist, dass diese bereits Erfahrung mit der Beantwortung von Onlinebefragungen haben und sich dies positiv auf die Antwortqualität niederschlagen kann (vgl. Einwiller 2003: 158). Das Onlinepanel von Bonopolis zählt rund 30.000 Mitglieder. Zusätzlich wurde die Erhebung durch die teilnehmenden Unternehmen sowie den Autor selbst publik gemacht. Dadurch konnten in zwei Erhebungszeiträumen innerhalb von 14 Tagen jeweils 1986 und 1926 Datensätze gesammelt werden. Über die IP-Adresse konnte sichergestellt werden, dass kein Fragebogen von einem Computer aus mehrfach ausgefüllt wurde.

Grundsätzlich haben Onlinebefragungen den immensen Vorteil, dass die Daten nicht von Papier in eine digitale Form übertragen werden müssen. Zusätzlich konnte nachvollzogen werden, aus welcher Region die Probanden kamen, sodass hierdurch Rückschlüsse auf die Stichprobenzusammensetzung möglich waren.

Die erste Studie fand im Juli 2011 statt, die zweite folgte im November 2011. Da die erste Erhebung entscheidend für die Frage nach der grundsätzlichen Eignung des Strukturmodells war, wurde diese lediglich auf den Untersuchungsgegenstand Hotel angewandt. Die zweite Erhebung wurde mehrfach geteilt. Zum einen wurden sowohl eine Destination als auch ein Reisevermittler in die Erhebung aufgenommen. Zum anderen wurde zusätzlich der Datensatz des Reisevermittlers so aufgeteilt, dass den Probanden jeweils unterschiedliche Stimuli zur Verfügung gestellt wurden. Damit sollte im Anschluss an die Erhebung getestet werden, ob die Stimulusumgebung Einfluss auf die Reputation des Intermediärs hatte.

5.9.1 Untersuchungsablauf

In einer E-Mail, die an alle Mitglieder von Bonopolis (ca. 30.000 Personen) verschickt wurde, wurden der Inhalt und das Ziel des Fragebogens kurz erläutert. Die Formulierung der Mail selbst konnte durch die Pretests optimiert werden (vgl. Kapitel 5.6.3), sodass folgender Text versendet wurde:

> *„Sehr geehrte/r Frau/Herr XY, für ein wissenschaftliches Forschungsprojekt (Dissertation) möchten wir herausfinden, welchen Ruf ein Hotel durch verschiedene Internetauftritte (Website, Facebookseite, Bewertungsportal) hat. Dazu informieren Sie sich zunächst eingehend über ein bestimmtes Hotel und beantworten dann einige Fragen zu Ihrem Eindruck. Viel Spaß wünscht Ihr Bonopolis-Team"*

Zur Steigerung der Teilnahmemotivation wurden für die Beantwortung der Fragen unter allen Teilnehmern Preise im Wert von insgesamt 500,- Euro verlost, wobei sowohl das Kartoffelhotel als auch Cuxhaven mit einem Wellnesswochenende vor Ort den Hauptpreis sponserten. Um die Antwortbereitschaft zusätzlich zu erhöhen, wurde für den Fragebogen ein Maximum von 50 Fragen festgelegt. Dies dient der Vorbeugung einer kognitiven Überlastung und der einhergehenden sinkenden Qualität des Antwortverhaltens. Zudem wurden die Probanden darüber informiert, wie viel Zeit sie für die Beantwortung der Fragen einplanen sollten. Zum anderen wurde der Ausfüllstatus mithilfe einer prozentualen Anzeige visualisiert (vgl. Abbildung 28). Um den Folgen einer kontinuierlich sinkenden Aufmerksamkeit zusätzlich entgegenzutreten und so potenzielle systematische Messfehler zu verhindern, wurden die Fragen rotiert, sodass die Reihenfolge der Antworten variierte. Insgesamt konnte mit diesem Verfahren eine Rücklaufquote von ca. 6,5 Prozent erreicht werden. Bedenkt man, dass die Bonopolis-Teilnehmer bei anderen Umfragen oftmals eine Aufwandsentschädigung bekommen, ist diese Zahl durchaus zufriedenstellend.

Vor den Fragen zu den Konstrukten wurde abgefragt, ob der Untersuchungsgegenstand bereits bekannt war und vielleicht schon eigene Erfahrungen mit dem Untersuchungsgegenstand gesammelt werden konnten. Im Anschluss wurden den Probanden verschiedene Stimuli gezeigt, auf deren Auswahl später noch genauer eingegangen wird (als Beispiel siehe Abbildung 27). Die Unbekanntheit des Hotels hatte den Vorteil, dass lediglich die bereitgestellten Stimuli zu einer Beurteilung des Untersuchungsgegenstandes führten.

Abbildung 27: Beispiel für einen Stimulus beim Kartoffelhotel

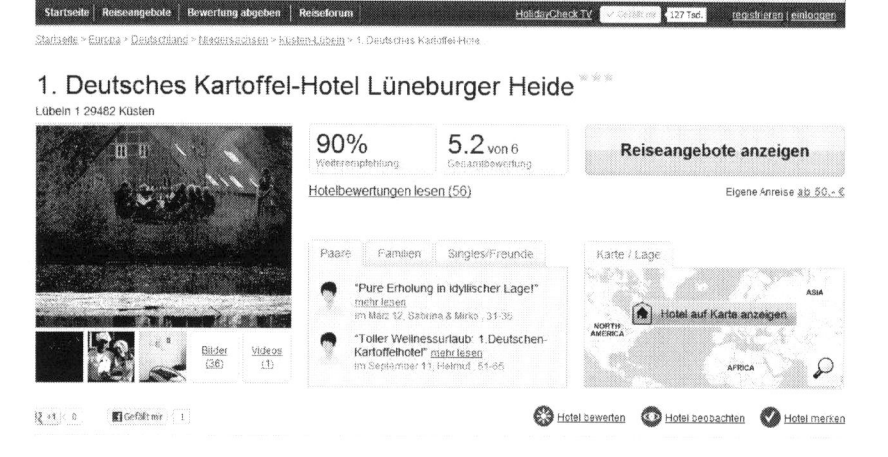

Quelle: www.holidaycheck.de.

Innerhalb der Befragung wurde die Recherchezeit auf den einzelnen Stimuliseiten aufgezeichnet, ebenso die Gesamtzeit für die Beantwortung der Befragung. Aus den Pretests ergab sich eine durchschnittliche Antwortzeit von 15 Minuten. Da dort auch die Gedanken zu den einzelnen Fragen verbalisiert werden mussten, wurde der minimale Zeitaufwand mit zehn Minuten angesetzt. Alle Datensätze, die unter diesem Wert lagen oder weniger als zwei Minuten pro Stimulusquelle auswiesen, wurden aus der Untersuchung eliminiert. Zusätzlich wurde die Qualität der Antworten überprüft. Da eine einheitliche Antwortskala für alle Fragen bestand, konnten Datensätze mit einheitlichem Antwortschema erkannt werden. Wenn also ein Proband bei allen Fragen den gleichen Wert (beispielsweise „100" oder „0") eintrug, wurden diese Datensätze aussortiert.

5.9.2 Antwortskala

Ziel der Befragungen war es, die Zustimmung oder Ablehnung in Bezug auf die Indikatoren zu klären. Um diese Haltung messbar zu machen, wurden Antwortskalen eingesetzt. In der Literatur werden dabei verschiedene Antwortskalen diskutiert. Grundsätzlich ist es das Ziel einer Messung, eine stufenlose bzw. metrische Skala nachzubilden.

Abbildung 28: Beispielansicht eines Schiebereglers

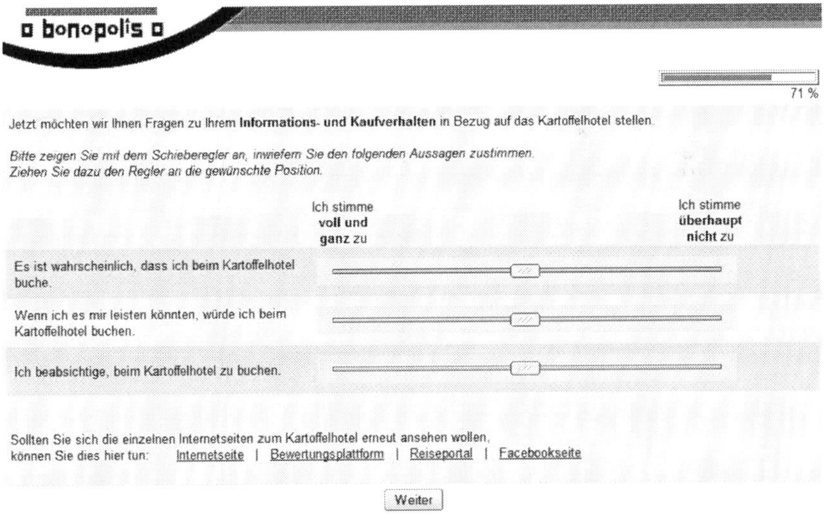

Quelle: www.eresult.de.

Da dies in der Praxis schwer möglich ist, werden sogenannte Likert-Skalen genutzt. Hier gibt es verschiedene Möglichkeiten zur Festlegung der Stufenanzahl innerhalb einer Skala. Eine hohe Anzahl von Skalenstufen ermöglicht eine feinere Einteilung.

Gleichzeitig besteht beim Probanden die Gefahr, dass die Differenzierungsfähigkeit abnimmt. Daher ist weder eine zu hohe noch eine zu geringe Anzahl der Stufen sinnvoll (vgl. Einwiller 2003: 162-163).

Des Weiteren ist bei dieser Art von Skalen zu beachten, dass man den Probanden bei einer geraden Anzahl von Stufen zu einer Entscheidung zwingt, wohingegen er bei einer ungeraden Anzahl die Möglichkeit hat, eine neutrale Antwort zu wählen. Insgesamt sind diese Skalen unbefriedigend, da sie das ursprüngliche Ziel der Nachbildung eines metrischen Skalenniveaus nicht erfüllen.

Im Rahmen dieser Arbeit wurde daher ein dynamischer Schieberegler verwendet (siehe Abbildung 28), sodass die Probanden stufenlos ihre Zustimmung oder Ablehnung einer Frage äußern konnten. Um diese Stufenlosigkeit zu unterstützen, wurden zudem lediglich die äußeren Enden der Regler mit der Beschriftung „Ich stimme voll und ganz zu" und „Ich stimme überhaupt nicht zu" betitelt. Die Ergebnisse wurden im Anschluss in eine prozentuale Skala (0 bis 100) übersetzt. Dies hatte zusätzlich den Vorteil, dass für den gesamten Fragebogen eine einheitliche Skala verwendet werde konnte.

5.9.3 Untersuchungsgegenstand

Der Untersuchungsgegenstand sollte im Bezug auf die Reiseentscheidung im Internet eine hohe Verallgemeinerbarkeit ermöglichen. Gleichzeitig mussten die innerhalb der Untersuchung integrierten touristischen Unternehmen aus dem Konvergenzgebiet Lüneburg stammen, da diese Arbeit durch den Innovations-Inkubator unterstützt wurde. Ziel der empirischen Untersuchung war es also, das Strukturgleichungsmodell an den Hauptakteuren der touristischen Dienstleistungskette zu testen. Damit wurde der Fokus auf die Validierung des Reisesegmentes beschränkt. Die Generalisierbarkeit auf andere Branchen kann nicht pauschal erfolgen. Dieser Nachteil wurde durch die Möglichkeit zur Fokussierung auf den Tourismussektor bewusst in Kauf genommen. Laut einer Studie des Instituts für Markt- und Tourismusforschung sind Destinationenseiten (58 Prozent), Bewertungsportale (55 Prozent) sowie Internetseiten von Hotels und anderen privaten Anbietern (54 Prozent) die mit Abstand am häufigsten besuchten Seiten, wenn es um eine Reiseentscheidung geht (vgl. T.I.P. Biehl und Partner 2011: 8). Daher sollten diese touristischen Akteure innerhalb der empirischen Erhebung abgebildet werden. Im Bereich Hotellerie und Destination war eine weitere Bedingung, dass Informationen über den jeweiligen Untersuchungsgegenstand auf verschiedenen Portalen zur Verfügung standen, die als Stimuli dienten. Dabei sollte der Informationsprozess möglichst genau nachgebildet werden, um etwaige Verzerrungen zu vermeiden.

Diese Kriterien wurden im Bereich der Hotellerie vom **1. Deutschen Kartoffelhotel** erfüllt. Der Geschäftsführer des Hotels, Olaf Stehr, setzt bei seinen Marketingaktivitäten stark auf das Onlinemarketing. So sind in den Portalen Facebook, HRS sowie HolidayCheck sehr gute Beschreibungen des Hotels vorhanden. Da das Leistungsspektrum eines Hotels klar definiert ist, konnten die Indikatoren eindeutig auf die Leistungen des Hotels bezogen werden. Eine weitere Motivation war die zunehmende Bedeutung von Bewertungen im Internet, wodurch das Reputationsmanagement in der Hotellerie an Relevanz gewinnt. Deshalb war das Kartoffelhotel Ausgangspunkt der empirischen Analyse.

Nach einer Anpassung und Verdichtung auf die relevantesten Aspekte wurden einige Indikatoren eliminiert. Der finale Fragebogen wurde in einer zweiten und dritten Studie auf den Gegenstand der Destinationen und Reisevermittler bezogen. Der Bezug auf die Destination Cuxhaven, repräsentiert durch die **CUX-Tourismus GmbH**, ermöglichte eine Anwendung des Modells auf ein heterogenes Leistungsspektrum. Denn die Reputation einer Destination kann durch einzelne Leistungsträger überlagert werden. Die Auswahl des Reisevermittlers **HolidayCheck** wird damit begründet, dass dieser im Sinne der Reputationsgenerierung derzeit im deutschsprachigen Markt eine Schlüsselposition einnimmt.

5.9.4 Auswahl der Untersuchungsstimuli

Bevor die einzelnen Fragen beantwortet werden konnten, musste für alle Teilnehmer eine Informationsbasis geschaffen werden, auf der sie ihre Einschätzung zum jeweiligen Untersuchungsgegenstand abgeben konnten. Der Argumentation von Walsh und Beatty (2007: 129) folgend, stand bei den bisherigen Konzeptualisierungen die Rolle des unternehmerischen Handelns zu wenig im Fokus. Zudem sind sie der Überzeugung, dass die Reputation sowohl aus den Interaktionserfahrungen mit einer Firma resultieren kann als auch aus indirekten Erfahrungen und Meinungen Dritter. Demnach müssen die **Stimuli** so gewählt werden, dass der Konsument sowohl in einer indirekten Kommunikation mit dem Unternehmen via Internet steht als auch die Möglichkeit hat, im Informationsprozess Kundenmeinungen aufzunehmen. Des Weiteren war es wichtig, dass der Informationsprozess bestmöglich repräsentiert wird.

Der Branchenmonitor Reisen stellt in diesem Zusammenhang fest, wie viele Internetseiten ein durchschnittlicher Nutzer besucht, bevor er eine Reise bucht. Innerhalb der Studie wurden diese Internetseiten in Kategorien eingeteilt (vgl. SirValUSe 2008: 21-28). Ausgehend von dieser Einteilung wurde gemeinsam mit den Kooperationspartnern evaluiert, über welche genauen Referenzseiten es bei ihnen zu einem Buchungsabschluss kommt. Diese wurden mit dem Branchenmonitor Reisen abgeglichen. Da die Zahl der Stimuli aufgrund des Zeitfaktors auf maximal vier beschränkt werden musste, wurden die ersten vier Kategorien als Basis für den Untersuchungsgegenstand **Hotel** genommen. Die konkreten Stimuli waren dabei das Hotelbuchungsportal Hotel Reservation Service (HRS) als Repräsentant für die Reisevermittler, die hoteleigene Internetseite sowie HolidayCheck als Vertreter der Bewertungsplattformen. Da die hotelspezifischen Informationen auf den relevanten Reiseveranstalterseiten sehr gering waren, eignete sich diese Kategorie nicht als Stimulus. Das Hotel selbst ist im Bereich Social Media und insbesondere auf Facebook sehr aktiv. Daher wurde die Fanpage des Hotels als Alternative zu dieser Kategorie ausgewählt. Dies hat im Rahmen der Untersuchung den Vorteil, dass auf der Fanpage eine Interaktion zwischen dem Hotel und ehemaligen sowie potenziellen Gästen stattfindet. Die Probanden konnten sich so einen vermittelten Eindruck der Interaktionskompetenz des Hotels verschaffen, was im Rahmen der Reputation ein starkes Argument für diese Stimulusquelle war.

Auch beim Untersuchungsgegenstand der **Destination** waren die Informationen zu den Reiseveranstaltern wenig zufriedenstellend. Schließlich fiel die Entscheidung in der Kategorie der Reisevermittler auf die eigene Internetseite des Kooperationspartners CUX-Tourismus GmbH, da dieser zum einen zwar die Destination repräsentiert, aber gleichzeitig Unterkünfte vermittelt. Dieser Umstand wurde als Vorteil im Hinblick auf den Untersuchungsgegenstand Destination gesehen. Denn so war garantiert, dass die Probanden auch Informationen zur Destination recherchieren konnten. Als Bewertungsplattform bietet HolidayCheck die Möglichkeit, auch Kundenmeinungen zu der jeweiligen Destination zu recherchieren. Von einer Integration der Fanpage auf Facebook wurde in diesem Fall abgesehen, da es keine Unternehmensseite gab, die explizit den Namen Cuxhaven trug. Zudem waren die eigenen Social-Media-Aktivitäten eher gering. Da die Kundenmeinungen im Kontext der Reputation immens wichtig sind, wurde alternativ das allgemeine Bewertungsportal „dooyoo" ausgewählt, auf dem sich Meinungen zur Destination finden lassen. Anstelle einer Hotelseite wurde die Destinationsseite vom Nordseeheilbad Cuxhaven ausgewählt, die Informationen zur Destination offeriert.

Dieses Verfahren konnte auf den Untersuchungsgegenstand der **Intermediäre** nicht angewendet werden. Hier ergibt sich die Schwierigkeit, dass Reisevermittler immer die Leistung anderer anbieten und daher nicht ausgeschlossen werden kann, dass bei der Beantwortung der Fragen die Bewertung dieses Portals mit der Bewertung anderer Leistungsträger vermischt wird. Um diesen Einfluss messen zu können und einen Bezug zu den erstgenannten Untersuchungsobjekten herzustellen, wurde bei der Untersuchung die Stichprobe aufgeteilt. Zum einen wurde das 1. Deutsche Kartoffelhotel innerhalb des Portals gezeigt und zum anderen wurde den Probanden eine Seite von HolidayCheck präsentiert, auf der die Destination Cuxhaven bewertet wurde. Dementsprechend wurde einer Gruppe als Stimulus die Präsenz des Kartoffelhotels auf HolidayCheck geboten und einer anderen Gruppe die Präsenz von Cuxhaven auf HolidayCheck. Dies hatte den Vorteil, dass die Daten insgesamt auf das Strukturgleichungsmodell angewendet werden konnten und sich gleichzeitig die Möglichkeit bot, herauszufinden, ob die Reputation von HolidayCheck von der jeweiligen Stimulusumgebung abhängig ist. Ziel war es hier also, zu untersuchen, ob die Reputation von Holiday-Check abhängig vom jeweiligen Inhalt der Seite ist.

Insgesamt konnten durch dieses Vorgehen die wichtigsten Referenzseiten und Kategorien des jeweiligen Untersuchungsgegenstandes ermittelt werden. Ziel dieser Zusammenstellung war es, ein möglichst reales Abbild der ausgewählten Stimuli zu geben. Gleichzeitig wurden durch diese Auswahl die Informationsquellen für die Probanden vereinheitlicht. Dennoch wurde den Probanden lediglich ein Link als Einstieg geboten. Die weitere Informationsaufnahme wurde den Teilnehmern hingegen freigestellt, damit eine realitätsnahe Informationssuche stattfinden konnte. Bei diesem Vorgehen kann keine absolute Homogenität der Stimuli garantiert werden, sodass es zu einer Verzerrung der Antworten kommen kann. Dieses Problem wird in der Literatur als *„unobserved heterogeneity"* bezeichnet (vgl. Dolnicar und Leisch 2000). Einzige Alternative, um die Reizquellen homogen zu gestalten, wäre die Zusammenstellung in Form eines Videos gewesen. Dies hätte allerdings eine passive Informationsaufnahme zur Folge gehabt, was im Kontext des Internets als realitätsfern eingestuft werden muss (vgl. Kapitel 2.4). Allerdings kann die Reputation der einzelnen Untersuchungsgegenstände ohnehin durch Vorerfahrungen überlagert werden. Hinzu kommt, dass die Probanden durch das beschriebene Vorgehen aktiv nach den Reiseinformationen suchen können. Da das Informationsverhalten im Rahmen dieser Arbeit eine große Rolle spielt, überwog dieser Vorteil gegenüber dem Nachteil der *„unobserved heterogeneity"* und wurde bewusst in Kauf genommen.

5.9.5 Untersuchungssubjekte

Wie bereits angesprochen, wurde diese Studie auf der Basis einer Onlinebefragung durchgeführt. Bei Onlinebefragungen wird häufig kritisiert, dass diese die Grundgesamtheit der Bevölkerung nicht abbilden können. Der ARD/ZDF-Onlinestudie zufolge nutzten 2011 73,3 Prozent der deutschen Bevölkerung das Internet, sodass 26,7 Prozent im Rahmen einer Onlinebefragung nicht erfasst werden können (ARD und ZDF 2011). Da es sich hier allerdings um den Untersuchungsgegenstand Internet handelt, können als Grundgesamtheit auch die Internetnutzer innerhalb Deutschlands definiert werden. Ein weiteres Problem, das die Auswahl der Probanden im Rahmen einer Onlinebefragung verzerrt, resultiert daraus, dass durch die Offenheit des Fragebogens die Teilnehmer nicht aktiv und zufällig rekrutiert werden, sondern selbst auswählen, ob sie an der Befragung teilnehmen (vgl. Göritz und Moser 2000: 156-158). Dementsprechend kann eine repräsentative Stichprobe nur durch zufällige Auswahl der Probanden erfolgen. Dies ist mit enormen monetären und zeitlichen Aufwendungen verbunden.

Aufgrund der beschriebenen Hindernisse sollte daher gefragt werden, ob eine repräsentative Stichprobe überhaupt notwendig ist. Denn Ziel dieser Arbeit ist die Überprüfung von theoretisch hergeleiteten Hypothesen, die einen Wirkungszusammenhang beschreiben. Die Schätzung von Populationsparametern stellt dabei lediglich ein untergeordnetes Ziel dar. Wenn theoretisch postulierte Zusammenhänge Gültigkeit haben sollen, dann müssen diese für jede Stichprobe gelten (vgl. Moser 1986: 139-140). Aufgrund dieser Argumentation wird die Gewinnung einer repräsentativen Stichprobe im Rahmen dieser Untersuchung nicht als zwingend erforderlich eingestuft (vgl. hierzu auch Einwiller 2003: 157). Die Datenerhebung mithilfe des Onlinepanels von Bonopolis wird daher als geeignet erachtet.

Dennoch soll hier eine Beschreibung der Stichprobe stattfinden, um einen Eindruck von den Probanden zu ermöglichen. Dafür wurden neben den Fragen zu den einzelnen Konstrukten auch Daten erhoben, die Rückschlüsse auf demografische Charakteristika geben. Insgesamt konnten bei der ersten Befragung 1986 Datensätze gesammelt werden, von denen 1389 vollständig ausgefüllt und verwertbar waren. Bei der zweiten Erhebung blieben von 1926 Datensätzen 1479 übrig. Für die Auswertung konnten so insgesamt 2868 Fragebögen verwendet werden. Davon fielen auf den Untersuchungsgegenstand Kartoffelhotel 1389 Datensätze. Da die zweite Erhebung aufgeteilt wurde, kamen entsprechend weniger Antworten pro Fall zustande. Dennoch gelang es, für Cuxhaven 719 und für HolidayCheck 760 Datensätze zu generieren. Damit liegt die Stichprobe in allen Fällen um ein Vielfaches über der von SmartPLS geforderten *„rule of ten"* (vgl. Kapitel 5.2.2). Diese Regel besagt, dass die Menge an Pfaden von dem Konstrukt, das die meisten Indikatoren besitzt, mit zehn multipliziert werden muss, um die Mindestmenge an Fällen zu berechnen. Im vorliegenden Fall ist dies das Konstrukt der Anbieterreputation mit zehn Indikatoren. Demnach wäre die geforderte Mindestgröße des Samples 100.

Das Durchschnittsalter der Befragten lag zwischen 35 und 39 Jahren, wobei die Gruppe der 20- bis 49-Jährigen im Vergleich zum Bundesdurchschnitt überrepräsentiert war. Dies ging einher mit einer Unterrepräsentation der 14- bis 19-Jährigen sowie der über 65-Jährigen. Die Geschlechterverteilung weist eine Überrepräsentation von weiblichen Teilnehmern auf. Bei der Haushaltsgröße waren drei und vier Personen überdurchschnittlich repräsentiert, wohingegen die Alleinlebenden im Vergleich zum Bundesdurchschnitt unterrepräsentiert waren. Im Bereich der Schul- und Berufsabschlüsse ist ein eindeutiger Schwerpunkt an Abiturienten und Studenten zu konstatieren. Insgesamt weicht die Stichprobe in Teilbereichen deutlich vom Bundesdurchschnitt ab, wohingegen andere Merkmale nur mit leichten Abweichungen repräsentiert werden (vgl. Tabelle 23).

Tabelle 23: Demografische Charakteristika der Stichprobe

	Deutschland	Kartoffelhotel	Cuxhaven	HolidayCheck
Alter				
14-19	19%	10,5%	14,35%	5,12%
20-29	12%	24,1%	21,94%	24,44%
30-49	30%	44,42%	43,06%	46,52%
50-64	19%	18,72%	17,39%	20,89%
65-80	15%	2,02%	2,07%	2,37%
80+	5%	0,14%	0,00%	0,13%
Geschlecht				
Weiblich	50,98%	57,99%	57,92%	55,72%
Männlich	49,02%	42,01%	42,08%	44,28%
Haushaltsgröße				
Eine Person	40%	23,89%	19,04%	23,45%
Zwei Personen	34%	34,32%	39,19%	35,76%
Drei Personen	13%	21,08%	22,36%	18,6%
Vier Personen	10%	14,1%	13,25%	15,07%
Fünf bis sechs Personen	4%	6,11%	4,97%	6,29%
Schulabschluss				
Noch in Ausbildung/Ohne Abschluss	7,6%	0,72%	1,24%	0,66%
Hauptschulabschluss	37%	10,07%	10,49%	10,61%
Realschulabschluss	21,7%	30,72%	33,81%	32,49%
Abitur/Fachabitur	25,8%	56,91%	52,44%	54,37%
Anderer Abschluss	7,5%	1,08%	0,83%	1,05%
Berufsabschluss				
In Ausbildung/Studium/Ohne Abschluss	27,8%	15,18%	11,04%	16,24%
Lehre/Berufsausbildung	50,2%	50,07%	50,37%	49,26%
Fachschule/Meisterschule	7,7%	4,76%	6,49%	6,81%
Studium	12,5%	26,4%	26,91%	24,5%
Promotion	1,1%	1,51%	2,21%	0,66%
Anderer Abschluss	0,2%	1,58%	1,52%	1,7%

Quelle: Eigene Darstellung auf Basis der Daten von Statistisches Bundesamt 2011: 44, 47 und 127 (Daten umgerechnet) sowie der eigenen Datenerhebung.

Neben den demografischen Charakteristika wurde die Internetaffinität der Probanden abgefragt. Über die drei Stichproben betrachtet,, hat im Durchschnitt die Mehrheit der Befragten (87,43 Prozent) das Internet bereits genutzt, um sich über eine Reise zu informieren. Davon haben rund 72,27 Prozent auch schon eine Reiseleistung im Internet gebucht. Im Vergleich zu den Angaben des „ADAC Reisemonitors" ist die Internetaffinität überdurchschnittlich hoch (vgl. Tabelle 24). Dort werden Werte von 65,10 Prozent bei der Reiseinformationssuche im Internet und 46,2 Prozent bei der Reisebuchung angegeben (ADAC 2012: 55 und 57). Zu einem ähnlichen Ergebnis kommt eine Studie, die im Auftrag des V.I.R. durchgeführt wurde und repräsentativ für die deutsche Bevölkerung ist. Demzufolge haben 51,4 Prozent bereits eine Reise online gebucht (VIR 2012: 28).

Tabelle 24: Internetnutzung zur Reiseinformation und Buchung

	Deutschland	Kartoffelhotel	Cuxhaven	HolidayCheck
Internetnutzung zur Reiseinformationen				
Ja	49%	81,01%	91,15%	90,12%
Nein	51%	18,99%	8,85%	9,88%
Internetnutzung zur Reisebuchung				
Ja	29%	69,21%	77,00%	70,61%
Nein	71%	30,79%	23,00%	29,39%

Quelle: Eigene Darstellung auf Basis der Daten von VIR 2012: 21 sowie der eigenen Datenerhebung.

Um bestimmen zu können, ob die gezeigten Stimuli auch dem Informationsverhalten der Befragten entsprachen, wurden im Anschluss die Online-Informationsquellen abgefragt. Dabei war es den Probanden auch möglich, alternative Quellen zu nennen.

Tabelle 25: Informationsquellen bei der Reiseentscheidung

Informationsquellen	Deutschland	Kartoffelhotel	Cuxhaven	HolidayCheck
Intermediäre	n.v.	70,43%	71,62%	65,63%
Bewertungen	n.v.	58,13%	61,69%	50,57%
Social Networks	n.v.	12,95%	13,94%	16,11%
Anbieterseite	n.v.	75,54%	79,63%	68,91%
Andere	n.v.	4,39%	6,49%	8,91%
Keine	n.v.	8,56%	4,28%	6,42%
n.v. = nicht verfügbar.				

Quelle: Eigene Darstellung auf Basis der eigenen Datenerhebung.

Zusammengenommen informieren sich etwa zwei Drittel (69,23 Prozent) über Reiseportale wie HRS, 56,80 Prozent über Bewertungsplattformen wie HolidayCheck und 14,33 Prozent über soziale Netzwerke wie Facebook. Die Informationsbeschaffung über die Anbieterseite fiel mit durchschnittlich 74,69 Prozent relativ hoch aus. Bis auf die sozialen Netzwerke können alle Stimuli als adäquat bezeichnet werden, da sich jeweils über die Hälfte der Probanden über diese Kanäle informierten. Der Stimulus der Facebookseite wurde lediglich bei der ersten Erhebung integriert und aufgrund der genannten Ergebnisse in der Folge nicht weiter berücksichtigt (vgl. Tabelle 25).

Neben diesen Daten war es wichtig, die aktuelle Relevanz des Themas Reisen für die Befragten zu ermitteln. Es kann davon ausgegangen werden, dass die Antworten qualitativ hochwertiger sind, wenn sich die Befragten gerade in einem Reiseentscheidungsprozess befinden. Es wurden daher die Parameter Reiseintensität sowie die Dauer einer zurückliegenden oder bevorstehenden Reise abgefragt.

Tabelle 26: Reiseverhalten der Stichprobe

	Kartoffelhotel	Cuxhaven	HolidayCheck
Urlaubsübernachtungen			
Keine Übernachtung	24,32%	13,25%	17,16%
1-7 Nächte	33,60%	22,49%	22,93%
8-14 Nächte	20,94%	32,84%	28,69%
15-21 Nächte	12,59%	17,11%	19,39%
22-28 Nächte	6,33%	10,35%	8,78%
Mehr als 28 Nächte	1,73%	2,62%	2,10%
Urlaubsplanung			
In weniger als einem Monat	20,07%	8,14%	9,17%
In ein bis drei Monaten	35,68%	22,91%	19,39%
In vier bis sechs Monaten	13,81%	29,39%	28,43%
In sieben bis neun Monaten	15,61%	29,26%	30,79%
Später als in neun Monaten	14,53%	9,11%	11,4%
Urlaubshistorie			
Vor weniger als einem Monat	15,61%	9,25%	7,73%
Vor ein bis drei Monaten	22,66%	33,40%	28,82%
Vor vier bis sechs Monaten	13,74%	29,81%	28,56%
Vor sieben bis neun Monaten	20,07%	10,76%	13,76%
Länger her	27,63%	15,59%	20,44%

Quelle: Eigene Darstellung auf Basis der eigenen Datenerhebung.

In Bezug auf die Reiseintensität ergab sich eine sehr gleichmäßige Verteilung. Dennoch war der Extremwert von mehr als 28 Übernachtungen mit 2,15 Prozent sehr gering. Nach Angaben der Reiseanalyse 2011 (FUR 2012: 2) liegt die Urlaubsintensität der deutschen Bevölkerung bei 75,7 Prozent. Dieser Wert deckt sich in etwa mit den in dieser Arbeit erhobenen Daten aus Tabelle 26. So gaben 18,24 Prozent an, im Vorjahr gar keine Urlaubsübernachtung gehabt zu haben, und 21,22 Prozent verwiesen darauf, dass seit der letzten Urlaubsreise mehr als zwölf Monate vergangen seien. Gleichzeitig planen lediglich 11,68 Prozent eine Urlaubsreise, die erst in neun oder mehr Monaten stattfinden soll. Der „ADAC Reisemonitor" (ADAC 2012: 19-20) gibt an, dass rund zwei Drittel (65,10 Prozent) der deutschen Reisenden sich bereits ein halbes Jahr im Voraus über eine Reise informieren. Rund die Hälfte aller Reisenden (44,50 Prozent bei der Unterkunft und 64,70 Prozent bei der Destination) legt sich auch schon sechs Monate im Voraus fest. Da in dieser Studie bei 63,19 Prozent eine Reise nicht länger als ein halbes Jahr zurückliegt und 62,33 Prozent der Befragten innerhalb eines halben Jahres die nächste Reise planen, kann davon ausgegangen werden, dass sich ein Großteil der Befragten gerade in einer konkreten Urlaubsplanung befinden.

Mit der Beschreibung der Stichprobe ist die Dokumentation des methodischen Vorgehens abgeschlossen. Im Anschluss folgte die Befragung. Die Ergebnisse wurden sodann in das Programm SmartPLS überführt und die Daten entsprechend ausgewertet. Im Folgenden wird zunächst ein Überblick über die Gütekriterien der PLS-Pfadmodellierung gegeben, um darauf aufbauend die Ergebnisse auszuwerten.

6. Beurteilungskriterien der PLS-Pfadmodellierung

Nachdem die Auswahl der angewandten Methode im vorhergehenden Kapitel begründet wurde, sollen nun die Beurteilungskriterien der PLS-Pfadmodellierung erläutert werden. Dabei werden mit der Reliabilität und Validität zunächst grundlegende Beurteilungsmöglichkeiten vorgestellt. Im Anschluss wird erläutert, welche dezidierten Messgrößen sich im Rahmen der PLS-Pfadmodellierung bieten. Das Kapitel schließt mit einer Einordnung der Möglichkeiten und Grenzen der verwandten Methodik. Die diskutierten Kriterien dienen als Basis für die in Kapitel 7 folgende Evaluierung der empirischen Ergebnisse.

6.1 Reliabilität und Validität bei der PLS-Pfadmodellierung

Bei der Prüfung der Ergebnisse der PLS-Pfadmodellierung soll zum einen aufgezeigt werden, dass die Ergebnisse stabil und konstant sind (Reliabilität), und zum anderen, inwiefern das theoretisch hergeleitete Konstrukt sowie dessen Verbindungen durch die Daten wiedergegeben werden (Validität) (vgl. Henseler 2006: 116).

Mit **Reliabilität** ist die Genauigkeit einer Messung gemeint. Bei der Verfälschung von Messergebnissen können drei Hauptursachen identifiziert werden. Sie betreffen den Einfluss äußerer Störfaktoren (Bedingungskonstanz), die Einstellung der Probanden bei wiederholter Untersuchung (Merkmalskonstanz) sowie die Präzision des Messinstrumentes (instrumentale Konstanz). Die Genauigkeit kann also durch äußere Umstände, die Testperson selbst oder die Messmethode beeinträchtigt werden (vgl. Berekoven et al. 2009: 81).

Die **Validität** beschreibt hingegen die Gültigkeit eines Verfahrens. In der Praxis bedeutet dies, dass es den eigentlichen Sachverhalt auch erfassen können muss. In der Literatur findet sich eine Vielzahl unterschiedlicher Validitätskriterien. In der quantitativen Forschung wird häufig zwischen interner und externer Validität differenziert (vgl. Berekoven et al. 2009: 82-83). Wie beim methodischen Vorgehen beschrieben, werden zur Prüfung des Modells im Folgenden sowohl inhaltliche als auch statistische Kriterien beachtet (vgl. Kapitel 5).

Den inhaltlichen Reliabilitäts- und Validitätsaspekten wurde durch das Untersuchungsdesign Rechnung getragen (vgl. Kapitel 5.9). Auf statistischer Ebene ist ein zentraler Beurteilungsmaßstab die quantitative Beurteilung der erhobenen Daten. Hier stehen der PLS-Pfadanalyse im Vergleich zur Kovarianzstrukturanalyse wesentlich weniger Gütemaße zur Verfügung. Ursächlich hierfür ist der Verzicht auf Verteilungsannahmen, weshalb parametrisch ausgerichtete Testverfahren bei PLS ausscheiden. Als entscheidender Maßstab werden daher auf Mess- und Strukturmodellebene die Pfadkoeffizienten zwischen Indikator und Konstrukt bzw. zwischen den Konstrukten herangezogen. Um die Wahrscheinlichkeit dieser Zusammenhänge zu ermitteln, wird ein Signifikanztest mithilfe von t-Werten benötigt. Für diesen sind üblicherweise Verteilungsannahmen notwendig. Im Rahmen einer PLS-Pfadanalyse wird deshalb auf die Resampling-Technik des Bootstrappings zurückgegriffen, die keine Verteilungsannahmen benötigt (vgl. Fassott 2007: 117). Bei diesem Verfahren werden von den Ausgangsdaten „n" neue Stichproben gezogen. Für jede dieser Stichproben wird jeweils das Strukturgleichungsmodell geschätzt. Damit ergeben sich „n" Schätzwerte pro Modellparameter, woraus wiederum Mittelwerte und Standardabweichungen geschätzt werden können. Diese werden in der Folge dazu genutzt, die Signifikanz der einzelnen Pfadkoeffizienten zu ermitteln. Wie in der Literatur üblich, gilt auch hier ein Signifikanzniveau von 0,05 bzw. eine Irrtumswahrscheinlichkeit von fünf Prozent. Eine Ausnahme sollen dabei die Pfadkoeffizienten zwischen den reflektiven Indikatoren und Konstrukten bilden, da hier ein hochsignifikantes Ergebnis vorausgesetzt wird. Daher werden diese Werte konservativ mit 0,01 bzw. auf einem 1-Prozent-Niveau bewertet. In diesem Zusammenhang ist der Hinweis von Henseler et al. (2009: 305-306) wichtig, dass im Rahmen einer PLS-Analyse zwar berichtet werden kann, wenn eine Variable nicht signifikant ist, deren Beibehalten sich jedoch nicht negativ auf die Modellgüte auswirkt.

Abbildung 29: Evaluierung von PLS-Modellschätzungen

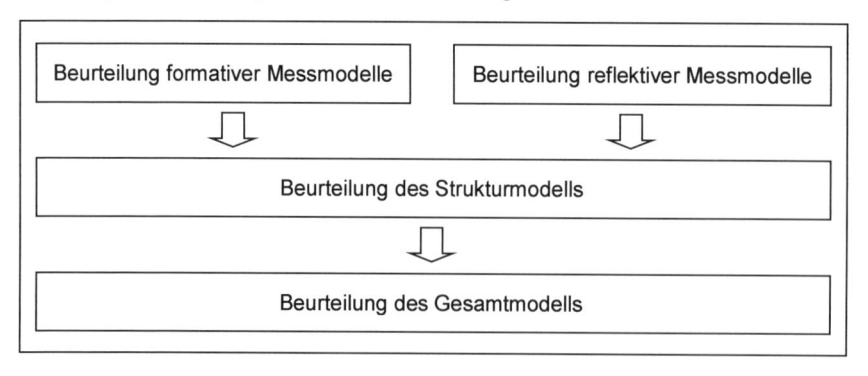

```
┌─────────────────────────────────────┐  ┌─────────────────────────────────────┐
│  Beurteilung formativer Messmodelle │  │  Beurteilung reflektiver Messmodelle│
└─────────────────────────────────────┘  └─────────────────────────────────────┘
                    ⇩                                        ⇩
┌───────────────────────────────────────────────────────────────────────────────┐
│                        Beurteilung des Strukturmodells                         │
└───────────────────────────────────────────────────────────────────────────────┘
                                        ⇩
┌───────────────────────────────────────────────────────────────────────────────┐
│                        Beurteilung des Gesamtmodells                           │
└───────────────────────────────────────────────────────────────────────────────┘
```

Quelle: In Anlehnung an Schloderer et al. 2009: 579 sowie Nitzl 2010: 22.

Dennoch müssen nach Schloderer et al. (2009: 579-580) die Gütekriterien der Mess- und Strukturmodelle in ihrer Gesamtheit betrachtet werden, um Rückschlüsse auf die Güte des Gesamtmodells ziehen zu können. Voraussetzung für eine Beurteilung des Strukturmodells ist dabei, dass die Messmodelle valide und reliabel sind. Deshalb sollten zunächst die reflektiven und formativen Messmodelle untersucht werden, um dann das Strukturmodell zu evaluieren (vgl. auch Nitzl 2010: 22-23). Abschließend erfolgt dann eine Beurteilung des Gesamtmodells. Diesem Ablaufschema soll auch hier gefolgt werden (siehe Abbildung 29).

Um für diese Arbeit eine Evaluierungsbasis zu schaffen, werden im Folgenden die gängigen Gütekriterien der PLS-Pfadmodellierung diskutiert. Daran anschließend kann mithilfe der ausgewählten Verfahren die Auswertung der empirischen Ergebnisse erfolgen.

6.2 Gütemaße reflektiver Messmodelle

Um die Qualität einer Messung beurteilen zu können, bieten sich bei einem reflektiv spezifizierten Messmodell verschiedene Möglichkeiten. Ausgangspunkt ist bei den Gütekriterien, dass die Indikatoren bei der reflektiven Spezifikation eine Ausprägung des Konstruktes sind (vgl. Henseler 2006: 115). Folglich müssen die Indikatoren inhaltlich konsistent sein, was durch die Messung der Korrelation der Indikatoren nachgewiesen werden kann. Stehen die einzelnen Indikatoren stark miteinander in Beziehung, so kann davon ausgegangen werden, dass die Messung reliabel ist.

Die **Indikatorreliabilität** lässt Aussagen darüber zu, inwieweit die einzelnen Indikatorvariablen das Konstrukt messen (vgl. Zinnbauer und Eberl 2004: 7). Es kann also für jeden Indikator dessen Reliabilität ermittelt werden. Die Indikatorreliabilität testet dabei, wie hoch der Anteil an gemeinsamer Varianz zwischen dem Indikator und dem ihm zugehörigen Konstrukt ist (vgl. Nitzl 2010: 24 sowie Henseler 2006: 116). Gemeinhin wird gefordert, dass mindestens die Hälfte der Varianz eines Indikators durch das Konstrukt erklärt wird, was einer Faktorladung von 0,7 entspricht (vgl. Schloderer et al. 2009: 580). Gleichzeitig wird postuliert, dass ein Indikator nur dann eliminiert werden sollte, wenn seine Ladung geringer als 0,4 ist. Henseler et al. (2009) weisen in diesem Zusammenhang auf die PLS-Eigenschaft des *„consistency at large"* hin. Diese besagt, dass ein Messmodell umso genauer wird, je höher die Anzahl der ihm zugeordneten Indikatoren ist. Dabei führt die Beibehaltung eines Indikators mit geringer Ladung nicht zu einer Verschlechterung der Ergebnisse. Daher sollte neben der geringen Faktorenladung auch gelten, dass die Eliminierung des Indikators mit einem substanziellen Anstieg der Konstruktreliabilität einhergeht (vgl. Henseler et al. 2009: 299).

Die **Konstruktreliabilität** misst, wie gut die Indikatoren ein Konstrukt wiedergeben. Ausschlaggebend für eine gute Konstruktreliabilität ist die interne Konsistenz der Indikatoren (vgl. Krafft et al. 2005: 74). Es wird also gemessen, wie homogen die Indikatoren eines Konstruktes sind und damit, wie hoch sie untereinander korrelieren (vgl. Schloderer et al. 2009: 580). Sowohl der Konstruktreliabilitätskoeffizient ρ_C als auch das Gütemaß Cronbachs Alpha basieren auf der Berechnung der Interkorrelation der Indikatoren. Bei Cronbachs Alpha muss einschränkend angemerkt werden, dass der

Wert in Abhängigkeit zu der Anzahl der Indikatoren steht. Sind in einem Strukturgleichungsmodell also Konstrukte mit einer unterschiedlichen Anzahl von Indikatoren integriert, so ist die Aussagekraft des Wertes nicht präzise (vgl. Homburg und Giering 1996: 8). Da sich Cronbachs Alpha ausschließlich auf reflektiv spezifizierte Konstrukte bezieht und die Anzahl der Indikatoren pro reflektivem Konstrukt hier weitestgehend konstant gehalten wurde, fällt dieser Nachteil nur geringfügig ins Gewicht. Gleichzeitig kann die Konstruktreliabilität als Korrektiv betrachtet werden. Als akzeptabel für ρ_C gilt ein Wert von mindestens 0,6 (vgl. Schloderer et al. 2009: 580 sowie Henseler et al. 2009: 300). Bei Cronbachs Alpha werden verschiedene Grenzwerte angeführt, die zum Teil mit der Anzahl der Indikatoren pro Konstrukt begründetet werden (vgl. Kirstein 2009: 179 sowie Zinnbauer und Eberl 2004: 6). Im Rahmen von PLS wird hier ein kritischer Wert von 0,65 angenommen.

Die genannten Messverfahren sind allerdings mit Fehlern behaftet. Das Konstrukt und der Indikator besitzen also einen gemeinsamen Varianzanteil, der mittels der Indikatorreliabilität nachgewiesen werden kann. Dies ist der reliable Anteil der Messung. Messfehler ergeben sich dann, wenn der nicht gemeinsame Varianzanteil vom gemessenen Mittelwert abweicht. Je geringer diese Abweichungen um den Mittelwert streuen, desto zuverlässiger ist die Messung (vgl. Nitzl 2010: 23). Mithilfe der **durchschnittlich erfasste Varianz (DEV)** kann gemessen werden, wie hoch der erklärte Varianzanteil eines Konstruktes im Verhältnis zum Messfehler ist. Dabei wird gefordert, dass die Indikatoren mindestens zur Hälfte durch das zugrunde liegende Konstrukt erklärt werden. Der Grenzwert der DEV ist also 0,5 (vgl. Henseler et al. 2009: 300 sowie Schloderer et al. 2009: 580-581).

Da Reliabilität allerdings lediglich ein notwendiges, nicht aber ein hinreichendes Gütekriterium ist, muss auch die Validität des Konstruktes gemessen werden (vgl. Churchill 1979: 65). Neben den Reliabilitätskriterien ist die inhaltliche Bestimmung der Indikatoren von großer Bedeutung. Dabei wird gefordert, dass die Indikatoren selbst jeweils eindimensional sind und überschneidungsfrei zu anderen Konstrukten bleiben. Grundlage hierfür ist eine eindeutige Definition und Abgrenzung der untersuchten Phänomene voneinander. Daher wird in diesem Zusammenhang eine **Diskriminanzvalidität** gefordert, die untersucht, ob die Indikatoren eines Konstruktes nicht mit denen eines anderen Konstruktes korrelieren (vgl. Anderson et al. 1987: 432). Anders ausgedrückt sollten die Indikatoren deutlich höher auf das ihnen zugewiesene, denn auf andere Konstrukte laden (vgl. Henseler 2006: 120). Neben der Prüfung der Konstruktreliabilität eignet sich die DEV dabei zusätzlich zum Testen der Eigenständigkeit der einzelnen Konstrukte (vgl. Schloderer et al. 2009: 581). Wie unabhängig die Konstrukte sind, kann durch das Fornell-Larcker-Kriterium ermittelt werden. Die Idee dieses Kriteriums ist, dass eine latente Variable durch ihre eigenen Indikatoren besser erklärt werden kann als durch Indikatoren anderer Konstrukte (vgl. Zinnbauer und Eberl 2004: 8).

Deshalb wird gefordert, dass die höchste quadrierte Korrelation aller Konstrukte geringer ist als die niedrigste DEV des zu prüfenden Konstruktes (vgl. Henseler 2006: 120). Ergänzend können im Rahmen der Diskriminanzvalidität die **Kreuzladungen** der Indikatoren untereinander betrachtet werden (vgl. Nitzl 2010: 26-27). Dabei wird gefordert, dass jeder Indikator die höchste Korrelation mit dem ihm zugeordneten Konstrukt haben sollte (vgl. Henseler et al. 2009: 299-300). Falls eine stärkere Beziehung zu einem anderen Konstrukt besteht, das diesem Indikator nicht zugeordnet ist, so kann dies als Hinweis auf ein undifferenziertes Messinstrumentarium gewertet werden, welches überdacht werden muss.

Tabelle 27: Zusammenfassung der Gütekriterien für reflektive Messmodelle

Gütemaß	Beschreibung	Empfohlener Wertebereich
Indikatorreliabilität	Erklärungsgrad der Indikatorvarianz durch das Konstrukt	Ladung $\geqslant 0{,}7$
Konstruktreliabilität	Erklärungsgrad, wie hoch eine Beziehung der Indikatoren untereinander ist, welche einem Konstrukt zugeordnet sind	Interne Konsistenz (ρ_c) $\geqslant 0{,}6$ bzw. Cronbachs Alpha $\geqslant 0{,}65$
Durchschnittlich erfasste Varianz	Erklärungsgrad, wie hoch der durch die latente Variable erklärte Varianzanteil in Relation zum Messfehler ist	DEV $\geqslant 0{,}5$
Dsikriminanzvalidität	Unterschiedlichkeit der Messung verschiedener Konstrukte	Die Wurzel der DEV sollte größer sein als der Betrag der Korrelation der latenten Variable mit anderen latenten Variablen

Quelle: In Anlehnung an Nitzl 2010: 28 sowie Krafft et al. 2005: 75.

Die genannten Kriterien sollten bei allen Konstrukten und Indikatoren erfüllt sein, damit die reflektiven Messmodelle als reliabel und valide gelten können (vgl. Tabelle 27). Ist dies nicht der Fall, sollten einzelne Indikatoren, die den Kriterien nicht genügen, eliminiert werden und das Pfadmodell muss in seiner modifizierten Version erneut berechnet werden (vgl. Henseler et al. 2009: 300).

6.3 Gütemaße formativer Messmodelle

Während bei reflektiven Messmodellen gefordert wird, dass die ihm zugeordneten Indikatoren möglichst hoch miteinander korrelieren, ist bei formativen Messmodellen Voraussetzung, dass die Indikatoren inhaltlich unabhängig voneinander und in der Lage sind, das Konstrukt möglichst vollständig zu erfassen (vgl. Fassott 2007: 95-96). Die Indikatorengruppe definiert die inhaltliche Bestimmung des Konstruktes. Sie sind nicht austauschbar, was zur Konsequenz hat, dass die Gütekriterien reflektiver Messmodelle wie die Korrelation der Indikatoren oder dessen interne Konsistenz im formativen Fall nicht angewendet werden können (vgl. Nitzl 2010: 28). Daher ergeben sich andere Schwerpunkte als bei der klassischen Testtheorie. Diamantopoulos und Winklhofer (2001) betonen in diesem Zusammenhang die Relevanz der Definition des Konstruktes, da im formativen Fall die Indikatoren das Konstrukt inhaltlich bestimmen (vgl. Schloderer et al. 2009: 582). Daher ist die sachlogische Auseinandersetzung mit dem formativen Konstrukt elementar. Dieses Validitätskriterium bezieht sich darauf, dass der Inhalt eines Messinstrumentes das Konstrukt auch tatsächlich repräsentiert. Dieser inhaltlichen Sorgfaltsforderung wurde mittels der Literaturanalyse und der Bestimmung der Konstrukte nachgekommen. Eine externe Begutachtung (Expertenvalidität) fand im Rahmen der in Kapitel 5.6.4 beschriebenen Indikatorenzuordnungsaufgabe statt (vgl. Anderson und Gerbing 1991: 733-734).

Neben dieser inhaltlichen Auseinandersetzung können auch statistische Maßstäbe an ein formatives Konstrukt und dessen Indikatoren angelegt werden. Auf Indikatorebene orientieren sich die Gütekriterien an der Relevanz der einzelnen Indikatoren für das Konstrukt. Diese kann über die Höhe und Signifikanz der Indikatoren ermittelt werden. Da im formativen Messmodell die Indikatoren das Konstrukt erklären und nicht umgekehrt, spricht man nicht von Ladungen, sondern von Gewichten. Die Indikatoren haben also alle ein unterschiedliches Gewicht für den Erklärungsgehalt des Konstruktes. Im Sinne einer Regressionsanalyse weisen Werte nahe 1 auf eine starke und Werte nahe 0 auf eine schwache Beziehung zwischen Indikator und Konstrukt hin. Die **Höhe der Gewichte** ist daher auch ein Anhaltspunkt zur Beurteilung der Relevanz eines Indikators (vgl. Schloderer et al. 2009: 582). Lohmöller (1989) nennt einen Grenzwert von 0,1. Gewichte, die unter diesem Wert liegen, gelten als wenig relevant. Sie können aber nicht ohne Weiteres ausgeschlossen werden. Hier kann zusätzlich zunächst die **Signifikanz des Indikators** überprüft werden. Mit Bestätigung der Signifikanz kann nachgewiesen werden, dass die aus der Theorie hergeleiteten Indikatoren auch in der Empirie eine Relevanz besitzen (vgl. Nitzl 2010: 28-29).

Mittels eines t-Tests ist eine solche Schätzung der Signifikanz möglich. Innerhalb der Software SmartPLS werden die t-Werte mit der in Kapitel 6.1 beschriebenen Resampling-Technik des Bootstrappings ermittelt (vgl. Henseler et al. 2009: 301-302).

Aber auch die Eliminierung eines irrelevanten und nicht signifikanten Indikators ist in der Literatur umstritten. So schlagen Krafft et al. (2005: 78) vor, die Gewichte zwar zu interpretieren, aber keine zu eliminieren, die aus theoretischer oder konzeptioneller Sicht bedeutsam sein können. Festzuhalten ist, dass eine Eliminierung eines formativen Indikators immer nur dann erfolgen sollte, wenn die Löschung inhaltlich begründet werden kann (vgl. Nitzl 2010: 29). Denn eine Skalenbereinigung kann zum Verlust der Inhaltsvalidität führen. Demnach müssen die Indikatoren im zweiten Schritt das Konstrukt vollständig abbilden. Dabei muss bei einem formativen Konstrukt mindestens ein Indikator für jede inhaltlich identifizierte Dimension formuliert werden. Zu viele Indikatoren sollten vermieden werden (vgl. Rossiter 2002: 306). Dies bedeutet, dass die Dimensionen der Anbieterreputation durch mindestens einen Indikator repräsentiert bleiben sollten.

Bei einer hohen Korrelation der Indikatoren ist eine Redundanz der abgefragten Inhalte nicht auszuschließen (vgl. Henseler et al. 2009: 302). In diesem Fall ist die Unabhängigkeit der Indikatoren nicht mehr gegeben und die Indikatoren und die Dimensionen der Indikatoren sind nicht mehr eindeutig bestimmbar (vgl. Schloderer et al. 2009: 583). Da dies zu vermeiden ist, sollte neben den Einflüssen der einzelnen Indikatoren auch deren Verhältnis zueinander geprüft werden, um mögliche Überschneidungen zu identifizieren. Einen ersten Hinweis darauf kann die Korrelationsmatrix der Indikatoren geben (vgl. Eberl 2006: 80-81). Hier kann eine **Multikollinearität** lediglich durch eine paarweise Betrachtung der Indikatoren ermittelt werden. Von Multikollinearität spricht man, wenn der Zusammenhang der einzelnen Indikatoren eines formativen Messmodells einen kritischen Wert überschreitet (vgl. Christophersen und Grape 2006: 111). Gemessen werden kann Multikollinearität daher zusätzlich durch den sogenannten Varianzinflationsfaktor (*VIF*). Dieser basiert auf der Identifizierung des Varianzanteils eines Indikators, der durch die anderen Indikatoren eines Konstruktes erklärt wird (vgl. Fassott 2007: 119-120).

Der *VIF* gibt dabei an, um welchen Faktor die Varianz eines Indikators aufgrund von Multikollinearität erhöht ist, und berechnet sich wie folgt:

(3)
$$VIF = \frac{1}{1 - R_i^2}$$

Das R^2 ist dabei das Bestimmtheitsmaß der Korrelation mit *i* als dem abhängigen Indikator und allen anderen als unabhängigen Indikatoren. Berechnet wird der Wert nun mittels Hilfsregressionen, bei denen jeweils ein Indikator als abhängig betrachtet wird. Die Ergebnisse der multiplen Regressionsanalysen weisen dann die *VIF*-Werte aus. Da diese Berechnung innerhalb von SmartPLS nicht möglich ist, wurde im Rahmen dieser Arbeit auf die Software SPSS zurückgegriffen. Der *VIF* kann einen Wert zwischen 1 und unendlich annehmen, wobei der Wert 1 eine vollkommene Unabhängigkeit bedeuten würde. Je höher also der *VIF*-Wert, desto wahrscheinlicher ist eine Multikollinearität (vgl. Nitzl 2010: 30). Die in der Literatur genannten kritischen Werte des *VIF* schwanken zwischen 5 und 10 (vgl. Henseler et al. 2009: 302). Dies entspricht einem maximalen Bestimmtheitsmaß von 0,8 bis 0,9.

Letztlich kann ein formatives Konstrukt mithilfe eines etablierten Messinstrumentes auf seine **externe Validität** hin überprüft werden (vgl. Schloderer 2009: 584). Die externe Validität wird als das formative Äquivalent zur Konstruktvalidität interpretiert und gibt

Aufschluss über die inhaltliche Bestimmtheit. In diesem Zusammenhang kann ein sogenanntes Multiple-Indicators-and-Multiple-Causes-Modell (MIMIC-Modell) hilfreich sein (vgl. Diamantopoulos und Winklhofer 2001: 272-273). Dabei wird ein Konstrukt nicht nur formativ, sondern auch reflektiv gemessen (vgl. auch Fassott 2007: 126). Die direkte Bewertung eines solchen Modells ist mit der in dieser Arbeit verwendeten Software SmartPLS noch nicht möglich.

Einen Umweg bietet ein Zwei-Konstrukt-Modell mit einer sogenannten Phantomvariable (vgl. Krafft et al. 2005: 80-82). Die Beurteilung der externen Validität erfolgt durch Überprüfung der Korrelation des formativen Konstruktes mit einem externen und bereits getesteten Messinstrumentarium, welches das gleiche Konstrukt abbildet (Phantomvariable). Hier wird der Umstand genutzt, dass einige Konstrukte sowohl formativ als auch reflektiv operationalisiert werden können (vgl. Nitzl 2010: 13). Diamantopoulos und Winklhofer (2001: 273) weisen darauf hin, dass es auch möglich ist lediglich einen Indikator als Phantomvariable zu nutzen, welcher das Konstrukt zusammenfasst: *„One possibility is to use as an external criterion a global item that summarizes the essence of the construct that the index purports to measure"*. In der Literatur existieren hierzu keine eindeutigen Grenzwerte. Eine hohe und signifikante Korrelation kann jedoch als Hinweis auf eine hohe inhaltliche Validität gelten (vgl. Diamantopoulos und Winklhofer 2001: 273). Gleichzeitig sollte das formative Konstrukt einen erheblichen Anteil der Varianz der Phantomvariable erklären. Aufgrund dieser Vorgaben werden hier konservative Anspruchsniveaus an die einzelnen Werte gestellt. Die genauen Festlegungen sind in Tabelle 28 zusammengefasst.

Tabelle 28: Zusammenfassung der Gütekriterien für formative Messmodelle

Gütemaß	Beschreibung	Empfohlener Wertebereich
Gewichte	Überprüfung der Gewichte auf ihren Beitrag zur Konstruktbildung.	$t \geq 1{,}96$ (~ Irrtumswahrscheinlichkeit von 5%)
Multikollinearität	Überprüfung, inwieweit berechnete Gewichte durch lineare Abhängigkeiten zwischen den Indikatoren beeinflusst sind.	$VIF < 5$
Externe Validität	Überprüfung, inwieweit eine Phantomvariable mit dem formativen Modellkonstrukt korreliert und dieses erklärt.	Korrelation $\geq 0{,}8$ $t \geq 2{,}58$ (~ Irrtumswahrscheinlichkeit von 1%) $R^2 \geq 0{,}7$

Quelle: In Anlehnung an Henseler et al. 2009: 302; Schloderer et al. 2009: 582 sowie Nitzl 2010: 31.

6.4 Gütemaße des Strukturmodells

Wenn die Messmodelle auf Reliabilität und Validität getestet wurden, ist die Beurteilung des Modells auf Strukturebene möglich. Im Strukturmodell werden die Wirkungszusammenhänge dargestellt, die mittels der Hypothesen definiert wurden. Das Überprüfen dieser hypothetischen Zusammenhänge dient daher auch der Bestätigung der nomologischen Validität der einzelnen Messmodelle. Dies bezieht sich im Wesentlichen auf die erklärten Varianzanteile. Bei einer hohen nomologischen Validität ist das Ausmaß der empirischen Bestätigung der Strukturannahmen also besonders hoch (vgl. Bagozzi 1984: 14).

Üblicherweise erfolgt diese Prüfung anhand von drei Bewertungskriterien: dem Anteil der erklärten Varianz der endogenen Konstrukte, dem Ausmaß, der Richtung und der Signifikanz der Wirkungsbeziehungen und dem substanziellen Erklärungsbeitrag.

Ausgangspunkt der Strukturprüfung sind in der Regel die endogenen Konstrukte, deren Varianzanteil mit dem **Bestimmtheitsmaß R^2** untersucht werden kann. Der Wert des Bestimmtheitsmaßes bezieht sich auf den erklärten Varianzanteil an der Gesamtvarianz. Dadurch wird verdeutlicht, wie gut ein endogenes durch die ihm zugehörigen exogenen Konstrukte erklärt werden kann (vgl. Nitzl 2010: 32). Je näher R^2 dem Wert 1 ist, desto besser ist die Anpassung des theoriegeleiteten Modells an die empirischen Daten, wohingegen bei Werten nahe 0 geringe bzw. keine Erklärungskraft vorliegt (vgl. Ringle 2004: 15). R^2 gilt als Ausgangspunkt und zentrales Gütekriterium bei der Beurteilung des Strukturmodells (vgl. Henseler et al. 2009: 303). Per definitionem kann R^2 bei mehreren Regressoren gleich bleiben oder steigen. Damit ist eine steigende Tendenz von R^2 zu beobachten, ohne dass sich diese zwingend auf den Erklärungsbeitrag auswirkt (vgl. Backhaus et al. 2011: 76). Daher weisen Henseler et al. (2009: 303) darauf hin, dass auch keine allgemeingültigen Grenzwerte für R^2 definiert werden können. Die akzeptablen Werte müssen somit immer auch in Abhängigkeit von der Problemstellung gesehen werden. Denn innerhalb der Wirtschafts- und Sozialwissenschaften werden häufig abstrakte Phänomene untersucht, sodass das Bestimmtheitsmaß entsprechend geringer einzustufen ist als bei klar definierten Problemstellungen. Um einen Richtwert zu haben, nennt Chin (1998: 323) im Kontext der PLS-Pfadanalyse folgende Anspruchsniveaus von R^2: 0,67, 0,33 und 0,19. Diese Werte bezeichnet er als „substanziell", „moderat" und „schwach" (vgl. Ringle 2004: 15). Henseler et al. (2009) weisen folgerichtig darauf hin, dass je nach Anzahl der exogenen Konstrukte, die zur Erklärung eines endogenen Konstrukts herangezogen werden, differenziert werden müsse. Bei einem oder zwei exogenen Konstrukten empfehlen sie, „moderate" Werte als ausreichend zu betrachten. Wird das endogene Konstrukt durch mehr als zwei exogene Konstrukte erklärt, so sind „substanzielle" Kriterien an das entsprechende Konstrukt anzulegen (vgl. auch Nitzl 2010: 32-33). Dieser Hinweis kann aber lediglich als grobe Richtlinie aufgefasst werden. Denn da der Ausgangspunkt der Berechnung von R^2 die Ergebnisse der (multiplen) Regressionsanalyse sind, sind dementsprechend auch die Indikatoren für das Ergebnis relevant. Es ist also vielmehr die Anzahl der Indikatoren maßgebend denn die Anzahl der Konstrukte. Grundsätzlich lässt sich festhalten, dass sich die Werte von R^2 je nach Fall und Problemstellung zwischen 0,33 und 0,67 bewegen sollten. Geringere Werte zeigen im Umkehrschluss, dass der Erklärungsgehalt der endogenen Variable nicht ausreicht (vgl. Henseler et al. 2009: 303).

Bei den exogenen Konstrukten kann hingegen überprüft werden, ob diese einen substanziellen Erklärungsbeitrag zu den korrespondierenden endogenen Konstrukten leisten. Der Einfluss der exogenen Variable auf die endogene wird als **Effektstärke f^2** bezeichnet (vgl. Henseler 2006: 113-114). Diese gibt an, inwieweit die Varianz einer endogenen Variable durch die exogene erhöht werden kann. Die für die endogenen Konstrukte errechneten Bestimmtheitsmaße R^2 dienen dabei als Ausgangspunkt zur Berechnung der Effektstärke f^2.

Die Effektstärke der exogenen Konstrukte gibt die Änderung von R^2 des zugehörigen endogenen Konstruktes an und wird wie folgt berechnet:

(4) $$f^2 = \frac{R^2_{inkl} - R^2_{exkl}}{1 - R^2_{inkl}}$$

Dabei wird R^2 einmal mit (inkl.) der untersuchten exogenen Variable berechnet und einmal ohne diese (exkl.). Die Werte von f^2 können zwischen 0 und 1 liegen. Höhere Werte geben dabei einen größeren Einfluss auf die endogene Variable an. Die Grenzwerte 0,02, 0,15 und 0,35 werden dabei von Cohen (1988) angeführt und sind in der Literatur akzeptiert. Korrespondierend dazu bezeichnet man den Einfluss der exogenen auf die endogene Variable als gering, moderat und groß (vgl. Ringle 2004: 16 sowie Fassott 2007: 134).

Tabelle 29: Zusammenfassung der Gütekriterien für Strukturmodelle

Gütemaß	Beschreibung	Empfohlener Wertebereich
Bestimmtheitsmaß	Anteil der erklärten Varianz einer endogenen Variable	$R^2 \geq 0{,}67$ (substanziell) $0{,}33 \leq R^2 < 0{,}67$ (moderat) $0{,}19 \leq R^2 < 0{,}33$ (schwach)
Effektstärke	Einfluss der exogenen auf die endogenen Variablen	$f^2 \geq 0{,}35$ (groß) $0{,}15 \leq f^2 < 0{,}35$ (mittel) $0{,}02 \leq f^2 < 0{,}15$ (klein)
Pfadkoeffizienten	Ausmaß und Signifikanz der Wirkungsbeziehungen zwischen den Konstrukten	Korrelation $\geq 0{,}2$ (Ausmaß) $t \geq 1{,}96 \sim \alpha$ von 0,05 bzw. 5% (Signifikanz)

Quelle: In Anlehnung an Henseler et al. 2009: 303; Schloderer et al. 2009: 585 sowie Nitzl 2010: 37.

Darüber hinaus werden die **Pfadkoeffizienten** dazu genutzt, die in den Hypothesen formulierten Zusammenhänge zu prüfen. Die korrekten Vorzeichen, die Höhe sowie die Signifikanz der Pfadkoeffizienten geben dabei Aufschluss über die postulierten Zusammenhänge. Die Pfadkoeffizienten liegen ebenfalls im Wertebereich von 0 bis 1. Höhere Werte weisen auf einen stärkeren Zusammenhang hin. Ein negatives Vorzeichen ist ebenfalls denkbar, würde in dem Fall jedoch die postulierte Wirkungsbeziehung umkehren. Laut Lohmöller (1989: 60-61) sind Pfadkoeffizienten ab 0,1 inhaltlich bedeutsam. Chin (1998: 324-325) schlägt hingegen einen Grenzwert von 0,2 vor (vgl. Ringle 2004: 15). Zudem kann die Signifikanz der Pfadkoeffizienten über die aus dem Bootstrappingverfahren ermittelbaren t-Werte überprüft werden (vgl. Fassott 2007: 120 sowie Henseler et al. 2009: 304).

Damit ist die Beschreibung der direkten Effekte abgeschlossen. Die einzelnen Gütekriterien sind in Tabelle 29 zusammengefasst. Bisher wurden lediglich direkte Effekte in die Beurteilung des Modells mit aufgenommen. Henseler et al. (2009: 304) weisen aber auf die Wichtigkeit der Überprüfung von sogenannten Interaktionseffekten hin.

6.5 Interaktionseffekte

Bisher wurde das vorliegende Strukturgleichungsmodell lediglich auf direkte lineare Wirkungszusammenhänge untersucht. Es gibt jedoch weitere Effekte, die in der Untersuchung berücksichtigt werden müssen. In den Wirtschafts- und Sozialwissenschaften lassen sich dabei neben den direkten Effekten sogenannte Interaktionseffekte untersuchen (vgl. Schloderer et al. 2009: 590). Diese liegen vor, wenn eine oder mehrere Drittvariablen die direkte Beziehung zwischen einer unabhängigen und einer abhängigen Variable beeinflussen. Für die hier vorliegende Untersuchung sind dabei mediierende und moderierende Effekte relevant (vgl. Baron und Kenny 1986: 1174).

Von einem **Moderator** spricht man, wenn die Stärke, Signifikanz und Richtung einer direkten Beziehung durch eine dritte Variable beeinflusst wird (vgl. Schloderer 2009: 593). Es wird dabei zwischen qualitativen Variablen, die in der Regel nominal skaliert sind (beispielsweise Geschlecht), und quantitativen, metrisch skalierten Variablen wie der Höhe des Involvements unterschieden. Ein **Mediator** ist für den Zusammenhang zwischen einer unabhängigen und einer abhängigen Variable verantwortlich bzw. teilverantwortlich. Er erklärt, warum eine Wirkungsbeziehung zustande kommt (vgl. Fassott 2007: 131-136 sowie Abbildung 30). Im Folgenden werden die Interaktionseffekte dezidiert erläutert und Möglichkeiten der Messung diskutiert.

6.5.1 Moderierende Effekte in Strukturgleichungsmodellen

Nach Baron und Kenny (1986: 1174) ist ein Moderator *„a qualitative (e.g., sex, race, class) or quantitative (e.g., level of reward) variable that affects the direction and/or strength of relations between an independent or predictor variable and a dependent or criterion variable"*. Bei moderierenden Effekten wird also untersucht, ob ein Moderatorkonstrukt die Stärke oder Richtung des Zusammenhangs zweier oder mehrerer anderer Konstrukte beeinflusst (vgl. Fassott 2007: 131). Ein Moderatoreffekt liegt dementsprechend dann vor, wenn die Stärke des Zusammenhangs zweier direkt in Verbindung stehender Variablen durch eine dritte beeinflusst wird. Dieser Einfluss kann dabei variieren. So kann ein direkter Zusammenhang so stark beeinflusst werden, dass dieser lediglich bei bestimmten Moderatorausprägungen nachweisbar ist. Umgekehrt ist es aber auch möglich, dass der Moderator keinen Einfluss auf die Beziehung der in Verbindung stehenden Variablen besitzt (vgl. Schloderer et al. 2009: 593-594 sowie Nitzl 2010: 42).

Abbildung 30: Direkter-, Moderator- und Mediatoreffekt im Vergleich

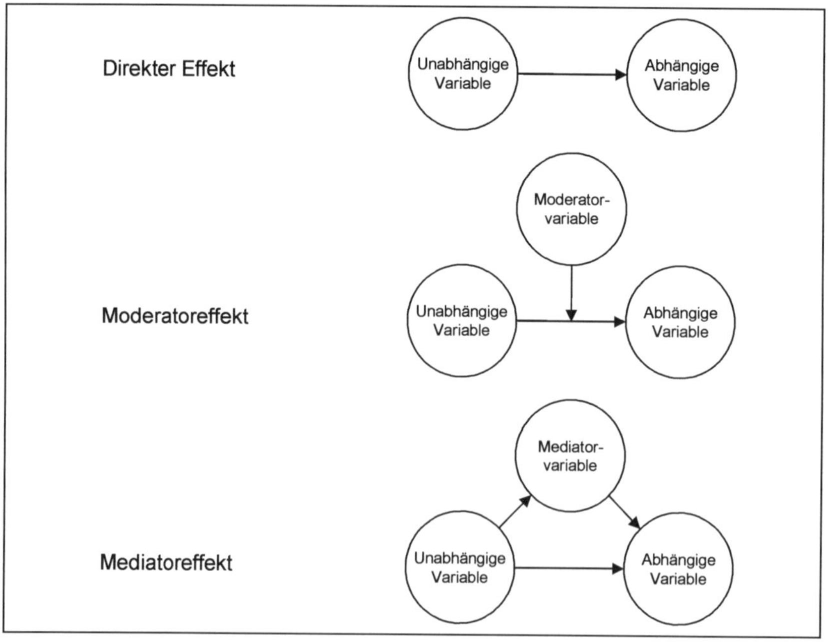

Quelle: In Anlehnung an Christophersen und Grape 2006: 103; Henseler 2006: 102 sowie Fassott 2007: 135.

Die Analyse dieses Einflussfaktors erfolgt erst im Anschluss an die Beurteilung des Gesamtmodells. Es gibt verschiedene Möglichkeiten, einen Moderatoreffekt zu identifizieren. Bei Moderatorvariablen, die nominal skaliert sind, bietet sich ein Multigruppenvergleich an. Dabei wird das Modell mit jeder Teilstichprobe einzeln berechnet. Der Vergleich der Parameterdifferenzen ermöglicht dann die Berechnung des Moderatoreinflusses (vgl. Nitzl 2010: 43 sowie Henseler et al. 2009: 309). Das Gesamtsample wird dann in die jeweiligen Teilgruppen gegliedert und entsprechend separat analysiert. Der Einfluss des Moderators auf das Gesamtmodell ergibt sich aus der Differenz der Pfadkoeffizienten innerhalb der Teilmodelle (vgl. Henseler und Fassott 2010: 720-721). Unterscheiden sich die Pfadkoeffizienten signifikant voneinander, so kann ein moderierender Effekt des untersuchten Einflusses unterstellt werden. Die Signifikanz kann mit einem t-Test ermittelt werden. Zu beachten ist dabei, dass sich die Ladungen und Gewichte innerhalb der einzelnen Konstrukte nicht zu stark voneinander unterscheiden (vgl. Huber et al. 2007: 50-51). Denn für jede Stichprobe wird ein einzelnes Strukturmodell berechnet. Es muss zudem ausgeschlossen werden, dass die Unterschiede der Pfadkoeffizienten auf der Ebene des Strukturmodells auf differente Ladungen und Gewichte innerhalb der einzelnen Messmodelle zurückgehen (vgl. Nitzl 2010: 43).

Abbildung 31 Interaktionsterme in Strukturgleichungsmodellen

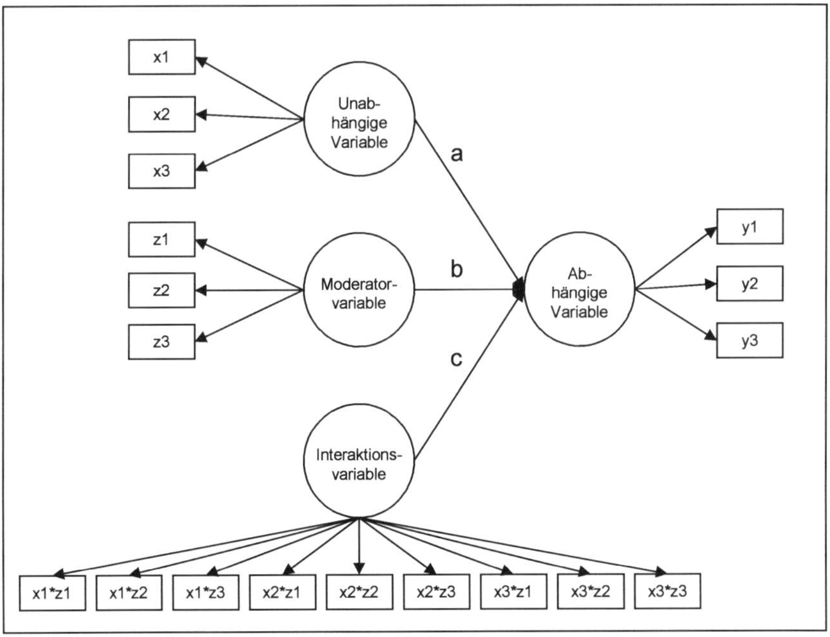

Quelle: In Anlehnung an Chin et al. 2003: 198 sowie Schloderer et al. 2009: 595.

Daher fordert Chin (2000), dass die Pfadkoeffizienten der Messmodelle in etwa gleich hoch sein müssen. Sollte dies nicht der Fall sein, so sind die Ergebnisse des Multigruppenvergleichs nur eingeschränkt gültig (vgl. Eberl 2006: 133).

Grundsätzlich ist es möglich, auch metrisch skalierte Moderatorvariablen in einem Multigruppenvergleich zu behandeln. Denn diese können auf Basis ihrer Ausprägung kategorisiert und so in eine nominale Skala überführt werden. Es kann in einem solchen Fall aber auch eine Interaktionsvariable in das Modell integriert werden (vgl. Henseler und Fassot 2010: 718-721). Dabei wird die stetige Skalierung der Moderatorvariable berücksichtigt, weshalb das letztgenannte Vorgehen als eleganter angesehen werden kann. Die Interaktionsvariable setzt sich aus der unabhängigen Variable und der Moderatorvariable zusammen. Die Indikatoren ergeben sich also aus dem sogenannten Kreuzprodukt der genannten Variablen (vgl. Fassott 2007: 131 sowie Eberl 2006: 130).

Die Interaktionsvariable gibt folglich an, welchen Einfluss die Moderatorvariable auf die Beziehung zwischen der unabhängigen und der abhängigen Variable besitzt. Der Pfadkoeffizient c visualisiert diesen Einfluss. Die Signifikanz des Pfadkoeffizienten c wird mit dem Bootstrappingverfahren ermittelt. Ist dieser Einfluss signifikant, so kann davon ausgegangen werden, dass ein Interaktionseffekt besteht. Die Hypothese, dass die Moderatorvariable einen Einfluss auf die direkte Beziehung zwischen Variablen hat, kann in diesem Fall als bestätigt gelten (vgl. Baron und Kenny 1986: 1174).

Bei der Bildung einer Interaktionsvariable können zwei Fälle unterschieden werden. Einerseits ist es möglich, dass die unabhängige Variable und die Moderatorvariable reflektiv spezifiziert sind. Andererseits kann aber auch eine oder beide der genannten Variablen formativ spezifiziert sein (vgl. Eberl 2006: 129 sowie Schloderer et al. 2009: 594). In dieser Untersuchung wird ein Moderationseffekt lediglich zwischen reflektiven Variablen vermutet, weshalb im Folgenden die Berechnung dieses Falls eingehend erläutert wird.

Dabei wird die Interaktionsvariable aus der unabhängigen Variable (Indikatoren x1-x3) und der Moderatorvariable (Indikatoren z1-z3) gebildet. Die Interaktionsindikatoren ergeben sich folglich aus den Produkten der einzelnen Indikatoren von exogener Variable und Moderatorvariable (vgl. Chin et al. 2003: 195-197 sowie Fassott 2007: 132-133). Dieses Schema ist in Abbildung 31 wiedergegeben.

Zur Interpretation der Ergebnisse kann zunächst die Signifikanz der Interaktionsbeziehung geprüft werden. Basierend auf dem Pfadkoeffizienten c kann bei einem signifikanten Ergebnis angenommen werden, dass ein Interaktionseffekt besteht (vgl. Baron und Kenny 1986: 1174). Der Pfadkoeffizient c verdeutlicht die Änderung der Beziehung zwischen der unabhängigen und der abhängigen Variable durch den Einfluss der Moderatorvariable (vgl. Fassott 2007: 133).

Der Interaktionseffekt kann zusätzlich auf die Größe seines Einflusses geprüft werden. Diese kann auf Basis der Veränderung des Bestimmtheitsmaßes (R^2) ermittelt werden. Zur Interpretation kann die Effektstärke f^2 herangezogen werden. Dabei erfolgt eine Abstufung des Einflusses der Interaktionsvariable auf Basis der f^2-Werte. Ergebnisse, die unter 0,02 liegen, sprechen für einen geringen Einfluss. Werte ab 0,15 gelten als mittlerer und ab 0,35 als großer Moderatoreinfluss (vgl. Fassott 2007: 134 sowie Henseler und Fassott 2010: 732). Berechnet wird f^2 in diesem Fall wie folgt:

(5) $$f^2 = \frac{(R^2_{inkl.Interaktionsvariable} - R^2_{imHaupteffektmodell})}{(1 - R^2_{imHaupteffektmodell})}$$

Es ist in diesem Fall auch darauf zu achten, dass ein niedriger f^2-Wert nicht gleichbedeutend damit sein muss, dass die Moderatorvariable keinen Einfluss besitzt. Vor der Anwendung einer rein technischen Interpretation ohne inhaltliche Rückbezüge warnen Chin et al. (2003: 211): *„It is important to understand that a small f^2 does not necessarily imply an unimportant effect. Even a small interaction effect can be meaningful, then it is important to take these conditions into account"*. Der Einfluss der Interaktionsvariable kann auch dann groß sein, wenn die Veränderung des Bestimmtheitsmaßes gering ausfällt. Dies ist dann der Fall, wenn die Interaktionsvariable die Pfadkoeffizienten a und b abschwächt. Denn dann bleiben die Veränderungen des Bestimmtheitsmaßes gering (vgl. Fassott 2007: 134).

6.5.2 Mediierende Effekte in Strukturgleichungsmodellen

Als Mediatoreffekt bezeichnet man es, wenn innerhalb eines Strukturgleichungsmodells angenommen wird, dass zwischen zwei Konstrukten ein weiteres Konstrukt steht, das eine vermittelnde Position innehat. Ein Mediatoreffekt liegt dann vor, wenn eine direkte Beziehung durch eine weitere Variable unterbrochen wird. Durch den Rückbezug auf die Verhaltenswissenschaften kann ein Mediator als ein weiterer innerer Verarbeitungsprozess angesehen werden (vgl. Baron und Kenny 1986: 1176).

Innerhalb der Auswertung eines Strukturgleichungsmodells muss dieser Effekt belegt werden. Dabei sind drei möglichen Wirkungsbeziehungen zu differenzieren. Der **totale Effekt** ist der zwischen der unabhängigen und der abhängigen Variable, ohne dass die Mediatorvariable berücksichtigt wird. Der **direkte Effekt** verweist ebenfalls auf den Pfadkoeffizienten zwischen der unabhängigen und der abhängigen Variable bei gleichzeitiger Berücksichtigung der Mediatorvariablen. Der **indirekte Effekt** ergibt sich aus den Pfadkoeffizienten, die über die Mediatorvariable führen (vgl. Abbildung 32).

Messtheoretisch betrachtet, liegt eine Mediation nun vor, wenn sich der indirekte Effekt signifikant von 0 unterscheidet. Zusätzlich muss die Bedingung erfüllt sein, dass der direkte Effekt schwächer ausgeprägt ist als der totale (vgl. Fassott 2007: 136). Diese Bedingungen können wie folgt zusammengefasst werden (vgl. Eberl 2006: 52-53):

- Veränderungen des unabhängigen Konstruktes führen zu signifikanten Effekten auf das mediierende Konstrukt.

- Veränderungen des Mediatorkonstruktes führen zu signifikanten Effekten auf das abhängige Konstrukt.

- Der Einfluss des unabhängigen Konstruktes auf das abhängige ist signifikant kleiner als in einem Modell ohne Mediatorkonstrukt.

Wenn der direkte Effekt durch das Hinzufügen einer Mediatorvariablen gegen 0 tendiert, so spricht man von einer vollständigen oder **totalen Mediation**. Ist der Wert sogar negativ, bezeichnet man dies als Suppressoreffekt. In den meisten Fällen kommt es zu einer **partiellen Mediation**, bei der der hinzugefügte Mediator zu einer Abschwächung des direkten Effektes führt (vgl. Nitzl 2010: 49).

Um den Mediatoreffekt nachweisen zu können, bietet sich die Berechnung von zwei Modellen an, in denen zunächst der totale Effekt der Konstrukte gemessen wird und dann im Anschluss der direkte sowie indirekte Effekt, bei Berücksichtigung der Mediatorvariablen.

Abbildung 32: Mediatormodell

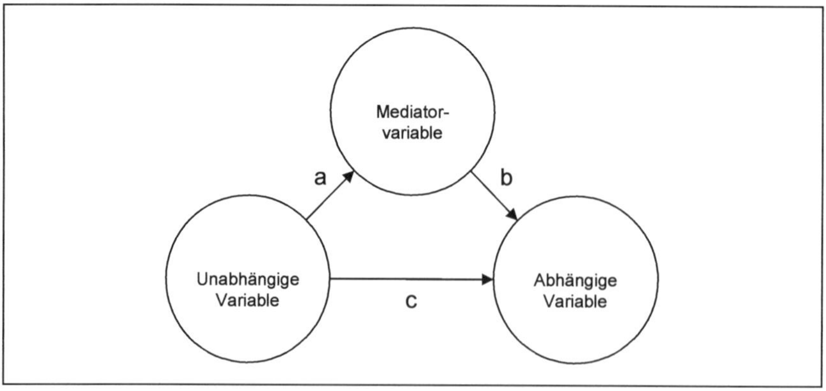

Quelle: In Anlehnung an Fassott 2007: 135 sowie Schloderer et al. 2009: 592.

Es wären in diesem Fall zwei separate Teilmodelle zu berechnen (vgl. Baron und Kenny 1986: 1177). Wenn ein komplexes Strukturmodell über mehr als einen Mediator hinausgeht, kann dieses Verfahren nicht angewendet werden. Dies trifft hier zu, da die indirekten Effekte über mehr als einen Mediator hinausgehen und die Wirkungsbeziehungen über mehrere Stufen mediiert werden. In diesem Fall müssen alle Teileffekte nachgewiesen werden, um den gesamten Mediatoreffekt als signifikant bezeichnen zu können. Das genannte Verfahren von Baron und Kenny (1986) ist in diesem Zusammenhang weniger geeignet. Zudem ist diese Vorgehensweise nicht zwingend notwendig. Denn der Mediatoreffekt kann auch über den Nachweis der Signifikanz der Pfade a und b belegt werden. Für diesen Nachweis hat sich der von Sobel entwickelte z-Test etabliert (vgl. Sobel 1982: 298-299). Die Gleichung des z-Tests ist:

(6) $$z = \frac{a \cdot b}{\sqrt{b^2 \cdot s_a^2 + a^2 \cdot s_b^2}}$$

Hierbei sind *a* und *b* die unstandardisierten Werte der Pfadkoeffizienten und *s* bezeichnet ihre Standardfehler (vgl. auch Eberl 2006: 127). In PLS können die Standardfehler mit dem Bootstrappingverfahren ermittelt werden. Dabei ist zu beachten, dass erst ab einer Samplegröße von 200 ein unverzerrtes Ergebnis zu erwarten ist (vgl. Scholderer und Balderjahn 2006: 64). Die Testgröße *z* kann wie ein t-Wert interpretiert werden und spiegelt die Signifikanz des indirekten Effektes wider. Wenn beim z-Test die Irrtumswahrscheinlichkeit geringer als fünf Prozent ist, dann gilt das Ergebnis als signifikant und die Nullhypothese (a*b = 0) kann verworfen werden (vgl. Fassott 2007: 136).

Ein signifikantes Ergebnis des z-Tests bedeutet allerdings nicht, dass zwingend eine Mediation vorhanden sein muss. Es bestätigt sich hier lediglich, dass eine Mediation mit den Daten vereinbar ist. Es kann aber auch sein, dass die Mediationsvariable in Wirklichkeit eine weitere abhängige Variable ist. Oder aber, dass die Kausalbeziehung von Mediatorvariable und unabhängiger Variable in Wirklichkeit umgekehrt verläuft.

Neben der Prüfung, ob ein mediierender Effekt signifikant ist, sollte daher zusätzlich geprüft werden, wie stark dieser ist (vgl. Fassott 2007: 136). Dies wird mit der sogenannten *„variance accounted for (VAF)"* errechnet:

(7) $$VAF = \frac{a \cdot b}{a \cdot b + c}$$

Die VAF setzt den indirekten Einfluss (Pfadkoeffizienten a und b) ins Verhältnis zum Gesamteinfluss (zusätzlich der direkte Einfluss des Pfadkoeffizienten c). Es kann also der prozentuale Anteil des Mediatoreffektes auf den Gesamteffekt angegeben werden. Die Werte des VAF können je nach Einfluss des Mediatoreffektes zwischen 1 (totale Mediation) und 0 (keine Mediation) schwanken. Ein totaler Mediatoreffekt besteht dann, wenn c keinen Einfluss auf die abhängige Variable hat. Dies wäre dann der Fall, wenn der VAF den Wert 1 aufweist (vgl. Nitzl 2010: 50).

7. Ergebnisse der empirischen Erhebung

Die Beurteilung der Hypothesen hat nur dann eine Aussagekraft, wenn sich das vorliegende Modell sowohl auf Mess- als auch auf Strukturebene als valide und reliabel erweist. In Anlehnung an das in Kapitel 6.1 vorgestellte Ablaufschema wird mit den folgenden Untersuchungsschritten daher zunächst geprüft, ob die Messmodelle den in den vorhergehenden Abschnitten dargestellten Gütekriterien entsprechen. Ist dieser Nachweis erbracht, können die direkten Effekte auf der Strukturebene betrachtet werden. Daran anschließend erfolgt eine Beurteilung der indirekten Effekte. Erst abschließend wird auf dieser Basis eine Einschätzung zur Güte des Gesamtmodells abgegeben.

Die Datenanalyse erfolgte mittels der Statistiksoftware SmartPLS in der Version 2.0.M3[43]. Da nicht alle Effekte innerhalb der Software berechnet werden konnten, wurde ergänzend auf die Programme SPSS und Microsoft Excel zurückgegriffen[44]. Als inneres Gewichtungsschema wurde bei SmartPLS das Pfadgewichtsschema eingesetzt (vgl. Kapitel 5.3). Die Signifikanz der einzelnen Parameter wurde durch die PLS-Resampling-Prozedur des Bootstrappings ermittelt, wobei mit jeweils 1500 Bootstrapsamples eine hohe Ziehungsanzahl gewählt wurde, da die Anzahl der Ziehungen mit der Genauigkeit der Ergebnisse korrespondiert (vgl. Henseler et al. 2009: 305-307).

Die empirischen Erhebungen dieser Arbeit erfolgten in drei Abschnitten, die jeweils einen anderen Untersuchungsgegenstand behandelten. Bei der Beurteilung des Messmodelle wird zunächst auf die Ergebnisse der ersten Studie (Kartoffelhotel) eingegangen, da diese die größte Anzahl an Indikatoren besitzt und mit n=1389 die höchste Probandenanzahl aufweist. Daran anschließend wird erläutert, wie die Indikatoren angepasst wurden. Auf Basis dieser Anpassung erfolgten die Erhebungen zwei und drei mit den Untersuchungsgegenständen HolidayCheck und Cuxhaven. Um Redundanzen zu vermeiden, wird bei diesen nachgelagerten Studien lediglich auf Unterschiede innerhalb der Ergebnisse hingewiesen. Zudem erfolgt am Beispiel der Destination Cuxhaven ein Multigruppenvergleich, um den moderierenden Einfluss der Erfahrung mit dem Anbieter zu untersuchen. Dieser Einfluss wird auch bei HolidayCheck untersucht und zusätzlich auf den Effekt der Stimulusumgebung als Moderator eingegangen. Auf Strukturebene werden die Daten dann in einem aggregierenden Modell zusam-

---

[43] SmartPLS ist eine kostenlose Software zur Berechnung komplexer Strukturmodelle mittels einer PLS-Pfadanalyse. Das Programm kann unter www.smartpls.com bezogen werden.

[44] Beispielsweise zur Berechnung des *VIF*, der *VAF*, des Fornell-Larcker-Kriteriums oder beim Multigruppenvergleich.

mengefasst, das alle Erhebungen integriert. Damit wird ein hoher Abstraktionsgrad erreicht. Auf die Unterschiede der einzelnen Erhebungen auf Strukturebene wird erst in der Folge eingegangen. Abschließend erfolgt die Beurteilung des Gesamtmodells auf der Basis aller evaluierten Gütekriterien.

7.1 Reflektive Messmodelle

Die Gütekriterien der reflektiven Messmodelle werden beim Untersuchungsgegenstand Kartoffelhotel erfüllt. Um zu dieser Aussage zu gelangen, können zunächst die Ladungswerte auf Indikatorebene betrachtet werden. Diese liegen alle zwischen 0,85 und 0,96, was als sehr gutes Ergebnis gewertet werden kann (vgl. Anhang 2). Die hier geleistete konzeptionelle Vorarbeit wird damit empirisch gestützt. Bei Korrelationen in dieser Größenordnung ist es auch nicht verwunderlich, dass die Signifikanz der Ladungen mit t-Werten im Mittel von 159,95 und einer Irrtumswahrscheinlichkeit von weniger als einem Prozent eindeutig gegeben ist. Die **Indikatorreliabilität** gilt für die reflektiven Messmodelle als bestätigt.

Auf Konstruktebene erfolgt die Reliabilitätsbeurteilung durch weitere statistische Kennwerte. Hier liegt die interne Konsistenz der Konstrukte mit einem Mindestwert von 0,93 deutlich über dem geforderten Grenzwert von 0,60. Dies bestätigen auch die Cronbachs-Alpha-Werte, die nicht unter 0,89 liegen und somit deutlich über dem geforderten Grenzwert von 0,65. Folglich kann allen reflektiven Messmodellen eine sehr gute **Konstruktreliabilität** attestiert werden (vgl. Tabelle 30).

Schließlich muss die Unabhängigkeit der einzelnen Konstrukte mithilfe der **Diskriminanzvalidität** überprüft werden. Die DEV liegt in diesem Zusammenhang mit mindestens 0,76 weit über dem geforderten Wert von 0,50. Damit ist eine gute Ausgangsbasis für das Fornell-Larcker-Kriterium gegeben. Dieses Kriterium verlangt, dass die DEV immer größer sein sollte als die quadrierte Korrelation des Konstruktes mit einem anderen. Oder anders gesagt: Die Quadratwurzel der DEV muss größer sein als die Korrelation der Konstrukte untereinander. Die Ergebnisse dieses Tests sind in Tabelle 31 dargestellt und zeigen, dass das Kriterium in allen Fällen erfüllt wurde.

Tabelle 30: Ergebnisse der reflektiven Messmodelle (Kartoffelhotel)

Konstrukte	Indikatoren	t-Werte	Cronbachs Alpha	Interne Konsistenz	DEV
			Grenzwerte		
		≥ 2,58	≥ 0,65	≥ 0,6	≥ 0,5
Einstellung zum Anbieter	EINS1	167,25**	0,96	0,97	0,88
	EINS2	210,72**			
	EINS3	240,87**			
	EINS4	217,28**			
Vertrauen in den Anbieter	VERT1	109,69**	0,9	0,93	0,78
	VERT2	73,30**			
	VERT3	132,46**			
	VERT4	88,07**			
Glaubwürdigkeit	GLAU1	237,67**	0,89	0,93	0,76
	GLAU2	141,75**			
	GLAU3	153,17**			
	GLAU4	90,70**			
Kaufabsicht	KAUF1	165,72**	0,9	0,94	0,83
	KAUF2	111,18**			
	KAUF3	140,42**			
Kompetenzvermutung	KOMP1	108,52**	0,91	0,94	0,79
	KOMP2	140,06**			
	KOMP3	252,59**			
	KOMP4	189,71**			
Sympathie	SYMP1	112,46**	0,93	0,95	0,83
	SYMP2	86,82**			
	SYMP3	87,32**			
	SYMP4	109,67**			
Weiterempfehlungsabsicht	WEIT1	178,98**	0,94	0,96	0,9
	WEIT2	264,16**			
	WEIT3	348,26**			

n.s. = nicht signifikant; * = signifikant mit 5%iger Irrtumswahrscheinlichkeit; ** = signifikant mit 1%iger Irrtumswahrscheinlichkeit.

Quelle: Eigene Darstellung (n=1389).

Die Kreuzladungen der Indikatoren zeigen innerhalb der Indikatorenmatrix ebenfalls, dass die Ladungen mit dem eigenen Konstrukt größer sind als mit einem anderen (siehe Anhang 2). Diese Ergebnisse verdeutlichen, dass die Konstrukte voneinander unabhängig sind und die Diskriminanzvalidität auch auf Indikatorebene Gültigkeit besitzt.

Tabelle 31: Anwendung des Fornell-Larcker-Kriteriums (Kartoffelhotel)

	1	2	3	4	5	6	7
1. Einstellung zum Anbieter	**0,94**						
2. Vertrauen in den Anbieter	0,66	**0,88**					
3. Glaubwürdigkeit	0,6	0,72	**0,87**				
4. Kaufabsicht	0,72	0,5	0,45	**0,91**			
5. Kompetenzvermutung	0,72	0,73	0,77	0,54	**0,89**		
6. Sympathie	0,86	0,63	0,59	0,78	0,71	**0,91**	
7. Weiterempfehlungsabsicht	0,74	0,56	0,46	0,79	0,58	0,78	**0,95**

Anmerkung: Die **fett** gedruckten Zahlen zeigen die Quadratwurzel der DEV; die Zahlen darunter und links davon repräsentieren die Konstruktkorrelationen.

Quelle: Eigene Darstellung (n=1389).

Zusammenfassend kann den reflektiven Messmodellen aufgrund der überdurchschnittlich guten Anpassungswerte eine exzellente Qualität bescheinigt werden. Aus statistischer Sicht müssten die reflektiven Messmodelle nicht modifiziert werden; sie bestätigen die theoretischen Vorarbeiten. Allerdings steht mit der zeitgleich erhobenen **Indikatorenzuordnungsaufgabe** ein Instrument zur Verfügung, das sich auf die Expertenvalidität bezieht und die Eindeutigkeit und Relevanz der Indikatoren für die jeweiligen Konstrukte a priori überprüfen kann. Die Ergebnisse dieser qualitativen Vorstudie legen nahe, dass einige Indikatoren aufgrund mangelnder Eindeutigkeit und Relevanz eliminiert werden sollten[45]. Kritisch sind insbesondere die Indikatoren KOMP4, GLAU1 und VERT4. Inhaltlich ist dies durchaus nachvollziehbar. So wurden die Fragen „*Anbieter X ist seriös*" (GLAU1) und „*Anbieter X ist angesehen*" (KOMP4) hauptsächlich der Anbieterreputation zugeordnet. Die Seriosität und das Ansehen drücken also weniger Glaubwürdigkeit und Kompetenz des Anbieters aus als vielmehr dessen Ruf im Allgemeinen. Auch wenn in dieser Arbeit Glaubwürdigkeit und Kompetenzvermutung als normative bzw. kognitive Bestandteile der Reputation auf der Kommunikationsebene gesehen werden, so sind sie gleichzeitig als eigenständige Konstrukte zu sehen. Ihre Indikatoren sollten sich daher eindeutig auf das Konstrukt beziehen lassen, was hier nicht der Fall war. Inhaltlich konnte aber auch kein Anschlusspunkt an die theoretisch hergeleiteten Komponenten der Anbieterreputation ermittelt werden, womit die Indika-

---

[45] Eine detaillierte Zusammenfassung der Ergebnisse findet sich in Anhang 1.

toren GLAU1 und KOMP4 keinem Konstrukt innerhalb des Modells dieser Arbeit zugeordnet werden können. Weiter musste im Hinblick auf den Indikator VERT4 festgestellt werden, dass sich bei der Formulierung „Anbieter X ist kooperativ" ebenfalls keine klare Tendenz zu einem Konstrukt feststellen ließ.

Mit einem P_{ss}-Index von jeweils 0,17 ist die Eindeutigkeit der genannten Indikatoren daher als mangelhaft einzustufen. Auch wenn die Zuordnungsaufgabe lediglich als grobe Richtlinie aufgefasst werden sollte (vgl. Kapitel 5.6.4), legen die negativen Relevanzwerte des C_{sv}-Index von -0,11 beim Vertrauensindikator VERT4 sowie -0,28 und -0,61 in Bezug auf GLAU1 und KOMP4 eine Eliminierung der genannten Indikatoren nahe (vgl. Tabelle 32).

Tabelle 32: Indikatoren mit kritischen Zuordnungswerten

Bezeichnung	Ausformulierung	Eindeutigkeit (P_{ss})	Relevanz (C_{sv})
KOMP4	Anbieter X ist angesehen	0,17	-0,61
GLAU1	Anbieter X ist seriös	0,17	-0,28
GLAU2	Anbieter X ist objektiv	0,33	0,11
VERT4	Anbieter X ist kooperativ	0,17	-0,11

Quelle: Eigene Darstellung (n=18).

Eine letzte Auffälligkeit ergab sich durch den Indikator GLAU2, dessen Eindeutigkeit mit 0,33 nicht dem geforderten Anspruchsniveau von 0,5 entspricht. Da der C_{sv}-Index mit 0,11 positiv ist, wurde dieser Indikator auch deshalb beibehalten, weil ansonsten lediglich zwei Indikatoren zur Messung der Glaubwürdigkeit zur Verfügung gestanden hätten. Aus theoretischer Sicht ist die Aussage „Anbieter X ist objektiv" zudem eindeutig auf das Konstrukt der Glaubwürdigkeit zu beziehen, da auf diese Weise die normative Integrität des Anbieters indirekt bestätigt wird (vgl. Kapitel 5.7.1).

Wichtig war nun der **Abgleich mit der zweiten Studie**. Denn bei den Messmodellen wurden bisher lediglich die Werte der ersten Studie besprochen, bei denen das Kartoffelhotel im Fokus stand. Sowohl bei HolidayCheck als auch bei Cuxhaven erwiesen sich alle Gütemaße als überdurchschnittlich gut. Keiner der Grenzwerte wurde unterschritten. Um Redundanzen zu vermeiden, sind diese Ergebnisse in Anhang 2 zusammengefasst. Sie bestätigen die Qualität der Indikatoren in Bezug auf ihre reflektiven Konstrukte.

7.2 Formative Messmodelle

Bei der Entwicklung des formativen Messmodells Anbieterreputation wurden die **Inhalts- und Expertenvalidität** durch eine umfangreiche Literaturanalyse sowie die Indikatorenzuordnungsaufgabe sichergestellt. Hieran anschließend folgt nun die Überprüfung des Messmodells anhand von statistischen Kennwerten. Die Indikatoren des formativen Messmodells wurden ebenso wie die der reflektiven Messmodelle aufgrund statistischer und inhaltlicher Überlegungen nach der ersten Erhebungsphase angepasst. Ausgangspunkt der Güte formativer Messmodelle ist die **Indikatorenrelevanz**. Hierbei ist zunächst die Höhe der Gewichte der einzelnen Indikatoren entscheidend. Es zeigt sich, dass die Indikatoren REPU5, REPU8 und REPU9 einen sehr geringen Erklärungsbeitrag liefern und zudem den Grenzwert von 0,1 nicht erreichen. Der Pfadkoeffizient von REPU2 weist zudem ein negatives Vorzeichen auf. Die **Signifikanz der Gewichte** kann durch die Ergebnisse des t-Tests bestätigt werden. Demnach ist der Indikator REPU9 nicht signifikant, wohingegen die anderen Indikatoren als signifikant mit einer Irrtumswahrscheinlichkeit von fünf Prozent, häufig sogar mit einem Prozent eingestuft werden können. Es zeigt sich damit eine Auffälligkeit bei jeweils einem Indikator jeder Dimension der Anbieterreputation (vgl. Tabelle 33).

Tabelle 33: Ergebnisse beim formativen Messmodell (Kartoffelhotel)

Konstrukt	Indikator	Dimension	Gewichte	t-Werte	VIF
				Grenzwerte	
			> 0,1	≥ 1,96	< 5
Anbieterreputation	REPU1	Verantwortung	0,15	4,47**	1,94
	REPU2		-0,11	2,86**	2,27
	REPU3	Qualität	0,27	6,20**	3,25
	REPU4		0,17	4,57**	2,46
	REPU5	Wirtschaftliche Stabilität	0,07	(n.s.) 1,91	3,68
	REPU6		0,12	2,86**	4,2
	REPU7	Arbeitsatmosphäre	0,11	2,22*	3,89
	REPU8		0,07	2,08*	2,11
	REPU9	Kundenorientierung	0,07	(n.s.) 1,27	4,68
	REPU10		0,25	4,51**	4,99
n.s. = nicht signifikant; * = signifikant mit 5%iger Irrtumswahrscheinlichkeit; ** = signifikant mit 1%iger Irrtumswahrscheinlichkeit					

Quelle: Eigene Darstellung (n=1389).

Der zweite Indikator der Dimension **Verantwortung** (REPU2) ist zwar mit einprozentiger Irrtumswahrscheinlichkeit signifikant, wird aber aufgrund der negativen Korrelationsrichtung nicht in Betracht gezogen. Das Ergebnis lässt vermuten, dass die Aussage *„Anbieter X hat den Ruf, in Bezug auf die Umwelt verantwortungsbewusst zu handeln"* nicht genau bewertet werden konnte. Dieser Schluss ist zum einen durch den statistischen Wert legitim, der mit -0,11 auch in negativer Ausprägung sehr gering ist.

Zum anderen ist es inhaltlich schwer nachzuvollziehen, dass Umweltverantwortung negativ auf die Reputation eines Hotels wirkt. Naheliegender ist daher, dass den Probanden nicht genügend Informationen zur Verfügung standen, um diese Frage zu beantworten, und es deshalb zu einem negativen Zusammenhang kam. Im Hinblick auf die Multikollinearität zeigt sich innerhalb der Korrelationsmatrix der Tabelle 34, dass der Pfadkoeffizient von REPU2 auf REPU1 mit einem Wert von 0,50 vergleichsweise hoch ist. Eine inhaltliche Redundanz kann daher nicht ausgeschlossen werden. Aufgrund dieser Überlegungen wird der Indikator REPU2 eliminiert.

In der Dimension **Qualität** wird zum einen die Produktqualität abgefragt und zum anderen das Preis-Leistungs-Verhältnis. Beide Indikatoren liegen oberhalb der geforderten Grenzwerte für die Höhe und Signifikanz der Gewichte. Inhaltlich sprechen sie unterschiedliche Aspekte der Qualität an.

Die geringe Korrelation zwischen REPU3 und REPU4 bestätigt auch statistisch, dass eine inhaltliche Überschneidung unwahrscheinlich ist (vgl. Tabelle 34). Daher ist es legitim, beide Indikatoren dieser Dimension beizubehalten.

Bei der Dimension **wirtschaftliche Stabilität** erfüllt der Indikator REPU8 mit einem t-Wert von 2,08 zwar das geforderte Signifikanzniveau, dennoch lässt die Höhe des Gewichtes mit 0,07 vermuten, dass die Frage, ob das Hotel profitabel wirtschaftet, für die Stakeholdergruppe Kunden im Kontext der Anbieterreputation eine eher untergeordnete Bedeutung hat. Auch wenn die Multikollinearitätswerte von REPU7 und REPU8 nicht zwingend auf eine inhaltliche Redundanz hinweisen, so wird der Indikator REPU8 aufgrund seiner geringen Relevanz eliminiert.

Ein ähnliches Ergebnis zeigt sich bei den Dimensionen **Arbeitsatmosphäre** und **Kundenorientierung**. Hier weisen die Indikatoren REPU5 und REPU9 mit t-Werten von 1,91 bzw. 1,27 zusätzlich nicht das geforderte Signifikanzniveau aus. Auch im Hinblick auf die Multikollinearität legen die Werte der Korrelationsmatrix nahe, dass eine inhaltliche Redundanz bestehen könnte. So weist REPU7 zu REPU6 einen Wert von 0,44 aus, während bei REPU10 zu REPU9 eine noch höhere Korrelation von 0,67 zu beobachten ist. Die weniger relevanten Indikatoren der jeweiligen Dimension (REPU5 und REPU9) werden daher aus der Messung entfernt.

Diese Ergebnisse bestätigen die theoretischen Ausführungen dieser Arbeit. Im Vorfeld wurden fünf inhaltlich differente Dimensionen der Anbieterreputation formuliert und diese innerhalb der Messung mit jeweils zwei Indikatoren abgebildet. Es konnte also bereits im Vorfeld der Messung von Redundanzen zwischen den Indikatoren einer Dimension ausgegangen werden. Wichtig war dann aber, zu erkennen, welche Indikatoren einer Dimension am besten geeignet sind, um die Anbieterreputation abzubilden – und das ist auf der Basis der Ergebnisse nun möglich.

Bevor die Indikatoren in das Messinstrumentarium aufgenommen werden, soll hier abschließend noch auf die Ergebnisse der **Multikollinearitätsprüfung** zwischen den Dimensionen eingegangen werden. Oben wurde diese Betrachtung bereits anhand der Indikatoren innerhalb einer Dimension vorgenommen. Dabei dient neben der Berechnung des VIF die Betrachtung der Korrelationsmatrix in Tabelle 34 als Hinweis für Multikollinearität. Abgesehen von den hohen Werten zwischen den bereits genannten Indikatoren können hier jedoch keine auffälligen Werte festgestellt werden.

Tabelle 34: Korrelationsmatrix von REPU1 bis REPU10 (Kartoffelhotel)

REPU	1	2	3	4	5	6	7	8	9	10
1	1,00									
2	0,50	1,00								
3	-0,03	0,25	1,00							
4	0,02	0,10	0,16	1,00						
5	0,18	0,02	0,11	0,20	1,00					
6	0,05	0,01	0,14	0,04	0,44	1,00				
7	0,01	0,06	0,29	0,23	-0,06	0,30	1,00			
8	0,16	0,09	-0,06	-0,07	0,22	0,10	0,07	1,00		
9	-0,01	0,05	0,10	-0,05	0,13	0,03	0,15	-0,06	1,00	
10	-0,02	-0,03	0,11	0,22	-0,01	0,07	0,11	0,15	0,67	1,00

Quelle: Eigene Darstellung (n=1389).

Die *VIF*-Werte bestätigen, dass die Indikatoren auch außerhalb der einzelnen Dimensionen nicht redundant sind. Im Hinblick auf die Multikollinearität sind die Ergebnisse daher unauffällig. Alle Indikatoren liegen deutlich unter dem kritischen *VIF*-Wert von 5 (vgl. Tabelle 33). Daraus wird geschlossen, dass die Indikatoren unabhängig voneinander sind, was im Rahmen eines formativen Konstruktes gewünscht ist.

Auf der Basis dieser Überlegungen werden also die Indikatoren REPU2, REPU5, REPU8 und REPU9 aus der Messung entfernt. Dadurch bleibt mit Ausnahme der Dimension Qualität jeweils ein Indikator pro Dimension erhalten, sodass die theoretisch-inhaltlichen Überlegungen mit den empirisch-statistischen Werten übereinstimmen.

In der zweiten Erhebungsphase wurden die eliminierten Indikatoren nicht erneut erhoben. Das verschlankte Messinventar galt es dann erneut zu prüfen. Um Redundanzen zu vermeiden, werden im Folgenden jedoch lediglich kritische Werte besprochen. Eine detaillierte Darstellung der Ergebnisse findet sich in Anhang 3.

Durch die Eliminierung mehrerer Indikatoren waren deutlich andere Ergebnisse zu erwarten. Wünschenswert wäre gewesen, dass die verbleibenden Indikatoren allesamt einen wichtigen Einfluss auf das Konstrukt der Anbieterreputation ausüben. Die Ergebnisse zeigen, dass dies tatsächlich in den meisten Fällen zutrifft. Dennoch ist insbesondere der Indikator REPU4 kritisch. Dieser spielt auf das Preis-Leistungs-Verhältnis an. Bei der Erhebung, in der HolidayCheck untersucht wurde, erweist sich dieser Indikator mit einer Höhe des Gewichtes von 0,04 und einem t-Wert von 0,88 als nicht signifikant. Beim Untersuchungsobjekt Cuxhaven wird das Anspruchsniveau durch eine Höhe des Gewichtes von 0,10 und einem t-Wert von 2,24 nur knapp erreicht. Dies ist erstaunlich, da zunächst anzunehmen wäre, dass das Preis-Leistungs-Verhältnis in beiden Fällen eine wichtige Rolle spielt. Als Argument, warum dies vielleicht nicht der Fall ist, ließe sich anführen, dass durch eine hohe Reputation die Zahlungsbereitschaft steigt. Dieser Zusammenhang wird in der Literatur häufig angeführt und von Eberl (2006: 166) auch empirisch nachgewiesen. In diesem Fall würde die Leistung im Vordergrund der Betrachtung stehen. Da eine untergeordnete Bedeutung des Preises damit jedoch nicht zwingend einhergehen muss, wird trotz des mäßigen Ergebnisses von einer Eliminierung des Indikators abgesehen.

Ein weiterer Indikator, der in der zweiten Erhebung niedrig ausfällt, ist REPU1, der sich auf die soziale Verantwortung des Anbieters bezieht. Erstaunlich ist auch hier, dass das geringe Ergebnis von 0,03 bei der Höhe und 0,69 beim t-Wert des Gewichtes im Rahmen der Untersuchung von Cuxhaven auftrat. Es wäre zu erwarten gewesen, dass die soziale Verantwortung einer Region ihre Reputation entscheidend beeinflusst. Es kann jedoch sein, dass dieser Einfluss im Rahmen der Reputation tatsächlich marginal ist. Dies heißt jedoch nicht, dass die soziale Verantwortung grundsätzlich unbedeutend für die Reiseentscheidung ist. Denn im Rahmen dieser Studie wurde lediglich die Bedeutung der Reputation für das Entscheidungsverhalten untersucht. Auch dieser Indikator bleibt also im bestehenden Messinventar erhalten. Damit werden nach der zweiten Studie keine weiteren Indikatoren entfernt.

Abschließend soll durch die Überprüfung der **externen Validität** die inhaltliche Korrektheit der Indikatoren untersucht werden. Helm weist darauf hin, dass das Konstrukt der Anbieterreputation auch mittels eines globalen Indikators als Single-Item-Konstrukt gemessen werden kann (vgl. Helm 2007: 276). Dementsprechend kann die inhaltliche Validierung des formativen Konstruktes Anbieterreputation über den globalen Indikator „Anbieter X hat einen sehr guten Ruf" ermittelt werden, der in Anlehnung an Helm in dieser Arbeit mit erhoben wurde. Gemessen wird hierbei der Zusammenhang zwischen dem formativen und dem als Single Item operationalisierten Konstrukt der Anbieterreputation (vgl. Abbildung 33). Durch den Vergleich beider Werte wird es möglich, die externe Validität der Anbieterreputation zu prüfen.

Das Ergebnis zeigt, dass der Pfadkoeffizient zwischen den beiden Konstrukten mit 0,85 sehr hoch ist. Auch die Signifikanz des Zusammenhangs der beiden Messmodelle ist mit einem t-Wert von 103,14 gegeben. Zusätzlich wird das Ergebnis durch das hohe Bestimmtheitsmaß von 0,72 bestätigt. Diese Ergebnisse lassen auf eine sehr gute externe Validität der Anbieterreputation schließen. Dies bedeutet, dass die hier vorgenommene Konzeptualisierung der Anbieterreputation inhaltlich korrekt ist. Einschränkend muss angemerkt werden, dass die Phantomvariable in der Regel über mehr als einen Indikator gemessen wird. Die Aussagekraft beschränkt sich somit auf den Vergleich zu lediglich einem (globalen) Indikator. Die Aufnahme weiterer Indikatoren hätte jedoch zu einem längeren Fragebogen geführt. Damit wäre das Risiko gestiegen, dass die Qualität der Antworten sinkt. Da hier davon ausgegangen wird, dass die Messung einer übergeordneten Reputation über einen einzigen Indikator möglich ist, wurde diese Variante bevorzugt, um die genannten Nachteile zu vermeiden.

Abbildung 33: Zwei-Konstrukt-Modell mit Phantomvariable

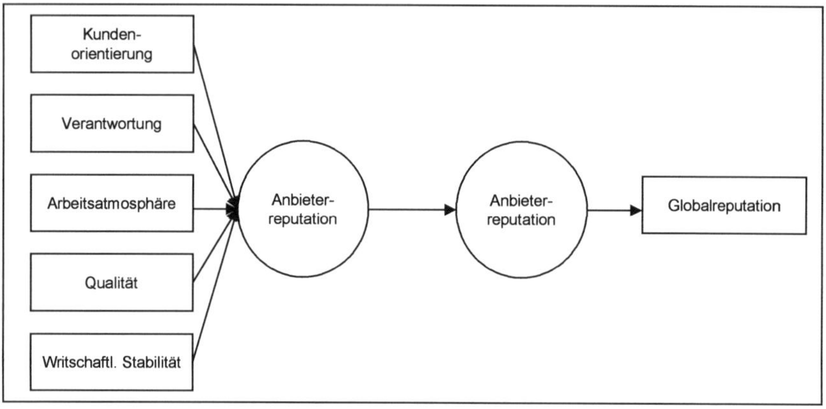

Quelle: In grober Anlehnung an Diamantopoulos und Winklhofer 2001: 273.

Zusammenfassend bleibt festzuhalten, dass die zur Verfügung stehenden Evaluierungskriterien die theoretischen Überlegungen im Hinblick auf das formativ spezifizierte Konstrukt der Anbieterreputation bestätigen. Die vorgenommenen Modifikationen können sachlogisch begründet werden und wurden bereits vor der Erhebung antizipiert.

7.3 Beurteilung des Strukturmodells

Nach der Beurteilung und Modifizierung der Messmodelle kann nun die Bewertung des Modells auf Strukturebene vorgenommen werden. Dabei gilt es, die postulierte Hypothesensystematik zu testen. Dies erfolgt anhand der vorgestellten Kriterien. Die endogenen Konstrukte werden dabei primär am Qualitätskriterium des Bestimmtheitsmaßes R^2 gemessen. Im Anschluss erfolgt die Messung der exogenen Konstrukte im Hinblick auf ihren Erklärungsbeitrag innerhalb des Modells. Die Werte werden hierbei durch die

Beurteilung des Strukturmodells

Effektstärke f^2 dargestellt, die den Einfluss der unabhängigen Variable auf die abhängige widerspiegelt (vgl. Kapitel 6.4).

Bei den Ergebnissen aus Tabelle 35 fällt auf, dass die erklärten Varianzanteile für alle Konstrukte relativ hoch ausfallen. Errechnet man einen Mittelwert aller vorliegenden R^2-Werte, so kann konstatiert werden, dass 52,80 Prozent der Varianz der abhängigen Variablen im Strukturgleichungsmodell erklärt werden. Auffallend ist das Bestimmtheitsmaß des Konstruktes der Anbieterreputation, welches zu einem besonders hohen Anteil durch die Variablen des Modells erklärt wird. Mit einem Wert von 0,66 ist es gemäß Chin (1998: 323) als substanziell einzustufen. Alle anderen endogenen Konstrukte gelten nach der Kategorisierung Chins als moderat. Hierbei muss beachtet werden, dass nach Henseler et al. (2009: 303-304) die Ergebnisse des Bestimmtheitsmaßes auch von der Anzahl der exogenen Konstrukte abhängig sind, die auf das jeweilige endogene Konstrukt verweisen (vgl. auch Kapitel 6.4). Im Fall der Anbieterreputation sind dies drei, wohingegen bei allen anderen Konstrukten lediglich ein exogenes Konstrukt auf das korrespondierende endogene Konstrukt verweist. Demgemäß sind die vergleichsweise geringeren Werte statistisch nachvollziehbar.

Tabelle 35: Bestimmtheitsmaß und Effektstärke (aggregiertes Strukturmodell)

Konstrukt	R^2	f^2
Einstellung zum Anbieter	0,46	n.v.
Anbieterreputation	0,65	n.v.
Vertrauen in den Anbieter	0,46	n.v.
Glaubwürdigkeit	n.v.	0,09
Kaufabsicht	0,49	n.v.
Kompetenzvermutung	n.v.	0,19
Sympathie	n.v.	0,05
Weiterempfehlungsabsicht	0,54	n.v.

R^2 = Bestimmtheitsmaß; f^2 = Effektstärke; n.v. = nicht verfügbar.

Quelle: Eigene Darstellung (n=2868).

Zusätzlich ist auf einer sachlogischen Ebene zu fragen, wie diese Werte innerhalb des Gesamtkontextes einzuordnen sind und welche Relevanz das Bestimmtheitsmaß bei den einzelnen Konstrukten besitzt. Homburg und Baumgartner (1995: 172) weisen darauf hin, dass eine hohe quadrierte multiple Korrelation der endogenen Variable nur dann sinnvoll sei, *„wenn das substanzwissenschaftliche Erkenntnisziel der Untersuchung darin besteht, die jeweiligen endogenen Variablen möglichst vollständig zu erklären"*. Einen möglichst hohen Erklärungsgrad sollte im Rahmen dieser Arbeit das Konstrukt der Anbieterreputation liefern, da es im Zentrum der Analyse steht. Ziel war es dementsprechend, bei diesem Konstrukt ein möglichst hohes Bestimmtheitsmaß zu erreichen. Wie erläutert, konnte dieses Anliegen durch die empirischen Ergebnisse bestätigt werden. Anders gestaltet es sich hingegen bei den Konstrukten, die der Anbieterreputation nachgelagert sind. Hier bewegen sich die R^2-Werte zwischen 0,44 und 0,54. Dennoch sind auch diese Werte inhaltlich nachvollziehbar. Denn bei der Vorstellung der Totalmodelle der Konsumentenforschung konnte gezeigt werden, dass die Kauf- und die Weiterempfehlungsabsicht weder durch die Anbieterreputation noch durch die Einstellung zum Anbieter allein erklärt werden können. Es gibt also weitere entscheidungsrelevante Faktoren außerhalb der im Modell behandelten Konstrukte. Eine Aufnahme aller entscheidungsrelevanten Kennwerte hätte allerdings eine Messung des Modells unmöglich gemacht. Der Verzicht darauf führte dazu, dass die R^2-Werte im Vergleich geringer ausfielen. Wichtig war es, zu zeigen, ob der Erklärungsbeitrag der Anbieterreputation auf die Reiseentscheidung signifikant ist. Die Ergebnisse können dahingehend interpretiert werden, dass die Anbieterreputation als Informationssurrogat bei der Reiseentscheidung fungiert. Gleichzeitig lassen die R^2-Werte vermuten, dass der Kunde auf weitere Informationsquellen zurückgreift, da ansonsten der Erklärungsbeitrag der einzelnen Konstrukte höher ausgefallen wäre.

Der Einfluss der exogenen Variablen auf die endogenen kann mithilfe der Effektstärke (f^2) ermittelt werden. Die Begutachtung der f^2-Werte in Tabelle 35 macht deutlich, dass Sympathie und Glaubwürdigkeit lediglich einen kleinen Einfluss auf die Anbieterreputation haben, wohingegen der Einfluss der Kompetenzvermutung mit einem f^2-Wert von 0,19 als mittel eingestuft werden kann. Eine Interpretation dieses Ergebnisses ist unter Rückbezug auf die Kaufentscheidungsarten (vgl. Kapitel 2.2) möglich. Der große Einfluss der Kompetenzvermutung bestätigt dabei, dass die Reiseentscheidung primär rational und nach dem Muster der extensiven Kaufentscheidung abläuft. Dementsprechend sind für die Anbieterreputation primär kognitive Bewertungsschemata relevant.

7.3.1 Direkte Effekte

Die direkten Effekte zeigen den Zusammenhang der einzelnen Konstrukte innerhalb des Modells an und lassen sich anhand der Höhe und Signifikanz der Pfadkoeffizienten feststellen. Diese direkten Effekte innerhalb des Strukturmodells sind in Tabelle 36 zusammengefasst.

Tabelle 36: Pfadkoeffizienten und Signifikanzwerte (aggregiertes Strukturmodell)

Beziehungen	Pfadkoeffizienten	t-Werte
Einstellung zum Anbieter → Vertrauen in den Anbieter	0,68	59,86**
Einstellung zum Anbieter → Kaufabsicht	0,7	71,01**
Einstellung zum Anbieter → Weiterempfehlungsabsicht	0,73	76,66**
Anbieterreputation → Einstellung zum Anbieter	0,68	51,77**
Glaubwürdigkeit → Anbieterreputation	0,27	11,87**
Kompetenzvermutung → Anbieterreputation	0,44	18,80**
Sympathie → Anbieterreputation	0,19	9,50**

n.s. = nicht signifikant; * = signifikant mit 5%iger Irrtumswahrscheinlichkeit; ** = signifikant mit 1%iger Irrtumswahrscheinlichkeit.

Quelle: Eigene Darstellung (n=2868).

Bevor die Pfadkoeffizienten interpretiert werden, soll an dieser Stelle noch einmal darauf hingewiesen werden, dass Schwaiger (2004) Reputation mit Sympathie und Kompetenz gleichsetzt. Im Rahmen dieser Arbeit wird Reputation allerdings in einen umfassenderen Kontext eingebettet, der sowohl eine Kommunikationsebene als auch eine konkrete inhaltliche Ebene umfasst. Gleichzeitig wird die Kommunikationsebene mit Verweis auf die Theorie des geplanten Verhaltens um eine normative Komponente erweitert (vgl. hierzu ausführlich Kapitel 3.3.2.3). Daraus ergibt sich, dass die Wirksamkeit des Verhaltens (inhaltliche Ebene) durch die Kommunikation normativer, affektiver und kognitiver Werte bestimmt wird. Betrachtet man vor diesem Hintergrund nun die Höhe der Pfadkoeffizienten zwischen den exogenen Variablen und der Anbieterreputation, so wird deutlich, dass die Kompetenzvermutung (Koeffizient 0,44) die Reputation stärker beeinflusst, als es die Sympathie (0,19) oder die Glaubwürdigkeit (0,27) vermögen. In Bezug auf die Konsequenzen der Anbieterreputation ergibt sich mit einer Korrelation von 0,68 ein starker Einfluss auf die Einstellung zum Anbieter. Diese korreliert wiederum hoch mit den ihr nachgelagerten Konstrukten Vertrauen in den Anbieter, Kauf- und Weiterempfehlungsabsicht. Dabei ist der Einfluss auf das Vertrauen in den Anbieter mit einem Pfadkoeffizienten von 0,68 etwas geringer als der Einfluss auf die Kauf- und Weiterempfehlungsabsicht mit 0,70 bzw. 0,73. Unabhängig von diesen geringen Differenzen bestätigen alle drei Werte auch empirisch die hypothetisch angenommenen Konsequenzen der Anbieterreputation. Die direkten Effekte sind in Abbildung 34 noch einmal visualisiert.

Da sich die bisherige Betrachtung lediglich auf das aggregierte Modell bezog, werden im Folgenden die Werte der einzelnen Untersuchungen verglichen und interpretiert. Grundsätzlich ist zu erwarten, dass die einzelnen Ergebnisse nicht stark voneinander abweichen. Kommt es jedoch zu deutlichen Unterschieden, so werden diese auf einer inhaltlichen Ebene interpretiert, um die Besonderheit des jeweiligen Untersuchungsobjektes herauszuarbeiten. Betrachtet man das **Bestimmtheitsmaß** sowie die **Effektstärke**, zeigt sich, dass diese Werte nah beieinander liegen.

Abbildung 34: Pfadkoeffizienten im aggregierten Strukturmodell

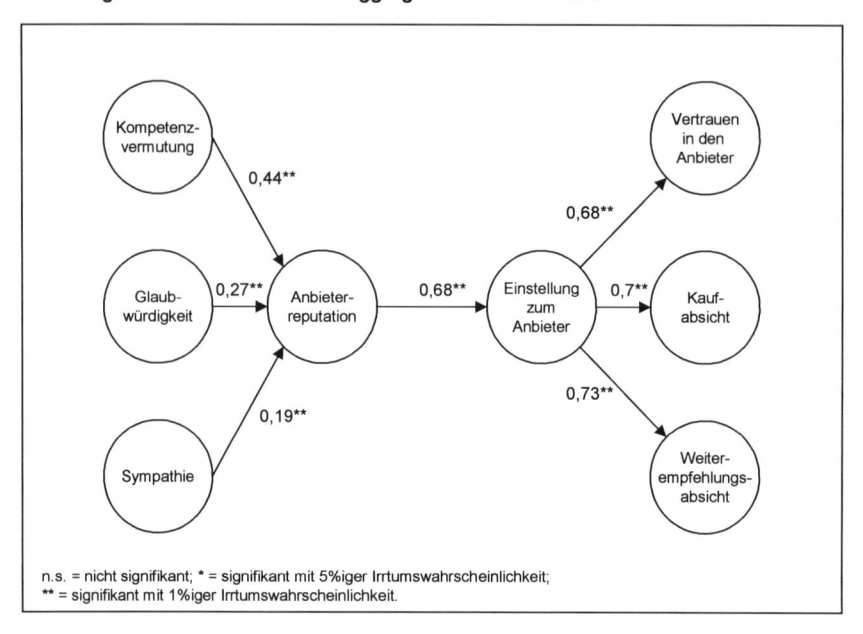

```
                Kompetenz-                                    Vertrauen
                vermutung                                     in den
                         \                                    Anbieter
                          0,44**                             /
                                \                      0,68**
                                 \                    /
        0,27**              0,68**              0,7**
Glaub-  ──────▶  Anbieter-  ──────▶  Einstellung  ──────▶  Kauf-
würdigkeit        reputation           zum                  absicht
                    ▲                 Anbieter
                    │                      \
                   0,19**              0,73**\
                    │                          ▼
                Sympathie                    Weiter-
                                             empfehlungs-
                                             absicht
```

n.s. = nicht signifikant; * = signifikant mit 5%iger Irrtumswahrscheinlichkeit;
** = signifikant mit 1%iger Irrtumswahrscheinlichkeit.

Quelle: Eigene Darstellung (n=2868).

Tendenziell ist jedoch zu erkennen, dass die R^2-Werte beim Untersuchungsobjekt HolidayCheck höher sind als beim Kartoffelhotel (vgl. Tabelle 37). Demgegenüber fallen sie bei Cuxhaven im Vergleich leicht ab. Dies lässt darauf schließen, dass die Modellanpassung zum einen zu einer leichten Verbesserung der Erklärungskraft der einzelnen Konstrukte beim Untersuchungsobjekt HolidayCheck geführt hat, zum anderen aber auch zu einer geringfügigen Verschlechterung bei Cuxhaven. Insgesamt ist diese Differenz jedoch auch nicht verwunderlich, da PLS durch die Eigenschaft *„consistency at large"* (vgl. hierzu Kapitel 6.2) gekennzeichnet ist. Bei hoher Indikatoren- und Fallzahl sind die Ergebnisse stabiler. Im Fall von HolidayCheck und Cuxhaven waren aber sowohl die Sample- als auch die Indikatorenzahl geringer als beim Kartoffelhotel. Somit kann es sich auch um Schwankungen handeln, die auf das genannte Charakteristikum von PLS zurückgeführt werden können.

Tabelle 37: Bestimmtheitsmaß und Effektstärke der Untersuchungsobjekte

	Kartoffelhotel (n=1389)		Cuxhaven (n=719)		HolidayCheck (n=760)	
Konstrukt	R^2	f^2	R^2	f^2	R^2	f^2
Einstellung zum Anbieter	0,48	n.v.	0,41	n.v.	0,55	n.v.
Anbieterreputation	0,66	n.v.	0,65	n.v.	0,7	n.v.
Vertrauen in den Anbieter	0,44	n.v.	0,50	n.v.	0,54	n.v.
Glaubwürdigkeit	n.v.	0,06	n.v.	0,14	n.v.	0,04
Kaufabsicht	0,52	n.v.	0,48	n.v.	0,41	n.v.
Kompetenzvermutung	n.v.	0,19	n.v.	0,21	n.v.	0,17
Sympathie	n.v.	0,06	n.v.	0,03	n.v.	0,09
Weiterempfehlungsabsicht	0,54	n.v.	0,48	n.v.	0,53	n.v.

R^2 = Bestimmtheitsmaß; f^2 = Effektstärke; n.v. = nicht verfügbar.

Quelle: Eigene Darstellung.

Bei den **Pfadkoeffizienten** sind die Ergebnisse ebenfalls konsistent (vgl. Tabelle 38). Auffallend ist lediglich der deutlich größere Einfluss der Glaubwürdigkeit bei der Destination Cuxhaven. Es zeigt sich hier gleichzeitig ein sehr geringer Einfluss der Sympathie auf die Anbieterreputation. Offensichtlich weisen die Kunden der Glaubwürdigkeit hier eine höhere Bedeutung zu als beim Kartoffelhotel oder bei HolidayCheck. Begründet werden könnte dies damit, dass bei einer Destination verschiedene Leistungsträger das Gesamtprodukt ausmachen. Dadurch gibt es wesentlich mehr Informationsquellen, bei denen die Seriosität des Anbieters nicht immer eindeutig ist. Die Frage nach der Glaubwürdigkeit würde sich in diesem Fall in erhöhtem Maße stellen.

Insgesamt ist der Vergleich der einzelnen Untersuchungsobjekte zufriedenstellend, da er zeigt, dass die Werte – von einigen Ausnahmen abgesehen – sehr ähnlich sind. Den direkten Wirkungszusammenhängen kann dabei bei allen Erhebungen neben einer teilweise hohen Korrelation auch ein signifikanter Zusammenhang attestiert werden. Damit gelten die Hypothesen **H 1** bis **H 6** als bestätigt.

Bisher wurden lediglich die direkten Effekte betrachtet. Die komplexen Wirkungszusammenhänge des Modells zeigen sich jedoch erst, wenn auch die Interaktionseffekte analysiert werden. Denn wie das Modell in Abbildung 34 zeigt, sind die Zusammenhänge mehrstufig. Insofern muss überprüft werden, ob die Anbieterreputation und die Einstellung zum Anbieter tatsächlich als Mediatoren innerhalb des Modells fungieren. Neben den genannten Mediatoreffekten zählen zu den indirekten Effekten auch die Moderatoren. In diesem Modell werden mit Kundeninvolvement, der Erfahrung mit dem Anbieter sowie der Stimulusumgebung drei Moderatoreffekte in die Analyse einbezogen. Mit dieser abschließenden Untersuchung der Interaktionseffekte findet gleichzeitig eine Überprüfung der Hypothesen H 7 bis H 11 statt.

Tabelle 38: Pfadkoeffizienten der Untersuchungsobjekte im Vergleich

	Höhe und Signifikanz der Pfadkoeffizienten im Vergleich					
	Kartoffelhotel (n=1389)		HolidayCheck (n=760)		Cuxhaven (n=719)	
Beziehungen	Höhe	t-Werte	Höhe	t-Werte	Höhe	t-Werte
Einstellung zum Anbieter → Vertrauen in den Anbieter	0,66	40,88**	0,73	37,20**	0,70	33,37**
Einstellung zum Anbieter → Kaufabsicht	0,72	57,72**	0,64	26,33**	0,69	36,33**
Einstellung zum Anbieter → Weiterempfehlungsabsicht	0,74	57,83**	0,73	33,27**	0,69	34,06**
Anbieterreputation → Einstellung zum Anbieter	0,69	39,38**	0,74	35,17**	0,64	21,80**
Glaubwürdigkeit → Anbieterreputation	0,23	7,52**	0,18	3,58**	0,34	7,34**
Kompetenzvermutung → Anbieterreputation	0,46	14,94**	0,44	7,57**	0,42	9,87**
Sympathie → Anbieterreputation	0,21	7,07**	0,28	5,99**	0,15	3,86**

n.s. = nicht signifikant; * = signifikant mit 5%iger Irrtumswahrscheinlichkeit; ** = signifikant mit 1%iger Irrtumswahrscheinlichkeit.

Quelle: Eigene Darstellung.

7.3.2 Mediatoreffekte

Neben den direkten Effekten müssen also zusätzlich auch die Interaktionseffekte getestet werden. Bei den Mediatoreffekten ist hier insbesondere der mediierende Einfluss der Einstellung zum Anbieter entscheidend. Aber auch der Mediatoreffekt der Anbieterreputation muss untersucht werden. Die Mediatoreffekte werden dabei anhand des Sobel-Tests ermittelt und interpretiert.

Dabei ist darauf zu achten, dass die Ergebnisse aus dem Sobel-Test lediglich ein Indiz für eine Mediation sind. Konkret getestet werden kann die Stärke des Mediators mittels der VAF (vgl. hierzu ausführlich Kapitel 6.5.2). Hier zeigt sich, dass der Einfluss der Mediatorvariablen jeweils im zweistelligen Prozentbereich liegt. Eine Ausnahme bildet das Konstrukt Sympathie, bei dem die Anbieterreputation lediglich 4,90 Prozent des Erklärungsanteils dieser Beziehung ausmacht (vgl. Tabelle 39). Wie bereits aus den Untersuchungen zu den direkten Effekten hervorging, ist der Einfluss der Sympathie auf die Anbieterreputation im Verhältnis zu Kompetenzvermutung und Glaubwürdigkeit geringer. Mit der Feststellung, dass auch der mediierende Einfluss der Anbieterreputation gering ist, rückt der direkte Zusammenhang zwischen Sympathie und Einstellung zum Anbieter in den Fokus. Dieser ist mit 0,73 sehr hoch. So hat die Sympathie also einen geringen Einfluss auf die Anbieterreputation, jedoch einen großen auf die Einstellung zum Anbieter. Es zeigt sich also, dass affektive Aspekte bzw. die der Sympathie im Hinblick auf die Reiseentscheidung nicht vernachlässigt werden sollten. Denn offensichtlich üben eher unbewusste und emotionale Komponenten zwar keinen großen Einfluss auf die Anbieterreputation aus, haben wohl aber einen starken Effekt auf die Einstellung zum Anbieter.

Tabelle 39: Quantifizierung Mediatoreffekte (aggregiertes Strukturmodell)

Mediator	Mediierte Beziehung	z	VAF
Anbieterreputation	Kompetenzvermutung → Einstellung zum Anbieter	10,03**	21,29%
	Sympathie → Einstellung zum Anbieter	7,52**	4,90%
	Glaubwürdigkeit → Einstellung zum Anbieter	11,10**	34,06%
Einstellung zum Anbieter	Anbieterreputation → Vertrauen in den Anbieter	13,59**	26,35%
	Anbieterreputation → Kaufabsicht	28,74**	81,35%
	Anbieterreputation → Weiterempfehlungsabsicht	29,54**	72,93%

n.s. = nicht signifikant; * = signifikant mit 5%iger Irrtumswahrscheinlichkeit; ** = signifikant mit 1%iger Irrtumswahrscheinlichkeit.

Quelle: Eigene Darstellung (n=2868).

Das Vorhandensein der mediierenden Wirkung der Anbieterreputation bestätigt gleichzeitig die Konzeptualisierung der Anbieterreputation innerhalb dieser Arbeit. Denn die Komponenten Glaubwürdigkeit, Sympathie und Kompetenzvermutung erklären zu einem nicht unerheblichen Anteil die Anbieterreputation. Die Dimensionen der Anbieterreputation entfalten ihre Wirkung also in Abhängigkeit von der normativen, der kognitiven und der affektiven Komponente. Anders formuliert bedeutet die Bestätigung der mediierenden Wirkung, dass ein Reputationsmanagement im Tourismus sowohl auf einer Kommunikations- bzw. Werte- als auch auf einer Inhaltsebene entwickelt und umgesetzt werden sollte.

Der große Einfluss der Einstellung zum Anbieter auf die Elemente Kauf- und Weiterempfehlungsentscheidung wurde bereits vor dieser Untersuchung umfangreich empirisch nachgewiesen. Dennoch wurde die Operationalisierung dieser Arbeit so vorher noch nicht durchgeführt und bedurfte daher einer empirischen Bestätigung. Zentral war die Überlegung, dass die Anbieterreputation einen vertrauensbildenden Effekt hat. Es wurde angenommen, dass dieser Einfluss durch die Einstellung zum Anbieter mediiert wird. Der Erklärungsbeitrag der Einstellung zum Anbieter für das Vertrauen in den Anbieter ist jedoch mit 26,35 Prozent in einem Bereich angesiedelt, der vermuten lässt, dass auch der direkte Einfluss der Anbieterreputation auf das Vertrauen in den Anbieter relevant sein könnte. Die Betrachtung der direkten Korrelation zwischen den beiden Konstrukten von 0,56 bestärkt diese Vermutung. Eine direkte vertrauensbildende Funktion der Anbieterreputation kann also ebenfalls angenommen werden. Anders verhält es sich bei der Kauf- und Weiterempfehlungsabsicht, bei denen die *VAF*-Werte mit 81,35 bzw. 72,93 Prozent sehr hoch ausfallen und daher eine starke Mediatorwirkung der Einstellung zum Anbieter nachweisen.

Insgesamt legen die Ergebnisse (vgl. Tabelle 39) nahe, dass der mediierende Einfluss sowohl der Einstellung zum Anbieter als auch der Anbieterreputation als bestätigt gelten kann und die Untersuchungshypothesen **H 7** und **H 8** anzunehmen sind. Denn alle Pfade werden als signifikant ausgewiesen (z-Wert) und die *VAF*-Werte sind überwiegend in einem sehr hohen zweistelligen Prozentbereich.

7.3.3 Moderatoreffekte

Nachdem die mediierenden Effekte geprüft werden konnten, soll nun abschließend der Einfluss der Moderatoren untersucht werden. Hierzu sind zwei verschiedene Verfahren notwendig, da die Moderatoren „Erfahrung mit dem Anbieter" sowie „Stimulusumgebung" nominal skaliert sind, die Moderatorvariable des Kundeninvolvements hingegen metrisch skaliert ist.

7.3.3.1 Erfahrung mit dem Anbieter als Moderator

Der qualitative und nominal skalierte Einfluss der Erfahrung mit dem Anbieter wird anhand eines Multigruppenvergleichs getestet. Zur Analyse dieses Einflusses wurden jeweils zwei Gruppen gebildet. Mit diesen wurde das Strukturgleichungsmodell dann separat innerhalb von SmartPLS berechnet. Vorab wurden die Ladungen und Gewichte der Messmodelle verglichen. Da sich diese als konsistent erwiesen, sind die Bedingungen für einen Signifikanztest erfüllt (vgl. hierzu Anhang 5). Der Vergleich der Ergebnisse erlaubte eine Überprüfung der Moderatorhypothese **H 10**. Da für diese Art der Untersuchung offensichtlich pro Fall jeweils genügend Datensätze zur Berechnung des gesamten Strukturmodells vorhanden sein müssen, konnte der Vergleich für das Kartoffelhotel nicht durchgeführt werden. Denn dieses war den Probanden größtenteils unbekannt. Anders verhielt es sich beim Bewertungsportal HolidayCheck sowie bei der Destination Cuxhaven. Die Probandengruppe konnte im Fall von HolidayCheck in zwei Untergruppen aufgeteilt werden: 270 Befragte kannten das Portal noch nicht, wohingegen 490 bereits Erfahrungen mit der Information und Buchung bei HolidayCheck gesammelt hatten. Im Fall von Cuxhaven waren die Gruppen ähnlich verteilt. So gaben

277 Personen an, bereits mindestens einen Urlaub in der Destination gemacht zu haben, und 444 kannten Cuxhaven vor der Befragung noch nicht. Zunächst ist bei keinem der beiden Untersuchungsobjekte ein signifikanter Unterschied in der Wirkungsbeziehung festzustellen. Dennoch zeigen die Werte, dass ein moderierender Effekt bei einigen Wirkungszusammenhängen vorstellbar ist. Denn die Beziehung zwischen der Einstellung zum Anbieter und der Kaufabsicht ist mit einem t-Wert von 1,20 bei HolidayCheck bzw. 1,26 bei Cuxhaven zwar nicht mehr signifikant, die Irrtumswahrscheinlichkeit beträgt allerdings auch lediglich 23 bzw. 21 Prozent. Nach harten statistischen Maßstäben wird damit zwar angenommen, dass es sich bei dieser Differenz um einen Zufallsfehler handelt, gleichzeitig tritt bei beiden Untersuchungsobjekten ein t-Wert über 1 auf. Nach sachlogischen Überlegungen erscheint der Einfluss der Erfahrung plausibel. Denn hat ein Kunde positive Erfahrungen mit einer Destination oder der Buchungsstrecke eines Bewertungsportals (in diesem Fall HolidayCheck) gemacht, so ist anzunehmen, dass er den Buchungsvorgang bzw. seinen Urlaub in dieser Form wiederholt. Die Erkenntnisse aus dem theoretischen Bezugsrahmen stützen diese Vermutung. Zum einen würde dieser empirische Zusammenhang die geringeren Transaktionskosten für den Gast legitimieren, wie sie sich nach der Transaktionskostentheorie (vgl. Kapitel 3.2.1) bei Wiederholungskäufen ergeben. Zum anderen wurde in den thematischen Grundlagen die habitualisierte Kaufentscheidung angesprochen. Eine Reisebuchung auf Basis von Gewohnheit erscheint auch hier inhaltlich plausibel.

Betrachtet man die Untersuchungsobjekte separat, so fällt bei HolidayCheck der Einfluss der Erfahrung auf den Zusammenhang zwischen der Einstellung zum Anbieter und dem Vertrauen in den Anbieter auf. Ein t-Wert von 1,61 ist dabei gleichbedeutend mit einer Irrtumswahrscheinlichkeit von elf Prozent, womit das geforderte Signifikanzniveau von fünf Prozent nur knapp verfehlt wird. Auch dieser Zusammenhang kann durch die theoretischen Überlegungen dieser Arbeit gestützt werden. Denn bereits das Totalmodell der Kaufentscheidung von Howard und Sheth (1969) vermutet nach einem Kauf eine Beeinflussung der Einstellung. Gleichzeitig ist die Unsicherheit bei Kaufentscheidungen ein zentraler Untersuchungsgegenstand der Neuen Institutionenökonomik. Innerhalb der ihr zuzuordnenden Prinzipal-Agenten-Theorie beziehen sich verschiedene Unsicherheitsfaktoren auf das Verhalten des Agenten nach dem Kauf. Wenn eine Transaktion bereits erfolgte und mit einem zufriedenstellenden Ergebnis endete, hat dies vermutlich auch Einfluss auf das Vertrauensverhältnis zwischen Prinzipal und Agenten. Dieser Zusammenhang zeigt sich aber nicht bei der Destination Cuxhaven. Eine Erklärung hierfür könnte in der Heterogenität des touristischen Produktes begründet sein. Denn wenn ein Kunde positive Urlaubserfahrungen in einer Region gemacht hat, so ist nicht garantiert, dass er diese auch ein weiteres Mal machen wird. Zudem bezieht sich diese Bewertung auf eine disperse Leistungsträgergruppe, die vom Gast nicht zwingend eingeschätzt werden kann. Eine ähnliche Differenz ist bei der Beziehung zwischen der Einstellung zum Anbieter und der Weiterempfehlungsabsicht zu beobachten. Bei HolidayCheck ist der t-Wert mit 0,93 nahe 1, wohingegen er bei Cuxhaven mit 0,05 gegen 0 tendiert. Dieser Unterschied kann mit demselben Argument erklärt werden, mit dem oben bereits der Zusammenhang zwischen der Einstellung zum Anbieter und der Kaufentscheidung begründet wurde. Zusätzlich wäre zu ergänzen, dass der Begriff der Erfahrung weiter differenziert werden müsste. Denn die Reisebuchung über ein Portal und ein Urlaub an einem bestimmten Ort sind zwei verschiedene Dinge und kaum miteinander zu vergleichen.

Tabelle 40: Quantifizierung Moderatoreffekt (Erfahrung mit dem Anbieter)

Moderierte Beziehung	HolidayCheck (n=760)		Cuxhaven (n=719)	
	Differenz zwischen Gruppe 1 und 2	t-Werte	Differenz zwischen Gruppe 1 und 2	t-Werte
Einstellung zum Anbieter → Vertrauen in den Anbieter	0,059	(n.s.) 1,61	0,003	(n.s.) 0,07
Einstellung zum Anbieter → Kaufabsicht	0,060	(n.s.) 1,20	0,051	(n.s.) 1,26
Einstellung zum Anbieter → Weiterempfehlungsabsicht	0,042	(n.s.) 0,93	0,002	(n.s.) 0,05
Anbieterreputation → Einstellung zum Anbieter	0,003	(n.s.) 0,07	0,029	(n.s.) 0,46
Glaubwürdigkeit → Anbieterreputation	0,044	(n.s.) 0,36	0,075	(n.s.) 0,83
Kompetenzvermutung → Anbieterreputation	0,032	(n.s.) 0,27	0,055	(n.s.) 0,66
Sympathie → Anbieterreputation	0,006	(n.s.) 0,06	0,033	(n.s.) 0,41
n.s. = nicht signifikant; * = signifikant mit 5%iger Irrtumswahrscheinlichkeit; ** = signifikant mit 1%iger Irrtumswahrscheinlichkeit.				

Quelle: Eigene Darstellung.

Alle anderen Ergebnisse können als eindeutig nicht signifikant gewertet werden. Damit zeigt sich nach statistischen Maßgaben, dass die Erfahrung mit dem Anbieter keinen signifikanten Einfluss auf die Anbieterreputation hat, weshalb die Untersuchungshypothese **H 10** verworfen werden muss. Einschränkend muss darauf verwiesen werden, dass sich diese Ergebnisse lediglich auf die genannten Untersuchungsobjekte beziehen. Zudem sind die Fallzahlen relativ gering, sodass der bei PLS-Pfadanalysen der immanente Charakter der *„consistency at large"* zum Tragen kommen dürfte (vgl. Kapitel 6.2). Es können im Rahmen dieser Moderatoranalyse also lediglich sehr große Effekte beobachtet werden (vgl. Tabelle 40). Gleichzeitig konnten die Ergebnisse oben diskutiert werden, die einen Ansatz für weiterführende Untersuchungen bieten. Wünschenswert wäre daher eine Analyse, die den Einfluss der Erfahrung stärker in den Fokus rückt.

7.3.3.2 Stimulusumgebung als Moderator

Bei der Untersuchung des Bewertungsportals HolidayCheck wurde geprüft, ob es einen Einfluss auf die Reputation des Portals hat, wenn den Probanden als Stimulus unterschiedliche Bereiche auf dem Portal gezeigt werden. Dazu wurde die Stichprobe unterteilt. Eine Gruppe der Probanden erhielt als Grundlage die Bewertungen des Kartoffelhotels und eine zweite Gruppe die der Destination Cuxhaven. Die Gruppen waren dabei gleichmäßig verteilt, sodass nach der Bereinigung 373 Datensätze für die Stimulusumgebung von Cuxhaven und 387 für die des Kartoffelhotels gesammelt werden konnten. Analog zu der Vorgehensweise beim Moderator „Erfahrung mit dem Anbieter" wurden die Strukturgleichungsmodelle separat in SmartPLS gerechnet und die Ergebnisse verglichen. Vorab wurde auch hier überprüft, ob die Ladungen und Gewichte zwischen Messmodellen der beiden Strukturgleichungsmodelle korrespondieren. Die Ergebnisse hierzu finden sich in Anhang 5. Da dies der Fall war, kann im Folgenden die Moderatorhypothese **H 11** untersucht werden.

Es zeigt sich, dass die Stimulusumgebung bei keiner der Wirkungsbeziehungen einen signifikanten Unterschied ausmacht. Dennoch sind einige t-Werte über 1 gefunden worden, die im Folgenden diskutiert werden. Beim Verhältnis zwischen der Einstellung zum Anbieter und dem Vertrauen in den Anbieter konnte ein t-Wert von 1,67 ermittelt werden. Dieser Wert entspricht einer Irrtumswahrscheinlichkeit von lediglich neun Prozent. Damit ist zumindest vorstellbar, dass es sich nicht um einen zufälligen Unterschied handelt, sondern dass diese Verbindung von der Stimulusumgebung beeinflusst wurde. Innerhalb des Fragebogens bezogen sich alle Fragen auf HolidayCheck als Anbieter. Der Einfluss der Einstellung zu HolidayCheck auf das Vertrauen in das Portal ist also abhängig von dem jeweils gezeigten Hotel. Das würde bedeuten, dass das Vertrauen, welches der Kunde durch seine Einstellung zu HolidayCheck entwickelt, auch davon abhängig ist, mit welchem Hotel bzw. mit welcher Destination er sich innerhalb des Portals auseinandersetzt. Bezogen auf die Stimulusumgebung bedeutet dies für das Portal, dass die Qualität der Bewertungen sowie die vom Hotel bereitgestellten Informationen auch für das Portal selbst relevant sind. Rein sachlogisch ist diese Vermutung nachvollziehbar. Denn wenn die Qualität der Bewertungen variiert, kann dies unmittelbare Folgen für die Einstellung sowie das Vertrauen in das Portal haben. Weiter fallen die Werte bei dem Zusammenhang zwischen Einstellung zum Anbieter und der Kauf- und Weiterempfehlungsabsicht auf. Dort lassen sich t-Werte von 1,08 bzw. 1,10 finden. Analog zu dem oben dargestellten Effekt bedeutet dies, dass auch hier die

Wahrnehmung des jeweiligen Hotels bestimmt, wie die Wirkung der Einstellung auf die Kauf- und Weiterempfehlungsabsicht ist.

Für die Ablehnung oder Annahme der Hypothese **H 11** ist jedoch der Effekt der Stimulusumgebung auf die Anbieterreputation entscheidend. Hier zeigt sich, dass die Wirkung der Anbieterreputation von der Stimulusumgebung fast unabhängig ist (vgl. Tabelle 41). Ein t-Wert von lediglich 0,10 verdeutlicht dies. Bei dem Einfluss der Kommunikations- auf die Inhaltsebene der Reputation wird deutlich, dass die Wirkung der Kompetenzvermutung von der Stimulusumgebung weitestgehend unabhängig ist (t-Wert 0,01). Die Wirkung von Glaubwürdigkeit und Sympathie sind mit 0,72 und 0,64 ebenfalls weit unter dem geforderten Signifikanzniveau von 1,96.

Tabelle 41: Quantifizierung Moderatoreffekt (Stimulusumgebung HolidayCheck)

Moderierte Beziehung	HolidayCheck (n=760)	
	Differenz zwischen Gruppe 1 und 2	t-Werte
Einstellung zum Anbieter → Vertrauen in den Anbieter	0,067	(n.s.) 1,67
Einstellung zum Anbieter → Kaufabsicht	0,058	(n.s.) 1,08
Einstellung zum Anbieter → Weiterempfehlungsabsicht	0,051	(n.s.) 1,10
Anbieterreputation → Einstellung zum Anbieter	0,004	(n.s.) 0,10
Glaubwürdigkeit → Anbieterreputation	0,074	(n.s.) 0,72
Kompetenzvermutung → Anbieterreputation	0,001	(n.s.) 0,01
Sympathie → Anbieterreputation	0,058	(n.s.) 0,64
n.s. = nicht signifikant; * = signifikant mit 5%iger Irrtumswahrscheinlichkeit; ** = signifikant mit 1%iger Irrtumswahrscheinlichkeit.		

Quelle: Eigene Darstellung (n=760).

Insgesamt kann damit gefolgert werden, dass die Stimulusumgebung zwar die Wirkung der Einstellung zum Anbieter auf die nachgelagerten Konstrukte Vertrauen in den Anbieter sowie Kauf- und Weiterempfehlungsabsicht beeinflusst. Die Wirkung der Anbieterreputation wird hingegen nicht beeinflusst. Nach statistischen Maßgaben kann jedoch bei keiner der Wirkungsbeziehungen ein signifikantes Ergebnis festgestellt werden, womit Untersuchungshypothese **H 11** abgelehnt werden muss.

7.3.3.3 Kundeninvolvement als Moderator

Die Moderatorvariable „Erfahrung mit dem Anbieter" wurde im Vorfeld bei den Probanden abgefragt, die der „Stimulusumgebung" konnte durch Aufteilen der Stichprobe ermittelt werden. Beide Moderatoreffekte liegen damit in nominaler Ausprägung vor, wohingegen der Moderator „Kundeninvolvement" metrisch skaliert ist. Dies erlaubt eine Untersuchung mittels der Einführung einer Interaktionsvariable. Diese setzt sich aus der unabhängigen und der Moderatorvariable zusammen, wobei der Moderator Kundeninvolvement selbst als Konstrukt konzeptualisiert ist. Die Interaktionsvariable wird dann aus dem Produkt der Indikatoren der Einstellung zum Anbieter und dem Kundeninvolvement gebildet. Sie verdeutlicht den moderierenden Einfluss des Kundeninvolvements auf die Beziehung zwischen der Einstellung zum Anbieter und den nachgelagerten Konstrukten Vertrauen in den Anbieter, Kauf- und Weiterempfehlungsabsicht. Das daraus resultierende Wirkungsverhältnis ist in Abbildung 35 visualisiert und ergibt sich aus dem Schema, welches in Kapitel 6.5.1 vorgestellt wurde.

Abbildung 35: Moderierender Einfluss des Kundeninvolvements

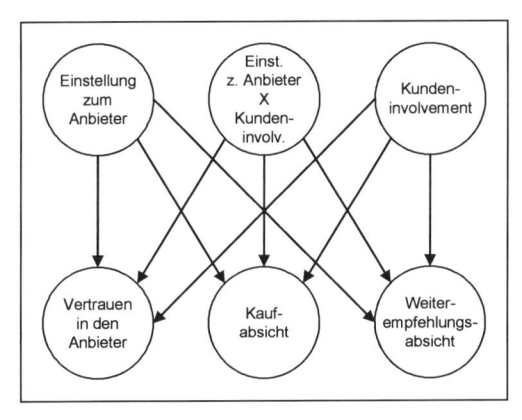

Quelle: Eigene Darstellung.

Da Kundeninvolvement durch seine moderierende Wirkung erst nach der Evaluierung der Haupteffekte in das Modell eingeführt wird, müssen an das Konstrukt zunächst die Gütekriterien eines reflektiven Messmodells gestellt werden. Die Ergebnisse dieser Prüfung sind in Tabelle 42 zusammengefasst. Dabei gelten die gleichen Maßstäbe wie bei der Evaluierung der anderen reflektiven Messmodelle, weshalb auf die Gütemaße hier nicht erneut im Einzelnen eingegangen wird[46]. Es zeigt sich, dass alle geforderten Grenzwerte erreicht werden konnten.

---

[46] Für eine ausführliche Erläuterung siehe Kapitel 6.2.

Tabelle 42: Ergebnis Kundeninvolvement (aggregiertes Strukturmodell)

Konstrukt	Indikatoren	t-Werte	Cronbachs Alpha	Interne Konsistenz	DEV
			Grenzwerte		
		≥ 2,58	≥ 0,65	≥ 0,6	≥ 0,5
Kundeninvolvement	INVO1	173,72**	0,94	0,96	0,85
	INVO2	220,00**			
	INVO3	341,75**			
	INVO4	407,90**			

n.s. = nicht signifikant; * = signifikant mit 5%iger Irrtumswahrscheinlichkeit; ** = signifikant mit 1%iger Irrtumswahrscheinlichkeit.

Quelle: Eigene Darstellung (n=2868).

Die Diskriminanzvalidität bestätigt die Unabhängigkeit von anderen Konstrukten innerhalb des Modells. Dies wird durch das Fornell-Larcker-Kriterium nachgewiesen (siehe Tabelle 43). Damit gilt das Konstrukt des Kundeninvolvements als valide und reliabel. Im Folgenden kann daher dessen Moderatoreinfluss untersucht werden.

Tabelle 43: Anwendung Fornell-Larcker-Kriterium (aggregiertes Strukturmodell)

	1	2	3	4	5	6	7	8
1. Einstellung zum Anbieter	**0,94**							
2. Vertrauen in den Anbieter	0,68	**0,89**						
3. Glaubwürdigkeit	0,61	0,72	**0,90**					
4. Kaufabsicht	0,70	0,50	0,45	**0,91**				
5. Kompetenzvermutung	0,72	0,72	0,74	0,52	**0,90**			
6. Kundeninvolvement	0,82	0,59	0,53	0,79	0,60	**0,92**		
7. Sympathie	0,86	0,64	0,61	0,75	0,70	0,82	**0,94**	
8. Weiterempfehlungsabsicht	0,73	0,55	0,49	0,79	0,57	0,78	0,77	**0,95**

Anmerkung: Die **fett** gedruckten Zahlen zeigen die Quadratwurzel der DEV; die Zahlen darunter und links davon repräsentieren die Konstruktkorrelationen.

Quelle: Eigene Darstellung (n=2868).

Der Einfluss des Kundeninvolvements wird durch die Effektstärke f^2 verdeutlicht (siehe Tabelle 44). Diese gibt den Einfluss der Moderatorvariable Kundeninvolvement auf die endogenen Variablen Vertrauen in den Anbieter, Kauf- und Weiterempfehlungsabsicht an. Nach den Richtwerten von Cohen (1988) ist dieser Einfluss beim Vertrauen in den Anbieter klein, wohingegen er bei der Kauf- und der Weiterempfehlungsabsicht moderat ist (vgl. hierzu auch Kapitel 6.4). Korrespondierend dazu kann das Bestimmtheitsmaß R^2 von Kauf- und Weiterempfehlungsabsicht durch das Einführen der Interaktionsvariable deutlich erhöht werden. Beim Vertrauen in den Anbieter ist dieser Effekt gering. Wie in Kapitel 6.4 erläutert wurde, ist jedoch ein kleiner f^2-Einfluss nicht gleichzusetzen mit einer unbedeutenden Moderatorvariable. Durch die Höhe und Signifikanz der Pfadkoeffizienten kann die Wirkung des Kundeninvolvements weiterführend eingeschätzt werden. Es zeigt sich dabei, dass die Beziehung zwischen der Einstellung zum Anbieter und dem Vertrauen in den Anbieter sowie der Weiterempfehlungsabsicht mit einer Irrtumswahrscheinlichkeit von weniger als einem Prozent als signifikant nachgewiesen werden kann. Der Einfluss des Kundeninvolvements auf die Kaufabsicht kann hingegen nicht eindeutig bestätigt werden. Der t-Wert ist jedoch mit 1,73 nahe dem geforderten Mindestwert von 1,96 und somit nicht marginal.

Bei einer inhaltlichen Auseinandersetzung mit den Ergebnissen fällt auf, dass die Interaktionsvariable von Kundeninvolvement und Einstellung zum Anbieter einen deutlichen Effekt auf das **Vertrauen in den Anbieter** besitzt. Anders ausgedrückt führt ein höheres Kundeninvolvement zu einer Zunahme des Einflusses der Einstellung zum Anbieter auf das Vertrauen in den Anbieter. Gleichzeitig ist jedoch die Effektstärke aufgrund der Einführung der Interaktionsvariable mit einem Wert von 0,06 sehr gering. Damit leistet das Kundeninvolvement zwar keinen Erklärungsbeitrag zum Konstrukt des Vertrauens in den Anbieter, der moderierende Einfluss bleibt jedoch deutlich.

Tabelle 44: Moderatoreffekt Kundeninvolvement (aggregiertes Strukturmodell)

	Einfluss der Moderatorvariable Kundeninvolvement		
Einstellung zum Anbieter →	Vertrauen in den Anbieter	Kaufabsicht	Weiterempfehlungsabsicht
Höhe der Pfadkoeffizienten	0,69	0,08	0,13
Signifikanz der Pfadkoeffizienten (t-Wert)	10,03**	(n.s.) 1,73	3,41**
R^2 ohne Moderator	0,46	0,49	0,53
R^2 mit Moderator	0,49	0,63	0,64
f^2	0,06	0,26	0,22

n.s. = nicht signifikant; * = signifikant mit 5%iger Irrtumswahrscheinlichkeit; ** = signifikant mit 1%iger Irrtumswahrscheinlichkeit; R^2 = Bestimmtheitsmaß; f^2 = Effektstärke.

Quelle: Eigene Darstellung (n=2868).

Kundeninvolvement wurde so konzeptualisiert, dass es die Motivation ausdrückt, sich weiterführend über einen touristischen Akteur zu informieren. Aufgrund des geringen f^2-Wertes ist nicht davon auszugehen, dass durch ein höheres Kundeninvolvement automatisch das Vertrauen in den Anbieter beeinflusst wird. In Kapitel 3.3.3.1 konnte aber die Aufnahme von Informationen als eine Strategie zur Reduktion des wahrgenommenen Risikos identifiziert werden. Unter der Voraussetzung, dass die Einstellung zum

Anbieter positiv geprägt ist, hat also die Auseinandersetzung mit diesem auch einen positiven Effekt auf das Vertrauen. Der hohe Pfadkoeffizient von 0,69 bestätigt diese Vermutung. Hieraus kann gefolgert werden, dass durch die Kundeninvolvierung eine Identifikation mit dem Anbieter stattfindet, was wiederum zur Stärkung des Vertrauens in diesen führen kann. Es konnte aber bereits im theoretischen Bezugsrahmen festgestellt werden, dass die Qualität der Informationen entscheidend für deren Wirkung ist. Die Aufnahme von Informationen muss also nicht pauschal einen positiven Effekt haben; das Vertrauen in den Anbieter kann durch neue Informationen auch negativ beeinflusst werden.

Diese Überlegungen lassen sich auch auf die anderen endogenen Konstrukte beziehen. Bei der **Kaufabsicht** ist durch einen f^2-Wert von 0,26 ein moderater Einfluss der Interaktionsvariable zu beobachten. Dies bedeutet, dass durch die Auseinandersetzung mit einem Anbieter die Kaufabsicht beeinflusst wird. Über die Qualität dieser Beeinflussung gibt jedoch der Pfadkoeffizient Auskunft. Dieser ist mit 0,08 eher gering, sodass das Kundeninvolvement keinen signifikanten Einfluss auf das Verhältnis zwischen der Einstellung zum Anbieter und der Kaufentscheidung ausübt. Auch hier zeigt sich die Relevanz der Informationsqualität. Denn nur weil sich jemand mit einem Anbieter auseinandersetzt, wird dieser nicht zwangsläufig für gut befunden. Insgesamt kann daher angenommen werden, dass der Einfluss der Einstellung zum Anbieter auf die Kaufentscheidung weitestgehend unabhängig vom Kundeninvolvement ist.

Ähnlich verhält es sich mit der **Weiterempfehlungsabsicht**. Hier ist die Beziehung zwischen Einstellung zum Anbieter und Weiterempfehlungsabsicht jedoch mit einem t-Wert von 3,41 signifikant. Das bedeutet, dass ein höheres Kundeninvolvement den Einfluss der Einstellung zum Anbieter auf die Weiterempfehlungsabsicht erhöht. Es ist also so, dass die Auseinandersetzung mit einem Anbieter in der Konsequenz dazu führt, dass sich der Kunde mit diesem deutlich besser auskennt. Unter Bezugnahme auf die Gedächtnismodelle (vgl. Kapitel 3.3.1.1) kann angenommen werden, dass in diesem Fall die Informationen zum jeweiligen Anbieter tiefer verarbeitet sind. Dies würde in der Praxis dazu führen, dass differenzierter über einen Anbieter Auskunft gegeben werden kann. Die Bereitschaft, sich über einen Anbieter zu äußern, wäre dann größer und würde in einer erhöhten Weiterempfehlungsabsicht münden.

Zusammenfassend ist der Einfluss des Kundeninvolvements deutlich und daher entscheidend bei der Reiseentscheidung. Denn ohne eine Auseinandersetzung mit dem jeweiligen Anbieter kann auch keine Einschätzung zu diesem erfolgen. Da die Anbieterreputation der Einstellung zum Anbieter vorangestellt wurde, lässt sich vermuten, dass auch diese einen entscheidenden, wenngleich indirekten Einfluss auf die untersuchten Zusammenhänge besitzt. Statistisch betrachtet konnten jedoch lediglich zwei der drei untersuchten Zusammenhänge nachgewiesen werden. Die Untersuchungshypothese **H 9** wird daher nur teilweise angenommen.

7.3.4 Gesamtbeurteilung des Strukturmodells

Nach der Überprüfung des Modells sowohl auf Mess- als auch auf Strukturebene sowie der Beachtung aller direkten und indirekten Effekte kann eine Einschätzung der gesamten Modellgüte vorgenommen werden. Dabei gibt es bei PLS kein globales Gütemaß, auf das zurückgegriffen werden kann. Die Qualität des Gesamtmodells ergibt sich aus der Betrachtung aller partiellen Gütekriterien.

Auf Messmodellebene wurde zwischen reflektiven und formativen Spezifikationen unterschieden, wobei unterschiedliche Gütekriterien zugrunde gelegt wurden. Für die **reflektiven Messmodelle** konnten dabei ausgezeichnete Ergebnisse erzielt werden. Entscheidend war die Korrelation der konstruktspezifischen Indikatoren untereinander. Die Gütekriterien waren dabei die Konstruktreliabilität der Indikatoren, gemessen durch Cronbachs Alpha und die interne Konsistenz. Die Unabhängigkeit der Indikatoren von anderen Konstrukten wurde durch die Diskriminanzvalidität geprüft. Ausschlaggebend waren hier die Kreuzladungen sowie das Fornell-Larcker-Kriterium. Schließlich wurde für jeden Indikator dessen Signifikanz anhand von t-Werten ermittelt. Insgesamt konnten bei jedem Gütekriterium der reflektiven Messmodelle ein sehr guter Wert erreicht werden (vgl. ausführlich hierzu Kapitel 7.1). Eine Anpassung der Indikatoren konnte jedoch durch die Indikatorenzuordnungsaufgabe erreicht werden, die eine Validität durch Expertenurteile – und somit unabhängig von statistischen Maßgaben – gewährleistete.

Das Konstrukt der Anbieterreputation wurde als einziges formativ spezifiziert und ebenfalls im Rahmen der Indikatorenzuordnungsaufgabe evaluiert. Anders als bei den reflektiven Konstrukten waren hier die Ergebnisse unauffällig. Gleichzeitig ist im Hinblick auf statistische Kriterien die Überprüfung der Korrelation der Indikatoren bei **formativen Messmodellen** nicht sinnvoll. Es konnten jedoch andere Kriterien an die Indikatoren angelegt werden. Die Höhe und Signifikanz der Gewichte zeigte zunächst, wie groß der Beitrag der einzelnen Indikatoren zum korrespondierenden Konstrukt ist. Hierbei konnten unbedeutende Indikatoren eliminiert werden. Die Prüfung der Multikollinearität wies danach keine kritischen Werte aus. Das bedeutet, dass die einzelnen Indikatoren als unabhängig gelten können. Insgesamt erfolgte hier eine stärkere Anpassung der Indikatoren als im reflektiven Fall. Dennoch waren die relevanten Werte nach einer Modifikation alle unkritisch, sodass auch die formativen Gütemaße erfüllt werden konnten, und die Messmodelle wiesen allesamt gute Werte aus. Die abschließende Prüfung der externen Validität durch den Vergleich mit der Phantomvariable „Globalreputation" stützt die guten Werte.

Bezogen auf das **Strukturmodell** wurden die Wirkungszusammenhänge überprüft. Dies erfolgte mithilfe der Betrachtung von Höhe und Signifikanz der Pfadkoeffizienten. Dabei waren alle Werte in einem Bereich, der eine Relevanz des jeweiligen Einflusses vermuten lässt. Um die Güte der abhängigen Konstrukte zu überprüfen, wurde das Bestimmtheitsmaß R^2 herangezogen. Zum Testen der unabhängigen Konstrukte lieferte die Effektstärke f^2 einen wichtigen Richtwert. Auch diese Ergebnisse waren unkritisch.

Im Anschluss an die Überprüfung auf Mess- und Strukturmodellebene wurden die **Interaktionseffekte** in das Modell eingeführt und untersucht. Mithilfe des Sobel-Tests konnte ein möglicher mediierender Effekt der Anbieterreputation sowie der Einstellung zum Anbieter nachgewiesen werden. Die Berechnung der VAF lieferte zusätzlich einen Wert, der die Stärke der mediierenden Variable verdeutlichte. Beide Konstrukte waren in Bezug auf die mediierten Beziehungen signifikant. Die moderierenden Effekte konnten zum einen mithilfe eines Multigruppenvergleichs untersucht werden und zum anderen mittels der Einführung einer Interaktionsvariable. Während der Einfluss des Kundeninvolvements bei zwei von drei Zusammenhängen unstrittig ist, konnte ein moderierender Einfluss der Erfahrung mit dem Anbieter sowie der Stimulusumgebung nicht nachgewiesen werden.

Bei Zusammennahme aller **Gütekriterien der Mess- und Strukturmodelle** zeigt sich, dass mit wenigen Ausnahmen alle erforderlichen Grenzwerte erreicht und zum Teil deutlich überschritten werden. Insgesamt können die Ergebnisse damit als sehr gut bezeichnet und das in dieser Arbeit entwickelte Modell als empirisch bestätigt betrachtet werden.

Damit konnte gezeigt werden, dass die Reputation die Reiseentscheidung der Kunden entscheidend positiv beeinflussen kann. Im Einzelnen wurde bestätigt, dass Reputation einen wesentlichen Einfluss auf die Bildung von Vertrauen in einen Anbieter besitzt. Aber auch der Einfluss auf die Kauf- und Weiterempfehlungsabsicht ist deutlich, womit gleichzeitig bestätigt wird, dass nicht nur die Kaufentscheidung selbst positiv durch die Reputation beeinflusst wird, sondern auch die Motivation, anderen von der Qualität eines Anbieters zu berichten – auch wenn noch keine direkte Erfahrung mit diesem gemacht wurde. Die Hypothesen **H 1** bis **H 6** konnten daher angenommen werden. Während also die direkten Effekte alle nachgewiesen wurden, konnten die Interaktionseffekte in Teilen bestätigt werden. Die Ergebnisse zeigen, dass mediierende Effekte bei der Anbieterreputation sowie bei der Einstellung zum Anbieter durchaus bestehen. Die Hypothesen **H 7** und **H 8** werden daher angenommen und bestätigen damit die Vermutung, dass bei der Reputation zunächst ein öffentliches Meinungsbild entsteht, das dann auf die individuelle Einstellungsebene bezogen wird. Auch das Kundeninvolvement und damit die Motivation, sich mit einem Anbieter auseinanderzusetzen, wurden empirisch nachgewiesen und bestätigen den indirekten Einfluss der Anbieterreputation auf das Vertrauen in den Anbieter sowie auf die Weiterempfehlungsabsicht. Dabei konnte der Einfluss auf die Kaufabsicht nach harten statistischen Vorgaben allerdings nicht eindeutig geklärt werden. Die Untersuchungshypothese **H 9** wird insofern nur in Teilen bestätigt. Verworfen werden müssen hingegen die Moderatorhypothesen **H 10** und **H 11**, da weder der moderierende Einfluss der Erfahrung mit dem Anbieter noch der der Stimulusumgebung statistisch nachgewiesen werden konnten. Dennoch erfolgte in Kapitel 7.3.3 eine Interpretation der Ergebnisse, sodass diese Einschätzung künftigen Forschungsarbeiten als Grundlage einer weiterführenden Auseinandersetzung dienen kann. Tabelle 45 fasst die Ergebnisse noch einmal zusammen.

Tabelle 45: Ergebnisse der Hypothesenprüfung

Hypothese	Ausformulierung	Ergebnis
H 1	Die Kompetenzvermutung beeinflusst die inhaltliche Ebene der Anbieterreputation positiv.	Bestätigt
H 2	Die Glaubwürdigkeit beeinflusst die inhaltliche Ebene der Anbieterreputation positiv.	Bestätigt
H 3	Die Sympathie beeinflusst die inhaltliche Ebene der Anbieterreputation positiv.	Bestätigt
H 4	Je höher die inhaltliche Ebene der Anbieterreputation, desto höher ist das Vertrauen in den Anbieter.	Bestätigt
H 5	Je höher die inhaltliche Ebene der Anbieterreputation, desto höher ist die Weiterempfehlungsabsicht.	Bestätigt
H 6	Je höher die inhaltliche Ebene der Anbieterreputation, desto höher ist die Kaufabsicht.	Bestätigt
H 7	Die Wirkung der inhaltlichen Ebene der Anbieterreputation auf das kundenseitige Unterstützungspotenzial wird durch die Einstellung zum Anbieter mediiert.	Bestätigt
H 8	Die Wirkung der Kommunikationsebene der Reputation auf die Einstellung zum Anbieter wird durch die inhaltliche Ebene der Anbieterreputation mediiert.	Bestätigt
H 9	Die durch die Einstellung zum Anbieter mediierte Wirkung der inhaltlichen Ebene der Anbieterreputation auf das kundenseitige Unterstützungspotenzial wird durch das Kundeninvolvement moderiert.	Teilweise bestätigt
H 10	Die Wirkung der inhaltlichen Ebene der Anbieterreputation wird durch die kundenseitige Erfahrung mit dem Anbieter moderiert.	Abgelehnt
H 11	Die Wirkung der inhaltlichen Ebene der Anbieterreputation wird durch die Stimulusumgebung moderiert.	Abgelehnt

Quelle: Eigene Darstellung.

Nachdem die theoretische Auseinandersetzung mit dem hier entwickelten Modell abgeschlossen ist, folgt die Übertragung dieser Ergebnisse auf die Praxis. Dazu werden im folgenden Kapitel 8 zunächst Beispiele des Reputationsmanagements aus der Praxis vorgestellt. Im Anschluss werden dann in Kapitel 9 die theoretischen Erkenntnisse mit denen der Praxis kombiniert und auf die Untersuchungsobjekte bezogen, um so Handlungsoptionen für alle untersuchten Unternehmen offerieren zu können.

8. Praxisbeispiele

Im folgenden Kapitel sollen praktische Beispiele des Reputationsmanagements vorgestellt werden, die sich auf die Untersuchungsobjekte beziehen lassen. Hierzu wird zunächst geklärt, wie das Management von Reputation umgesetzt werden und auf welche Stakeholder es sich beziehen kann. Das Kapitel schließt mit einer zusammenfassenden Betrachtung der Beispiele.

8.1 Reputationsmanagement in der Praxis

Aus dem Begriffsverständnis von Reputation (vgl. Kapitel 2.1) innerhalb dieser Arbeit geht hervor, dass diese sich durch soziale Interaktion der Stakeholder über das Reputationsobjekt entwickelt. Dementsprechend bedeutet das Management von Reputation die Initialisierung und Lenkung dieser Interaktionsprozesse. Im Kontext des Internets bieten Ebersbach et al. (2008: 29) eine Definition des Social Web[47], die starke Parallelen zum genannten Verständnis des Reputationsmanagements im Internet aufweist: *„Der Begriff [Social Web; Anm. d. Verf.] fokussiert auf die Bereiche des Web 2.0, bei denen es nicht um neue Formate oder Programmarchitekturen, sondern um die Unterstützung sozialer Strukturen und Interaktionen über das Netz geht."* Analog zu diesem Begriffsverständnis ordnet Einwiller (2003: 114) die Möglichkeiten im praktischen Reputationsmanagement der interpersonellen Kommunikation zu. Diese versteht sie als *„Kommunikation (...), die zwischen unabhängigen Personen abläuft, wobei die mitzuteilenden Bedeutungsinhalte mittels primärer, sekundärer oder tertiärer Trägermedien vermittelt werden können"*. Wichtig ist dabei die Feststellung, dass interpersonelle Kommunikation zwischen mehreren Marktindividuen entsteht und dadurch einen öffentlichen Geltungsbereich besitzt. Im Internet überlagern sich Massen- und Individualkommunikation und führen zu einem dynamischen Wechsel der Kommunikatoren und Rezipienten (vgl. Abbildung 36).

Möglichkeiten zur Einflussnahme auf die Reputation eröffnen sich also immer dann, wenn Menschen sich im öffentlichen Raum unterhalten und austauschen. Einwiller grenzt in ihrer Definition die Anbieter selbst von dieser Form der Kommunikation aus. Da aber durch soziale Netzwerke auch Unternehmen und ihre Repräsentanten an digitalen Unterhaltungen partizipieren können, werden diese im Folgenden ausdrücklich in die Beispiele mit einbezogen.

---

[47] Zur ausführlichen theoretischen Einordnung des Social Web im Tourismus siehe auch Amersdorffer et al. 2010: 3-16.

Darüber hinaus können die Stakeholder, die an den Gesprächen im Internet teilnehmen, verschiedenen Kategorien zugeteilt werden. Wichtig ist dabei zunächst die Feststellung, dass es innerhalb von sozialen Netzwerken Unterschiede bei der Reichweite der Nutzer gibt. Für Unternehmen ist es daher wichtig, diese zu erkennen. Nach Eck (2010: 227) sind nicht nur die Mitarbeiter im Social Web aktiv, die explizit damit beauftragt sind; vielmehr gebe es eine enorme Vielfalt an „Reputationsagenten". Er stellt fest, dass diese sowohl innerhalb eines Unternehmens als auch außerhalb zu finden sind und zitiert in diesem Zusammenhang Keuchel: „Unternehmern sollte heute bewusst sein, dass insbesondere durch Social Media und moderne mobile Endgeräte jeder Mitarbeiter eines Unternehmens ein PR-Mitarbeiter/Kommunikator ist" (Eck 2010: 228).

Abbildung 36: Interpersonelle Kommunikation im Internet

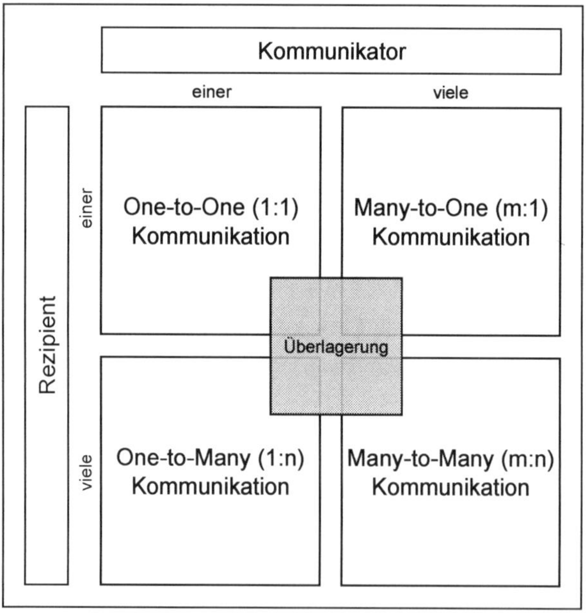

	Kommunikator	
	einer	viele
einer (Rezipient)	One-to-One (1:1) Kommunikation	Many-to-One (m:1) Kommunikation
	Überlagerung	
viele (Rezipient)	One-to-Many (1:n) Kommunikation	Many-to-Many (m:n) Kommunikation

Quelle: In Anlehnung an Einwiller 2003: 115.

Die **Mitarbeiter** sind durch ihre Aktivitäten in sozialen Netzwerken somit immer auch Botschafter des jeweiligen Unternehmens. Hier überlagern sich private und geschäftliche Kommunikation.

Aber auch Kunden können Repräsentanten eines Anbieters werden. Grundsätzlich ist dabei in der Tourismusbranche zwischen zwei Arten von Kunden zu unterscheiden. Während 60 Prozent der Onlinekäufer angeben, die Bewertungen anderer zur Entscheidungsfindung zu nutzen, erstellen lediglich 20 Prozent selbst eine Produkteinschätzung (vgl. de Sombre 2011: 13 und 17). Es werden hier deshalb sogenannte **Meinungsführer** von anderen **Kunden** differenziert und in den Beispielen getrennt voneinander betrachtet, auch wenn erstere Teil der letztgenannten Gruppe sind.

Im Rahmen des ADAC-Reisemonitors wurden Gäste nach ihren Aktivitäten vor Ort befragt. An dritter Stelle rangiert hier die Aktivität „Mit Einheimischen sprechen"; sie kommt auf beachtliche 82,5 Prozent (vgl. ADAC 2012: 58). Das bedeutet, ein Großteil der Gäste sucht den Kontakt zur einheimischen Bevölkerung und findet diesen auch. **Einwohner** können daher ebenfalls als potenzielle Kommunikationspartner auf Reisen angesehen werden. Damit können Reputationsagenten klassifiziert werden in Mitarbeiter, Meinungsführer, Kunden und Einheimische[48].

Im Folgenden wird aufgezeigt, wie die interpersonelle Kommunikation zwischen bzw. mit diesen vier Bezugsgruppen initiiert und stimuliert werden kann. Dies erfolgt jeweils vor dem Hintergrund der drei Untersuchungsobjekte Destination, Hotel und Bewertungsportal. Die vorgestellten Beispiele beziehen sich auf aktuelle technologische und gesellschaftliche Entwicklungen.

Die Zusammenstellung ist das Resultat mehrerer Umfragen innerhalb des sozialen Netzwerks Facebook. Dort wurde nach Beispielen interpersoneller Kommunikation durch neue Medien gefragt. Durch dieses Verfahren konnte Wissen von vielen Experten der Branche zusammengetragen werden. Parallel dazu erfolgte eine intensive Recherche auf diversen themenbezogenen Blogs. Die Wahl, diese Beispiele im Internet zu suchen, wird mit der Aktualität des Themas begründet.

Denn durch die mitunter langwierigen Veröffentlichungsprozesse in der Wissenschaft sind die entsprechenden Printausgaben häufig veraltet. Deshalb sei hier auch darauf hingewiesen, dass die folgenden Beispiele und Instrumente zwar in der Praxis umgesetzt und angewandt wurden, deren empirische Wirksamkeit jedoch erst bestätigt werden müsste.

8.2 Reputationsmanagement bei Destinationen

Wenn es um das Reputationsmanagement einer Destination geht, bietet sich die Initiierung der interpersonellen Kommunikation durch eine Verknüpfung zwischen realer und digitaler Welt an. Denn bereits 37 Prozent der Reisenden nutzen mobile Endgeräte, um Informationen über das Wetter zu recherchieren. 24 Prozent informieren sich über Angebote innerhalb einer Destination und 23 Prozent nutzen ihr Mobiltelefon, um in der Destination zu navigieren (vgl. FUR 2012: 5). Zukünftig wird daher eine Vernetzung

---

[48] Die Differenzierung zwischen Meinungsführern und Kunden ist dabei nicht eindeutig zu klären, ergibt sich jedoch aus den Beispielen.

zwischen digitalen und stationären Angeboten notwendig sein, um als Destination die Bedürfnisse der Gäste sowohl real als auch virtuell zu befriedigen. Dies kann über verschiedene Konzepte geschehen, die im Folgenden vorgestellt werden.

8.2.1 Interpersonelle Kommunikation mit Einheimischen

Für Destinationen sind die Einwohner selbst entscheidende Reputationsagenten. Durch den Austausch über die sozialen Netzwerke erfährt der Kontakt zu den Einheimischen eine neue Dimension. Das Internet schafft dabei die technologischen Voraussetzungen, um Einheimische und Gäste schnell zusammenzubringen. Verwiesen werden kann hierbei auf die Idee des **kollaborativen Reisens**, das zunehmend Beachtung findet. Grundgedanke dieser Form von Reisen ist der des Teilens. Diener (2012) nennt das Konzept „Social Travel" und beschreibt es wie folgt:

> *„Das Schlagwort ‚Social Travel' bezeichnet eine Art zu reisen, die es ermöglichen soll, jenseits der touristischen Infrastruktur unterwegs zu sein und Land und Leuten auf Augenhöhe zu begegnen. Man quartiert sich lieber privat ein als im Hotel, man verlässt sich lieber auf die Tipps der Einheimischen als auf die des Reiseveranstalters"*

Touristische Beispiele finden sich insbesondere bei Übernachtungsangeboten. Ein Vorreiter und nicht kommerzieller Anbieter ist die virtuelle Gemeinschaft Couchsurfing.org. Bei diesem Portal ist es den Teilnehmern möglich, auf Reisen bei Mitgliedern der Community kostenlos zu übernachten. Diese Idee wurde adaptiert und von Reisevermittlern in neue Geschäftsmodelle umgewandelt. Als Beispiele für die Vermittlung von Privatunterkünften sind hier 9flats, Wimdu oder Airbnb zu nennen. Diese Unternehmen bieten Privatpersonen eine Plattform, um ihre Wohnung oder ihr Zimmer an andere zu vermieten, wenn dieses nicht belegt ist (vgl. Puhe 2012). Der passende Slogan von Wimdu ist dabei *„Travel like a local"*. Dies umschreibt die Idee des Social Travels sehr treffend. Es scheint sich ein Trend zu etablieren, bei dem Reisende lieber Gäste als Touristen sein möchten. Dahinter steckt laut Diener (2012) der Wunsch nach Authentizität während des Reisens, wie sie sich durch den Kontakt zu den Bewohnern erfahren lässt. Diese Echtheit muss sich dabei nicht nur auf fremde Kulturen beziehen, sondern kann auch innerhalb Deutschlands gesucht werden. Aber auch im Bereich der Reiseführung finden sich Beispiele des kollaborativen Reisens. So können beispielsweise bei GetYourGuide.com Einheimische Angebote einstellen. Diese können dann von Besuchern gebucht werden. Darunter finden sich die unterschiedlichsten Angebote wie beispielsweise *„Ziegen hüten in der Schweiz"* (Diener 2012). Dieses kulturelle und ökonomische Phänomen verändert die Art zu reisen erheblich. Denn durch den Kontakt zur Bevölkerung wird die Wahrnehmung der Destination geprägt. Das individuelle Erlebnis kann dann in sozialen Netzwerken unmittelbar medial wiedergegeben werden.

Freunde können an den Erlebnissen virtuell teilhaben. Mobile Technologien erleichtern diesen Austausch zusätzlich (vgl. Puhe 2012).

Diese Idee hat Island in einer erstaunlichen Kampagne aufgegriffen. Auslöser war der Ausbruch des Vulkans Eyjafjallajökull 2010 auf Island und der damit einhergehende Rückgang der Besucherzahlen. Daraufhin taten sich die isländische Regierung sowie 130 privatwirtschaftliche isländische Unternehmen aus Tourismus und Handel zusammen und initiierten die Kampagne **Inspired by Iceland**, die von „Promote Iceland" koordiniert und umgesetzt wurde. Der Start erfolgte mit einer „Isländischen Stunde". Dies war ein Aufruf an alle Isländer, gemeinsam zu einer festgelegten Stunde Nachrichten über E-Mail und soziale Netzwerke zu versenden, in denen dazu aufgerufen wurde, nach Island zu kommen. Damit war Inspired by Iceland sowohl im Land selbst als auch außerhalb bekannt, denn es wurden über eine Million E-Mails verschickt.

Gleichzeitig wurde das Werbevideo zur Initiative mehr als eine Million Mal angeschaut. Darauf aufbauend wurden zahlreiche kulturelle Veranstaltungen im Land organisiert, die über die Internetseite von Inspired by Iceland einsehbar waren. So konnten Einheimische und Touristen auf diesen Festen zusammenkommen (vgl. Promote Iceland 2011).

Die eigentliche Parallele zum kollaborativen Reisen, welche die interpersonelle Kommunikation zwischen Touristen und Einheimischen intensivierte, war der Aufruf des isländischen Präsidenten. Um den Touristenstrom auch im Winter nicht abreißen zu lassen, verkündete dieser in einem Video die Aktion **Offene Türen**. Grundidee war es, dass alle Isländer Touristen zu sich nach Hause einladen sollten. Der Präsident selbst ging mit gutem Beispiel voran und lud zu *„Pfannkuchen mit Schlagsahne und Rhabarbermarmelade"* in sein Haus ein (vgl. Abbildung 37). Dem Beispiel folgte rund ein Drittel der Bevölkerung, darunter auch Prominente wie Björk, Yoko Ono oder Eric Clapton. Die Einladungen wurden von den Isländern auf der Internetseite www.inspiredbyiceland.com veröffentlicht. Interessierte Besucher konnten dann in den Einladungen stöbern und sich Angebote aussuchen. Die Vorschläge reichten von essen über wandern bis hin zu stricken mit Isländern. Die Besucher sollten sich durch diese Initiative bei ihrem Aufenthalt wie „offizielle Isländer" fühlen und „das Isländische" des Landes kennenlernen. Grundvoraussetzung der Aktion also war von Beginn an das Engagement der Bevölkerung sowie der landesweite Zusammenhalt. Um die mediale Aufmerksamkeit auch nach der Initiative aufrechtzuerhalten, können Besucher Islands ihre Geschichten über Island auf dem Portal von Inspired by Iceland veröffentlichen. Die Geschichten werden dabei mit Geodaten verknüpft, sodass zukünftige Besucher die Geschichten den jeweiligen Orten zuordnen können. Zusätzlich dokumentierte ein Filmemacher die Begegnungen (vgl. Icelandic Tourism Board 2011).

Die gesamte Kampagne fand großen medialen Anklang. So zeichnete „USA Today" Island als Topreiseziel 2011 aus. Im „Lonely Planet" zählte Island zu den Top-10-Reisezielen 2011 und CNNs Reisewebseite CNNGO kürte Island zum Topreiseziel für Weihnachten 2010. Darüber hinaus wurde die Initiative mit zahlreichen Preisen ausgezeichnet, darunter der ICCA Award 2010, der Global Effie Award sowie zwei European Excellence Awards. Wirtschaftlich machte sich die Aktion mit Zuwachsraten im Tourismus von 18,9 Prozent bemerkbar (vgl. Promote Iceland 2011).

Abbildung 37: Islands Präsident bei der Ansprache zur Aktion „offene Türen"

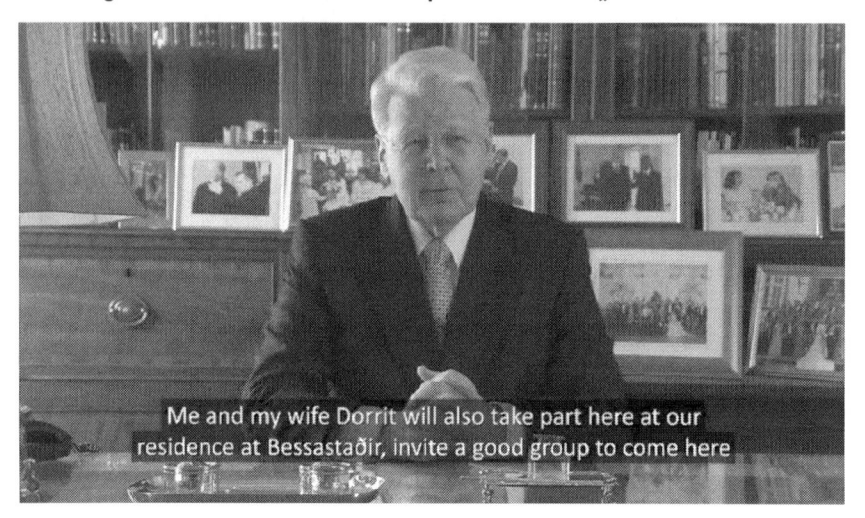

Quelle: www.inspiredbyiceland.com.

Das Beispiel zeigt insgesamt sehr anschaulich, wie der Kontakt mit den Einheimischen durch eine Destination initialisiert werden kann. Entscheidend war jedoch der Rückhalt durch die Politik und vor allem durch die eigene Bevölkerung. Damit wird deutlich, dass eine solche Kampagne nur dann gelingen kann, wenn sie sowohl innerhalb der Region als auch außerhalb von den Touristen angenommen wird. Die Initiative ist daher nicht unmittelbar auf andere Destinationen übertragbar.

Auf der Kommunikationsebene konnten hierbei die Werte Glaubwürdigkeit und Sympathie vermittelt werden. Auf der inhaltlichen Ebene ist eine Einschätzung weitaus schwerer, da die Inhalte, welche die Gäste mitnehmen, stark von der Entwicklung des Zusammentreffens mit der Bevölkerung abhängen. Dennoch schafft die Kampagne als solche eine stärkere Fokussierung auf den Kunden, was sich in einer positiven Wahrnehmung der Kundenorientierung niederschlagen kann. Gleichzeitig gewinnt das „Produkt" Island an Wert. Bezieht man den Aspekt der Arbeitsatmosphäre nicht direkt auf das Icelandic Tourism Board, sondern darauf, welche Verbundenheit zwischen den

Bewohnern selbst herrscht, hat dies einen immensen Effekt. Durch den Erfolg der Kampagne kann zudem davon ausgegangen werden, dass Island in der Wahrnehmung der Gäste ein Stück seiner wirtschaftlichen Stabilität zurück gewinnt.

8.2.2 Interpersonelle Kommunikation der Kunden

Neben der Initialisierung der Kommunikation zwischen Gästen und Einheimischen ist der Kontakt der Gäste untereinander entscheidend. Auf Destinationsebene bedeutet dies, dass der Austausch der Besucher untereinander unterstützt werden sollte.

Angelehnt an die Idee des kollaborativen Reisens entwickelte der Veranstalter China Tours das innovative Reisekonzept **Elements of China**. Dieses verbindet Gruppenreisen mit individuellen Elementen. Auf der Reise können die Teilnehmer jeden Tag selbst entscheiden, welches Programm sie machen möchten. In Kontakt bleiben sie über die sozialen Netzwerke. Internetfähige Mobiltelefone werden bei der Reise kostenlos zur Verfügung gestellt. Die Teilnehmer der Pilotreise wählte der Anbieter danach aus, welchen Einfluss sie innerhalb der sozialen Netzwerke hatten. Die Teilnehmer berichteten von ihrer Reise aus, wodurch sowohl die Destination als auch der Veranstalter in den Netzwerken der Reisenden präsent waren (Feyerherd 2011: 56-57). Durch die soziale Interaktion der Reiseteilnehmer wurde das Urlaubserlebnis aufgewertet, da sie selbst entscheiden konnten, ob sie in der Gruppe, in Kleingruppen oder alleine reisen. Diese Flexibilität, gepaart mit der Sicherheit, einen Ansprechpartner zu haben, wurde bei dem Konzept durch die Bereitstellung sozialer Interaktionsmöglichkeiten geschaffen. Die Teilnehmer wurden dabei in die Gestaltung des Leistungsergebnisses eingebunden.

Auch wenn dieses Beispiel sich zunächst auf den Veranstalter bezieht, könnte es in einer Destination adaptiert werden. Dazu müsste die Destination die Infrastruktur für den Austausch bereitstellen. Dies ist durch mobile Applikationen möglich. Denn wenn die Destination die Möglichkeit der Kontaktaufnahme über eine solche Anwendung kommuniziert und die aktuellen Aufenthaltsorte der Gäste über das Mobiltelefon ermittelt werden können, dann wird es möglich, sich spontan mit Gleichgesinnten zu verabreden. Ein Beispiel hierzu findet sich in der mobilen Applikation **Kurschatten**. Initiiert wurde diese iPhone-Anwendung von Oberstaufen im Allgäu, sie ist jedoch in allen 263 deutschen Heilbädern und heilklimatischen Kurorten verfügbar. Die Anwendung funktioniert als individueller Terminkalender und Urlaubsplaner. So werden bei Fragen zu bestimmten Aktivitäten die entsprechenden Ansprechpartner in der Region angezeigt. Zusätzlich können Vorlieben und Hobbys in einem Profil hinterlegt werden. Auf Basis dieser Daten überprüft die Anwendung auf dem Smartphone dann, welche Personen die gleichen Termine eingetragen haben und Interessen teilen. Wird eine oder mehrere Personen gefunden, dann schlägt die Anwendung eine Verabredung vor, die dann optional angenommen werden kann (vgl. Oberstaufen Tourismus Marketing 2011). Da die Anwendung von Einheimischen und Gästen gleichermaßen genutzt werden kann, hat sie das Potenzial, sowohl die interpersonelle Kommunikation zwischen Gästen und Einheimischen zu intensivieren als auch die Kommunikation der Gäste untereinander. Durch diese Möglichkeit, sich in der Destination mit Gleichgesinnten zu verabreden und auszutauschen, wird ein gemeinschaftliches Erlebnis möglich, das dann über die sozialen Netzwerke wieder geteilt werden kann.

Ein ähnlicher Ansatz wie bei der Anwendung Kurschatten wird durch **EpicMix** verfolgt. Dies ist ebenfalls eine mobile Applikation, die innerhalb von Skigebieten genutzt werden kann. Derzeit ist sie in den Vail Resorts (Colorado) im Einsatz. Sie bietet dabei einer realen Gemeinschaft die Möglichkeit, virtuell miteinander zu kommunizieren. Alle 89 Skilifte der fünf Skigebiete sind mit einem sogenannten Radio-Frequency-Identification-Lesegerät (RFID) ausgestattet. Diese sind bereits in vielen Skigebieten bekannt und ermöglichen es bisher, dass die Gäste beim Einstieg in den Lift ihren Skipass lediglich in die Nähe des Lesegerätes halten müssen. Das System wurde nun so erweitert, dass neben der Erkennung des Skipasses auch die lokalen Daten der Person an eine mobile Anwendung weitergegeben werden. Da es im Vail-Skigebiet eine gute drahtlose Internetverbindung gibt, können die lokalen Daten direkt von Familie und Freunden abgerufen werden. Damit ist in Echtzeit nachvollziehbar, wo sich jemand im Skigebiet befindet. Die Anwendung erlaubt es nach der Lokalisierung, dass Freunde und Familie kontaktiert und benachrichtigt werden. Dies erhöht den sozialen Austausch der Gäste vor Ort. Dadurch, dass die Anwendung direkt mit Facebook verbunden werden kann, lässt sich auch feststellen, ob noch andere Freunde im Skigebiet sind und wo sich diese gerade befinden (vgl. Horster et al. 2012: 110).

Um die Nutzer zusätzlich zu motivieren, EpicMix zu nutzen, werden virtuelle Medaillen vergeben, wenn jemand eine entsprechende Anzahl an Pistenkilometern zurückgelegt hat. Die Ortung, um die Bewegungen zu verfolgen, ist dabei automatisiert, sodass das System nicht aktiv genutzt werden muss. Es können dann nach einem Skitag die Skiroute angeschaut und Statistiken analysiert werden. Neben der Aufzeichnung können die Bewegungen innerhalb des Skigebietes sowie der Erhalt von Medaillen auch über die sozialen Netzwerke geteilt werden. Beispielsweise bei der ersten Abfahrt des Tages oder beim Erreichen bestimmter Pistenkilometer (vgl. Kenneth 2011 sowie Abbildung 38). Der Geschäftsführer des Vail Resorts umschreibt das Ziel von EpicMix wie folgt:

> *„If you think about social media, and especially for resorts and vacation destinations, word of mouth always comes up as the number one reason why people choose a destination – not that marketing and other things don't help, they do – but word of mouth is so strong and powerful"* (Glendenning 2011).

Die Beispiele zeigen, wie die Kommunikation der Gäste vor Ort intensiviert werden kann und gleichzeitig eine Schnittstelle zu den Freunden und Bekannten geschaffen wird, die gerade nicht vor Ort sind. So können reale Erlebnisse in Echtzeit medial geteilt werden. In welcher Form welche Inhalte geteilt werden, kann nicht abschließend beurteilt werden.

Abbildung 38: Internetseite von EpicMix mit Auswahloptionen.

Quelle: www.epicmix.com.

Es wird jedoch deutlich, dass hierdurch insbesondere die Kompetenzvermutung im technologischen Bereich betont wird. Sind die Kommentare der Nutzer innerhalb der Netzwerke zudem positiv, so ist der Inhalt der Meinungen glaubhaft und authentisch, womit indirekt die Glaubwürdigkeit der Destination gestärkt wird. Auf der inhaltlichen Ebene wirken die Beispiele insbesondere bei der Kundenorientierung. Besonders deutlich wird dies bei „Elements of China". Hier entsteht durch neue Kommunikationsmöglichkeiten eine Flexibilität in der Urlaubsgestaltung. Dieses Konzept findet sich durch die Kurschatten-Applikation und EpicMix in ähnlicher Form auf Destinationsebene wieder. Die Beispiele verdeutlichen, wie mithilfe von innovativen Angeboten zur Interaktion ein Urlaubserlebnis geprägt werden kann. Bei der mobilen Applikation Kurschatten gibt es zudem die Möglichkeit, dass sich Einheimische mit den Gästen austauschen. Dies kann sich auf die Wahrnehmung der Atmosphäre vor Ort auswirken. Im übertragenen Sinne könnte damit auch die Arbeitsatmosphäre vor Ort positiv wahrgenommen werden.

8.2.3 Interpersonelle Kommunikation durch Meinungsführer

Eine weitere Form der interpersonellen Kommunikation bietet sich durch die Integration von Meinungsführern. Dabei ist die Möglichkeit der Einflussnahme auf die Form sowie den Inhalt der Nachrichten hier wesentlich höher als bei den bisherigen Beispielen.

Eine Variante ergibt sich durch das Engagement von **Reisebloggern**. Ein populäres Beispiel in diesem Kontext ist die Kampagne „iambassador" des Jordan Tourism Boards (JTB). Hierbei lud das JTB acht Blogger ein, nach Jordanien zu reisen und über ihre Erlebnisse zu berichten. Ziel war es, Jordanien als sicheres Reiseland zu präsentieren. Die Blogger waren dabei alle bereits zuvor einmal in Jordanien gewesen und hatten über das Land in ihren Blogs berichtet. Das JTB hatte somit eine gewisse Sicherheit, dass die Blogger der Destination zugewandt waren. Im Vergleich zu klassischen PR-Reisen bieten Reiseblogger den Vorteil, dass sie in Echtzeit über ihre Erlebnisse berichten können. Denn die Blogger schreiben nicht nur auf ihren Internetseiten über ihre Reisen, sondern auch in den sozialen Netzwerken. Da die vom JTB angesprochenen Reiseblogger über eine hohe Anzahl Follower auf Twitter verfügten, kam es zu einem Austausch zwischen den Bloggern und denen, die ihre Reiseberichte verfolgten. Da alle Blogger einen einheitlichen Hashtag[49] verwendeten (#GoJordanien), war der Austausch entsprechend hoch. Es kam somit zu einer Aggregation aller Follower der einzelnen Blogger. Über den Hashtag wurde dann dazu aufgerufen, die Erlebnisse auf der Facebookseite von VisitJordan zu veröffentlichen. Die Aktion integrierte zudem eine „Onlinesprechstunde", bei der Interessierte Fragen zum Reiseland Jordanien stellen konnten. Die Blogger beantworteten diese Fragen dann (vgl. JTB 2011). Alle entstandenen Inhalte, sowohl von den Bloggern selbst als auch von anderen, wurden auf einer dafür eingerichteten Internetseite zusammengefügt (vgl. Lingle 2011). Diese Möglichkeit der Partizipation ist ein weiterer Vorteil im Vergleich zu klassischen Pressereisen. Somit erfolgte die Kommunikation nicht nur über die Meinungsführer, sondern Interessierte konnten sich auch gegenseitig über Jordanien austauschen. Im letzteren Fall verliert das JTB den direkten Einfluss auf die Art der Berichterstattung. In Bezug auf die Nachrichten der Blogger selbst ist jedoch davon auszugehen, dass eine Beeinflussung aufgrund der Finanzierung der Reise erfolgte. Insgesamt war die Aktion ein Erfolg, da nach Angaben des JTB über eine Million Menschen erreicht werden konnten.

Neben der Finanzierung von Reisen für etablierte Meinungsführer ist es auch möglich, solche selbst aufzubauen. Beispielhaft ist hier das Konzept der **Markenbotschafter** zu nennen, bei dem sich Kandidaten dafür bewerben können, eine Region und deren Angebote zu testen und über diese im Anschluss zu berichten. Meist findet diese Einbin-

---

[49] Ein Hashtag ist ein Stichwort, das insbesondere bei Twitter verwendet wird, um Nachrichten in einen bestimmten Kontext einzubetten.

dung themenspezifisch statt. So gibt es beispielsweise seit 2009 jährlich eine Wellnessbotschafterin, die über ausgewählte Wellnessangebote berichtet (vgl. AHGZ 2009). Ein ähnliches Konzept wird durch die sogenannten *„3 im Web"* der Congress- und Tourismuszentrale (CTZ) Nürnberg verfolgt. Die Bekanntmachung der Aktion erfolgte hierbei durch einen Wettbewerb. Eine Vorauswahl unter den Bewerbern traf dann die Netzgemeinschaft. Dadurch wurde erreicht, dass die Bewerber selbst eine Motivation hatten, den Wettbewerb publik zu machen, um so zu mehr Stimmen zu kommen. Aus zunächst 28 Bewerbern wurden neun durch die Stimmen der Netzgemeinde ausgewählt. Im Kontext der Identifikation von Meinungsführern ist diesem Verfahren ein hoher Wert zuzusprechen. Denn für die CTZ wurde damit deutlich, dass Kandidaten mit vielen Stimmen auch eine starke virtuelle Gemeinschaft hinter sich haben. Da es aber auch bei dieser Maßnahme darum ging, Themen strategisch zu besetzen, war die endgültige Auswahl der Kandidaten einer Jury vorbehalten. Dies bot den Vorteil, die jeweilige Themenkompetenz zu gewährleisten. Denn beim Beispiel der CTZ sollten die Themen Kultur, Lifestyle und Events besetzt werden, was ein entsprechendes Wissen in dem jeweiligen Bereich erfordert, welches von der Jury ermittelt werden konnte (vgl. Abbildung 39).

Abbildung 39: Markenbotschafter mit Themenbezug (Beispiel „3 im Web")

Quelle: www.3imweb.de.

Bezogen auf die Reputation ist anzunehmen, dass durch diese Art von Konzepten die Glaubwürdigkeit der Informationen erhöht werden kann. Bei den Reisebloggern kann davon ausgegangen werden, dass die Inhalte insbesondere bei denen Verbreitung fanden, die die Aktivitäten der Blogger ohnehin verfolgen. Demnach ist die Glaubwürdigkeit der Informationen vermutlich hoch. Gleichzeitig kann auf inhaltliche Komponenten Einfluss genommen werden, wenn die Blogger im Vorfeld darauf hingewiesen werden. So ist beim Beispiel Jordanien eine klare Tendenz zu erkennen, dass das Thema

Reisesicherheit kommuniziert wurde. Dennoch wird meist betont, dass die jeweiligen Botschafter nicht im Sinne des Auftraggebers handeln müssen. Durch die Finanzierung ist die Unabhängigkeit jedoch nicht mehr gegeben. Wie stark sich dies auf die Glaubwürdigkeit der Informationen auswirkt, müsste separat geprüft werden. Sympathie und Kompetenzvermutung hängen maßgeblich von der jeweiligen Person ab, die berichtet. Hier konnte bei den Beispielen der Markenbotschafter durch ein Auswahlverfahren sichergestellt werden, dass es sich um kompetente Personen handelt, die im Auftrag der jeweiligen Destinationsmanagementorganisation (DMO) handeln. Es bleibt jedoch die Frage, ob die Sympathie und Kompetenzvermutung den Berichtenden oder der Region zugeschrieben werden.

Bei den Markenbotschaftern wurde die inhaltliche Ebene mit den Themen Kultur, Lifestyle und Events festgelegt. Hierdurch wird die Kompetenzvermutung gestärkt, da sich der jeweilige Markenbotschafter in seinem Themenfeld durchgesetzt hat. Die Themen selbst lassen zwar keinen direkten Bezug zu der inhaltlichen Ebene der Reputation erkennen, es kann aber angenommen werden, dass diese auf die Zielgruppen der CTZ zugeschnitten wurden. Dies würde sich dann im Bereich der Kundenorientierung positiv auswirken. Die vom JTB ausgewählten Reiseblogger waren meist etabliert und pflegten mitunter einen exklusiven Reisestil. Dementsprechend kann durch die Verknüpfung mit Jordanien der Eindruck suggeriert werden, dass das Land wirtschaftlich stabil ist. Zudem wird durch die Präsentation von hochwertigen Hotels die Qualität der Leistungsträger vor Ort betont.

8.2.4 Interpersonelle Kommunikation mit dem Anbieter

Die vorgestellten Beispiele verdeutlichen, dass eine Verflechtung von digitalen und stationären Serviceleistungen immer wichtiger wird. Dabei stehen insbesondere Touristeninformationen mit ihren bisherigen Konzepten im Fokus, wenn es um die aktive Stärkung der Reputation einer Destination geht. Um also als Touristeninformation mit einem festen Standort auch in Zukunft relevant zu bleiben, muss das persönliche Servicegespräch virtuell weitergetragen werden. Denn die kompetente Beratung vor Ort wird für viele Gäste wichtig bleiben. Nur muss diese Beratung auch ortsunabhängig nutzbar sein, um gegenüber mobilen Anwendungen einen Vorteil zu bieten. Der Allgäuer Kurort Bad Hindelang hat hierfür eine **digitale Gästeinformation** eingerichtet (vgl. Abbildung 40). Interessierte können Fragen zu ihrem Urlaub über Twitter, Facebook und andere soziale Netzwerke stellen und bekommen in Echtzeit eine Antwort auf ihr Anliegen. Die integrierte Strategie fördert den Aufbau einer Beziehung zwischen dem Gast und der Destination.

Das Konzept mündet in einer Struktur, in der in Echtzeit auf die Bedürfnisse der Gäste reagiert werden kann. Wird ein solcher Dienst von den Gästen angenommen und ist er auf DMO-Ebene gut koordiniert, führt dies zu einer Steigerung der Interaktion und gleichzeitig zu einer höheren Transparenz der Servicekomponenten. Ein glaubwürdiges Reputationsmanagement versucht dabei die Leistungen einer Destination bestmöglich wiederzugeben. Dabei muss auf unterschiedlichste Fragen und Bedürfnisse der Gäste eingegangen werden. Diese können nicht immer von einer einzelnen Person beantwortet werden. Weil die Antworten in sozialen Netzwerken aber in Echtzeit erfolgen, erfordert dies eine gute Vernetzung der DMO mit ihren Leistungsträgern, um von dort schnell Antworten erhalten zu können. Denn die Qualität der Antworten ist sehr wichtig bei der Erfüllung von den Erwartungen der Gäste. Damit werden zusätzliche infrastrukturelle Komponenten relevant. Fordert man seine Gäste dazu auf, Fragen über die sozialen Netzwerke zu stellen, muss es für sie einen kostenlosen und störungsfreien Zugang zum Internet geben. Insbesondere bei ausländischen Gästen können ansonsten hohe Gebühren für den Abruf von Daten über das Internet anfallen.

Abbildung 40: Digitale Gästeinformation von Bad Hindelang

Quelle: www.badhindelang.de.

Entscheidend ist eine solche zentrale virtuelle Anlaufstelle jedoch nicht nur für reguläre Anfragen. Auch bei der **Krisenkommunikation** können diese Kanäle sehr effektiv genutzt werden, um eine transparente Aufklärung zu gewährleisten. Ausgangspunkt ist dabei die Überlegung, dass jene nur dann effektiv möglich ist, wenn der Anbieter sich im Vorfeld ein eigenes Netzwerk aufgebaut hat. Denn innerhalb der sozialen Netzwerke muss ein Unternehmen selbst eine zentrale Position einnehmen, um Informationen schnell verbreiten zu können. Je dichter dabei eine Netzwerkstruktur ist, desto besser können Informationen in dieser fließen. Durch die digitale Form der Information kann diese dann sehr schnell verbreitet werden (vgl. Kruse 2010). Die Bahn ist in diesem

Zusammenhang ein Beispiel, wie Servicequalität und Krisenprävention korrespondieren können. Dazu wird auf Twitter und Facebook die Möglichkeit geboten, Anfragen zu Verspätungen und anderen Mikrokrisen zu stellen. Für die Bahn sind die Anfragen gleichzeitig ein Stimmungsindikator. Häufen sich Beschwerden, können direkt Handlungen daraus abgeleitet werden. Neben der Krisenprävention sollte jedoch auch eine Strategie zur Krisenbewältigung vorliegen. Destinationen sind hier durch Naturkatastrophen oder politische Instabilität sowie Terroranschläge und andere Ereignisse besonders gefährdet. Die Ergebnisse eines Workshops zur Krisenkommunikation von der UNWTO[50] legen nahe, dass eine ehrliche und konsistente Kommunikation der Ereignisse entscheidend für die Bewältigung der Krise sein kann. Zusätzlich ist es notwendig, im Krisenfall die Überwachung und Aufklärung der Ereignisse netzwerkübergreifend umzusetzen. Hierbei können Monitoringsysteme wie beispielsweise Radian6 helfen. Diese Systeme können Diskussionen im Internet finden und dazu beitragen, kritische Äußerungen zu identifizieren. Dadurch kann auf die Entwicklung der Diskurse Einfluss genommen werden (vgl. Exel 2011).

Neben der Initialisierung der Kommunikation ist jedoch auch der Verlauf der Diskussionen entscheidend. Hier können neue Medien genutzt werden, um die Qualität der einzelnen Leistungen zu optimieren. Auf der Insel Juist wurde in diesem Zusammenhang mit der mobilen Anwendung **myServiceFellow**[51] der Reiseverlauf vor Ort nachgezeichnet. Die Applikation misst dabei die Bewegungen von Gästen, die zu einer Teilnahme an dem Projekt bereit waren. Neben der automatischen Aufzeichnung der Bewegungen konnten die Gäste selbst Fotos, Videos oder Kommentare zu bestimmten Erlebnissen hinzufügen.

Alle Daten werden dann von einem System ausgelesen und können in aggregierter Form analysiert werden. Dadurch können kritische Bereiche in der Servicekette aufgedeckt werden. Mit diversen Methoden des Servicedesigns können die identifizierten Kontaktpunkte dann bearbeitet werden (vgl. Amersdorffer 2012).

Insgesamt betrachtet folgt das Konzept der digitalen Gästeinformation einem fortschrittlichen Weg, um den Kontakt zwischen Anbieter und Gast zu intensivieren. Richtig eingesetzt, bildet es auch die Grundlage für eine effektive Krisenkommunikation. Dennoch ist das Gebilde sehr fragil. Denn es verpflichtet dazu, eine kompetente Echtzeitreaktion auf Anfragen und Kritik auch langfristig zu gewährleisten. Daher sollten Maßnahmen der Qualitätssicherung diesen Prozess unterstützen. Die genannte Anwendung des Servicedesigns kann dabei sehr hilfreich sein.

---

[50] Die Abkürzung UNWTO steht für United Nations World Tourism Organization und bedeutet im Deutschen Welttourismusorganisation der Vereinten Nationen.
[51] www.myservicefellow.com

Bezogen auf die Kommunikationsebene können mit dem Konzept der digitalen Gästeinformation sowohl Sympathie und Glaubwürdigkeit als auch Kompetenzvermutung aufgebaut werden. Der große Vorteil ist hier, dass die Mitarbeiter häufig direkten Kontakt zu den Gästen haben. Denn die Touristeninformation meist die erste Anlaufstelle, um sich im Urlaub über die Destination zu informieren. Die Interaktion wird dann im digitalen Raum weitergeführt. So kann eine Beziehung zwischen Gast und Mitarbeiter der Touristeninformation aufgebaut werden, wodurch insbesondere eine Sympathie für die Person und im übertragenen Sinne für die Destination entstehen kann. Sind die Antworten schnell und erfüllen die Erwartungen der Gäste, so kann hierdurch die Kompetenz der Destination herausgestellt werden. Die Glaubwürdigkeit der Aussagen ist dann abhängig davon, ob die Destination unabhängig agiert. Wird die Informationsweitergabe durch Vertriebsstrukturen beeinflusst, kann dies zu einer eingeschränkten Glaubwürdigkeitswahrnehmung führen. Auf inhaltlicher Ebene ist anzunehmen, dass mit den genannten Maßnahmen alle Reputationskomponenten abgedeckt werden können. Die Fokussierung auf die Servicequalität betont die Kundenorientierung. Die Bewertung der Qualität obliegt jedoch dem Gast, welcher durch einen Servicedesignprozess jedoch in die Entwicklung der Destination eingebunden wäre. Auf der Kommunikationsebene kann die Kompetenzvermutung und Glaubwürdigkeit bei der digitalen Touristeninformation als sehr hoch eingestuft werden, da die Mitarbeiter täglich über Attraktionen der Region beraten und somit Experten auf diesem Gebiet sind. Dadurch wird auch eine Beziehung zu den Gästen in den virtuellen Raum übertragen, was dem Aufbau einer digitalen Gemeinschaft zuträglich ist – eine Grundvoraussetzung für die Wirkung der Kommunikation im Krisenfall.

8.3 Reputationsmanagement in der Hotellerie

Auf Hotelebene stellt sich die Initiierung der interpersonellen Kommunikation ähnlich dar wie bei den Destinationen. Allerdings stehen im Rahmen des Reputationsmanagements die Bewertungen der Kunden auf Portalen wie HolidayCheck und TripAdvisor sowie in jüngerer Zeit bei Google Places im Vordergrund. Die Bewertungen auf Google gewinnen insbesondere durch den Dienst Hotelfinder an Relevanz, der ein Konkurrenzprodukt zu den bestehenden Bewertungsportalen darstellt (vgl. Buhl 2011). Wann und wo die Bewertungen in Zukunft abgegeben werden, hängt stark mit der Entwicklung mobiler Technologien zusammen. Bereits jetzt ist es möglich, Bewertungen zu einem Hotel über die Dienste Qype oder Google Places abzurufen und bereitzustellen. Mobile Buchungsmöglichkeiten, wie sie beispielsweise der Anbieter JustBook[52] offeriert, verdeutlichen dabei die unmittelbare Relevanz auch im Bereich der Transaktion.

---

[52] www.justbook.com

Feldversuche des Internetunternehmens Google mit der sogenannten Near-Field Communication (NFC) intensivieren die Bewertung und Buchung vor Ort. Diese Technologie erlaubt den kontaktlosen Austausch von Daten über eine sehr kurze Distanz. In der Zeit von Dezember 2010 bis März 2011 wurde in den USA jeweils in Portland (Oregon), Austin (Texas) und Las Vegas (Nevada) ein Marketingsystem auf NFC-Basis errichtet. Das System soll für Besucher zum „ultimativen Taschenreiseführer" werden. Dazu werden Aufkleber mit der Aufschrift „Empfohlen durch Google" an Geschäfte, Restaurants oder Hotels verteilt, die diese dann am Eingang anbringen sollen. In den Aufklebern sind NFC-Transponder sowie ein QR-Code integriert. Durch Scannen des Barcodes oder Wischen über den NFC-Transponder können Gäste alle bei Google Places verfügbaren Informationen, wie beispielsweise Öffnungszeiten und Kontaktdaten, sofort abrufen (vgl. Horster et al. 2012: 110). Zusätzlich sind auch Bewertungen anderer Gäste unmittelbar sichtbar und es können Einschätzungen zum jeweiligen Geschäft geschrieben werden (vgl. Brown 2011). Das Reputationsmanagement der Hotels kann sich daher nicht mehr nur auf den digitalen Bereich konzentrieren, sondern muss zusätzlich auch auf Gegebenheiten vor Ort eingehen.

8.3.1 Interpersonelle Kommunikation mit Einheimischen

Auf Bewertungsportalen spielen Einheimische im Allgemeinen keine entscheidende Rolle; die Bewertung erfolgt durch Kunden und für Kunden. Das Hotel und andere Gäste können auf die bestehenden Bewertungen reagieren. Möchte das Hotel die Einheimischen als Partner gewinnen, muss zunächst eine Beziehung zwischen Hotel und Einheimischen aufgebaut werden. In Lübeck gibt es ein gelungenes Beispiel dafür, wie sowohl die DMO als auch das Hotel eine Beziehung zur Bevölkerung aufbauen konnten. Dabei initiierten die Lübeck und Travemünde Marketing GmbH (LTM) sowie sieben Hotels die Kampagne **Runter vom Sofa – rein ins Sternehotel**. Ziel war es, den Bewohnern Lübecks ihre eigene Stadt aus der Perspektive eines Touristen näherzubringen. Dazu boten die Hotels Einheimischen eine Übernachtung in den Monaten Januar und Februar zu einem sehr niedrigen Preis von 19,- Euro an. Die Lübecker konnten zum einen ihre Stadt abseits vom Alltag besichtigen und gleichzeitig ein oder mehrere Hotels ihrer Stadt testen. Sollten nun Bekannte real oder virtuell über soziale Netzwerke nach Hotelempfehlungen suchen, können die Bewohner über die Qualität der Unterkünfte aus eigener Erfahrung berichten. Auch können die Einheimischen selbst ihre Meinung auf Bewertungsportalen veröffentlichen. Dies verstärkt die Kommunikation zwischen Einheimischen und Gästen enorm. Auch die Identifikation mit der eigenen Stadt und die Wahrnehmung, dass es sich bei ihrem Wohnort um einen touristischen Standort handelt, kann so gestärkt werden, womit nicht nur ein Effekt für das Hotel entsteht, sondern auch für die Destination. Diese kann ebenfalls von den Empfehlungen

Einheimischer profitieren. Innerhalb des Konzeptes wird jedoch nicht deutlich, wie die Verknüpfung zwischen realer und virtueller Welt kommuniziert wurde. Es ist daher anzunehmen, dass dieser Aspekt vernachlässigt wurde, was den Effekt der Kampagne auf die digitale Sphäre erheblich schwächt.

Insgesamt betrachtet wird mit der Aktion sowohl eine glaubwürdige Kommunikation initiiert, als auch die Kompetenz der Einwohner gestärkt, da diese durch die eigenen Erfahrungen sehr viel besser über das jeweilige Hotel berichten können. Auf inhaltlicher Ebene kann die Kampagne indirekt als Kundenorientierung verstanden werden. Denn wenn man die Werte des kollaborativen Reisens zugrunde legt (vgl. Kapitel 8.2.1), dann wird hierdurch die einheimische Bevölkerung in einem touristischen Blick geschult, was sich im Kontakt zwischen Gästen und Bewohnern positiv bemerkbar machen kann.

Wenn das Hotel von Einheimischen empfohlen wird, dann wird dieses in seiner Qualität aufgewertet, da die Aussagen einen entsprechenden Stellenwert besitzen. Schließlich können unabhängig von den genannten auch alle anderen inhaltlichen Aspekte der Reputation von den Einwohnern besser eingeschätzt und vermittelt werden, sollten sie danach von den Gästen gefragt werden (vgl. LTM 2011).

8.3.2 Interpersonelle Kommunikation der Kunden

Bei der interpersonellen Kommunikation der Kunden untereinander wird aufgrund der hohen Relevanz von Bewertungsportalen im Folgenden zwischen zwei Formen der Kommunikation differenziert. Zum einen können sich potenzielle Gäste mithilfe der Bewertungsportale über das Hotel informieren, indem sie die Einschätzungen anderer Reisender lesen. Zum anderen können sich Gäste vor Ort auch untereinander austauschen oder ihre Erlebnisse in sozialen Netzwerken teilen.

Durch die Verlagerung der Bewertung an den Aufenthaltsort kann jeder Gast vor Ort Bewertungen sowohl abrufen als auch veröffentlichen. Bei einer Umfrage, welche Kriterien Hotelbewertungen glaubwürdig machen, gaben rund 17,5 Prozent an, dass die Anzahl der Bewertungen für sie entscheidend sei. Ein weiteres elementares Kriterium sind Bilder vom Hotel mit 12,7 Prozent (vgl. VIR 2012: 41).

Voraussetzung dafür, dass Gäste ihre Bewertung abgeben können, ist zunächst eine entsprechende **Infrastruktur** im Hotel. Der kostenlose Zugang zum Internet stellt dabei eine Grundvoraussetzung dar. Besitzt das Hotel keinen kostenlosen drahtlosen Internetzugang im gesamten Hotel, jedoch einen Computer in der Lobby, der kostenlos genutzt werden kann, so kann auf diesem das vom Hotel bevorzugte Bewertungsportal als Startseite hinterlegt werden. Zusätzlich kann ein iPad oder Laptop an der Rezeption bereitgestellt werden, damit auch Gäste das Hotel bewerten, die kein internetfähiges

Endgerät mit sich führen. Die Motivation zur Bewertung kann im Gespräch zwischen Gast und Personal erfolgen. Die Mitarbeiter des Hotels haben meist den größten persönlichen Kontakt zu den Gästen und können so entsprechend auf diese einwirken. Unterstützt werden kann dieser Prozess durch Kleidung der Mitarbeiter, die auf die Bewertungsmöglichkeiten verweisen. Das Team Prizeotel Bremen trägt zum Beispiel T-Shirts mit der Aufschrift: *„Ihre Bewertung ist unsere Motivation"* (vgl. Herzog et al. 2011: 56-57 sowie Abbildung 41). Daneben können Gäste darüber aufgeklärt werden, wo sie über das Hotel berichten können. Dies kann über Auslagen in den Zimmern oder an der Rezeption realisiert werden.

Abbildung 41: Hinweis vor Ort, das Prizeotel zu bewerten.

Quelle: www.prizeotel.com.

Um die Anzahl der Bilder zu erhöhen, bietet HolidayCheck eine mobile Applikation an. Diese ermöglicht sogenannte **QuickChecks**. Dabei wird über das Smartphone der Standort des Gastes ermittelt und dann automatisch dem Hotel zugeordnet, in dem er sich befindet. Der Gast muss dann nur noch bestätigen, dass er sich tatsächlich im entsprechenden Hotel aufhält, und kann unmittelbar ein Foto, Video oder auch eine schriftliche Bewertung über das Hotel veröffentlichen. Möchte das Hotel also Fotos von Gästen, die unmittelbar im Hotel selbst abgegeben werden, so sollte diese Möglichkeit aktiv kommuniziert werden (vgl. Amersdorffer 2011).

Fruchten die genannten Maßnahmen, so ist zu erwarten, dass das Hotel eine Vielzahl an Bewertungen generieren kann. Insgesamt betrachtet ist dabei die Gefahr, dass die

Aktivitäten in überwiegend negativen Bewertungen münden, gering. Nach Angaben des Hotelverbandes Deutschland (IHA) erreichen Hotels auf einer Skala von 1 bis 5 im Durchschnitt einen Wert von 4,3 (vgl. Herzog et al. 2011: 52). Ungerechtfertigte negative Kommentare gehen insofern in der Masse positiver Kommentare unter. Zu beachten ist jedoch, dass durch die beschriebenen Maßnahmen seitens des Hotels die Abgabe unmittelbarer Bewertungen forciert wird. Dies erfordert ein permanentes Monitoring. Denn wenn der Gast noch vor Ort ist und einen Mangel aufdeckt, so sollte auf diesen Hinweis direkt eingegangen werden können.

Neben den Bewertungen ist aber auch die Kommunikation der Gäste vor Ort entscheidend. Ein Beispiel, wie eine Vernetzung der Gäste erfolgen kann, kommt aus dem Bereich der Airlines, ist jedoch auf die Hotellerie übertragbar. Durch das sogenannte **Social Seating** ist es Passagieren des Fluganbieters KLM möglich, vor Reiseantritt mit dem eigenen Profil der Netzwerke Facebook oder LinkedIn bei der Airline einzuchecken. KLM gleicht dann die Daten, die der jeweilige Reisende in den genannten Netzwerken hinterlassen hat, mit den Profilen anderer Passagiere ab. Abhängig von Interessen und Hobbys findet KLM so Profile, die zusammenpassen. Ob sich die potenziellen Sitznachbarn über verschiedene Ecken bereits kennen, wird durch die Verbindungen innerhalb der sozialen Netzwerke überprüft und angezeigt. So können die Gäste zusätzlich einschätzen, ob eine Flugreise mit der entsprechenden Person interessant sein könnte, und entscheiden auf dieser Basis, ob sie den jeweiligen Sitznachbarn akzeptieren möchten. Sind beide Seiten damit einverstanden, werden die Personen nebeneinander platziert und können sich unterwegs über gemeinsame Hobbys und Interessen austauschen (vgl. Stanek 2011).

Abbildung 42: Das hoteleigene soziale Netzwerk „Lobby Friend"

Quelle: www.lobbyfriend.com.

Ein ähnliches Konzept ist im Tryp Hotel in New York durch die mobile Applikation **LobbyFriend** umgesetzt worden (vgl. Abbildung 42). Diese Anwendung ist als soziales Netzwerk aufgebaut, das den Kontakt zwischen Gästen untereinander sowie dem Hotelpersonal fördert. Sobald ein Gast die Anwendung auf sein Smartphone geladen hat, kann er vom Hotelpersonal ein Passwort bekommen und sich anmelden. Danach steht das Netzwerk für alle Bedürfnisse des Gastes offen. So können beispielsweise Fragen dazu gestellt werden, wo ein gutes Restaurant zu finden ist. Aber auch Verabredungen der Gäste untereinander sind denkbar. Die Kommunikation der Gäste untereinander kann zudem auf zwei großen Bildschirmen in der Hotellobby verfolgt werden. So werden die Gäste an das Netzwerk erinnert und können die Unterhaltungen auch ohne eigenes Smartphone verfolgen (vgl. de Lollis 2012).

Sollen die Erlebnisse der Gäste vor Ort über die sozialen Netzwerke mit anderen geteilt werden, so zeigt das Ushuaia Resort Beach Hotel auf Ibiza, wie so etwas technisch umsetzbar ist. Das Hotel hat dazu eine eigene Infrastruktur aufgebaut, die sich auf das automatische Teilen auf Facebook konzentriert. Hierzu bekommen die Gäste ein **Armband**, auf dem der Zugangscode zum eigenen Facebookprofil hinterlegt ist. Gleichzeitig sind an ausgewählten Punkten des Hotels Stationen installiert, an denen beispielsweise Fotos gemacht werden können. Soll ein bestimmtes Foto veröffentlicht werden, muss lediglich das Armband an die Station gehalten werden und das Foto wird automatisch auf dem Profil des Nutzers veröffentlicht (vgl. Simply Zesty 2011).

Insgesamt zeigen die Beispiele die Vielfalt, mit der ein Hotel die Kommunikation zwischen den Gästen intensivieren kann. Während Bewertungen für jedes Hotel relevant sind, muss auf den anderen Ebenen vom Hotel überprüft werden, ob die gezeigten Kampagnen zu dem jeweiligen Hotel passen. Das Angebot der Kommunikation nach dem Beispiel von KLMs Social Seating ist dabei noch relativ neutral und kann ohne sichtbare Eingriffe für den Gast erfolgen. Eine Anpassung der Infrastruktur hin zu Attraktionspunkten, die über die sozialen Netzwerke geteilt werden können, muss hingegen – wie beim Ushuaia Resort Beach Hotel – zu dem Publikum des Hotels passen.

Auf der Ebene der Reputation können durch die Maßnahmen bei den Bewertungen die Glaubwürdigkeit sowie die wahrgenommene Kompetenz des Hotels gesteigert werden. Denn wenn innerhalb der Bewertungen das Leistungspotenzial des jeweiligen Hotels vom bewertenden Gast positiv hervorgehoben wird, so ist diese Aussage glaubwürdiger, da sie von einer unabhängigen Quelle stammt (vgl. Kapitel 3.2.4 bzw. Tabelle 1). Auf inhaltlicher Ebene hat das Hotel jedoch keinen Einfluss auf die Aussagen, die bei den Bewertungen getroffen werden. Sie können diese Inhalte jedoch bei Antworten auf die Bewertungen kommunizieren (siehe hierzu ausführlich Kapitel 8.3.4). Die generelle Intensivierung der Kommunikation der Gäste untereinander mithilfe eines eigenen sozialen Netzwerkes wie LobbyFriend, kann den Kompetenzwert des Hotels erhöhen. Wenn daraus dann positive Urlaubserlebnisse resultieren, weil über das Netzwerk

Freundschaften geschlossen werden, dann kann sich dies auch auf die Sympathie gegenüber dem Hotel auswirken und auf die Wahrnehmung der Kundenorientierung abstrahlen. Zudem wird durch die Initiative das Produkt des Hotels insgesamt aufgewertet, was zu einer erhöhten Qualitätswahrnehmung führen kann.

8.3.3 Interpersonelle Kommunikation durch Meinungsführer

Meinungsführer können wichtige Botschafter eines Hotels sein. Kennt das Hotel die Relevanz eines Gastes innerhalb des Social Webs bereits vor seiner Anreise, kann es sich darauf einstellen. Voraussetzung hierfür ist jedoch, dass ein Meinungsführer auch als solcher identifiziert wird. Eine Möglichkeit der Identifikation bietet sich durch das Social-Ranking-Tool **Klout**. Dieses bewertet den Einfluss einer Person in den sozialen Netzwerken. Dazu müssen die Nutzer des Dienstes ihre Profile in den sozialen Netzwerken mit Klout verknüpfen. Der Dienst liest dann Netzwerke wie Twitter, Facebook oder Google Plus aus und errechnet anhand von 25 Kriterien einen sogenannten Klout-Score. Auch wenn der Dienst noch nicht ganz reibungslos funktioniert, bietet er Hotels die Möglichkeit, den digitalen Einfluss ihrer Gäste zu erfassen. Bei einem großen Einfluss innerhalb der sozialen Netzwerke bietet sich eine gesonderte Behandlung dieses Gastes an.

Möchte das Hotel individuell auf Gäste eingehen, die einen hohen Kloutwert haben, so kann der Dienst **Venue Machine** sinnvoll sein. Dieser arbeitet mit der Verknüpfung von Klout und dem Standortdienst Foursquare. Bei Foursquare checken die Mitglieder an verschiedenen Orten ein und geben damit ihren Standort an das eigene Netzwerk weiter. Das Hotel selbst kann jeweils mitverfolgen, wer im Haus eincheckt. Über Venue Machine kann dann automatisch der Klout-Score des Gastes ermittelt werden. Es ist dabei möglich, sich eine SMS schicken zu lassen, wenn Gäste mit einem hohen Klout-Score eingecheckt haben. So kann eine gesonderte Behandlung von Gästen erfolgen, die eine hohe Relevanz in den sozialen Netzwerken haben und somit als Meinungsführer gelten (vgl. Bauhuber 2011). Das Palms Hotel in Las Vegas hat Klout bereits in den Reservierungsprozess eingebunden. Gäste können dem Hotel also bei der Buchung ihren Klout-Score übermitteln. Ab einer bestimmten Höhe bekommen die Gäste dann Zugang zum „**Klout Klub**", der eine bevorzugte Behandlung garantiert (vgl. Schaal 2010).

Klout bietet jedoch noch weitere Vorteile. So ermittelt der Dienst nicht nur den Einfluss selbst, sondern auch die Themen, auf die eine Person Einfluss hat. Wenn also Menschen besonders häufig zum Thema Gastronomie oder Hotellerie schreiben, können genau diese Leute gesucht und dann zu einem Aufenthalt eingeladen werden. Systematisch umgesetzt – allerdings ohne Nutzung von Klout – hat diese Idee das Roger Smith Hotel in New York. Das Hotel setzte von Beginn an auf Social-Media-Veranstaltungen, die im Hotel durchgeführt werden. So wurde das Hotel schnell bei

Bloggern und IT-Experten bekannt, die dann wiederum über die sozialen Netzwerke von der jeweiligen Veranstaltung innerhalb des Hotels berichteten. Durch diese Strategie ist das Roger Smith Hotel häufig das offizielle Hotel bei Social-Media-Konferenzen in New York. Zusätzlich werden gezielt Gäste eingeladen, die eine sehr hohe Anzahl an Followern bei Twitter haben (vgl. Koch 2011).

Foursquare kann auch ohne die Verknüpfung mit Klout genutzt werden. Eine Möglichkeit, die auch auf die Hotellerie übertragbar ist, zeigt die Airline KLM mit der Überraschungsaktion **KLM Surprise** auf. Das Unternehmen suchte gezielt Fluggäste, die mittels des Standortdienstes Foursquare an einem Flughafen eingecheckt hatten. So wusste das Unternehmen, dass die entsprechenden Passagiere bereits am Flughafen sind. Danach recherchierten Mitarbeiter des Unternehmens in den Social-Media-Profilen der Passagiere nach Interessen und aktuellen Bedürfnissen. Auf dieser Basis überlegten sie, welche Geschenke sie den Reisenden mit auf den Weg geben konnten. Der Aufwand wurde honoriert und die beschenkten Personen berichteten über die Aktion innerhalb ihrer sozialen Netzwerke. So konnte eine positive Diskussion über das Unternehmen initiiert werden (vgl. May 2010a). Das Beispiel kann unmittelbar auf die Hotellerie übertragen werden. Das **Hotel Berlin, Berlin** begrüßt beispielsweise Gäste, die sich per Foursquare im Hotel eingecheckt haben, mit einer Postkarte, auf der die Social-Media-Verantwortlichen mit ihren Twitter-Namen unterschreiben, sowie einem kleinen Präsent (vgl. Wagner 2012 sowie Abbildung 43).

Abbildung 43: Anschreiben nach Foursquare Check-in im Hotel Berlin, Berlin

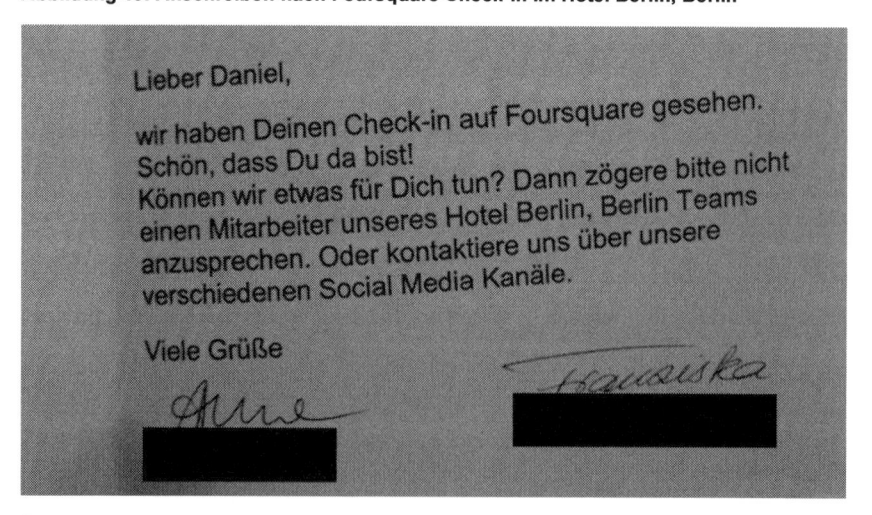

Quelle: www.dannywoot.de.

Zu wissen, welchen Einfluss ein Gast in den sozialen Netzwerken hat, ist also elementar und sollte daher unabhängig vom jeweiligen Konzept Beachtung im Reputationsmanagement finden. Auf der Kommunikationsebene sind es die Werte Glaubwürdigkeit und Kompetenzvermutung, die damit gestärkt werden. Denn zum einen wird durch die aufgezeigten Maßnahmen gefördert, dass sich Meinungsführer positiv über ein Hotel äußern, wodurch diese Aussagen entsprechend glaubwürdig sind. Zum anderen wird in dem Moment, in dem ein Meinungsführer über die erläuterten Aktionen berichtet, auch die Kompetenz des Hotels unmittelbar deutlich. Auf der inhaltlichen Ebene werden durch die bevorzugte Behandlung die Kundenorientierung und die Qualität hervorgehoben.

8.3.4 Interpersonelle Kommunikation mit dem Anbieter

Beim Austausch zwischen Gast und Hotel muss differenziert werden, worauf sich die Kommunikation bezieht. Zum einen kann die Kommunikation zwischen Kunde und Anbieter auf den Bewertungsportalen erfolgen. Diese Kommunikationsform richtet sich dann sowohl an den Gast, der die Bewertung abgegeben hat, als auch an alle zukünftigen Interessenten, die den Dialog verfolgen. Zum anderen kann die Kommunikation persönlich oder auch über die sozialen Netzwerke erfolgen, wenn der Gast gerade vor Ort ist.

Für die Kommunikation zwischen Anbieter und Kunde direkt auf den Bewertungsportalen stellt der Deutsche Hotelverband einen **Ablaufplan** vor. Dabei sollten Bewertungen zunächst gelesen werden, damit das Hotel weiß, was geschrieben wird. Sind die Einträge identifiziert, sollten sie auf offensichtliche Fehler kontrolliert werden. Diese können dann entweder durch Hinweis an das Portal oder durch einen Dialog mit dem Verfasser korrigiert werden. Die in den Bewertungen angesprochenen Mängel sollten gemeinsam mit den Mitarbeitern diskutiert werden. Denn wenn die Gäste motiviert werden, das Hotel zu bewerten, dann sollten sie dies positiv tun. Entscheidend dabei ist, dass die Leistungen alle ineinandergreifen, sodass es keine Brüche in der Servicekette gibt. Hier helfen die Kundenmeinungen wiederum, um solche Defizite aufzudecken und zur Verbesserung des Produktes beizutragen (vgl. Herzog et al. 2011: 53).

Ein Hilfsmittel, um die Bewertungen der Gäste auszuwerten, ist die semantische Software **TrustYou**. Die kostenpflichtige Meta-Suchmaschine ist in der Lage, Hotelbewertungen aus unterschiedlichsten Quellen im Internet zusammenzuführen und zu analysieren. Damit werden alle Bewertungen des Hotels gebündelt und können nach Schlagwörtern sortiert werden. TrustYou kategorisiert dann die Bewertungen auf Grundlage ihres Inhaltes in positive und negative. Diese sogenannte Sentimentanalyse ermöglicht es dem Hotelier, die kritischen Bereiche zu identifizieren und mit dem daraus gewonnenen Wissen Verbesserungen in Angriff zu nehmen (vgl. Cassala 2009).

Es ist auch möglich, die Gäste aktiv an der Optimierung der Servicekette teilhaben zu lassen. Das Best Western Hotel in Frankfurt am Main nutzt hierzu beispielsweise das System **iFeedback** (vgl. Abbildung 44). Hierzu sind in allen 131 Zimmern sowie an vielen öffentlichen Orten wie Restaurant oder Tagungsbereich Aufsteller mit sogenannten iFeedback-Codes platziert. Die Gäste können mithilfe dieses Codes Kritik oder Lob an das Hotelmanagement weiterleiten. Dieses kann dann in Echtzeit auf die Beschwerden und Anregungen eingehen. Im Vergleich zu herkömmlichen Fragebögen bietet sich hier die Chance, umgehend zu reagieren, da das Personal nicht erst bei der Abreise auf den Mangel aufmerksam gemacht wird (vgl. BHM Media Solutions 2011).

Abbildung 44: iFeedback im Hotel

Quelle: www.bhmms.com.

Neben dieser Kundenorientierung wird aber auch davon berichtet, dass Hotels versuchen, gegen die negativen Bewertungen anzuschreiben. Diese gefälschten Bewertungen können jedoch zu einem enormen Reputationsschaden führen, falls dieses Vorgehen aufgedeckt wird (vgl. Kapitel 8.4). Da solche gefälschten Bewertungen zudem häufig sehr positiv verfasst sind, führt dies beim Gast unter Umständen zu Erwartungen, die gar nicht erfüllt werden können. Damit setzt sich das Hotel unnötig der Gefahr aus, dass diese Enttäuschung in einer negativen Bewertung seitens des Gastes mündet. Ähnlich riskant sind Versuche, Gäste zu positiven Bewertungen aufzufordern, beispielsweise durch die Vergabe von kleinen Vorteilen (vgl. Herzog et al. 2011: 55). Dies kann ebenfalls dazu führen, dass Gäste diese Praktiken öffentlich machen. Andersherum wird auch davon berichtet, dass Gäste versuchen, ein Hotel unter Androhung einer negativen Bewertung zu erpressen (vgl. Dube 2009). Wird auf diese Versuche eingegangen, kann dies ebenfalls als Einflussnahme auf die Bewertung gesehen werden. Problematisch ist es jedoch, falls tatsächlich ein inhaltlich falscher Kommentar vom Gast erstellt wird. Um diesen Reputationsverlust abzuwenden, besteht lediglich die Möglichkeit, das entsprechende Portal auf den Vorfall aufmerksam zu machen oder die Sachlage in einer Antwort klarzustellen.

Es zeigt sich, dass die Beantwortung von negativen Bewertungen sehr komplex werden kann und eine umfassende Analyse erfordert. Dabei sollten die positiven Bewertungen nicht vergessen werden. Denn ist ein Gast dazu motiviert worden und macht sich die Mühe, eine Bewertung zu schreiben, sollte dies auch honoriert werden. Neben diesem Umgang mit Bewertungen ist es Hotels zudem möglich, eigene Informationen bereitzustellen. Dies kann in Form von Fotos, Videos und Beschreibungen erfolgen. Dieses Material dient potenziellen Gästen als Abgleich zu den eingestellten Bewertungen und sollte daher umfangreich und korrekt sein.

Das Engagement in den sozialen Medien muss sich jedoch nicht auf die virtuelle Kommunikation beschränken, sondern kann auch direkt vor Ort geschehen. Hier entsteht immer dann ein Problem, wenn ein Hotel in den sozialen Medien sehr aktiv ist, sich dieser Einsatz jedoch auf einzelne Mitarbeiter beschränkt. Denn die Außenwahrnehmung des Hotels kann stark über die sozialen Netzwerke geprägt werden. Finden sich die kommunizierten Werte des Hotels nicht in der **Unternehmenskultur** wieder, kommt es in der Kommunikation zu einem Bruch, den der Gast als disharmonisch wahrnehmen kann. Dieses Problem hat das Roger Smith Hotel offensichtlich erkannt und ein Viertel seiner rund 100 Angestellten im Bereich Social Media geschult, vor allem diejenigen, die starken Kontakt zum Gast haben. So konnte sich der Barkeeper des Roger Smith beispielsweise eigene Follower bei Twitter aufbauen und lädt nun hin und wieder zu einem Gratisgetränk für die ersten Gäste des Abends ein (vgl. van Grove 2010).

Abbildung 45: Concierge auf Twitter bei den Hyatt Hotels

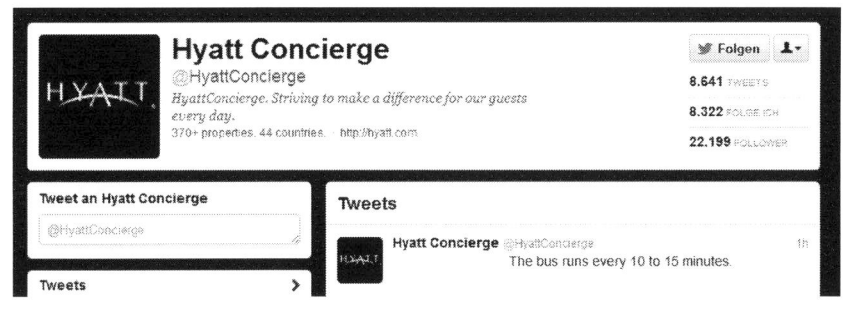

Quelle: www.twitter.com/HyattConcierge.

Ähnlich wie Touristeninformationen sind die **Hotelportiers** häufig Ansprechpartner, um Empfehlungen zu Aktivitäten in der Stadt einzuholen. Dieser Grundgedanke wurde von einigen Hotels aufgenommen und in unterschiedlicher Form umgesetzt. So können sich Gäste aller Hyatt Hotels beispielsweise via Twitter an das Hotel wenden, wenn sie Ausflugstipps benötigen oder ein Problem auf dem Zimmer haben (siehe Abbildung 45). Der Dienst ist rund um die Uhr besetzt und das Personal ist verpflichtet, innerhalb von 15 Minuten eine Antwort zu schicken. Das InterContinental verfolgt einen anderen Ansatz. Hier wurden insgesamt 150 Videos von Hotelmitarbeitern gedreht, die Reisetipps zu den unterschiedlichen Destinationen, in denen sich InterContinental-Hotels befinden, geben. Einen weiteren automatisierten Prozess hat das Marriott International durch einen Touchscreen im Empfangsbereich etabliert. Hier können sich die Gäste Ausflugstipps holen, die im Vorfeld von den Mitarbeitern abgegeben wurden. Der Gast sieht dann unmittelbar, wer von den Angestellten die Empfehlung geschrieben hat (vgl. Levere 2011).

Insgesamt zeigt sich damit, dass die Hotelmitarbeiter und insbesondere die Portiers und Rezeptionisten wichtige Bezugspersonen sind, wenn es um die Empfehlung von Ausflugszielen vor Ort geht. Hier konnten einige Beispiele aufgezeigt werden, wie mithilfe der neuen Medien eine Kommunikation initiiert werden kann. Die Reaktion auf die Bewertungen besitzt zusätzlich ein enormes Potenzial bei der Vermittlung der relevanten Reputationskomponenten. Dieser Prozess muss jedoch strategisch organisiert werden, um alle Kommentare aufgreifen zu können. Elementar ist dabei, dass die Problemfelder des eigenen Service erkannt und kontinuierlich verbessert werden, um die Kommentare in eine positive Richtung zu beeinflussen. Grundsätzlich bieten sich für den Hotelier auf Basis der vorliegenden Arbeit sehr viele Anknüpfungspunkte, wie die Reaktion und eigene Inhalte gestaltet werden sollten. Die Form der Reaktion ist dabei entscheidend, um Kompetenz, Sympathie und Glaubwürdigkeit zu transportieren. Dabei ergibt sich hier bei den Kompetenzwerten das größte Potenzial, denn mithilfe eines Systems wie iFeedback oder aber durch einen Service wie dem Hyatt Concierge auf Twitter kann die Kompetenz der Mitarbeiter betont werden. Daneben können dann Effekte der Sympathie und Glaubwürdigkeit abstrahlen, die aber stark vom jeweiligen Mitarbeiter abhängig sind. Inhaltlich kann gleichzeitig auf die reputationsrelevanten Aspekte Kundenorientierung, Qualität, Arbeitsatmosphäre, wirtschaftliche Stabilität und Verantwortung eingegangen werden. Grundvoraussetzung dabei ist es, dass die inhaltlichen Elemente von den Mitarbeitern glaubwürdig vermittelt werden können. Dies kann nur dann erfolgen, wenn die einzelnen Aspekte auch tatsächlich vom Personal anerkannt werden. Dazu ist eine entsprechende Unternehmenskultur förderlich, welche jeden Mitarbeiter über die genannten Inhalte aufklärt.

8.4 Reputationsmanagement der Bewertungsportale

Es konnte gezeigt werden, dass beim Bewertungsportal HolidayCheck die Kompetenzvermutung einen starken Einfluss auf die Anbieterreputation hat. Als ein zentrales Kriterium für die Kompetenzwahrnehmung von Bewertungsportalen rücken die Bewertungen selbst in den Fokus der Betrachtung. Stiftung Warentest stellte in einem Experiment fest, dass lediglich zwei von 13 vorsätzlich eingestellten falschen Einträgen durch Bewertungsportale erkannt wurden (vgl. Stiftung Warentest 2010: 76-79). Ein Grund, weshalb gefälschte Bewertungen nicht immer erkannt werden, ist, dass HolidayCheck die Bewertung eines Hotels ohne vorherige Überprüfung der Person erlaubt. Das bedeutet, dass allein die Anmeldung auf dem Portal ausreicht, um eine Bewertung abgeben zu können. Es werden zwar demografische Merkmale abgefragt, diese können jedoch vom Bewertenden auch frei erfunden sein. Eine solche Anonymität der Bewertungen ist für alle Beteiligten unbefriedigend. Das Hotel kann sich gegen falsche Einträge nicht wehren, da diese nicht realen Personen zugeordnet werden können.

Aus Kundensicht kann den Bewertungen zunehmend weniger getraut werden, wenn sich Berichte über gefälschte Bewertungen mehren. Das Bewertungsportal selbst hat schließlich nur begrenzte Möglichkeiten, unseriöse Einträge zu vermeiden. Die Reputation der Bewertungen leidet und geht zulasten aller beteiligten Akteure.

Daher ist die Sicherung der Bewertungsqualität eine zentrale Aufgabe, um die Reputation des Portals zu wahren. Im Folgenden werden Möglichkeiten der Portale aufgeführt, wie im Rahmen der interpersonellen Kommunikation Einfluss auf die Bewertungen genommen werden kann. Diese Maßnahmen unterscheiden sich erheblich von denen, die bei den Destinationen und Hotels besprochen wurden. Dies ist darauf zurückzuführen, dass es fast keinen realen Kontakt zwischen Portal und Kunden oder Hotels gibt. Infolgedessen müssen sich die Maßnahmen auf den virtuellen Raum konzentrieren.

8.4.1 Interpersonelle Kommunikation mit Einheimischen

Für die interpersonelle Kommunikation zwischen Einheimischen und Gästen hat **Airbnb**, ein Anbieter von Privatunterkünften, einen innovativen Ansatz entwickelt. Wenn sich die Kunden auf diesem Portal mit ihrem Facebookprofil anmelden, werden ihnen die persönlichen Beziehungen zum jeweiligen Unterkunftsanbieter aufgezeigt. Der Kunde kann also sehen, über wen er den jeweiligen Vermieter kennt. Darüber hinaus kann er auch einen Vermieter finden, der dieselbe Hochschule wie er besucht hat oder mit dem er bestimmte Interessen teilt (vgl. Reich 2012b). HolidayCheck könnte von dieser Idee profitieren, indem es den Hotels die Möglichkeit bietet, dass sich Hotelmitarbeiter einem Hotel zuordnen. So könnten die Gäste sehen, ob sie einen der Mitarbeiter kennen.

8.4.2 Interpersonelle Kommunikation der Kunden

Eine weitere Möglichkeit besteht darin, Bewertungen mit dem Netzwerk des Lesenden zu verbinden. Dies hat den Vorteil, dass Nutzer, die eine Bewertung lesen, abschätzen können, aus welchem Kontext die Einschätzung stammt. Denn für einen Geschäftsreisenden können andere Maßstäbe gelten als für eine Familie. Gelingt es dem Bewertungsportal also, eine soziale Verbindung herzustellen, wirkt sich dies positiv auf die Relevanzwahrnehmung der Bewertungen aus.

Abbildung 46: Nutzung des Facebook Netzwerkes auf TripAdvisor

Quelle: www.tripadvisor.de.

Einen solchen Ansatz verfolgt das derzeit weltweit größte Bewertungsportal TripAdvisor mit den sogenannten **TripFriends**. Dabei muss sich der Gast ebenfalls über Facebook Connect[53] auf TripAdvisor anmelden. Dann bekommt er zu einer Destination oder einem Hotel die Personen angezeigt, die dort schon einmal waren. Diese Personen können dann gezielt nach empfehlenswerten Hotels gefragt werden (vgl. May 2010b). Eine Erweiterung erfährt dieser Ansatz seit April 2012 durch die Funktion **Friend of a Friend**. Voraussetzung ist hierbei ebenfalls die Anmeldung über Facebook auf der Seite von TripAdvisor. Wenn nun im eingeloggten Zustand ein Hotel gesucht wird, werden die Bewertungen von Freunden sowie die von den Freunden der Freunde zuerst angezeigt. Zusätzlich werden die sozialen Verbindungen der angemeldeten Person dazu genutzt, um beispielsweise Freunde anzuzeigen, die sich in der Nähe der Destination aufgehalten haben (siehe Abbildung 46). Da sich bereits ein Viertel aller Nutzer über Facebook auf der Seite von TripAdvisor anmeldet, kann jede vierte Bewertung innerhalb der Funktion angezeigt werden. Dadurch, dass jeder Facebooknutzer im Schnitt 190 Freunde hat, liegt die Zahl der Freunde von Freunden häufig bei mehreren Zehn-

---

[53] Facebook Connect bietet Unternehmen eine Schnittstelle zum Profil des jeweiligen Nutzers an. Dadurch wird es möglich, Inhalte wie das Profil, Fotos, Kontaktlisten und Kommentare eines Nutzers auf der Internetseite des Unternehmens einzusetzen.

tausend Nutzern. Die Wahrscheinlichkeit, dass die Bewertung von einem Freund des Freundes angezeigt werden kann, ist damit hoch und führt zu einer sozial vernetzten Urlaubsplanung (vgl. Sawers 2012). Es ist vorstellbar, dass hierdurch der Kontakt zu Freunden von Freunden bei der Urlaubsplanung enorm erhöht wird. Denn sind bestimmte Aussagen nicht deutlich, kann über Facebook der Kontakt zum jeweiligen Urheber der Bewertung aufgenommen und direkt nachgefragt werden. Die Glaubwürdigkeit dieser Aussagen ist dann sehr hoch.

In diesem Zusammenhang ist auch der Ansatz von **Gogobot** erwähnenswert. Hier ist es das Ziel, einen virtuellen Freunde-Urlaubs-Reiseführer zu entwickeln. Gogobot ist eine Reisecommunity, in der Freunde Bewertungen zu Reisezielen eintragen können. So ist die Information zu einer bestimmten Destination direkt mit einer Person aus dem jeweiligen sozialen Netzwerk verknüpft. Es wird daher auch hier möglich, die Quelle der Informationen in einen sozialen Kontext zu integrieren. Entscheidend für den Erfolg ist die Anzahl sowie die Aktivität der Mitglieder. Um dies zu unterstützen, erlaubt Gogobot die Verbindung zu den Standortdiensten Foursquare und Facebook Places, wodurch alle Orte der Nutzer automatisch an Gogobot übertragen werden. Durch diese Verbindung können sämtliche Orte, an denen eine Person eingecheckt hat, nachvollzogen werden. Dadurch können Fragen an die entsprechenden Personen gestellt werden. Diese können zeitgleich auch innerhalb des Gogobot-Freundschaftsnetzwerkes veröffentlicht sowie zu Facebook oder Twitter weitergeleitet werden. Kommt aus einer dieser Quellen eine Antwort, wird diese an Gogobot zurückgeführt, sodass die Antworten dort gebündelt erscheinen. Der große Vorteil von Gogobot ist, dass die Bewertungen von Freunden stammen. Der Ansatz fokussiert damit nicht die Orte der Bewertungen, sondern die Menschen, die eine Bewertung abgeben (vgl. Geron 2011).

Gogobot setzt damit an den Schwachstellen etablierter Portale an und zeigt, in welche Richtung sich Bewertungsportale in Zukunft entwickeln könnten. Allerdings bleibt der Erfolg dieser Ansätze von der Aktivität der Nutzer selbst abhängig und ist nicht unmittelbar auf konventionelle Bewertungsportale übertragbar. Dennoch zeigt insbesondere das Beispiel von „Friend of a Friend", wie der soziale Kontext durch einfach technologische Mittel hergestellt werden kann.

Auf Reputationsebene wird durch die Einbindung des sozialen Netzwerkes die Glaubwürdigkeit der Bewertungen enorm erhöht, was sich unmittelbar positiv auf die Qualitätswahrnehmung der Bewertungen sowie auf die Kompetenzwahrnehmung Portals selbst auswirken kann. Aber auch im Sinne der Kundenorientierung kann die Verknüpfung von Bewertungen mit dem eigenen sozialen Netzwerk positiv wirken.

8.4.3 Interpersonelle Kommunikation durch Meinungsführer

Für Bewertungsportale sind Meinungsführer insbesondere die Hotels selbst. Denn sie haben in jedem Fall Kontakt zu einer Vielzahl von Gästen und fungieren insofern als Multiplikatoren, die ein Bewertungsportal bekannt machen können.

Portale haben hier verschiedene Möglichkeiten, damit Hotels über sie berichten. Zum einen wird den Hotels angeboten, sogenannte **Widgets** auf der Hotelseite einzubinden (siehe Abbildung 47). Widgets sind Programmdateien, die es erlauben, dass die Bewertungen auf der eigenen Seite angezeigt werden. Der Vorteil für den Gast ist, dass er die Bewertungen zum Hotel lesen kann, ohne zum entsprechenden Portal zu wechseln. Durch die Kennzeichnung des Bewertungsportals wird dieses gleichzeitig gestärkt (vgl. Herzog et al. 2011: 58).

Für die Hotels gibt es jedoch den Nachteil, dass die Inhalte der Widgets nicht aktiv gesteuert werden können. Ein Ausweg besteht darin, die Widgets auf einer separaten Seite anzubieten. Diesen Weg ist das Sheraton Hotel in Edinburgh gegangen. Im Rahmen der Aktion „Meet You There" wurde eine Internetseite erstellt, auf der ausschließlich Widgets von Bewertungsportalen und sozialen Netzwerken integriert waren. Dadurch können Gäste auf einen Blick sehen, was wo über das Hotel geschrieben wurde. Das Hotel selbst hat den Vorteil, dass die eigene Internetseite nicht durch die Widgets überladen wird (vgl. Sowden 2012).

Abbildung 47: Widget-Angebot von HolidayCheck

Quelle: www.holidaycheck.de.

Einige Hotels sammeln Bewertungen auch auf der eigenen Internetseite. Nachteil ist hier, dass die Glaubwürdigkeit dieser Bewertungen nicht mehr uneingeschränkt gegeben ist. Denn potenziell besteht für das Hotel die Möglichkeit, Bewertungen zu löschen oder aber Einfluss auf die Reihenfolge in der Anzeige zu nehmen. Um diesen Glaubwürdigkeitsverlust zu kompensieren, hat das Prizeotel ein Gütesiegel auf seiner Internetseite, mit dem es sich selbst verpflichtet, keine Kommentare zu löschen oder zu manipulieren (siehe Abbildung 48).

Abbildung 48: Beispiel des Gütesiegels „Fälschungssicherheit" vom Prizeotel

Quelle: www.prizeotel.com.

Eine weitere Möglichkeit, um sich über die Hotellerie ins Gespräch zu bringen, besteht für Bewertungsportale durch die Vergabe von Auszeichnungen, sogenannten Awards. Für die Portale bietet dies die Möglichkeit, sich als relevanter Partner am Markt zu profilieren, da die Auszeichnung eine Wertschätzung bei der Hotellerie erfahren kann. Die Hotels selbst können mit einer solchen Auszeichnung demonstrieren, dass ihr Service entsprechend hoch ist, denn ansonsten wäre es nicht zu der Auszeichnung gekommen. Somit profitieren sowohl die Bewertungsportale als auch die Hotels von den Widgets und Awards.

Gelingt es Bewertungsportalen, dass ihre Awards auch seitens der Hotellerie anerkannt werden, so kann sich dies positiv auf die Qualitäts- und Kompetenzwahrnehmung des Portals auswirken. Zudem findet hier eine Wertschätzung des Hotels gegenüber dem jeweiligen Portal statt, womit gleichzeitig dessen wirtschaftliche Stabilität untermauert werden kann. Daneben wird durch die Einbindung von Widgets oder Awards die Glaubwürdigkeit gestärkt. Denn dass Bewertungsportale zugleich als Vermittler auftreten und insofern auch ein wirtschaftliches Interesse an Buchungen haben, rückt durch eine Integration direkt auf der Internetseite des Hotels in den Hintergrund. Somit erzeugt der Verweis auf die Bewertungen des Portals den Eindruck, es handle sich um einen unabhängigen Akteur am Markt, dessen Ziel es sei, unabhängige Kundenmeinungen zusammenzustellen.

8.4.4 Interpersonelle Kommunikation mit dem Anbieter

Für Bewertungsportale ergibt sich zunächst keine direkte Kommunikation mit den Gästen der Hotels. Denn in der Regel nutzen diese das Portal lediglich dazu, ihre Bewertung zu schreiben. Es muss daher ein indirekter Weg gefunden werden, um zu verdeutlichen, dass das Portal um die Qualität der Bewertungen bemüht ist. Zu nennen ist in diesem Zusammenhang die Kampagne „Gemeinsam gegen Fälscher" von HolidayCheck. In diesem Rahmen werden Hotels, die unter dem Verdacht stehen, gefälschte Beiträge veröffentlicht zu haben, gebrandmarkt. Dabei differenziert HolidayCheck zwischen dem Verdacht auf Manipulation und der bewiesenen Manipulation und vergibt entsprechende **Manipulationssiegel**, auf denen gut kenntlich die Hinweise „Achtung Manipulationsverdacht" sowie „Achtung Manipulation" stehen. Die manipulierten Beiträge kann HolidayCheck durch verschiedene Methoden herausfiltern. Dazu gehört das Aufzeichnen von IP-Adressen, durch die das Netzwerk identifiziert werden kann, von dem aus die Bewertung geschrieben wurde. Wenn also vermehrt Bewertungen von einer einzigen IP-Adresse eingehen, wird HolidayCheck darauf aufmerksam. Auch wenn bei einem Hotel plötzlich in kurzer Zeit eine Vielzahl an Bewertungen eingeht, ist dies verdächtig und wird gemeldet (vgl. Hottelling 2011).

Abbildung 49: Beispiel für gegenseitige Bewertung bei Airbnb

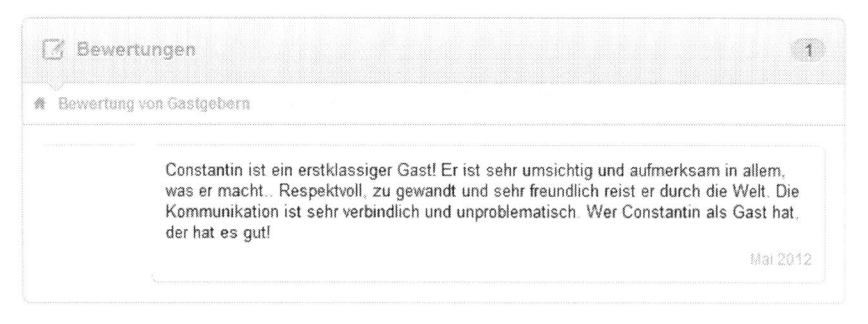

> Bewertungen
>
> Bewertung von Gastgebern
>
> Constantin ist ein erstklassiger Gast! Er ist sehr umsichtig und aufmerksam in allem, was er macht.. Respektvoll, zu gewandt und sehr freundlich reist er durch die Welt. Die Kommunikation ist sehr verbindlich und unproblematisch. Wer Constantin als Gast hat, der hat es gut!
>
> Mai 2012

Quelle: www.airbnb.de.

Zudem werden Bewertungen auch durch Mitarbeiter individuell geprüft. Hierbei hilft ein sogenannter **Meldebutton**, um verdächtige Bewertungen zu identifizieren. Das Prinzip ist einfach: Meint ein Leser einen gefälschten Beitrag identifiziert zu haben, kann er den Meldebutton drücken und es öffnet sich ein Formular, in dem er ankreuzen kann, weshalb er denkt, dass die Bewertung gefälscht sei. Optional kann eine Nachricht hinterlassen werden, die dann zu HolidayCheck gesendet wird. Eine andere Möglichkeit liegt darin, Bewertungen durch Nutzer erneut bewerten zu lassen, wie dies etwa das Internetunternehmen Google für seinen Dienst Places etabliert hat. Hier können Nutzer Erfahrungsberichte nach ihrer Nützlichkeit bewerten. Dazu muss die Frage *„Fanden Sie diesen Erfahrungsbericht nützlich?"*, die unterhalb einer Bewertung angezeigt wird, lediglich mit Ja oder Nein beantwortet werden. So entwickelt sich eine Rangfolge der Bewertungen, die nach Relevanz der einzelnen Bewertungen gestaffelt ist. Ein automatisierter Prozess also, der für Google sehr charakteristisch ist (vgl. Moarefi 2012).

Eine ähnliche Möglichkeit bietet **Airbnb**, der Anbieter für Privatunterkünfte, an (siehe Abbildung 49). In diesem Fall geht es um die Sicherung der Qualität des Aufenthaltes. Hierzu können sich Gäste und Vermieter gegenseitig bewerten – dies ist vergleichbar mit dem Bewertungsmechanismus bei eBay (vgl. Diener 2012).

Mit den genannten Maßnahmen wird den Nutzern der jeweiligen Plattform demonstriert, dass offensiv gegen falsche Bewertungen vorgegangen wird. Dies wirkt sich zum einen darin aus, dass die Glaubwürdigkeit des jeweiligen Portals steigt. Zum anderen wird damit Kompetenz kommuniziert. Es ist anzunehmen, dass die Qualität der Bewertungen auch unmittelbar für das Bewertungsportal selbst entscheidend ist.

Denn würde den Bewertungen kein Glauben mehr geschenkt werden, dann wäre das Portal sowohl für Gäste als auch für Hotels irrelevant und würde somit an Kompetenzwahrnehmung einbüßen. Auf der inhaltlichen Ebene beziehen sich die Maßnahmen vor allem auf die Qualität. Gleichzeitige wird durch aufwendige Maßnahmen wie dem Meldebutton, bei dem alle anfallenden Anfragen manuell beantwortet werden müssen, oder dem Manipulationssiegel, bei dem die Hotels einzeln geprüft werden, die wirtschaftliche Stabilität des Portals demonstriert.

8.5 Zusammenfassende Betrachtung

Die praktischen Beispiele zeigen, dass die neuen Medien den touristischen Anbietern eine Vielzahl von Möglichkeiten bieten, um die interpersonelle Kommunikation zwischen den Stakeholdern zu initialisieren und zu steuern. Reputation wird als Ergebnis dieser Kommunikationsprozesse definiert. Daher ist die interpersonelle Kommunikation ein entscheidender Bestandteil des Reputationsmanagements.

Auf **Destinationsebene** wurde durch die Kampagne von „Inspired by Iceland" verdeutlicht, wie die Werte Glaubwürdigkeit und Sympathie in den Fokus gerückt werden können. Weitere Aspekte waren die Vermittlung von Kundenorientierung, Qualität und wirtschaftlicher Stabilität. Die Aktion lebte dabei von einem Gemeinschaftsgefühl und dem Einbezug der Bevölkerung, wodurch die genannten Inhalte transportiert werden konnten. Im Gegensatz dazu zeigten die Projekte EpicMix sowie die Kurschatten-Applikation, wie die Kompetenzvermutung betont werden kann. Durch die mobilen Anwendungen wird der Leistungswille der Destination hervorgehoben. Auf inhaltlicher Ebene ergaben sich deshalb auch positive Effekte für die Kundenorientierung. Die größten Möglichkeiten wurden jedoch bei der digitalen Gästeinformation identifiziert, denn diese bietet das Potenzial, sowohl Kompetenz als auch Glaubwürdigkeit und

Sympathie zu vermitteln. Sympathisch gelingt dies dann, wenn die Antworten auf Gästeanfragen schnell und charmant erfolgen. Zudem sollte im Sinne der Glaubwürdigkeit verdeutlicht werden, dass es Aufgabe der Destination ist, Informationen zu vermitteln und nicht die Leistungen der Destination zu vertreiben. Für eine kompetente Informationsvermittlung ist zudem ein gutes Netzwerk innerhalb der Destination notwendig, um die Informationen schnell einholen und weiterleiten zu können.

Im Bereich der **Hotellerie** kann durch die Aktion „Runter vom Sofa – Rein ins Sternehotel" vor allem die Glaubwürdigkeit betont werden. Denn durch die Empfehlung eines Hotels durch Einheimische haben diese Informationen für Gäste potenziell einen sehr hohen Wert. Der Aktion fehlt allerdings eine Anbindung an den digitalen Raum, sodass die Übertragung der Informationen auf Zufall beruht. Ebenfalls glaubwürdig sind Kundenmeinungen auf Bewertungsportalen. Die Hotels haben hier zum einen die Möglichkeit, diese Bewertungen aktiv einzufordern und zum anderen, nach Abgabe auf diese zu antworten. Durch viele Bewertungen und den adäquaten Umgang mit diesen wird die Kompetenz des Hotels verdeutlicht. Ähnlich verhält es sich bei dem System iFeedback. Dem Hotel bietet sich hier zudem der Vorteil, direkt auf Beschwerden eingehen und diese noch vor Ort beheben zu können. Analog zum Konzept der digitalen Gästeinformation ist der Service des Hyatt Concierge zu werten. Auch hier können sowohl Kompetenz als auch Glaubwürdigkeit und Sympathie vermittelt werden.

Das **Bewertungsportal** TripAdvisor erhöht durch die Integration des sozialen Netzwerkes mittels der Funktion „Friend of a Friend" die Glaubwürdigkeit der eigenen Bewertungen. Den Nutzern wird ermöglicht, sich mit Freunden und Bekannten über ein Hotel oder eine Destination auszutauschen. Es zeigen sich starke Parallelen zum kollaborativen Reisen (vgl. Kapitel 8.2.1). Diese Funktion antizipiert damit ein potenzielles zukünftiges Nutzerverhalten. Wird das Angebot angenommen, kann dies zu individuell hochwertigen Reiseinformationen führen, womit die Kundenorientierung betont wird. Durch die Vergabe von Awards und durch das Angebot von Widgets für die Hotellerie wird bei einer erfolgreichen Adaption die Kompetenzvermutung und Glaubwürdigkeit des entsprechenden Portals akzentuiert. Das Hotel dient hierbei als Multiplikator, der suggeriert, dass es sich bei dem Bewertungsportal um einen unabhängigen Akteur am Markt handelt, was auf der Inhaltsebene als Qualitätssignal gewertet werden kann. Möchte das Portal selbst aktiv werden, so zeigen die Beispiele der Aktion „Gemeinsam gegen Fälscher" von HolidayCheck, wie die Qualität der Bewertungen durch Abschreckungsmaßnahmen in Form des Manipulationssiegels oder des Meldebuttons erhöht werden kann. Auch hierdurch werden sowohl Glaubwürdigkeit als auch Kompetenz des Portals intensiviert.

Unabhängig von den einzelnen Beispielen deutet sich jedoch auch eine allgemeine Tendenz an. Es konnte verdeutlicht werden, dass digitale und reale Welt mehr und mehr zusammenwachsen. Die Differenzierung zwischen realem und digitalem Reputationsmanagement wird daher zunehmend schwerer. Die Beispiele von „Inspired by Iceland" und „Runter vom Sofa – rein ins Sternehotel" zeigen dies in der Praxis. Reale Erlebnisse werden immer öfter umgehend medial geteilt und heben damit die Differenzierung zwischen Online und Offline auf. Wichtig ist für die Anbieter, dass bei der Initialisierung eines realen Erlebnisses beim Kunden auf die Möglichkeit der digitalen Verbreitung hingewiesen wird. Durch diesen „Call to action" erfolgt eine gesteuerte Übertragung des Erlebnisses in die digitale Welt. Die physische Welt wird überlagert von digitalen Serviceleistungen, die bei der Initialisierung interpersoneller Kommunikation hilfreich sind. Diese Entwicklung hat einen nachhaltigen Einfluss auf das touristische Reputationsmanagement und wird als **Outernet** bezeichnet:

> „Das Internet verlässt den bislang abgetrennten Bereich des Cyberspace und legt sich wie eine zusätzliche Schicht über unsere Umwelt. Die Möglichkeiten, die wir aus dem Internet kennen (...), übertragen sich damit auf physische Objekte" (Rehder 2010).

Zukünftig ist zu erwarten, dass Gäste verstärkt die vorgestellten mobilen Dienste nutzen wollen. Dafür müssen touristische Unternehmen auf diese Veränderungen eingehen können. Die Zusammenführung von digitalen Angeboten, die es vermögen, in der realen Welt Kontakt zu Einheimischen, anderen Gästen, Meinungsführern oder dem Anbieter selbst aufzubauen, sind damit die zentrale Herausforderung und Chance eines modernen Reputationsmanagements. Destinationen und Hotels müssen ihren Gästen virtuelle Räume und eine digitale Infrastruktur anbieten, die es Gästen ermöglichen, Bedürfnisse direkt zu kommunizieren, und den Dienstleistern erlaubt, in Echtzeit auf diese einzugehen. Dadurch werden Beziehungen gestärkt und Interaktionen gefördert – und idealerweise münden die digitalen Serviceleistungen in einem positiven Diskurs, der förderlich für die Reputation des Anbieters ist.

Ein zentrales Hemmnis ergibt sich im Tourismus durch die Preise für Datenabrufe. Zu klären ist, wie viele Gäste einer Destination oder eines Hotels aus dem Ausland kommen. Die Nutzung digitaler Dienstleistungen ist fast immer an das Internet gekoppelt, wodurch den ausländischen Gästen Kosten für das Abrufen und Bereitstellen von Daten entstehen. Hier muss neben der Etablierung der digitalen Angebote auch in Infrastrukturleistungen investiert werden. Der kostenlose Zugang zum Internet ist dabei ein entscheidender Faktor. Gleichzeitig zeigen die Beispiele, dass der Gast in den Prozess der **Qualitätssicherung** aktiv eingebunden werden kann. Öffentlich geäußerte Kritik stellt dabei eine große Chance dar, um die Qualität der touristischen Leistungen kundenorientiert auszugestalten.

Durch die Transparenz, die diese Entwicklungen mit sich bringen, geraten zudem die Leistungen der Anbieter zunehmend in den Fokus. Soll dieser Prozess aktiv gesteuert werden, müssen dazu Methoden des Servicedesigns in das Destinations- und Hospitalitymanagement integriert werden. Diese ermöglichen es, die Dienstleistungskette systematisch zu optimieren und so die initiierten Diskurse positiv zu beeinflussen.

9. Implikationen und Schlussbetrachtung

Die Ergebnisse der theoretischen Untersuchung sowie der praktischen Beispiele werden im folgenden Kapitel interpretiert. Ziel ist es dabei zunächst, die theoretische und praktische Ebene zusammenzuführen, um die Herausforderungen des Reputationsmanagements in der touristischen Praxis aufzuzeigen. Abschließend werden die theoretischen Ergebnisse vor diesem Hintergrund eingeordnet und kritisch hinterfragt.

9.1 Handlungsoptionen für die Untersuchungsobjekte

Der nachfolgende Abschnitt ist dreigeteilt und bezieht sich auf die Untersuchungsobjekte dieser Arbeit. Dabei werden zunächst die empirischen Ergebnisse betrachtet. Auf der Kommunikationsebene kann die Höhe der Konstruktwerte verglichen werden. Diese Werte sind in Tabelle 46 bereits aufgeführt. Die Interpretation dieser Ergebnisse erfolgt dabei im jeweiligen Abschnitt.

Tabelle 46: Durchschnittswerte der einzelnen Konstrukte in Prozent

	Kartoffelhotel (n=1389)	HolidayCheck (n=760)	Cuxhaven (n=719)
Glaubwürdigkeit	69,75%	68,06%	67,87%
Kompetenzvermutung	66,58%	70,19%	71,63%
Sympathie	53,64%	65,15%	64,84%
Anbieterreputation	63,81%	62,82%	66,38%
Vertrauen in d. Anbieter	67,01%	65,86%	68,91%
Kundeninvolvement	51,04%	60,77%	58,73%
Einstellung zum Anbieter	63,31%	70,74%	69,43%
Kaufabsicht	42,82%	53,78%	51,73%
Weiterempfehlungsabs.	46,78%	58,90%	54,59%

Quelle: Eigene Darstellung.

Grundsätzlich kann über die Konstruktwerte eine Einschätzung erfolgen, wo der jeweilige Anbieter Defizite aufweist. Besonders interessant sind hierbei die Aspekte der Kommunikationsebene der Reputation mit den Elementen Glaubwürdigkeit, Kompetenzvermutung und Sympathie. Wie hoch die einzelnen Werte gewichtet werden müssen, ergibt sich wiederum aus den jeweiligen Pfadkoeffizienten, die bei der Beurteilung des Modells auf Strukturebene bereits besprochen wurden (vgl. Tabelle 38). Sie ermöglichen in Kombination mit den Durchschnittswerten der Konstrukte eine Einschätzung dazu, welche Bereiche in der zukünftigen Kommunikation fokussiert werden müssen. Daneben spielen die inhaltlichen Aspekte eine entscheidende Rolle. Die hier identifizierten Dimensionen der Anbieterreputation dienen als Grundlage der inhaltlichen Ausrichtung.

Tabelle 47: Höhe der Gewichte der Anbieterreputation im Vergleich

	Kartoffelhotel (n=1389)		HolidayCheck (n=760)		Cuxhaven (n=719)	
	Ø Wert	Gewicht	Ø Wert	Gewicht	Ø Wert	Gewicht
Verantwortung	53,64%	0,13	47,80%	-0,12	58,95%	0,03
Qualität	66,53%	0,26	65,87%	0,36	70,53%	0,22
Wirtschaftl. Stabilität	69,02%	0,15	58,99%	0,23	62,90%	0,17
Arbeitsatmosphäre	60,09%	0,16	68,96%	0,30	71,41%	0,34
Kundenorientierung	68,79%	0,32	70,12%	0,25	71,43%	0,28

Quelle: Eigene Darstellung.

In diesem Zusammenhang liefern die Durchschnittswerte und Gewichte der Indikatoren aus Tabelle 47 einen Hinweis auf die Stärke und Relevanz der einzelnen Aspekte. Nachdem die kritischen Felder der einzelnen Untersuchungsobjekte identifiziert wurden, können konkrete Handlungsoptionen ausgesprochen werden.

9.1.1 Handlungsoptionen für das Kartoffelhotel

Aus der Untersuchung des Strukturmodells geht hervor, dass auf der Kommunikationsebene die Kompetenzwahrnehmung des Kartoffelhotels mit einem Pfadkoeffizienten von 0,46 den größten Einfluss auf die inhaltliche Ebene der Anbieterreputation besitzt. Glaubwürdigkeit und Sympathie sind hingegen mit Werten von 0,23 bzw. 0,21 erheblich weniger relevant. Abbildung 50 verdeutlicht, dass der Glaubwürdigkeitsindex des Kartoffelhotels mit einem Durchschnittswert von 69,74 Prozent stark ausgeprägt ist. Auch die Kompetenzwahrnehmung ist mit 66,58 Prozent sehr gut. Im Vergleich dazu fallen die Sympathiewerte jedoch stark ab und kommen insgesamt lediglich auf einen Mittelwert von 53,64 Prozent.

Die Sympathiewahrnehmung hat lediglich einen geringen Einfluss auf die Anbieterreputation. Dennoch ist dieser Wert hoch relevant, denn der Einfluss auf die Einstellung zum Anbieter ist – wie in der Mediatoranalyse festgestellt wurde – sehr ausgeprägt. Dies zeigt sich auch an den Ergebnissen der kaufrelevanten Konstrukte. Die Kaufabsicht kommt hierbei nur auf einen Wert von 42,82 Prozent und die Weiterempfehlungsabsicht liegt lediglich bei 46,78 Prozent. Es wird daher angeraten, sich in der Kommunikation auf die Vermittlung von Sympathie- und Kompetenzwerten zu konzentrieren: zum einen, weil die Kompetenzvermutung auf der Kommunikationsebene der wichtigste Faktor ist, zum anderen, weil der Wert der Sympathie entsprechend niedrig ausgefallen ist. Wichtig ist, dass die entsprechenden Maßnahmen nicht zulasten des guten Glaubwürdigkeitswertes des Kartoffelhotels gehen.

Abbildung 50: Konstruktwerte auf der Kommunikationsebene (Kartoffelhotel)

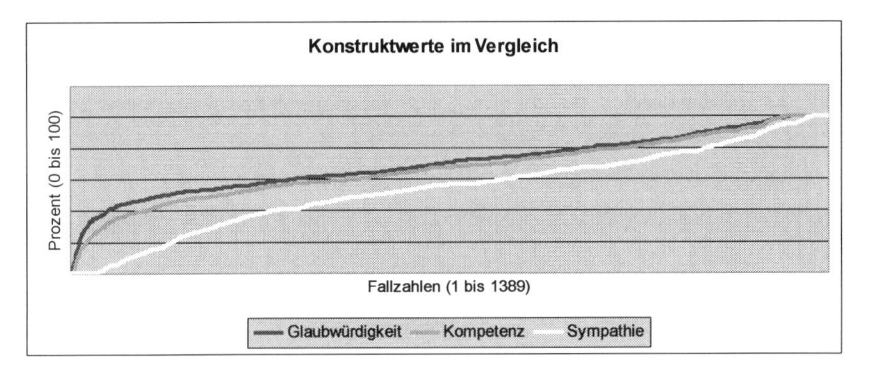

Quelle: Eigene Darstellung.

Auf der inhaltlichen Ebene sind die Qualität sowie die Kundenorientierung zentrale Maßstäbe mit Werten von 0,26 bzw. 0,32. Sie sollten daher im Fokus der Betrachtung stehen. Die korrespondierenden Werte können dabei mit 66,53 bzw. 68,79 Prozent als gut bezeichnet werden. Der Wert der Verantwortung ist jedoch mit 53,64 Prozent eher gering. Somit können auf inhaltlicher Ebene die Aspekte Qualität und Kundenorientierung aufgrund ihrer Relevanz identifiziert werden und der Bereich der Verantwortung aufgrund seines niedrigen Ergebnisses.

Von den vorgestellten Beispielen bietet sich eine Adaption der Kampagne „Runter vom Sofa – rein ins Sternehotel" an. Sie kann dabei helfen, die **Sympathiewerte** des Kartoffelhotels zu steigern. Bei der Umsetzung ist darauf zu achten, dass zunächst keine DMO als Partner zur Verfügung steht. Eine weitere vorgestellte Möglichkeit ist die Vergabe eines kleinen Präsents, wenn sich ein Gast via Foursquare im Hotel eingecheckt hat. Die Umsetzung ist dabei leicht handhabbar, zumal der Besitzer der Kartoffelhotels sehr onlineaffin ist. Wie häufig der Dienst im Hotel eingesetzt wird, hängt letztlich von der Gästestruktur ab. Zur Steigerung der Sympathiewerte empfiehlt sich darüber hinaus die Überprüfung des Klout-Scores, um Meinungsführer zu identifizieren und ihnen eine gesonderte Behandlung zu gewähren. Ein separater „Klout Klub" ist jedoch aufgrund der Größe des Hotels nicht ratsam. Über die Software Venue Machine ist dies mit überschaubarem Aufwand umsetzbar.

Im Bereich der **Kompetenzvermutung** wurde durch die Beispiele deutlich, dass ein virtueller Ansprechpartner einen entscheidenden Mehrwert bieten kann. Die Einrichtung eines eigenen sozialen Netzwerkes nach dem Vorbild von LobbyFriends ist aufgrund der im Vergleich geringen Gästekapazität jedoch nicht sinnvoll. Dennoch ist es denkbar, das Beispiel des virtuellen Portiers des Hyatt Hotels aufzugreifen. Dies würde neben der Demonstration der Kompetenz auch den Bereich der **Kundenorientierung** betonen. Zur Kundenorientierung bietet sich dabei auch iFeedback an. Es stellt sich hier jedoch die Frage, ob der für diese Technologie notwendige Aufwand die entsprechende Wertschätzung bei den Gästen erfährt. Wichtig ist in jedem Fall, dass die Bewertungen auf den entsprechenden Portalen analysiert und im Team besprochen werden, um so kontinuierlich den Service zu verbessern. Das Analyseprogramm TrustYou kann hierbei eine nützliche Ergänzung sein.

Insgesamt führen die genannten Maßnahmen auch zu einer Verbesserung der **Qualität** des Hotels. Im Bereich der **Verantwortung** helfen die Beispiele nicht weiter. Hier könnten jedoch kulturelle und politische Interessen der Region identifiziert werden, die dann unterstützt werden könnten. Dieses Engagement müsste dann in die Kommunikationsstrategie integriert werden.

9.1.2 Handlungsoptionen für Cuxhaven

Bei Cuxhaven war ebenfalls der Einfluss der Kompetenzvermutung mit einem Pfadkoeffizientenwert von 0,42 der größte Einflussfaktor auf die Anbieterreputation. Allerdings fällt hier der Aspekt der Glaubwürdigkeit mit einem Wert von 0,34 wesentlich mehr ins Gewicht als beim Kartoffelhotel. Gleichzeitig ist der Sympathiewert mit einem Pfadkoeffizienten von 0,15 sehr gering. Betrachtet man die einzelnen Werte im Detail, so ergibt sich hier ein relativ ausgeglichenes Bild (vgl. Abbildung 51).

Abbildung 51: Konstruktwerte auf der Kommunikationsebene (Cuxhaven)

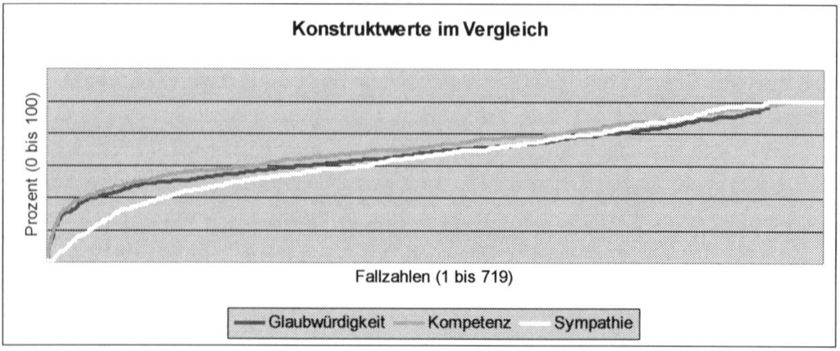

Quelle: Eigene Darstellung.

Da der Sympathiewert mit durchschnittlich 71,63 Prozent bereits am stärksten ausgeprägt ist, ist es für Cuxhaven sinnvoll, sich bei der Kommunikation auf die Verbesserung der Werte **Glaubwürdigkeit** (67,87 Prozent) und **Kompetenzvermutung** (64,84 Prozent) zu konzentrieren.

Auf inhaltlicher Ebene fallen die Bereiche Arbeitsatmosphäre, Kundenorientierung und Qualität mit Werten von 0,34, 0,28 und 0,22 am stärksten ins Gewicht. Auch hier ist die Bewertung mit einem Wert um 71 Prozent sehr homogen. Gleichzeitig fallen die Werte im Bereich Verantwortung mit 58,95 Prozent stark ab. Da dieser Bereich jedoch mit einem Wert von 0,03 gewichtet wird, fällt dieses Ergebnis nicht stark ins Gewicht. Der Wert der wirtschaftlichen Stabilität ist hingegen mit 62,90 Prozent im Vergleich recht gering und hat mit einem Gewicht von 0,17 zudem eine entsprechende Relevanz. Somit ist es ratsam, die **wirtschaftliche Stabilität** im Sinne eines profitabel arbeitenden Unternehmens herauszustellen, um diesen Wert zu erhöhen. Zusätzlich sollten aufgrund ihres starken Einflusses die Bereiche **Arbeitsatmosphäre** und **Kundenorientierung** weiter ausgebaut werden.

Ein sehr gutes Vorbild, um den Bereich der Arbeitsatmosphäre zu stärken, bietet dabei die Kampagne „Inspired by Iceland". Denn dadurch, dass sich die Einwohner kooperativ mit der touristischen Vermarktungsagentur zeigen und insgesamt ihren Zusammenhalt demonstrieren, wird eine Atmosphäre geschaffen, die sich positiv auf die Reputation der Destination auswirken kann. Dies stärkt gleichzeitig den Wert der Glaubwürdigkeit. Wenn mit einer solchen Kampagne auch die Bedürfnisse der Kunden gedeckt werden, ergibt sich ebenfalls ein positiver Effekt auf die Kundenorientierung. Da bei Cuxhaven jedoch andere Voraussetzungen herrschen als bei dem Vorbild Island, ist es fraglich, ob die Kampagne in dieser Form adaptierbar ist. Eine weitere Möglichkeit, um die Kundenorientierung sowie Arbeitsatmosphäre zu vermitteln, ergibt sich durch das Beispiel der digitalen Touristeninformation. Hierdurch können Mitarbeiter direkt mit den Gästen in Kontakt kommen und dabei verdeutlichen, dass sie gerne in Cuxhaven arbeiten. Unmittelbar werden hierdurch jedoch die Kundenorientierung sowie die Kompetenzwahrnehmung der DMO gestärkt. Daneben besteht auf inhaltlicher Ebene ein großes Potenzial mit der Integration von Reisebloggern und Markenbotschaftern. Bei Letzteren können die Themen beim Ausrufen eines entsprechenden Wettbewerbs vordefiniert werden. Hier bietet sich insbesondere das Thema der sozialen Verantwortung sowie der wirtschaftlichen Stabilität an. Aber auch der Aspekt der Qualität kann darüber gut transportiert werden. Fraglich bleibt dabei jedoch aufgrund des großen Einflusses der Glaubwürdigkeit, ob die Botschaften eine entsprechende Wirkung entfalten können, denn diese ist durch die Möglichkeit der Beeinflussung der Reiseblogger und Markenbotschafter beeinträchtigt.

Insgesamt betrachtet ist die Implementierung einer digitalen Touristeninformation ein Konzept, das direkt auf Cuxhaven übertragbar wäre. Sollen gezielt bestimmte Themen kommuniziert werden, bietet sich die Einbeziehung von Reisebloggern und Markenbotschaftern an.

9.1.3 Handlungsoptionen für HolidayCheck

Beim Bewertungsportal HolidayCheck hat die Kompetenzvermutung mit einem Wert von 0,44 den mit Abstand größten Einfluss auf die inhaltlichen Aspekte der Anbieterreputation. Gleichzeitig ist die Relevanz der Glaubwürdigkeit mit einem Wert von 0,18 sehr gering. Dies bezieht sich jedoch nicht auf die Bewertungen an sich, sondern auf das Portal selbst. Es kann damit nicht automatisch auf eine geringe Relevanz der Glaubwürdigkeit der Bewertungseinträge selbst geschlossen werden. Der Sympathiewert von 0,28 verdeutlicht, dass auch dieser Aspekt entscheidend für die Reputation von HolidayCheck ist.

Abbildung 52: Konstruktwerte auf der Kommunikationsebene (HolidayCheck)

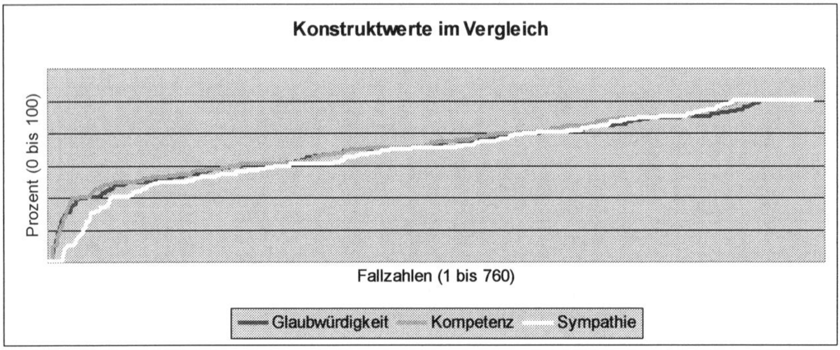

Konstruktwerte im Vergleich

Prozent (0 bis 100)

Fallzahlen (1 bis 760)

— Glaubwürdigkeit — Kompetenz — Sympathie

Quelle: Eigene Darstellung.

Betrachtet man nun die Einschätzung zu diesen Bereichen, so fällt auf, dass hier die Sympathie mit 65,15 Prozent am wenigsten ausgeprägt ist. Positiv ist, dass der wichtigste Bereich der Kompetenzvermutung mit 70,19 Prozent bereits sehr stark ist. Die Glaubwürdigkeit fällt dabei mit 68,06 Prozent im Vergleich nur geringfügig ab. Aufgrund dieser Ergebnisse ist anzuraten, dass sich die Kommunikation auf die Vermittlung der Werte **Kompetenz** und **Sympathie** konzentriert (vgl. Abbildung 52). In diesem Kontext können jedoch die Bereiche Glaubwürdigkeit und Kompetenzvermutung nicht eindeutig getrennt voneinander betrachtet werden. Denn unter der Prämisse, dass die Kompetenzwahrnehmung des Portals auch davon abhängt, wie gut die Abwehr von falschen Bewertungen ist, strahlt die Kompetenz direkt auf die **Glaubwürdigkeit** ab. Somit wären alle drei Bereiche vom Portal zu vermitteln.

Die inhaltlichen Ergebnisse bestätigen die Überlegung, dass die Qualitätswahrnehmung eine entscheidende Rolle spielt, denn diese wird mit 0,36 sehr hoch gewichtet. Die Arbeitsatmosphäre ist mit 0,30 der zweitwichtigste Aspekt. Aber auch die Kundenorientierung spielt mit 0,25 noch eine Rolle. Im letztgenannten Bereich ist HolidayCheck mit einer durchschnittlichen Bewertung von 70,12 Prozent bereits gut aufgestellt.

Die Qualität wird hingegen durchschnittlich mit 65,87 Prozent bewertet und bietet einen Ansatzpunkt zur Verbesserung. Die Arbeitsatmosphäre ist mit 68,96 Prozent im Vergleich zu den anderen Werten verhältnismäßig hoch. Es ist daher ratsam, sich vor allem auf die Verbesserung der **Qualität** zu konzentrieren.

Für die Umsetzung eignen sich viele der vorgestellten Maßnahmen. Insbesondere die Möglichkeiten, die sich durch die Schnittstelle zu Facebook mittels der Funktion Facebook Connect ergeben, sollten hierbei berücksichtigt werden. Das Beispiel von Airbnb zeigt, wie die Verbindung zu Vermietern hergestellt werden kann. Da sich HolidayCheck jedoch auf die Vermittlung von Hotels konzentriert, müsste dieses Konzept inhaltlich abgewandelt werden. Es bestünde beispielsweise die Möglichkeit, eine Verbindung zu Hoteldirektoren oder Angestellten herzustellen. Dabei ist aber fraglich, ob ein ähnlicher Effekt wie bei Airbnb erzielt werden kann. Denn dort kann durch die soziale Verbindung zum Vermieter auf die angebotene Wohnung geschlossen werden. Dieser Zusammenhang ist bei einem Hotel eingeschränkt. Das Geschäftsmodell von TripAdvisor ähnelt dem von HolidayCheck jedoch stark. Hier zeigt die Funktion „Friends of a Friend" starke Parallelen zu der von Airbnb. Allerdings bezieht sich die Anzeige der sozialen Verbindung auf die Bewertungen selbst. Dadurch erfolgt eine Kontextualisierung der abgegebenen Kommentare, was zu einer besseren Einschätzung dieser Bewertungen führt. Da HolidayCheck bereits die Möglichkeit anbietet, sich über Facebook Connect auf dem Portal anzumelden, wird in dem Ausbau dieser Funktion ein enormes Potenzial im Bereich der Qualität, aber auch bei der Wahrnehmung von Kompetenz und Glaubwürdigkeit gesehen. Die Maßnahmen, die HolidayCheck durch seine Kampagne „Gemeinsam gegen Fälscher" mit der Einführung eines Manipulationssiegels sowie des Meldebuttons umgesetzt hat, sind für die Qualität der Bewertungen ebenfalls positiv. Dennoch wird durch die offene Kommunikation dieser Maßnahmen für die Kunden auch unmittelbar deutlich, dass die Möglichkeit der Manipulation der Bewertungen besteht. Dies könnte einen negativen Effekt auf die Wahrnehmung der Qualität haben. Gleichzeitig wird damit jedoch die Glaubwürdigkeit gestärkt, da sehr direkt vermittelt wird, dass das Portal um „echte" Bewertungen bemüht ist. Die Einbeziehung des Kunden in diesen Qualitätsprozess mithilfe des Meldebuttons kann sich dabei positiv auf die Sympathie für das Portal auswirken.

Zusammenfassend kann daher festgehalten werden, dass HolidayCheck durch seine bisherigen Maßnahmen bereits aktiv an der Qualitätsverbesserung der Bewertungen arbeitet. Dennoch liegt in dem Ausbau der Facebook-Connect-Funktion weiteres Potenzial.

9.2 Schlussbetrachtung

Im Folgenden werden die Erkenntnisse dieser Arbeit zusammengefasst. Dabei erfolgt die Betrachtung des Beitrages dieser Arbeit für die Wissenschaft, Methodik und Praxis getrennt. Es wird zunächst diskutiert, wie die hier erarbeiteten Ergebnisse der Reputations- und Tourismusforschung einzuordnen sind. Hierbei stehen vor allem die theoretische Betrachtung sowie die empirischen Ergebnisse im Fokus. Daran anschließend wird auch auf Möglichkeiten der Optimierung des Messinventars sowie auf den methodischen Ablauf eingegangen. Diese Betrachtung ist Ausgangspunkt für die Formulierung weiterer Forschungsbedarfe, an die künftige Arbeiten anknüpfen können. Abschließend wird der Beitrag dieser Arbeit zur Umsetzung eines strategischen Reputationsmanagements diskutiert. Dabei wird auf die bereits ausformulierten Handlungsoptionen für die Untersuchungsobjekte (vgl. Kapitel 8) zurückgegriffen.

9.2.1 Beurteilung der theoretischen Erkenntnisse

Zu Beginn dieser Arbeit wurde in den **thematischen Grundlagen** dargelegt, in welchem Verhältnis die Reputation zur Kaufentscheidung steht, welche Rolle sie speziell im Tourismus spielt und wie sie im Internet genutzt werden kann. Für Reiseentscheidungen hat sie insofern einen besonders hohen Stellenwert, als es sich um ein intangibles Produkt handelt. Reputation fungiert hier als Schlüsselinformation, so die Annahme. Durch das Merkmal der Integrativität beim touristischen Produkt bringt sich der Kunde selbst in den Erstellungsprozess mit ein. In diesem Prozess wird die Leistung des Anbieters bereits vor der eigentlichen Erstellung beurteilt. Vor dem Hintergrund, dass dieser Leistungserstellungsprozess durch die Möglichkeiten des Internets vom Kunden öffentlich bewertet werden kann, war dieser Aspekt von besonderem Interesse. Für die Kommunikationsstrategie touristischer Unternehmen hat diese Feststellung weitreichende Konsequenzen. Anders als bei klassischen Massenmedien endet der Kommunikationsprozess nicht mit dem Aussenden einer Botschaft. Die Bedeutung von Nachrichten wird hier im Diskurs ermittelt.

Reputation ist dabei das Ergebnis eines Aushandlungsprozesses. Anbietern ist es durch das Internet möglich, sich in diese Diskussionen einzubringen und den Prozess der Reputationsbildung aktiv mitzugestalten. Aufgrund dieser gesteigerten Relevanz der Reputation war es elementar, ein Verständnis davon zu entwickeln, wie sich Reputation zusammensetzt, wie sie gemessen werden kann und welche Auswirkungen sie auf die untersuchten Elemente der Reiseentscheidung hat. Diese Aspekte wurden im **theoretischen Bezugsrahmen** behandelt. Die Konzeptionalisierung der Reputation erfolgte dabei auf Basis der Neuen Institutionenökonomik und der Verhaltenswissenschaften. Erstere zeigt, welche Relevanz die Unsicherheit bei der Kaufentscheidung allgemein hat. Die Transaktionskostentheorie geht davon aus, dass der Kunde bestrebt ist, die Kosten seiner Entscheidung gering zu halten. Die Erkenntnisse aus der Prinzipal-Agenten-Theorie wirken dem jedoch entgegen. Denn hier wird eine Dynamik aufgezeigt, die es einem Anbieter ermöglicht, sich aufgrund eines Informationsvorteils opportunistisch zu verhalten. Dies führt dazu, dass der Kunde bestrebt ist, diese Informationsasymmetrie abzubauen. Wie eine Nivellierung dieser ungleichen Informationsverteilung erfolgen kann, zeigt schließlich die Informationsökonomik. Durch Informationssignale kann der Anbieter dem Kunden zeigen, welche Absichten er verfolgt. Die Neue Institutionenökonomik bietet mit dieser Betrachtung der Marktcharakteristika wichtige Hinweise, wie Reputation bei der Kaufentscheidung einzuordnen ist. In den Verhaltenswissenschaften konnten weitere wichtige Elemente identifiziert werden. Diese bezogen sich jedoch stärker auf die individuelle Sicht des Konsumenten. Einige der dargestellten kognitiven und aktivierenden Prozesse waren dabei nicht direkt für die Modellierung relevant. Dennoch liefern beispielsweise die Lern- und Gedächtnisforschung wichtige Grundlagen dafür, wie Reputation bei der Kaufentscheidung wirken kann. Andere Ansätze, wie beispielsweise das Involvement oder die Einstellung, wurden hingegen direkt in das Modell integriert. Letztere war für die Modellierung elementar. Die Theorie des geplanten Verhaltens erklärt dabei auch, weshalb dem Konzept der Reputation zwingend eine normative Ebene hinzugefügt werden muss.

In der **Modellierung** konnten die theoretischen Vorarbeiten durch die Darstellung der wichtigsten Kaufentscheidungs- und Reputationsmodelle eingeordnet werden. Daraus entstand ein neuer Ansatz, der sich von bisherigen Modellierungen unterscheidet. Dabei wurde Reputation auf zwei Ebenen konzeptualisiert: zum einen auf der Kommunikationsebene mit einer normativen, kognitiven und affektiven Wertekomponente, zum anderen auf einer inhaltlichen Ebene mit den Dimensionen Qualität, Verantwortung, wirtschaftliche Stabilität, Kundenorientierung und Arbeitsatmosphäre. Verhalten und Kommunikation konnten so als wichtige Faktoren für eine Steuerung der Reputation identifiziert werden. Die anschließende empirische Prüfung liefert solide Erkenntnisse darüber, wie dieses Konzept der Reputation gemessen werden kann. Einschränkend muss dabei hinzugefügt werden, dass sich der Geltungsbereich des Modells bisher lediglich auf die Untersuchungsobjekte beziehen kann. Denn das Modell wurde nur in diesem Zusammenhang empirisch geprüft. Die Aussagen können deshalb nicht generalisiert werden. Durch die Zusammenführung der einzelnen Messungen zu einem aggregierten Strukturmodell konnte jedoch ein erweiterter Abstraktionsgrad erreicht werden, der die einzelnen Untersuchungsobjekte in sich vereint. Dabei werden mit Hotellerie, Destinationen und Bewertungsportalen entscheidende Akteure innerhalb des Tourismus abgedeckt. Weiterführende Forschungsarbeiten können das hier entwickelte Modell an anderen Gegenständen untersuchen und so zu einer Verallgemeinerung beitragen.

Es konnte der Beweis erbracht werden, dass Reputation für die Untersuchungsobjekte eine entscheidende Determinante der **Reiseentscheidung** darstellt. Hierbei ergaben sich in allen untersuchten Elementen der Kaufentscheidung relevante Abhängigkeiten. Damit wird deutlich, dass Reputation als immaterieller Unternehmenswert im Tourismus anerkannt werden kann und Einfluss auf den Geschäftserfolg der untersuchten Anbieter hat. Ihr Einfluss wird dabei durch die Einstellung mediiert. Es ergibt sich somit zunächst eine öffentliche Meinung über den Anbieter, welche die Einstellung des jeweiligen Kunden bestimmt. Diese Einstellung ist dann unmittelbar relevant für die Entscheidungsabsicht.

Zusätzlich zu den genannten direkten Effekten sowie dem mediierenden Einfluss der Einstellung zum Anbieter wurden die **Moderatoreffekte** Erfahrung mit dem Anbieter, Stimulusumgebung sowie Kundeninvolvement untersucht. Beim Aspekt der Erfahrung wurde deutlich, dass die einzelnen Einflüsse bei den unterschiedlichen Untersuchungsobjekten voneinander abwichen. Dies lässt vermuten, dass der Einfluss der Erfahrung abhängig vom jeweiligen Bezugsobjekt ist und dort auch unterschiedlich gewertet wird. Da die Effekte jedoch nicht signifikant waren, lässt sich eine empirisch bestätigte Aussage nicht treffen. Für die Stimulusumgebung gilt, dass diese zwar für die Anbieterreputation irrelevant ist, dafür aber einen Einfluss auf die Einstellung haben kann. Doch auch diese Ergebnisse ließen sich nicht signifikant nachweisen. Der moderierende Einfluss des Kundeninvolvements konnte hingegen teilweise nachgewiesen werden und zeigt, dass die Auseinandersetzung mit einem touristischen Produkt einen Einfluss auf die Wirkung der Reputation bei den Untersuchungsobjekten hat.

Insgesamt liefert die vorliegende Arbeit ein theoretisches Fundament, welches das Konzept der Reputation auf Basis verschiedener theoretischer Ansätze betrachtet und zusammenführt. Damit wird ein erweitertes Verständnis über die Struktur des Konstruktes Reputation in die wissenschaftliche Forschung eingebracht und auf Elemente der Reiseentscheidung bezogen. Die theoretischen Erkenntnisse bieten insbesondere Diskussions- und Anknüpfungspunkte für die Reputationsforschung. Aufgrund der Fokussierung auf touristische Anbieter profitiert hierbei speziell die Tourismusforschung, die sich mit Belangen der Reputation von Hotels, Destinationen oder Reiseportalen auseinandersetzt.

9.2.2 Beurteilung des methodischen Vorgehens

Im Rahmen dieser Arbeit wurde ein Modell entwickelt, das mehrstufige Abhängigkeiten abbildet. Daher wurde zur Berechnung ein **Strukturgleichungsmodell** genutzt. Dieses hatte den unmittelbaren Vorteil, dass die komplexen Zusammenhänge sehr anschaulich dargestellt werden können, wodurch das Modell unmittelbar verständlich wird, was künftige Forschungsaktivitäten zur Weiterentwicklung des hier vorgestellten Ansatzes erleichtert.

Bei der Auswertung fand ein Vergleich zwischen dem LISREL- und dem PLS-Ansatz statt. Dabei wurde die **PLS-Pfadmodellierung** als präferierte Methode eingestuft, denn der Ansatz dieser Arbeit war eher explorativ denn konfirmatorisch. Das entwickelte Modell besitzt zwar eine theoretische Basis, wurde jedoch neu zusammengestellt. Es konnte damit ex ante nicht zwingend davon ausgegangen werden, dass das Modell gilt. Ein Theorietest schloss sich damit aus. Die Prognosewahrscheinlichkeit, in der der PLS-Ansatz seine Stärke hat, stand somit im Vordergrund. Ein weiterer Vorteil bei der Entscheidung für die PLS-Pfadmodellierung war, dass mit dieser Methode auch formative Messmodelle untersucht werden können. Es stellte sich heraus, dass das entscheidende Konstrukt der Anbieterreputation hier formativ gemessen werden musste. Bei einer inhaltlich orientierten Operationalisierung der Anbieterreputation bestimmen also die Indikatoren das Konstrukt und nicht umgekehrt. So kann ein Anbieter beispielsweise durch eine gute Qualität eine positive Reputation aufbauen. Allerdings bestimmt die Reputation nicht die Qualität der Produkte.

Bei den **reflektiven Konstrukten** wurde es im Rahmen der Operationalisierung für wichtig erachtet, diese klar einzugrenzen. Denn an die Indikatoren wird die Anforderung gestellt, dass diese hoch miteinander korrelieren müssen. Dies kann durch einen gemeinsamen thematischen Kern gewährleistet werden. Gleichzeitig wurde durch die eng gefasste Definition eine sehr stringente Betrachtung von Teilaspekten möglich. Es kann in diesem Zusammenhang leicht kritisiert werden, dass die Konstrukte durch dieses Vorgehen nicht in ihrer ganzen Breite erfasst wurden. Dem kann jedoch entgegengesetzt werden, dass diese Kritik bei Phänomenen, die sich auf das Verhalten von Konsumenten beziehen, grundsätzlich erfolgen kann. Denn Verhalten muss in der empirischen Forschung immer den Umweg über die Sprache finden. Diese sehr abstrakten Begriffe können also nur durch eine eindeutige Definition verständlich gemacht werden. Ist diese zu weit gefasst, besteht die Gefahr, sehr viele Indikatoren erheben zu müssen, um dem breiten Verständnis des Konstruktes gerecht zu werden.

Daneben könnte kritisiert werden, dass sich innerhalb der hier entwickelten und übernommenen Indikatoren abstrakte Begriffe finden. In diesem Fall müssten die Indikatoren selbst als Konstrukte gewertet werden, da sie auf abstrakte Begriffe abstellen. Die erneute Operationalisierung eines Indikators ist zwar technisch möglich, die Modellierung wird dann jedoch sehr theoretisch. Vor dem Hintergrund, dass diese Arbeit vor allem auch Erkenntnisse für die Praxis liefern soll, wurde von dieser Möglichkeit Abstand genommen. Stattdessen lag der Fokus auf einer eindeutigen Formulierung der Indikatoren bei gleichzeitiger Vermeidung inhaltlich redundanter Begrifflichkeiten.

Bezogen auf die konkrete **Messung** wurde in dieser Arbeit mit Schiebereglern gearbeitet. Üblicherweise werden hier fünf- bis siebenpolige Likert-Skalen eingesetzt. Schieberegler bieten jedoch den Vorteil, dass sie einer metrischen Skala näherkommen. Daher wurden sie, mit Ausnahme von Fragen zu demografischen Merkmalen, stringent als Antwortskala verwendet. Auch Zustimmung und Ablehnung eines Indikators war einheitlich angeordnet und erfolgte somit nach dem gleichen Muster. Eine Variation des Antwortschemas erfolgte also nicht. Dies bot den Vorteil, dass die Probanden ihre Aufmerksamkeit vollständig auf die Beantwortung der Fragen richten konnten. Neben der feineren Abstufung der Antwortskala konnten die Testpersonen somit tendenziell schneller und aufmerksamer Auskunft geben. Gleichzeitig ist mit diesem Vorgehen jedoch auch die Gefahr verbunden, dass es zu **Antworttendenzen** und in der Folge zu sogenannten Scheinkorrelationen kommt – also Korrelationen, die auf ein immer gleiches Antwortschema zurückzuführen sind. Dem konnte vorgebeugt werden, indem die Datensätze vor Übernahme überprüft wurden. Dabei wurden zum einen alle Datensätze entfernt, bei denen die Beantwortung unter einer festgelegten Beantwortungszeit von zehn Minuten und zusätzlich zwei Minuten pro Stimulusquelle lag. Zum anderen wurden diejenigen aussortiert, die jede Antwort gleich bewerteten. Wenn also ein Proband bei allen Antworten den Schieberegler undifferenziert nach links oder rechts schob, ergaben sich stets Werte von „100" bzw. „0". Diese Datensätze wurden dann entsprechend erkannt und nicht in die Auswertung mit aufgenommen. Insgesamt konnten systematische Fehler mit diesem Verfahren präventiv behandelt werden, sodass bei diesem sehr umfangreichen Fragebogen die genannten Vorteile gegenüber den Nachteilen überwogen.

Ein weiterer wichtiger Aspekt sind die **Erhebungszeiträume**. Diese wurden so konzipiert, dass die Erhebung laut dem ADAC Reisemonitor (ADAC 2012: 26) einmal in die Hauptreisezeit (Juli 2011) fiel, das andere Mal hingegen in eine Zeit mit nur geringer Reiseintensität (November 2011). In Bezug auf das aggregierte Strukturmodell waren diese unterschiedlichen Ausgangspositionen der Testpersonen von Vorteil. Denn hierdurch konnten beide Zeiträume in die Untersuchung mit einfließen und berücksichtigt werden. Ein Nachteil ergab sich jedoch dadurch, dass so die Vergleichbarkeit zwischen den Ergebnissen beim Kartoffelhotel und denen bei HolidayCheck und Cuxhaven eingeschränkt wurde.

Bei der Auswahl der **Stimuli** war die Entscheidung zu treffen, ob diese für die Probanden vereinheitlicht werden sollten. In Bezug auf die interne Validität wäre eine Vereinheitlichung sinnvoll gewesen, um einen homogenen Stimulus für alle Probanden zu gewährleisten. Dies hätte jedoch den Nachteil mit sich geführt, dass die Informationsaufnahme passiv erfolgt wäre, was im Widerspruch zur Informationsaufnahme im Internet steht. Denn diese gestaltet sich in der Regel aktiv. Da allerdings viele Probanden Cuxhaven und HolidayCheck bereits kannten, war davon auszugehen, dass ohnehin unterschiedliche Informationen über die Untersuchungsobjekte vorhanden waren. Deshalb wurde die Entscheidung getroffen, den Probanden lediglich die Internetseiten sowie die Handlungsanweisung, sich über die Angebote dort zu informieren, vorzugeben. Die Informationsaufnahme konnte somit aktiv erfolgen und der Informationsprozess war dadurch sehr realitätsnah.

Deshalb wird hier die Auffassung vertreten, dass der Nachteil der Heterogenität der Informationsrezeption im Verhältnis zu den genannten Vorteilen nicht entscheidend ins Gewicht fällt. Zusammengenommen zeigt sich, dass systematische Fehler innerhalb der Messung zwar nicht auszuschließen sind, Pro und Kontra des jeweiligen Vorgehens jedoch im Vorfeld stets reflektiert wurden. Somit kann die Messung für den hier vorliegenden Kontext als optimiert angesehen werden.

Die Entwicklung des **Messinventars** dieser Arbeit orientierte sich an bestehenden Indikatorensets. Die Indikatoren sind daher allgemein gefasst. Diese Formulierungen sind bei den reflektiven Konstrukten angemessen, da sie sich auf unkonkrete Einschätzungen beziehen wie beispielsweise „Anbieter X gefällt mir". Beim formativen Konstrukt der Anbieterreputation sind die Indikatoren jedoch sehr viel konkreter formuliert. Dies ist darauf zurückzuführen, dass sich dieses Konstrukt auf inhaltliche Komponenten der Reputation bezieht. Da mithilfe der Stimuli aber lediglich eine begrenzte Informationsmenge eingeholt werden konnte, konnte nicht garantiert werden, dass die Testpersonen auch über die entsprechenden Informationen verfügten, um die jeweilige Frage zu beantworten. Überraschende Ergebnisse traten in diesem Zusammenhang bei Cuxhaven in der Dimension Verantwortung auf. Die Ergebnisse legten nahe, dass Natur- und Umweltschutz einen negativen und die Unterstützung von sozialen Initiativen nur einen sehr geringen Einfluss auf die Reputation von Cuxhaven haben. Da dies rein sachlogisch nicht zu erwarten gewesen wäre, kann nicht ausgeschlossen werden, dass die Probanden tatsächlich über zu wenige Informationen verfügten und deshalb diese Frage aufgrund ihrer bisherigen Einschätzung zu dem jeweiligen Untersuchungsobjekt beantworteten. Es ist jedoch zu fragen, ob die Testpersonen zwingend über diese Informationen verfügen müssen. Denn bedenkt man, dass Reputation nicht unbedingt auf direkten Erfahrungen mit einem Anbieter beruhen muss, müssen Antworten nicht zwingend auf Fakten basieren, sondern können auch aufgrund der Einschätzung des Einzelnen erfolgen. Wenngleich die Ergebnisqualität durch zu wenige Informationen also nicht zwingend eingeschränkt sein muss, wäre dennoch zu überlegen, ob bei einer Weiterentwicklung der Methodik einheitliche Stimuli und Aufgaben zur freien Recherche kombiniert werden. Dadurch könnte sichergestellt werden, dass die zur Beantwortung der Fragen notwendigen Informationen gegeben werden und gleichzeitig die Möglichkeit besteht, den Informationsprozess realitätsnah abzubilden. Allerdings sollte bei einer solchen Umsetzung darauf geachtet werden, dass die Informationsaufnahme vor der Beantwortung des Fragebogens nicht zu lang wird, da ansonsten die Aufnahmefähigkeit der Probanden strapaziert würde.

9.2.3 Beurteilung der Erkenntnisse für die Praxis

Im Hinblick auf die erläuterten Charakteristika des Internets wird deutlich, wie weitreichend die Änderungen für touristische Anbieter im Bereich des Reputationsmanagements sind. Das Merkmal der Interaktivität hat dabei den größten Effekt auf die Entwicklung. Durch die Beispiele in der Praxis konnte verdeutlicht werden, dass grundsätzlich eine immer stärkere **Vernetzung** stattfindet. Der Gast kann sowohl Kontakt zu Einheimischen, zu anderen Gästen oder auch zum Anbieter aufnehmen. Bei dieser Vernetzung ist das Internet das Trägermedium. Die Kommunikation selbst greift aber durch mobile Endgeräte immer stärker auch in die reale Welt ein. Analoge und digitale Kommunikation überlagern sich zunehmend. Dadurch wird der gesamte Dienstleistungsprozess transparent. Denn die Beurteilung einer Leistung kann nun nicht nur mit anderen Gästen geteilt werden, sondern auch öffentlich im digitalen Raum.

Auf Anbieterseite ist die Kommunikation im Vergleich zu klassischen Medien nicht mehr einseitig. Auf eine gesendete Nachricht kann jetzt öffentlich reagiert werden. Dies erfordert ein grundsätzlich verändertes Verständnis der Medienkommunikation. Anbietern muss es gelingen, Diskussionen über ihre Leistungen positiv zu beeinflussen. Die Initialisierung virtueller Kommunikation kann dabei ein erster Schritt sein. Die Praxisbeispiele dieser Arbeit zeigen viele Möglichkeiten auf. Dennoch beschränkt sich das Reputationsmanagement nicht auf den digitalen Raum. Vielmehr werden Brüche in der **Servicekette** erst dort öffentlich sichtbar. Die Ursache liegt jedoch im Angebot vor Ort. Daher muss eine Fokussierung auf die Qualität des gesamten Angebots erfolgen. Denn wenn eine Dienstleistung in all ihren Facetten im Internet öffentlich gespiegelt, diskutiert und schließlich konserviert wird, dann haben positive Bewertungen im Sinne des Reputationsmanagements Priorität. Und diese können sich Anbieter in der Regel nur durch gute Leistungen erarbeiten. Dies hat zur Folge, dass ein modernes Reputationsmanagement nicht bei der Initialisierung und Partizipation interpersoneller Kommunikation enden darf. Die Fokussierung auf den Kunden und seine Bedürfnisse sowie die kontinuierliche Verbesserung der Servicequalität müssen das Ziel sein. Denn erst, wenn die Leistungen tatsächlich denen entsprechen, die der Kunde erwartet, wird der Aushandlungsprozess über einen Anbieter positiv verlaufen und seine Reputation gestärkt.

Das hier entwickelte **Modell** bietet den genannten Herausforderungen eine Basis. Es kann die Entstehung und Wirkung der Reputation messen und ist damit ein wichtiges Grundlageninstrument. In der Praxis ergeben sich daraus messbare Einflussgrößen der Reputation. Durch die Trennung von Kommunikations- und Inhaltsebene können

Wertevermittlung und Verhalten separat betrachtet und deren Wirkung evaluiert werden, denn Inhalte werden erst über Werte zu einer Grundlage jeglicher Diskussion. Die inhaltlichen Aspekte Kundenorientierung, Qualität, Arbeitsatmosphäre, wirtschaftliche Stabilität und Verantwortung werden dann durch die Einschätzung der Kompetenz, der Glaubwürdigkeit und der Sympathie mit Bedeutung belegt. Das Modell dieser Arbeit macht dabei beide Ebenen messbar.

Durch die hier gegebenen **Handlungsoptionen** konnte verdeutlicht werden, welchen Nutzen die Kenntnis über diese Bereiche stiftet. Denn die Reputationsdimensionen bilden dann den Ausgangspunkt für die Entwicklung eines strategischen Reputationsmanagements sowohl auf der Kommunikations- als auch auf der Handlungsebene. Es muss angemerkt werden, dass die hier getroffenen Handlungsoptionen nur bedingt übertragbar sind. Vor diesem Hintergrund können die Aussagen zwar auf andere Destinationen, Hotels und Bewertungsportale angewandt werden, sie sollten jedoch stets mit den jeweiligen objektspezifischen Strukturen abgeglichen werden. Denn es macht einen Unterschied, ob es sich zum Beispiel um eine städtische oder eine regionale Destination handelt. Gleiches gilt für den Bereich der Hotellerie. Auch hier können die Strukturen zwischen Privat- und Kettenhotellerie sehr verschieden sein. Und im Bereich der Bewertungsportale unterscheiden sich die Geschäftsmodelle mitunter stark voneinander.

9.3 Fazit

Im Rahmen dieser Arbeit konnte auf theoretischer Basis festgestellt werden, dass Reputation als Schlüsselinformation innerhalb der Reiseentscheidung fungiert und diese vereinfachen kann. Dabei entsteht Reputation im Diskurs; sie ist das Ergebnis eines öffentlichen Aushandlungsprozesses. Das Internet schafft dazu eine Plattform, die es auch Anbietern ermöglicht, an den Gesprächen über ihre Leistungen teilzunehmen. Reputation wird über die Einstellung verhaltenswirksam. Durch Informationssignale kann dabei Unsicherheit auf Konsumentenseite entgegengewirkt werden. Dazu ist es elementar, ein Verständnis davon zu entwickeln, was Reputation ist und ausmacht. Dieses Verständnis wird durch das in dieser Arbeit entwickelte Modell geschaffen. Die Messung erfolgte dabei mit der PLS-Pfadmodellierung. Bei dieser handelt es sich um eine anspruchsvolle, für diese Arbeit angemessene Methode. Sie zeichnet sich durch ihre Prognoseorientierung aus und bietet dadurch wichtige Erkenntnisse für die Praxis.

Zwei dominierende Aspekte kennzeichnen dabei das Reputationsmanagement in der Praxis. Auffällig ist zum einen die zunehmende Verschmelzung von digitaler und realer Welt. Zum anderen zeichnen sich fast alle genannten Beispiele durch ihren Servicecharakter aus. Daraus lässt sich schließen, dass in digitalen Serviceleistungen vor

Ort grundsätzlich der Ausgangspunkt des Reputationsmanagements liegen sollte. Die Entwicklung einer Strategie muss dann jedoch im Hinblick auf die je spezifischen Strukturen erfolgen. Hier liefert das in dieser Arbeit entwickelte Modell ein Gerüst, das eine Standortbestimmung auf der Kommunikations- und Inhaltsebene der Reputation erlaubt. Zusätzlich ist es durch eine kontinuierliche Messung möglich, den Erfolg von praktischen und auf die Reputation bezogenen Maßnahmen zu überprüfen.

Zusammenfassend schafft das hier entwickelte Modell also eine Grundlage für Wissenschaft und Praxis gleichermaßen. Es erweitert das Verständnis von Reputation und zeigt gleichzeitig deren Relevanz für die Reiseentscheidung auf, womit die Ziele dieser Arbeit erreicht wurden.

Literaturverzeichnis

ADAC (Hg.) (2012). *Reise-Monitor*. Trendforschung im Reisemarkt 1995-2012. Online verfügbar unter: http://media.adac.de/mediaservice/studien.html, abgerufen: 28.03.2012.

Adjouri, N. und Büttner, T. (2008). *Marken auf Reisen*. Erfolgsstrategien für Marken im Tourismus, Wiesbaden.

Allgemeine Hotel- und Gastronomie-Zeitung (AHGZ) (Hg.) (2009). *Deutschlands erste Wellness-Botschafterin steht fest*. Online verfügbar unter: http://www.ahgz.de/news/deutschlands-erste-wellness-botschafterin-steht-fest,200012168203.html, eingestellt: 17.09.2009, abgerufen: 15.04.2012.

Ajzen, I. (1985). From intentions to actions. A theory of planned behavior. In: Kuhl, J. und Beckman, J. (Hg.). *Action control*. From cognition to behavior, Berlin u.a: 11-39.

Amersdorffer, D. (2011). *HolidayCheck bringt Quickcheck in den touristischen Markt*. Online verfügbar unter: http://www.tourismuszukunft.de/2011/05/holidaycheck-bringt-quickcheck-in-den-touristischen-markt/, eingestellt: 29.05.2011, abgerufen: 16.05.2012.

Amersdorffer, D. (2012). *Servicedesign im Tourismus*. Grundlagen zum Ansatz und dessen Methodik. Online verfügbar unter: http://www.tourismuszukunft.de/2012/01/servicedesign-im-tourismus-grundlage/, eingestellt: 25.01.2012, abgerufen: 16.05.2012.

Amersdorffer, D.; Bauhuber, F. und Oellrich, J. (2010). Das Social Web. Internet, Gesellschaft, Tourismus, Zukunft. In: Amersdorffer, D.; Bauhuber, F.; Egger, R. und Oellrich, J. (Hg.). *Social Web im Tourismus*. Strategien – Konzepte – Einsatzfelder, Heidelberg u.a: 3-16.

Anderson, J. C. und Gerbing, D. W. (1982). Some Methods for Respecifying Measurement Models to Obtain Unidimensional Construct Measurement, *Journal of Marketing Research*, 19 (4): 453-460.

Anderson, J. C. und Gerbing, D. W. (1991). Predicting the Performance of Measures in a Confirmatory Factor Analysis. With a Pretest Assessment of their Substantive Validities. *Journal of Applied Psychology*, 67 (5): 732-740.

Anderson, J. C.; Gerbing, D. W. und Hunter, J. E. (1987). On the Assessment of Unidimensional Measurement. Internal and External Consistency, and Overall Consistency Criteria. *Journal of Marketing Research*, 24 (4): 432–437.

Anderson, J. R. und Bower, G. H. (1973). *Human Associative Memory*, New York.

ARD und ZDF (2011). *ARD/ZDF Onlinestudie 2011*. Online verfügbar unter: http://www.ard-zdf-onlinestudie.de/, eingestellt: 12.08.2011, abgerufen: 20.03.2012.

Bagozzi, R. P. (1984). A Prospectus for Theory Construction in Marketing. *Journal of Marketing*, 48 (1): 11-29.

Backhaus, K.; Erichson, B.; Plinke, W. und Weiber, R. (2011). *Multivariate Analysemethoden*. Eine anwendungsorientierte Einführung. 13. Aufl., Heidelberg u.a.

Baker, M. J. und Churchill, G. A. (1977). The Impact of Physically Attractive Models on Advertising Evaluations. *Journal of Marketing Research*, 14 (4): 538-555.

Balderjahn, I. und Scholderer, J. (2007). *Konsumentenverhalten und Marketing*. Grundlagen für Strategien und Maßnahmen, Stuttgart.

Barnett, M. L.; Jermier, J. M. und Lafferty, B. A. (2006). Corporate Reputation. The Definitional Landscape. *Corporate Reputation Review*, 9 (1): 26-38.

Baron, R. M. und Kenny, D. A. (1986). The Moderator-Mediator Variable Distinction in Social Psychological Research. Conceptual, Strategic, and statistical Considerations. *Journal of Social Psychology*, 51 (6): 1173-1182.

Bauer, R. A. (1960). Consumer behavior as risk-taking. In: Hancock, R. S. (Hg.). *Dynamic marketing for a changing world*, Chicago: 389-398.

Bauer, H. H.; Heinrich, D. und Mühl, J. C. M. (2008). Emotionale Kundenbindung im Mobilfunkmarkt. In: Bauer, H. H.; Dirks, T. und Bryant, M. (Hg.). *Erfolgsfaktoren des Mobile Marketing*. Strategien, Konzepte und Instrumente, Berlin u.a.: 91-108.

Bauer, H. H.; Neumann, M. M. und Huber, F. (2005). Kaufverhaltensrelevante Effekte einer Vertrauensintermediation im elektronischen Handel. *Der Markt*, 44 (1): 3-12.

Bauhuber, F. (2011). *Das Cluetrain-Manifest. Überholte Thesen?*. Online verfügbar unter: http://www.tourismuszukunft.de/2011/11/das-cluetrain-manifest-uberholtethesen/, eingestellt: 03.11.2011, abgerufen: 07.05.2012.

Baumgarth, C. (2008). *Markenpolitik*. Markenwirkungen – Markenführung – Markencontrolling. 3. Aufl., Wiesbaden.

Baumgartner, C. und Röhrer, C. (1998). *Nachhaltigkeit im Tourismus*. Umsetzungsperspektiven auf regionaler Ebene, Wien.

Beales, H.; Mazis, M. B.; Salop, S. C. und Staelin, R. (1981). Consumer Search and Public Policy. *Journal of Consumer Research*, 8 (1): 11-22.

Berekoven, L.; Eckert, W. und Ellenrieder, P. (2009). *Marktforschung*. Methodische Grundlagen und praktische Anwendung. 12. Aufl., Wiesbaden.

BHM Media Solutions (Hg.) (2011). *Das Best Western im Kundendialog mit iFeedback!* Online verfügbar unter: http://www.bhmms.com/sites/news/04_10 _2011.php, eingestellt: 04.10.2011, abgerufen: 07.05.2012.

Bieger, T. (2007). *Dienstleistungsmanagement*. Einführung in Strategien und Prozesse bei persönlichen Dienstleistungen. 4. Aufl., Bern u.a.

Bieger, T. und Laesser, C. (2000). Das Informationsverhalten der Schweizer Reisenden. Ergebnisse einer Clusteranalyse. In:. *Jahrbuch der Schweizerischen Tourismuswirtschaft 1999/2000*, St. Gallen: 81-99.

Bortz und Döring (2009). *Forschungsmethoden und Evaluation für Human- und Sozialwissenschaftler*. 4. Aufl., Heidelberg.

Brown, C. (2011). *Google launches Las Vegas NFC Service as Ultimate Tourist Guide*. Online verfügbar unter: http://www.nfcworld.com/2011/03/10/36390/googlelaunches-las-vegas-nfc-service-as-ultimate-tourist-guide/, eingestellt: 10.03.2011, abgerufen: 03.05.2012.

Buber, R. (2005). Zur qualitativen Konsumentenforschung. In: Holzmueller, H. und Schuh, A. (Hg.). *Innovationen im sektoralen Marketing*, Heidelberg: 183-198.

Buber, R. und Holzmüller, H. (Hg.) (2009). *Qualitative Marktforschung.* Konzepte, Methoden, Analysen. 2. Aufl., Wiesbaden.

Buhl, B. (2011). *Usability first.* Der Google Hotelfinder. Online verfügbar unter: http://www.netzvitamine.de/blog/usability-first-google-hotelfinder-update-2011-10-18.html, eingestellt: 18.10.2011, abgerufen: 16.05.2012.

Busch, R.; Fuchs, W. und Unger, F. (2008). *Integriertes Marketing.* Strategie, Organisation, Instrumente. 4. Aufl., Wiesbaden.

Bundesverband Digitale Wirtschaft (BVDW) (Hg.) (2012). *Customer Journey.* Definitionen und Ausprägungen. Online verfügbar unter: www.bvdw.org/mybvdw/download/bvdw-customer-journey-dmexco-120912-final.pdf, eingestellt: 12.09.2012, abgerufen: 10.02.2013.

Büttner, O. B. und Mau, G. (2004). Kognitive und emotionale Regulation von Kaufhandlungen. Theoretische Impulse für eine prozessorientierte Betrachtung des Konsumentenverhaltens. In: Wiedmann, K.-P. (Hg.). *Fundierung des Marketing.* Verhaltenswissenschaftliche Erkenntnisse als Grundlage einer angewandten Marketingforschung, Wiesbaden: 341-361.

Cassala, C. (2009). *TrustYou durchsucht Hotel-Bewertungen.* Online verfügbar unter: http://www.deutsche-startups.de/2009/01/08/trustyou-durchsucht-hotel-bewertungen/, eingestellt: 08.01.2009, abgerufen: 17.05.2012.

Chin, W. W. (1998). The Partial Least Squares Approach for Structural Equation Modeling. Modern Methods for Business Research. In: Marcoulides, G. A. (Hg.). *Modern Methods for Business Research. Methodology for Business and Management,* New Jersey: 295-336.

Chin, W. W. (2000). *Frequently Asked Questions. Partial Least Squares & PLS-Graph.* Online verfügbar unter: http://disc-nt.cba.uh.edu/chin/plsfaq.htm, eingestellt: 21.12.2004, abgerufen: 16.12.2011.

Chin, W. W.; Marcolin, B. L. und Newsted, P. R. (2003). A Partial Least Squares Variable Modeling Approach for Measuring Interaction Effects. Results from a Monte Carlo Simulation Study and an Electronic-Mail Emotion/Adoption Study. *Information Systems Research*, 14 (2): 189-217.

Chin, W.W. und Newsted, P. R. (1999). Stuctural equation modeling analysis with small samples using partial least squares. In: Hoyle, R. H. (Hg.). *Statistical strategies for small sample research*, Thousand Oaks u.a.: 307-342.

Christophersen, T. und Grape, C. (2006). Die Erfassung latenter Konstrukte mit Hilfe formativer und reflektiver Messmodelle. In: Albers, S.; Klapper, D.; Konradt, U.; Walter, A. und Wolf, J. (Hg.). *Methodik der empirischen Forschung*, Wiesbaden: 115-132.

Churchill, G. A. (1979). A Paradigm for Developing Better Measures of Marketing Constructs. *Journal of Marketing*, 16 (1): 64-73.

Coase, R. (1937). The Nature of the Firm. *Economica*, 4 (16): 386-405.

Cohen, J. (1988). *Statistical Power Analysis for the Behavioral Sciences.* 2. Aufl., Hillsdale.

Craik, F. I. M. und Lockhart, R. S. (1972). Levels of Processing. A Framework for Memory Research. *Journal of Verbal Learning and Verbal Behavior*, 11: 671-684.

Davis, F. D. (1985). *A Technology Acceptance Model for Empirically Testing new end-user Information Systems.* Theory and Results, Massachusetts.

Dawar, N. und Pillutla, M. M. (2000). The Impact of Product-Harm Crises on Brand Equity. The Moderating Role of Consumer Expectations. *Journal of Marketing Research*, 37 (2): 215-226.

Deimel, K. (1989). Grundlagen des Involvement und Anwendung im Marketing. *Marketing – Zeitschrift für Forschung und Praxis*, 11 (3): 153-161.

Dettmer, H. (2008). *Tourismus-Management*, München u.a.

Diamantopoulos, A. und Winklhofer, H. M. (2001). Index Construction with Formative Indicators. An Alternative to Scale Development. *Journal of Marketing Research*, 38 (2): 269-277.

Dickinger, A. und Stangl, B. (2012). Tourism Website Performance and Behavioral Consequences. A Formative Measurement Approach. *Journal of business research*, im Erscheinen.

Diener, A. (2012). *Digital unterwegs. Die neue elektronische Echtheit.* Online verfügbar unter: www.faz.net/aktuell/reise/digital-unterwegs-die-neue-elektronische-echtheit-11692100.html, eingestellt: 21.03.2012, abgerufen: 07.05.2012.

Diller, H. (2004). Das süße Gift der Kausalanalyse. *Marketing – Zeitschrift für Forschung und Praxis*, 26 (3): 177.

Dolnicar, S. und Leisch, F. (2000). Behavioral Market Segmentation using the Bagged Clustering Approach based on Binary Guest Survey Data. Exploring and visualizing Unobserved Heterogeneity. *Tourism Analysis*, 5 (2-4): 163-170.

Dube, J. (2009). *Hotelbewertung im Netz. Gute Noten nur gegen Rabatt.* Online verfügbar unter: http://www.spiegel.de/reise/aktuell/hotelbewertung-im-netz-gute-noten-nur-gegen-rabatt-a-610738.html, eingestellt: 02.03.2009, abgerufen: 24.04.2011.

Eberl, M. (2004). *Formative und reflektive Indikatoren im Forschungsprozess.* Entscheidungsregeln und die Dominanz des reflektiven Modells, München.

Eberl, M. (2006). *Unternehmensreputation und Kaufverhalten.* Methodische Aspekte komplexer Strukturmodelle, Wiesbaden.

Eberl, M. und Schwaiger, M. (2004). *Die wahrgenommene Übernahme gesellschaftlicher Verantwortung als Determinante unternehmerischer Einstellungsziele.* Ein internationaler kausalanalytischer Modellvergleich. Schriften zur Empirischen Forschung und Quantitativen Unternehmensplanung: 20, München.

Ebers, M. und Gotsch, W. (2002). Institutionenökonomische Theorie der Organisation. In: Kieser, A. (Hg.). *Organisationstheorien.* 5. Aufl., Stuttgart: 199-251.

Ebersbach, A.; Glaser, M. und Heigl, R. (2008). *Social Web*, Konstanz.

Ebert, T. und Raithel, S. (2009). Leitfaden zur Messung von Konstrukten. In: Mayer, A. und Schwaiger, M. (Hg.). *Theorien und Methoden der Betriebswirtschaft*, München: 511-540.

Eck, K. (2010). *Transparent und glaubwürdig. Das optimale Online Reputation Management für Unternehmen*, München.

Egger, R. (2005). *Grundlagen des eTourism.* Informations- und Kommunikationstechnologien im Tourismus, Aachen.

Eggert, A. (2004). *Wertorientiertes Beziehungsmarketing in Kunden-Lieferantenbeziehungen*, Kaiserslautern.

Eichenlaub, A. (2010). *Vertrauensaufbau bei virtueller Kommunikation durch Ähnlichkeitswahrnehmung*, Wiesbaden.

Einwiller, S. (2003). *Vertrauen durch Reputation im elektronischen Handel*, Wiesbaden.

Eisend, M. (2003). *Glaubwürdigkeit in der Marketingkommunikation. Konzeption, Einflussfaktoren und Wirkungspotenzial*, Wiesbaden.

Eisenegger, M. (2005). *Reputation in der Mediengesellschaft. Konstitution, Issues Monitoring, Issues Management*, Wiesbaden.

Eisenegger, M. und Imhof, K. (2009). Funktionale, soziale und expressive Reputation. Grundzüge einer Reputationstheorie. In: Röttger, U. (Hg.). *Theorien der Public Relations.* Grundlagen und Perspektiven der PR-Forschung, Wiesbaden: 243-264.

Ettinger, A. (2010). *Auswirkungen von Einkaufsconvenience*, Frankfurt am Main.

Exel, G. (2011). *Krisenkommunikation im Tourismus.* Twitter-Live-Reportage vom UNWTO Workshop „Krisenkommunikation im Tourismus" in Ingolstadt. Online verfügbar unter: http://www.guenterexel.com/2011/05/17/krisenkommunikation-im-tourismus/, eingestellt: 17.05.2011, abgerufen: 04.06.2012.

Fassott, G. (2007). *Internationaler E-Commerce. Chancen und Barrieren aus Konsumentensicht*, Wiesbaden.

Felser, G. (2007). *Werbe- und Konsumentenpsychologie.* 3. Aufl., Heidelberg.

Feyerherd, M. (2011). Die Zukunft der Nische. *FVW*, 45 (5): 56-57.

Fishbein, M. und Ajzen, I. (1975). *Belief, Attitude, Intention and Behavior.* An Introduction to Theory and Research, Reading u.a.

Fombrun, C. J. (1996). *Reputation.* Realizing Value from the Corporate Image, Boston.

Fombrun, C. J. (2007). List of Lists. A Compilation of International Corporate Reputation Ratings. *Corporate Reputation Review*, 10 (2): 144-153.

Fombrun, C. J. und Wiedmann, K.-P. (2001). *Reputation Quotient (RQ).* Analyse und Gestaltung der Unternehmensreputation auf der Basis fundierter Erkenntnisse, Hannover.

Fombrun, C. und Shanley, M. (1990). What's in a Name? Reputation Building and Corporate Strategy. *Academy of Management Journal*, 33 (2): 233-258.

Fornell, C. (1987). A Second Generation of Multivariate Analysis. Classification of Methods and Implications for Marketing Research. In: Houston, M. J. (Hg.). *Review of Marketing.* American Marketing Association, Chicago: 407-450.

Forschungsgemeinschaft Urlaub und Reisen (FUR) (Hg.) (2011). *Reiseanalyse 2011.* Erste Ausgewählte Ergebnisse. Online verfügbar unter: http://www.fur.de/fileadmin/user_upload/RA_Zentrale_Ergebnisse/Reiseanalyse2011_Erste-Ergebnisse_dt.pdf, abgerufen: 16.07.2012.

Forschungsgemeinschaft Urlaub und Reisen (FUR) (Hg.) (2012). *Reiseanalyse 2012*. Erste Ausgewählte Ergebnisse. Online verfügbar unter: http://www.fur.de/fileadmin/user_upload/RA_2012/ITB2012/FUR_RA2012_Erste_Ergebnisse_web.pdf, abgerufen: 16.05.2012.

Foscht, T. und Swoboda, B. (2007). *Käuferverhalten*. Grundlagen – Perspektiven – Anwendungen, Wiesbaden.

Freyer, W. (2007). *Tourismus-Marketing*. Marktorientiertes Management im Mikro- und Makrobereich der Tourismuswirtschaft. 5. Aufl., München.

Fritz, W. (2005). *Tendenzen des Internet-Marketing 1995 bis 2005*. Technische Universität Braunschweig, Arbeitspapier Nr. 05/04, Wien.

Fröhlich, W. D. (1994). *DTV Wörterbuch zur Psychologie*. 20. Aufl., München.

Frommann, U. (2005). *Die Methode „Lautes Denken"*, Braunschweig. Online verfügbar unter: http://www.e-teaching.org/didaktik/qualitaet/usability/Lautes%20Denken_e-teaching_org.pdf, abgerufen: 14.02.2010.

Fryxell, G. und Wang, J. (1994). The Fortune Corporate Reputation Index. Reputation for what? *Journal of Management*, 20 (1): 1-14.

Fuchs, S. (2009). *Unternehmensreputation und Markenstärke*. Analyse von Wechselwirkungen und Ansätzen zur Prognose des Konsumentenverhaltens, Wiesbaden.

Gaudig, S. (2008). *Verbesserung des Informationstransfers im Supply Chain Management*, Berlin.

Gemünden, H. G. (1985). Wahrgenommenes Risiko und Informationsnachfrage. Eine systematische Bestandsaufnahme der empirischen Befunde. *Marketing – Zeitschrift für Forschung und Praxis*, 7 (1): 27-38.

Gerbing, D. W. und Anderson, J. C. (1988). An updated Paradigm for Scale Development incorporating Unidimensionality, and its Assessment. *Journal of Marketing Research*, 25 (2): 186-192.

Geron, T. (2011). *Gogobot Makes Foursquare and Facebook Check-ins Travel-Worthy*. Online verfügbar unter: http://www.forbes.com/sites/tomiogeron/2011/05/03/gogobot-makes-foursquare-and-facebook-check-ins-travel-worthy/, eingestellt: 05.03.2011, abgerufen: 07.05.2012.

Gerpott, T. J. (2004). Interaktivität von Websites. Stand der Forschung und Perspektiven. In: Wiedmann, K.-P.; Buxel, H.; Frenzel, T. und Walsh, G. (Hg.). *Konsumentenverhalten im Internet*. Konzepte – Erfahrungen – Methoden, Wiesbaden.

Giering, A. (2000). *Der Zusammenhang zwischen Kundenzufriedenheit und Kundenloyalität*. Eine Untersuchung moderierender Effekte, Wiesbaden; Mannheim.

Gierl, H.; Helm, R. und Stumpp, S. (2001). Wertfunktion der Prospect-Theorie, Produktpräferenzen und Folgerungen für das Marketing. In: *Zeitschrift für betriebswirtschaftliche Forschung (ZfbF)*, 53 (9): 559-588.

Gillen, J. und Kaufhold, M. (2005). Kompetenzanalysen. Kritische Reflexion von Begrifflichkeiten und Messmöglichkeiten. *Zeitschrift für Berufs- und Wirtschaftspädagogik*, 101 (3): 364-378.

Glendenning, L. (2011). *EpicMix Photo Sharing Widespread.* Local Residents and Vacationers enjoy having free Photos taken on the Mountain. Online verfügbar unter: http://www.vaildaily.com/article/20111228/NEWS/111229830, eingestellt: 28.12.2011, abgerufen: 16.05.2012.

Glogger, A. (1999). *Imagetransfer im Sponsoring.* Entwicklung eines Erklärungsmodells, Frankfurt am Main; New York.

Goertz, L. (2004). Wie interaktiv sind Medien? In: Bieber, C. und Leggewie, C. (Hg.). *Interaktivität.* Ein transdisziplinärer Schlüsselbegriff, Frankfurt am Main; New York: 97–117.

Göritz, A. und Moser, K. (2000). Repräsentativität im Online-Panel. *Der Markt*, 155: 156-162.

Göritz, A.; Reinhold, N. und Batinic, B. (2000). Marktforschung mit Online-Panels. State of the Art. *Planung und Analyse* (3): 62-67.

Götz, O. und Liehr-Gobbers, K. (2004). *Der PLS-Ansatz zur Analyse von Strukturgleichungsmodellen*, Universität Münster, Instituts für Marketing, Arbeitspapier Nr. 2.

Gräfe, G. und Maaß, C. (2008). Bedeutung der Informationsqualität bei Kaufentscheidungen im Internet. In: Hildebrand, K.; Mielke, M.; Gebauer, M. und Hinrichs, H. (Hg.). *Daten- und Informationsqualität.* Auf dem Weg zur Information Excellence, Wiesbaden: 172-197.

Große-Bölting, K. (2005). *Management der Betriebstypenmarkentreue.* Konzeptualisierung, Operationalisierung und Gestaltungsempfehlungen für den Bekleidungseinzelhandel, Wiesbaden.

Grove, J. van (2010). *How Hospitality Companies are Using Social Media for Real Results.* Online verfügbar unter: http://mashable.com/2010/05/24/hospitality-social-media/, eingestellt: 24.05.2010, abgerufen: 07.05.2012.

Hall, R. (1992). The Strategic Analysis of Intangible Resources. *Strategic Management Journal*, 13 (2): 135-144.

Hautzinger, H. (2009). *Der Ruf von Branchen.* Eine empirische Untersuchung zur Messung, Wechselwirkung und Handlungsrelevanz des Branchenrufs, Wiesbaden.

Hegner, S. (2012). *Die Relevanz des Vertrauens für das identitätsbasierte Management globaler Marken.* Ein interkultureller Vergleich zwischen Deutschland, Indien und Südafrika, Wiesbaden; Bremen.

Heitmann, M. (2006). *Entscheidungszufriedenheit.* Grundidee, theoretisches Konzept und empirische Befunde, Wiesbaden.

Helm, S. (2007). *Unternehmensreputation und Stakeholder-Loyalität*, Wiesbaden.

Helm, S. und Klode, C. (2011). Challenges in Measuring Corporate Reputation. In: Helm, S.; Liehr-Gobbers, K. und Storck, C. (Hg.). *Reputation Management*, Heidelberg u.a.: 99-110.

Henrich, F. (2011). *Verbesserung von Kommunikation in Prinzipal-Agenten-Beziehungen im Callcenter-Umfeld.* Eine empirische Analyse zur Entwicklung eines Kommunikationsmodells und zur Ableitung von Handlungsempfehlungen für die Praxis. Dissertation, Leuphana Universität, Lüneburg.

Henseler, J. (2006). *Das Wechselverhalten von Konsumenten im Strommarkt.* Eine empirische Untersuchung direkter und moderierender Effekte, Wiesbaden.

Henseler, J. und Fassott, G. (2010). Testing Moderating Effects in PLS Path Models. An Illustration of available Procedures. In: Esposito Vinzi, V.; Chin, W. W.; Henseler, J. und Wang, H. (Hg.). *Handbook of Partial Least Squares.* Concepts, Methods and Applications, Heidelberg u.a.: 713-735.

Henseler, J.; Ringle, C. M. und Sinkovics, R. R. (2009). The use of Partial Least Squares Path Modeling in International Marketing. In: *Advances in International Marketing*, 20 (1): 277-319.

Herzog, L.; Schumann, M. und Warnecke, T. (2011). *Leitfaden Social Media.* Tipps für die Hotellerie, Bonn.

Hofbauer, G. und Dürr, K. (2007). *Der Kunde: Das unbekannte Wesen.* Psychologische und soziologische Einflüsse auf die Kaufentscheidung, Berlin.

Hogreve, J. (2007). *Die Wirkung von Dienstleistungsgarantien auf das Konsumentenverhalten.* Eine empirische Analyse, Wiesbaden.

Homburg, C. und Baumgartner, H. (1995). Beurteilung von Kausalmodellen. Bestandsaufnahme und Anwendungsempfehlungen. *Marketing – Zeitschrift für Forschung und Praxis*, 17 (3): 162-176.

Homburg, C. und Giering, A. (1996). Konzeptualisierung und Operationalisierung komplexer Konstrukte. Ein Leitfaden für die Marketingforschung. *Marketing – Zeitschrift für Forschung und Praxis*, 18 (1): 5-24.

Horster, E.; Domsalla, M. und Pesonen, J. (2012). Near-Field Communication im Destinationsmarketing. In: *Zeitschrift für Tourismuswissenschaft*, 4 (1): 107-112.

Hottelling (Hg.) (2011). *HolidayCheck.* Erste Hotels mit Fake-Siegel gebrandmarkt. Online verfügbar unter: http://hottelling.net/2011/11/18/holidaycheck-de-erste-hotels-mit-fake-siegel-gebrandmarkt/, eingestellt: 18.11.2011, abgerufen: 17.05.2012.

Howard, J. A. und Sheth, J. N. (1969). *The theory of Buyer Behavior*, New York u.a.

Huber, F.; Herrmann A.; Meyer, F.; Vogel, J. und Vollhardt, K. (2007). *Kausalmodellierung mit Partial Least Squares.* Eine anwendungsorientierte Einführung, Wiesbaden.

Icelandic Tourism Board (Hg.) (2011). *Isländischer Präsident fordert: "Öffnet eure Türen!".* Online verfügbar unter: http://www.prnewswire.co.uk/news-releases/islandischer-prasident-fordert-offnet-eure-turen-131448778.html, eingestellt: 10.10.2011, abgerufen: 08.05.2012.

Izard, C. E. und Murakami, B. (1994). *Die Emotionen des Menschen.* Eine Einführung in die Grundlagen der Emotionspsychologie. 3. Aufl., Weinheim.

Jäger, U. und Reinecke, S. (2009). Expertengespräch. In: Baumgarth, C.; Eisend, M. und Evanschitzky, H. (Hg.). *Empirische Mastertechniken.* Eine anwendungsorientierte Einführung für die Marketing- und Managementforschung, Wiesbaden: 29-76.

Jordan Tourism Board (JTB) (Hg.) (2011). *JTB announces a unique Marketing Collaboration with Travel Bloggers.* Online verfügbar unter: http://www.visitjordan.com/visitjordan_cms/NewsDetails/tabid/91/Default.aspx?NewsId =330, eingestellt: 11.12.2011, abgerufen: 26.04.2012.

Jöreskog, K. G. und Wold, H. (1982). The ML and PLS Techniques for Modeling with Latent Variables. Historical and comparative Aspects. In: Jöreskog, K. G. und Wold, H. (Hg.). *Systems under indirect Observation.* Causality, Structure, Prediction, Amsterdam: 263-270.

Kaas, K. P. (1990). Marketing als Bewältigung von Informations- und Unsicherheitsproblemen im Markt. *Die Betriebswirtschaft*, 50 (4): 539-548.

Kaplan, L. B.; Szybillo, G. J. und Jacoby, J. (1974). Components of Perceived Risk in Product Purchase. A Cross Validation. *Journal of Applied Psychology*, 59 (3): 287-291.

Kaspar, C. (1996). *Die Tourismuslehre im Grundriss.* 5. Aufl., Bern u.a.

Kenneth, G. (2011). *Social Networking App backs up Après-Ski Tales.* Online verfügbar unter: http://nfcdata.com/blog/2011/03/09/social-networking-app-backs-up-apres-ski-tale, eingestellt: 09.03.2011, abgerufen: 03.05.2012.

Kirstein, S. (2009). *Unternehmensreputation.* Corporate Social Responsibility als strategische Option für deutsche Automobilhersteller, Wiesbaden.

Klein, J. und Dawar, N. (2004): Corporate Social Responsibility and Consumers' Attributions and Brand Evaluations in a Product Harm Crisis. *International Journal of Research in Marketing*, 21 (3): 203-217.

Koch, C. (2011). *Roger Smith Hotel.* Soziale Netzwerke bringen mindestens 20 Prozent unseres Umsatzes. Online verfügbar unter: http://www.zeit.de/reisen/2011-07/social-media, eingestellt: 15.08.2011, abgerufen: 07.05.2012.

Kollmann, T. (2007). *Online-Marketing.* Grundlagen der Absatzpolitik in der Net Economy, Stuttgart.

Königstorfer, J. (2008). *Akzeptanz von technologischen Innovationen.* Nutzungsentscheidungen von Konsumenten dargestellt am Beispiel von mobilen Internetdiensten, Wiesbaden.

Körber, B. (2006). *Buchungsfristigkeit bei Pauschalreisen.* Einflussfaktoren und Steuerung, Wiesbaden.

Krafft, M.; Götz, O. und Liehr-Gobbers, K. (2005). Die Validierung von Strukturgleichungsmodellen mit Hilfe des Partial-Least-Squares-(PLS)-Ansatzes. In: Bliemel, F.; Eggert, A.; Fassott, G. und Henseler, J. (Hg.). *Handbuch PLS-Pfadmodellierung.* Methode, Anwendung, Praxisbeispiele, Stuttgart: 71-86.

Kreilkamp, E. (2012). *Destinationsmanagement 3.0.* Paradigmenwechsel im Tourismusmarketing. Online verfügbar unter: de.slideshare.net/EdgarKreilkamp/destinationsmanagement-30-metropolregion-hamburg, eingestellt: 23.11.2012, abgerufen: 17.02.2013.

Kroeber-Riel, W.; Weinberg, P. und Gröppel-Klein, A. (2008). *Konsumentenverhalten.* 9. Aufl., München.

Krugman, H. E. (1965). The Impact of Television Advertising. Learning without Involvement. *The Public Opinion Quarterly*, 29 (3): 349-356.

Kruse, P. (2010). *Beitrag zur öffentlichen Anhörung am 5. Juli 2010 der Enquete-Kommission Internet und digitale Gesellschaft.* Online verfügbar unter: http://www.bundestag.de/internetenquete/dokumentation/Sitzungen/20100705/A-Drs__17_24_004-H_-_Stellungnahme_Kruse.pdf, eingestellt: 05.07.2010, abgerufen: 12.04.2012.

Kuß, A. (2005). *Marktforschung.* Grundlagen der Datenerhebung und Datenanalyse, Wiesbaden.

Kuß, A. und Tomczak, T. (2007). *Käuferverhalten.* Eine marketingorientierte Einführung. 3. Aufl., Stuttgart.

Küster-Rohde, F. (2010). *Die Entwicklung der Persuasionswirkung im Zeitablauf.* Eine Analyse der kurz- und langfristigen Effekte, Wiesbaden.

Laesser, C. (2004). *Das Kundenverhalten im Kaufprozess bei persönlichen Dienstleistungen.* Das Beispiel Tourismus. Habilitation, Universität St. Gallen.

Leahy, A. S. (2005). Search and Experience Goods. Evidence from the 1960's and 70's. *The journal of applied business research,* 21 (1): 45-51.

Leggewie, C. und Bieber, C. (2004). Interaktivität. Soziale Emergenzen im Cyberspace? In: Bieber, C. und Leggewie, C. (Hg.). *Interaktivität. Ein transdisziplinärer Schlüsselbegriff,* Frankfurt am Main; New York: 7-14.

Leuphana Universität Lüneburg (Hg.) (2012). *Was ist der Inkubator?* Online verfügbar unter: http://www.leuphana.de/inkubator/idee.html, eingestellt: 09.05.2012, abgerufen: 13.05.2012.

Levere, J. L. (2011). *The Virtual Hotel Concierge.* Online verfügbar unter: http://www.nytimes.com/2011/06/28/business/28concierge.html, eingestellt: 27.06.2011, abgerufen: 07.05.2012.

Liehr, K.; Peters, P. und Zerfaß, A. (2009). *Reputationsmessung.* Grundlagen und Verfahren. Online verfügbar unter: http://www.communicationcontrolling.de/fileadmin/communicationcontrolling/pdf-dossiers/communicationcontrollingde_Dossier1_Reputationsmessung_April2009_o.pdf, eingestellt: 01.04.2009, abgerufen: 24.08.2010.

Lingle, L. (2011). *Travel Bloggers hosted by Jordan Tourism Board.* Online verfügbar unter: http://www.eturbonews.com/print/26982, eingestellt: 19.12.2011, abgerufen: 26.04.2012.

Lohmöller, J.-B. (1989). *Latent Variable Path Modeling with Partial Least Squares,* Heidelberg.

Lollis, B. de (2012). *Hotel Guest-only Social Networking App launched in NYC.* Online verfügbar unter: http://travel.usatoday.com/hotels/post/2012/03/wyndham-hotel-tryp-encourages-social-media-use-among-guests/638313/1, eingestellt: 12.03.2012, abgerufen: 10.05.2012.

LTM (Hg.) (2011). *Tapetenwechsel! Runter vom Sofa – rein ins Sternehotel.* Online verfügbar unter: http://www.luebecknews.de/images/stories/2012/Fachnews/pm_tapetenwechsel_-_runter_vom_sofa_-_rein_ins_sterne_hotel.pdf, eingestellt: 22.12.2011, abgerufen: 07.05.2012.

Lucco, A. (2009). *Anbieterseitige Kündigung von Kundenbeziehungen.* Empirische Erkenntnisse und praktische Implikationen zum Kündigungsmanagement, Wiesbaden.

Machatschke, M. und Eversmeier, J. (2002). Der gute Ruf. *Manager Magazin*, 32 (2): 52-75.

Mangold, R. (2007). *Informationspsychologie*. Wahrnehmen und Gestalten in der Medienwelt, München.

Mangold, R. (2008). Informationspsychologie. In: Weber, W. (Hg.). *Kompendium Informationsdesign*, Berlin; Heidelberg: 254-271.

Martin, I. (2008). *Kundenbindung im beratungsintensiven Einzelhandel*. Eine empirische Untersuchung unter besonderer Berücksichtigung von Konsumentenheterogenität, Wiesbaden.

Maslow, A. H. (1954). *Motivation and Personality*, New York u.a.

May, K. (2010a). *KLM spies on Social Media to give Passengers a nice Surprise*. Online verfügbar unter: http://www.tnooz.com/2010/11/23/news/klm-spies-on-social-media-to-give-passengers-a-nice-surprise/, eingestellt: 23.11.2010, abgerufen: 08.06.2012.

May, K. (2010b). *TripAdvisor uses Facebook to create Trip Friends personalised Tips Engine*. Online verfügbar unter: http://www.tnooz.com/2010/06/14/news/ tripadvisor-uses-facebook-to-create-trip-friends-personalised-tips-engine, eingestellt: 14.10.2010, abgerufen: 13.04.2012.

Mayer, R. E. (2005). Cognitive Theory of Multimedia Learning. In: Mayer, R. E. (Hg.). *The Cambridge Handbook of Multimedia Learning*, Cambridge: 31-48.

Meeder, U. (2007). *Werbewirkungsmessung im Internet*. Wahrnehmung, Einstellung und moderierende Effekte, Wiesbaden.

Meffert, H. und Bierwirth, A. (2005). Corporate Branding. Führung der Unternehmensmarke im Spannungsfeld unterschiedlicher Zielgruppen. In: Meffert, H.; Burmann, C. und Koers, M. (Hg.). *Markenmanagement*. Identitätsorientierte Markenführung und praktische Umsetzung. 2. Aufl., Wiesbaden: 143-162.

Meffert, H. und Bruhn, M. (2006). *Dienstleistungsmarketing*. Grundlagen, Konzepte, Methoden. 5. Aufl., Wiesbaden.

Meffert, H. und Bruhn, M. (2009). *Dienstleistungsmarketing*. Grundlagen, Konzepte, Methoden. 6. Aufl., Wiesbaden.

Moarefi, C. (2012). *Bewertung melden*. Push the Button. Online verfügbar unter: http://blog.holidaycheck.de/bewertung-melden/, eingestellt: 13.02.2012, abgerufen: 17.05.2012.

Moser, K. (1986). Repräsentativität als Kriterium psychologischer Forschung. *Archiv für Psychologie*, 138 (3): 139-151.

Moser, K. (2002). *Markt- und Werbepsychologie*, Göttingen u.a.

Müller, U. (2008). *Informationsverhalten beim Kauf von Unterhaltungsdienstleistungen*. Eine Analyse am Beispiel von Circusunternehmen, Marburg.

Musiol, G. und Kühling, C. (2009). *Kundenbindung durch Bonusprogramme*. Erfolgreiche Konzeption und Umsetzung, Berlin; Heidelberg.

Neumann, M. M. (2007). *Konsumentenvertrauen*. Messung, Determinanten und Konsequenzen, Wiesbaden.

Neumann, P. (2003). *Markt- und Werbepsychologie,* Band 2: Praxis: Wahrnehmung, Lernen, Aktivierung, Image-Positionierung, Verhaltensbeeinflussung, Messmethoden, Gräfelfing.

Nielsen, J. (1995). *Multimedia and Hypertext.* The Internet and Beyond, San Diego u.a.

Nitzl, C. (2010). *Eine anwenderorientierte Einführung in die Partial Least Square (PLS)-Methode,* Universität Hamburg, Institut für Industrielles Management, Arbeitspapier Nr. 21, Hamburg. Online verfügbar unter: http://papers.ssrn.com/sol3/papers.cfm?abstract_id=2097324, eingestellt: 01.07.2010, abgerufen: 01.05.2011.

Oberstaufen Tourismus Marketing GmbH (Hg.) (2011). *Kurschatten fürs iPhone.* Online verfügbar unter: http://www.oberstaufen-presse.de/meldungen/ kurschatten-fuers-iphone-20676.html, eingestellt: 16.12.2011, abgerufen: 16.05.2012.

Oguachuba, J. S. (2009). *Markenprofilierung durch produktbegleitende Dienstleistungen.* Eine empirische Untersuchung unter besonderer Berücksichtigung der Kundenmitwirkung, Wiesbaden; Berlin.

Paivio, A. (1979). *Imagery and Verbal Processes,* Hillsdale.

Pepels, W. (2005). *Käuferverhalten.* Basiswissen für Kaufentscheidungen von Konsumenten und Organisationen, Berlin.

Picot, A. (1982). Transaktionskostenansatz in der Organisationstheorie. Stand der Diskussion und Aussagewert. *Die Betriebswirtschaft,* 42: 267-284.

Picot, A. und Dietl, H. M. (1990). Transaktionskostentheorie. *Wirtschaftswissenschaftliches Studium,* 19 (4): 178-184.

Picot, A.; Reichwald, R. und Wigand, R. T. (2001). *Die grenzenlose Unternehmung.* Information, Organisation und Management. 4. Aufl., Wiesbaden.

Ponzi, L. J.; Fombrun, C. J. und Gardberg, N. A. (2011). RepTrak™ Pulse. Conceptualizing and Validating a Short-Form Measure of Corporate Reputation. *Corporate Reputation Review,* 14 (1): 15-35.

Promote Iceland (Hg.) (2011). *Tourismus in Island erfolgreich mit Inspired by Iceland Kampagne.* Online verfügbar unter: http://www.openpr.de/news/537932/ Tourismus-in-Island-erfolgreich-mit-Inspired-by-Iceland-Kampagne.html, eingestellt: 16.05.2011, abgerufen: 08.05.2012.

Puhe, O. (2012). *Kollaboratives Reisen.* Ein neues Zeitalter im Tourismus?! Online verfügbar unter: http://www.netzvitamine.de/blog/kollaboratives-reisen-ein-neues-zeitalter-tourismus.html, eingestellt: 13.04.2012, abgerufen: 27.04.2012.

Raab, G. und Unger, F. (2005). *Marktpsychologie.* Grundlagen und Anwendung. 2. Aufl., Wiesbaden.

Rehder, T. (2010). *Vom Internet zum Outernet.* Das Internet explodiert in die reale Welt. Online verfügbar unter: http://wdr-mediagroup.com/media/newsl/trendone_outernet.phtml, abgerufen: 16.05.2012.

Reich, T. (2012a). *Die Zukunft der Touristeninformationen.* Präsentation im Rahmen des Nordsee Tourismustages 2012. Online verfügbar unter: http://www.prezi.com/6v539mjvhsqu/die-zukunft-der-touristeninformationen, eingestellt: 26.01.2012, abgerufen: 20.02.2013.

Reich, T. (2012b). *Innovationsdruck 3.0.* Quereinsteiger als Vorreiter im Social Commerce. Online verfügbar unter: http://www.netzvitamine.de/blog/ innovationsdruck-30-quereinsteiger-als-vorreiter-social-commerce.html, eingestellt: 10.02.2012, abgerufen: 07.05.2012.

Reinartz, W.; Haenlein, M. und Henseler, J. (2009). An empirical comparison of the efficacy of covariance-based and variance-based SEM. *International Journal of Research in Marketing*, 26 (4): 332-344.

Reinmuth, M. (2006). *Vertrauen schaffen durch glaubwürdige Unternehmenskommunikation.* Von Geschäftsberichten und den Möglichkeiten und Grenzen einer angemessenen Sprache, Düsseldorf.

Reputation Institute (Hg.) (2012). *The RepTrak™ System.* Online verfügbar unter: http://www.reputationinstitute.com/thought-leadership/the-reptrak-system, abgerufen: 08.06.2012.

Rey, G. D. (2008). *Lernen mit Multimedia.* Die Gestaltung interaktiver Animationen. Dissertation, Universität Trier.

Riemer, K. und Klein, S. (2001). Personalisierung von Online-Shops. Und aus der Distanz wird Nähe. In: Klietmann, M. (Hg.). *Report Onlinehandel.* Produkte verkaufen, Kunden binden, Preise gestalten, Düsseldorf: 141-163.

Ringle, C. M. (2004). *Messung von Kausalmodellen.* Ein Methodenvergleich, Hamburg.

Rode, V. (2004). *Corporate Branding von Gründungsunternehmen.* Der erfolgreiche Aufbau der Unternehmensmarke, Wiesbaden; Vallendar.

Rossiter, J. R. (2002). The C-OAR-SE Procedure for Scale Development in Marketing. *International Journal of Research in Marketing*, 19 (4): 305-335.

Rougé, D. (1994). *Faszination Multimedia.* Die Möglichkeiten von Multimedia!, Düsseldorf u.a.

Rousseau, D. M.; Sitkin, S. B.; Burt, R. S. und Camerer, C. (1998). Not so different after all. A Cross-Discipline view of Trust. *Academy of Management Review*, 23 (3): 393-404.

Rushton, A. M. und Carson, D. J. (1989). The Marketing of Services. Managing the Intangibles. *European journal of marketing*, 23 (8): 23-44.

Sawers, P. (2012). *TripAdvisor deepens Facebook integration with 'Friend of a Friend' Recommendations.* Online verfügbar unter: http://thenextweb.com/insider/2012/04/11/tripadvisor-deepens-facebook-integration-with-friend-of-a-friend-recommendations/, eingestellt: 12.04.2012, abgerufen: 16.05.2012.

Schaal, D. (2010). *Social Media Influence may bring Travel Perks.* Online verfügbar unter: http://www.tnooz.com/2010/09/30/news/social-media-influence-may-bring-travel-perks/, eingestellt: 30.09.2010, abgerufen: 07.05.2012.

Schloderer, M. P.; Ringle, C. M. und Sarstedt, M. (2009). Einführung in die varianzbasierte Strukturgleichungsmodellierung. Grundlagen, Modellevaluation und Interaktionseffekte am Beispiel von SmartPLS. In: Schwaiger, M. und Meyer, A. (Hg.). *Theorien und Methoden der Betriebswirtschaft*, München: 573-601.

Schmücker, D. J. (2007). *Touristische Informationsprozesse.* Theoretische Grundlagen und empirische Ergebnisse zu Einflussfaktoren und Inhalten des Informationsverhaltens von Urlaubsreisenden. Dissertation, Universität Lüneburg.

Schneider, W. (2004). *Marketing und Käuferverhalten*, München.

Schobert, M. (2012). *Service Design im Tourismus – Best Practice*. Online verfügbar unter: http://www.tourismusdesign.com/2010/07/service-design-im-tourismus-best-practice, eingestellt: 13.07.2010, abgerufen: 18.02.2013.

Scholderer, J. und Balderjahn, I. (2006). Was unterscheidet harte und weiche Strukturgleichungsmodelle nun wirklich? Ein Klärungsversuch zur LISREL-PLS-Frage. *Marketing*, 28 (1): 57-70.

Schreyögg, G. und Kliesch, M. (2003). *Projekt „Lernen im Prozess der Arbeit"*. Rahmenbedingungen für die Entwicklung Organisationaler Kompetenzen, Berlin.

Schumacher, F. (2004). Kapitalstruktur, Unternehmenswert und Signalisierung. *Zeitschrift für Betriebswirtschaft*, 74 (11): 1113-1136.

Schwaiger, M. (2004). Components and Parameters of Corporate Reputation. An empirical Study. *Schmalenbach Business Review*, 56 (1): 46-71.

Schwaiger, M. (2006). *Die Wirkung des Kultursponsoring auf die Unternehmensreputation der Sponsoren*. 4. Zwischenbericht über ein Projekt im Auftrag des AKS / Arbeitskreis Kultursponsoring. Ludwig-Maximilians-Universität München (Hg.). Schriften zur Marktorientierten Unternehmensführung (1), München.

Schwalbach, J. (2000). *Image, Reputation und Unternehmenswert*, Berlin.

Simply Zesty (Hg.) (2011). *Brilliant Hotel Campaign allows Users to engage with Facebook in the Real World*. Online verfügbar unter: http://www.simplyzesty.com/facebook/brilliant-hotel-campaign-allows-users-to-engage-with-facebook-in-the-real-world/, eingestellt: 31.07.2011, abgerufen: 07.05.2012.

SirValUSe (Hg.) (2008). *Branchenmonitor Reisen 2008*. Online verfügbar unter: http://www.competence-site.de/downloads/5c/ec/i_file_41158/Competence-Site_SirValUse_Leseprobe_Branchenmonitor_Reisen_2009-10.pdf, abgerufen: 04.03.2012.

Six, B. und Eckes, T. (1996). Metaanalysen in der Einstellungs-Verhaltens-Forschung. *Zeitschrift für Sozialpsychologie*, 1996 (27): 7-17.

Sobel, M. E. (1982). Asymptotic Confidence Intervals for Indirect Effects in Structural Equation Models. *Sociological Methodology*, 13 (1): 290-312.

Sombre, S. de (2011). *Trends im E-Commerce und soziale Netze als Markenplattform*. Online verfügbar unter: http://www.ifd-allensbach.de/fileadmin/ACTA/ACTA_Praesentationen/2011/ACTA2011_de Sombre.pdf, eingestellt: 04.10.2011, abgerufen: 23.03.2012.

Sonnabend, L. (2006). *Das Phänomen Weblogs*. Beginn einer Medienrevolution? Eine Annäherung an die Beantwortung mit Hilfe einer Analyse der Glaubwürdigkeit und Qualität aus Sicht der Rezipienten, München.

Sowden, M. (2012). *Sheraton shows off its new Social Meeting Strategy in Edinburgh*. Online verfügbar unter: http://travelllll.com/2012/04/16/sheraton-edinburgh-social-strategy/, eingestellt: 16.04.2012, abgerufen: 07.05.2012.

Spears, N. und Singh, S. N. (2004). Measuring Attitude toward the Brand and Purchase Intentions. *Journal of Current Issues and Research in Advertising*, 26 (2): 53-66.

Spremann, K. (1990). Asymmetrische Information. *Zeitschrift für Betriebswirtschaft*, 60 (5): 561-586.

Stanek, J. (2011). *Wie KLM seinen Passagieren nette Sitznachbarn vermitteln will.* Online verfügbar unter: http://www.spiegel.de/reise/aktuell/0,1518,802197,00.html, eingestellt: 07.12.2011, abgerufen: 04.05.2012.

Statistisches Bundesamt (2011). *Statistisches Jahrbuch 2011.* Für die Bundesrepublik Deutschland, Wiesbaden.

Stiftung Warentest (2010). Jeder ein Tester. Hotelbewertungen. *Test* (2): 76-79.

Stiller, M. (2006). *Kundenberatung im persönlichen Verkauf.* Ein problemlösungsorientierter Ansatz für den stationären Einzelhandel, Wiesbaden.

Sweller, J. (2005). Implications of Cognitive Load Theory for Multimedia Learning. In: Mayer, R. E. (Hg.). *The Cambridge Handbook of Multimedia Learning*, Cambridge: 19-30.

T.I.P. Biehl und Partner (Hg.) (2011). *Reiseorganisation und Buchungsverhalten in Deutschland, Österreich und der Schweiz.* Ergebnisse einer Online-Befragung von 3.076 Haushalten in Deutschland, Österreich und der Schweiz. Online verfügbar unter: http://www.tip-web.de/uploads/media/T.I.P._Studie_Reiseorganisation_Kurz.pdf, abgerufen: 20.03.2012.

Trommsdorff, V. (2008). *Konsumentenverhalten.* 7. Aufl., Stuttgart.

Unterbruner, U. (2007). Multimedia-Lernen und Cognitive Load. In: Krüger, D. und Vogt, H. (Hg.). *Theorien in der biologiedidaktischen Forschung. Ein Handbuch für Lehramtsstudenten und Doktoranden,* Berlin u.a.: 153-164.

Verband Internet Reisevertrieb (VIR) (Hg.) (2012). *Daten und Fakten 2012.* Online verfügbar unter: http://www.v-i-r.de/download-mafo-datenfakten/df-2012-web.pdf, eingestellt: 23.03.2012, abgerufen: 08.06.2012.

Vesper, S. (1998). *Das Internet als Medium.* Auftrittsanalysen und neue Nutzungsoptionen, Bardowick.

Wagner, D. (2012). *Foursquare Surprise im Hotel Berlin.* Online verfügbar unter: www.dannywoot.de/2012/05/foursquare-surprise-im-hotel-berlin-berlin/, eingestellt: 07.05.2012, abgerufen: 09.05.2012.

Walsh, G. (2006). *Das Management von Unternehmensreputation.* Grundlagen, Messung und Gestaltungsperspektiven am Beispiel von Unternehmen des liberalisierten Gasmarkts, Aachen.

Walsh, G. und Beatty, S. E. (2007). Customer-based Corporate Reputation of a Service Firm. Scale Development and Validation. *Journal of the Academy of Marketing Science*, 35 (1): 127-143.

Walsh, G.; Beatty, S. E. und Shiu, E. M. K. (2009). The Customer-Based Corporate Reputation Scale. Replication and Short Form. *Journal of business research*, 62 (10): 924-930.

Wang, Y.; Lo, H.-P. und Hui, Y. V. (2003). The Antecedents of Service Quality and Product Quality and their Influence on Bank Reputation. Evidence from the Banking Industry in China. *Managing Service Quality*, 13 (1): 72-83.

Weiber und Adler (1995). Informationsökonomisch begründete Typologisierung von Kaufprozessen. *Zeitschrift für betriebswirtschaftliche Forschung*, 47 (1): 43-65.

Weinberger, D. (2008). *Das Ende der Schublade.* Die Macht der neuen digitalen Unordnung, München.

Werthner, H. und Borovicka, M. (2006). E-Commerce und Semantic Web. In: Pellegrini, T. und Blumauer, A. (Hg.). *Semantic Web.* Wege zur vernetzten Wissensgesellschaft, Berlin; Heidelberg: 307-319.

Wiedmann, K.-P.; Gückel, R.; Kondering, W.; Schmidt, S. und Wüstefeld, T. (2010). *Die Wirkung von Reputation und User Experience auf das Kundenverhalten im Internet*, Hannover.

Wilkens, U.; Keller, H. und Schmette, M. (2006). Wirkungsbeziehungen zwischen Ebenen individueller und kollektiver Kompetenz. Theoriezugänge und Modellbildung. In: Schreyögg, G. und Conrad, P. (Hg.). *Management von Kompetenz*, Wiesbaden: 121-161.

Williamson, O. E. (1975). *Markets and Hierarchies.* Analyses and Antitrust Implications, New York.

Windsperger, J. (1996). Transaktionsspezifität, Reputationskapital und Koordinationsform. *Zeitschrift für Betriebswirtschaft*, 66 (8): 965-978.

Wirtz, B. (2001). *Electronic Business*, Wiesbaden.

Wohland, P. (2008). *E-Commerce-Geschäftsmodelle im deutschen Tourismusmarkt*, Wiesbaden.

Wold, H. (1966). Estimation of Principal Components and Related Models by Iterative Least Squares. In: Krishnaiah, P. (Hg.). *Multivariate Analysis.* Proceedings of an International Symposium Held in Daytona, New York: 391-420.

World Tourism Organization (WTO) (1999). *Marketing Tourism Destinations Online.* Strategies for the Information Age, Madrid.

Zeithaml, V. A.; Bitner, M. J. und Gemler, D. D. (2009). *Services Marketing.* Integrating Customer Focus Across the Firm. 5. Aufl, New York.

Zimmer, D. (2010). *Der Multilevel-Charakter der Reputation von Unternehmen.* Eine empirische Analyse der Krankenhaus- und Fachabteilungsreputation bei niedergelassenen Ärzten, Wiesbaden.

Zimmer, P. (2000). *Commitment in Geschäftsbeziehungen.* Konzeptualisierung und Operationalisierung für das Business-to-Business-Marketing, Wiesbaden; Mannheim.

Zinkhan, G. M.; Ganesh, J.; Jaju, A. und Hayes, L. (2001). Corporate Image. A Conceptual Framework for Strategic Planning. In: Marshall, G. W. und Grove, S. J. (Hg.). *Proceedings of AMA (Winter) Marketing Educators Conference.* American Marketing Association, Washington: 152–160.

Zinnbauer, M. und Eberl, M. (2004). *Die Überprüfung von Spezifikation und Güte von Strukturgleichungsmodellen.* Verfahren und Anwendung. Schriften zur Empirischen Forschung und Quantitativen Unternehmensplanung: 21, München.

Anhang

Anhang 1:   Ergebnisse der Indikatorenzuordnungsaufgabe
Anhang 2:   Ergebnisse der reflektiven Messmodelle
Anhang 3:   Ergebnisse der formativen Messmodelle
Anhang 4:   Mediierende Beziehungen
Anhang 5:   Multigruppenvergleich
Anhang 6:   Rohindikatoren der Anbieterreputation

Anhang 1: Ergebnisse der Indikatorenzuordnungsaufgabe

Tabelle 48: Ergebnisse der Zuordnungsaufgabe bei reflektiven Konstrukten

Konstrukt	Kürzel	Eindeutigkeit	Relevanz
Einstellung zum Anbieter	EINS1	0,61	0,44
	EINS2	0,50	0,22
	EINS3	0,56	0,22
	EINS4	0,72	0,50
Sympathie	SYMP1	0,61	0,44
	SYMP2	0,50	0,22
	SYMP3	1,00	1,00
	SYMP4	0,78	0,67
Kompetenzvermutung	KOMP1	0,50	0,22
	KOMP2	0,61	0,39
	KOMP3	0,61	0,39
	KOMP4	0,17	-0,61
Glaubwürdigkeit	GLAU1	0,17	-0,28
	GLAU2	0,33	0,11
	GLAU3	0,61	0,44
	GLAU4	0,61	0,50

Konstrukt	Kürzel	Eindeutigkeit	Relevanz
Vertrauen in den Anbieter	VERT1	0,50	0,39
	VERT2	0,56	0,39
	VERT3	0,50	0,33
	VERT4	0,17	-0,11
Kaufabsicht	KAUF1	0,72	0,50
	KAUF2	0,61	0,50
	KAUF3	0,89	0,78
Weiterempfehlungsabsicht	WEIT1	1,00	1,00
	WEIT2	0,94	0,89
	WEIT3	0,89	0,83
Kundeninvolvement	INVO1	0,78	0,61
	INVO2	0,56	0,33
	INVO3	0,72	0,56
	INVO4	0,61	0,39

Quelle: Eigene Darstellung (n=18).

Tabelle 49: Ergebnisse Zuordnungsaufgabe beim formativen Konstrukt

Konstrukt	Dimension	Kürzel	Eindeutigkeit	Relevanz
Anbieterreputation	Verantwortung	REPU1	0,61	0,33
		REPU2	0,67	0,50
	Qualität	REPU3	0,67	0,44
		REPU4	0,67	0,56
	Arbeitsatmosphäre	REPU5	0,78	0,56
		REPU6	0,67	0,44
	Wirtschaftliche Stabilität	REPU7	0,50	0,17
		REPU8	0,67	0,44
	Kundenorientierung	REPU9	0,61	0,39
		REPU10	0,72	0,61

Quelle: Eigene Darstellung (n=18).

Anhang 2: Ergebnisse der reflektiven Messmodelle

Tabelle 50: Ergebnisse der reflektiven Messmodelle (Cuxhaven)

Konstrukte	Indikatoren	t-Werte	Cronbachs Alpha	Interne Konsistenz	DEV
			Grenzwerte		
		≥ 2,58	≥ 0,65	≥ 0,6	≥ 0,5
Einstellung zum Anbieter	EINS1	125,97**	0,96	0,97	0,90
	EINS2	168,39**			
	EINS3	204,48**			
	EINS4	155,44**			
Vertrauen in den Anbieter	VERT1	73,63**	0,85	0,91	0,77
	VERT2	70,53**			
	VERT3	83,39**			
Glaubwürdigkeit	GLAU2	81,74**	0,90	0,94	0,83
	GLAU3	132,49**			
	GLAU4	89,22**			
Kaufabsicht	KAUF1	197,71**	0,89	0,93	0,82
	KAUF2	50,37**			
	KAUF3	134,09**			
Kompetenzvermutung	KOMP1	67,12**	0,87	0,92	0,79
	KOMP2	117,45**			
	KOMP3	80,67**			
Sympathie	SYMP2	118,16**	0,93	0,96	0,88
	SYMP3	240,45**			
	SYMP4	116,54**			
Weiterempfehlungsabsicht	WEIT1	111,86**	0,94	0,96	0,89
	WEIT2	131,16**			
	WEIT3	280,13**			

n.s. = nicht signifikant; * = signifikant mit 5%iger Irrtumswahrscheinlichkeit; ** = signifikant mit 1%iger Irrtumswahrscheinlichkeit.

Quelle: Eigene Darstellung (n=719).

Tabelle 51: Ergebnisse der reflektiven Messmodelle (HolidayCheck)

Konstrukte	Indikatoren	t-Werte	Cronbachs Alpha	Interne Konsistenz	DEV
			Grenzwerte		
		≥ 2,58	≥ 0,65	≥ 0,6	≥ 0,5
Einstellung zum Anbieter	EINS1	94,26	0,95	0,97	0,88
	EINS2	131,76			
	EINS3	165,05			
	EINS4	140,27			
Vertrauen in den Anbieter	VERT1	132,03	0,88	0,93	0,81
	VERT2	94,80			
	VERT3	77,11			
Glaubwürdigkeit	GLAU2	98,78	0,9	0,94	0,84
	GLAU3	136,22			
	GLAU4	86,64			
Kaufabsicht	KAUF1	207,00	0,89	0,93	0,82
	KAUF2	57,06			
	KAUF3	111,64			
Kompetenzvermutung	KOMP1	63,67	0,89	0,93	0,82
	KOMP2	119,26			
	KOMP3	136,78			
Sympathie	SYMP2	121,92	0,94	0,96	0,89
	SYMP3	182,51			
	SYMP4	191,95			
Weiterempfehlungsabsicht	WEIT1	89,01	0,94	0,96	0,9
	WEIT2	289,89			
	WEIT3	288,59			

n.s. = nicht signifikant; * = signifikant mit 5%iger Irrtumswahrscheinlichkeit; ** = signifikant mit 1%iger Irrtumswahrscheinlichkeit.

Quelle: Eigene Darstellung (n=760).

Tabelle 52: Indikatorladungen (Kartoffelhotel)

	EINST	VERT	GLAU	KAUF	KOMP	SYMP	WEIT
EINS1	0,92						
EINS2	0,95						
EINS3	0,95						
EINS4	0,95						
VERT1		0,88					
VERT2		0,86					
VERT3		0,88					
VERT4		0,9					
GLAU1			0,87				
GLAU2			0,85				
GLAU3			0,91				
GLAU4			0,86				
KAUF1				0,94			
KAUF2				0,89			
KAUF3				0,9			
KOMP1					0,84		
KOMP2					0,91		
KOMP3					0,88		
KOMP4					0,9		
SYMP1						0,87	
SYMP2						0,9	
SYMP3						0,94	
SYMP4						0,93	
WEIT1							0,93
WEIT2							0,96
WEIT3							0,96

Quelle: Eigene Darstellung (n=1389).

Tabelle 53: Indikatorladungen (Cuxhaven)

	EINS	VERT	GLAU	KAUF	KOMP	SYMP	WEIT
EINS1	0,93						
EINS2	0,95						
EINS3	0,96						
EINS4	0,95						
VERT1		0,88					
VERT2		0,87					
VERT3		0,89					
GLAU2			0,9				
GLAU3			0,94				
GLAU4			0,9				
KAUF1				0,94			
KAUF2				0,84			
KAUF3				0,92			
KOMP1					0,85		
KOMP2					0,93		
KOMP3					0,88		
SYMP2						0,92	
SYMP3						0,96	
SYMP4						0,94	
WEIT1							0,92
WEIT2							0,95
WEIT3							0,97

Quelle: Eigene Darstellung (n=719).

Tabelle 54: Indikatorladungen (HolidayCheck)

	EINS	VERT	GLAU	KAUF	KOMP	SYMP	WEIT
EINS1	0,92						
EINS2	0,94						
EINS3	0,95						
EINS4	0,93						
VERT1		0,91					
VERT2		0,9					
VERT3		0,89					
GLAU2			0,91				
GLAU3			0,93				
GLAU4			0,9				
KAUF1				0,94			
KAUF2				0,86			
KAUF3				0,91			
KOMP1					0,86		
KOMP2					0,93		
KOMP3					0,92		
SYMP2						0,92	
SYMP3						0,96	
SYMP4						0,95	
WEIT1							0,91
WEIT2							0,96
WEIT3							0,97

Quelle: Eigene Darstellung (n=760).

Tabelle 55: Indikatorladungen (aggregiertes Strukturmodell)

	EINS	VERT	GLAU	KAUF	KOMP	SYMP	WEIT
EINS1	0,92						
EINS2	0,95						
EINS3	0,95						
EINS4	0,95						
VERT1		0,9					
VERT2		0,88					
VERT3		0,88					
GLAU2			0,89				
GLAU3			0,93				
GLAU4			0,89				
KAUF1				0,95			
KAUF2				0,87			
KAUF3				0,91			
KOMP1					0,86		
KOMP2					0,93		
KOMP3					0,89		
SYMP2						0,91	
SYMP3						0,96	
SYMP4						0,95	
WEIT1							0,92
WEIT2							0,96
WEIT3							0,97

Quelle: Eigene Darstellung (n=2868).

Tabelle 56: Kreuzladungen (Kartoffelhotel)

Konstrukt	Indikator	Konstrukt						
		1	2	3	4	5	6	7
1. Einstellung zum Anbieter	EINS1	**0,92**	0,58	0,51	0,65	0,63	0,77	0,67
	EINS2	**0,95**	0,65	0,59	0,65	0,72	0,8	0,67
	EINS3	**0,95**	0,61	0,56	0,71	0,67	0,82	0,71
	EINS4	**0,95**	0,65	0,58	0,7	0,68	0,83	0,71
2. Vertrauen in den Anbieter	VERT1	0,59	**0,88**	0,66	0,44	0,66	0,56	0,49
	VERT2	0,6	**0,86**	0,63	0,44	0,64	0,56	0,5
	VERT3	0,56	**0,88**	0,61	0,46	0,6	0,54	0,49
	VERT4	0,58	**0,9**	0,65	0,43	0,67	0,54	0,49
3. Glaubwürdigkeit	GLAU1	0,53	0,63	**0,87**	0,35	0,7	0,49	0,37
	GLAU2	0,51	0,6	**0,85**	0,42	0,64	0,52	0,42
	GLAU3	0,54	0,69	**0,91**	0,41	0,69	0,54	0,43
	GLAU4	0,51	0,6	**0,86**	0,39	0,65	0,52	0,4
4. Kaufabsicht	KAUF1	0,67	0,45	0,4	**0,94**	0,48	0,72	0,73
	KAUF2	0,71	0,5	0,46	**0,89**	0,56	0,75	0,72
	KAUF3	0,58	0,41	0,36	**0,9**	0,44	0,66	0,7
5. Kompetenz-vermutung	KOMP1	0,7	0,62	0,62	0,57	**0,84**	0,71	0,61
	KOMP2	0,63	0,66	0,71	0,46	**0,91**	0,6	0,48
	KOMP3	0,58	0,64	0,69	0,42	**0,88**	0,56	0,46
	KOMP4	0,64	0,66	0,7	0,48	**0,9**	0,64	0,52
6. Sympathie	SYMP1	0,68	0,52	0,48	0,69	0,58	**0,87**	0,68
	SYMP2	0,72	0,51	0,49	0,72	0,59	**0,9**	0,69
	SYMP3	0,83	0,62	0,57	0,72	0,68	**0,94**	0,72
	SYMP4	0,87	0,62	0,59	0,71	0,71	**0,93**	0,73
7. Weiterempfehlungs-absicht	WEIT1	0,66	0,49	0,39	0,78	0,5	0,71	**0,93**
	WEIT2	0,71	0,54	0,45	0,71	0,56	0,74	**0,96**
	WEIT3	0,73	0,56	0,47	0,75	0,59	0,76	**0,96**

Quelle: Eigene Darstellung (n=1389).

Tabelle 57: Kreuzladungen (Cuxhaven)

Konstrukt	Indikator	Konstrukt						
		1	2	3	4	5	6	7
1. Einstellung zum Anbieter	EINS1	**0,93**	0,63	0,55	0,66	0,61	0,77	0,65
	EINS2	**0,95**	0,7	0,62	0,62	0,67	0,77	0,63
	EINS3	**0,96**	0,67	0,58	0,66	0,65	0,8	0,66
	EINS4	**0,95**	0,67	0,59	0,68	0,62	0,84	0,69
2. Vertrauen in den Anbieter	VERT1	0,6	**0,88**	0,69	0,4	0,65	0,56	0,47
	VERT2	0,64	**0,87**	0,61	0,44	0,61	0,6	0,5
	VERT3	0,62	**0,89**	0,65	0,44	0,61	0,55	0,48
3. Glaubwürdigkeit	GLAU2	0,56	0,67	**0,9**	0,41	0,62	0,55	0,44
	GLAU3	0,57	0,69	**0,94**	0,38	0,69	0,55	0,44
	GLAU4	0,56	0,67	**0,9**	0,37	0,66	0,55	0,42
4. Kaufabsicht	KAUF1	0,65	0,48	0,39	**0,94**	0,38	0,72	0,78
	KAUF2	0,63	0,41	0,39	**0,84**	0,43	0,64	0,66
	KAUF3	0,59	0,44	0,36	**0,92**	0,33	0,67	0,76
5. Kompetenz-vermutung	KOMP1	0,62	0,61	0,64	0,47	**0,85**	0,58	0,48
	KOMP2	0,61	0,65	0,65	0,33	**0,93**	0,52	0,36
	KOMP3	0,56	0,62	0,62	0,32	**0,88**	0,49	0,35
6. Sympathie	SYMP2	0,73	0,58	0,56	0,71	0,53	**0,92**	0,71
	SYMP3	0,8	0,63	0,56	0,71	0,56	**0,96**	0,71
	SYMP4	0,84	0,62	0,58	0,7	0,6	**0,94**	0,69
7. Weiterempfehlungs-absicht	WEIT1	0,59	0,46	0,39	0,77	0,35	0,66	**0,92**
	WEIT2	0,68	0,55	0,47	0,74	0,46	0,71	**0,95**
	WEIT3	0,69	0,55	0,47	0,78	0,45	0,75	**0,97**

Quelle: Eigene Darstellung (n=719).

Tabelle 58: Kreuzladungen (HolidayCheck)

Konstrukt	Indikator	Konstrukt						
		1	2	3	4	5	6	7
1. Einstellung zum Anbieter	EINS1	**0,92**	0,67	0,63	0,59	0,71	0,77	0,69
	EINS2	**0,94**	0,68	0,65	0,59	0,74	0,78	0,66
	EINS3	**0,95**	0,69	0,65	0,6	0,74	0,8	0,67
	EINS4	**0,93**	0,71	0,65	0,62	0,74	0,84	0,71
2. Vertrauen in den Anbieter	VERT1	0,73	**0,91**	0,74	0,48	0,75	0,68	0,56
	VERT2	0,63	**0,9**	0,66	0,55	0,69	0,62	0,57
	VERT3	0,6	**0,89**	0,62	0,45	0,66	0,56	0,49
3. Glaubwürdigkeit	GLAU2	0,58	0,68	**0,91**	0,43	0,7	0,61	0,48
	GLAU3	0,67	0,73	**0,93**	0,48	0,76	0,7	0,57
	GLAU4	0,64	0,66	**0,9**	0,46	0,72	0,64	0,51
4. Kaufabsicht	KAUF1	0,63	0,52	0,47	**0,94**	0,52	0,66	0,74
	KAUF2	0,57	0,5	0,47	**0,86**	0,5	0,58	0,64
	KAUF3	0,54	0,47	0,41	**0,91**	0,46	0,59	0,69
5. Kompetenz-vermutung	KOMP1	0,67	0,71	0,71	0,53	**0,86**	0,71	0,61
	KOMP2	0,73	0,71	0,73	0,48	**0,93**	0,7	0,59
	KOMP3	0,72	0,69	0,72	0,48	**0,92**	0,71	0,6
6. Sympathie	SYMP2	0,73	0,63	0,64	0,64	0,69	**0,92**	0,72
	SYMP3	0,82	0,68	0,68	0,65	0,76	**0,96**	0,75
	SYMP4	0,85	0,67	0,69	0,63	0,77	**0,95**	0,72
7. Weiterempfehlungs-absicht	WEIT1	0,63	0,51	0,47	0,73	0,56	0,67	**0,91**
	WEIT2	0,72	0,6	0,58	0,72	0,66	0,76	**0,96**
	WEIT3	0,72	0,59	0,56	0,72	0,66	0,77	**0,97**

Quelle: Eigene Darstellung (n=760).

Tabelle 59: Kreuzladungen (aggregiertes Strukturmodell)

Konstrukt	Indikator	Konstrukt						
		1	2	3	4	5	6	7
1. Einstellung zum Anbieter	EINS1	**0,92**	0,6	0,53	0,64	0,64	0,78	0,68
	EINS2	**0,95**	0,66	0,59	0,64	0,71	0,8	0,66
	EINS3	**0,95**	0,63	0,57	0,68	0,68	0,82	0,7
	EINS4	**0,95**	0,66	0,59	0,68	0,68	0,84	0,71
2. Vertrauen in den Anbieter	VERT1	0,62	**0,9**	0,68	0,44	0,67	0,59	0,5
	VERT2	0,6	**0,88**	0,61	0,45	0,63	0,58	0,5
	VERT3	0,57	**0,88**	0,62	0,44	0,61	0,53	0,47
3. Glaubwürdigkeit	GLAU2	0,54	0,63	**0,89**	0,42	0,64	0,54	0,44
	GLAU3	0,56	0,69	**0,93**	0,41	0,69	0,56	0,45
	GLAU4	0,55	0,63	**0,89**	0,4	0,66	0,55	0,42
4. Kaufabsicht	KAUF1	0,66	0,46	0,41	**0,95**	0,47	0,7	0,75
	KAUF2	0,66	0,47	0,44	**0,87**	0,52	0,68	0,69
	KAUF3	0,58	0,42	0,37	**0,91**	0,42	0,65	0,72
5. Kompetenz-vermutung	KOMP1	0,67	0,64	0,64	0,53	**0,86**	0,67	0,57
	KOMP2	0,66	0,66	0,68	0,45	**0,93**	0,62	0,49
	KOMP3	0,61	0,64	0,66	0,42	**0,89**	0,59	0,48
6. Sympathie	SYMP2	0,73	0,55	0,54	0,71	0,6	**0,91**	0,71
	SYMP3	0,83	0,63	0,59	0,71	0,67	**0,96**	0,73
	SYMP4	0,86	0,62	0,6	0,7	0,7	**0,95**	0,72
7. Weiterempfehlungs-absicht	WEIT1	0,64	0,48	0,41	0,77	0,48	0,68	**0,92**
	WEIT2	0,71	0,54	0,48	0,73	0,57	0,74	**0,96**
	WEIT3	0,72	0,55	0,48	0,76	0,58	0,76	**0,97**

Quelle: Eigene Darstellung (n=2868).

Tabelle 60: Fornell-Larcker-Kriterium (Cuxhaven)

	1	2	3	4	5	6	7
1. Einstellung zum Anbieter	**0,95**						
2. Vertrauen in den Anbieter	0,70	**0,88**					
3. Glaubwürdigkeit	0,62	0,74	**0,91**				
4. Kaufabsicht	0,69	0,49	0,42	**0,90**			
5. Kompetenzvermutung	0,67	0,71	0,72	0,42	**0,89**		
6. Sympathie	0,84	0,65	0,60	0,75	0,60	**0,94**	
7. Weiterempfehlungsabsicht	0,69	0,55	0,48	0,81	0,45	0,75	**0,94**

Quelle: Eigene Darstellung (n=719).

Tabelle 61: Fornell-Larcker-Kriterium (HolidayCheck)

	1	2	3	4	5	6	7
1. Einstellung zum Anbieter	**0,94**						
2. Vertrauen in den Anbieter	0,73	**0,90**					
3. Glaubwürdigkeit	0,69	0,75	**0,92**				
4. Kaufabsicht	0,64	0,55	0,50	**0,91**			
5. Kompetenzvermutung	0,78	0,78	0,80	0,55	**0,91**		
6. Sympathie	0,85	0,70	0,71	0,68	0,78	**0,94**	
7. Weiterempfehlungsabsicht	0,73	0,60	0,57	0,76	0,66	0,77	**0,95**

Quelle: Eigene Darstellung (n=760).

Tabelle 62: Fornell-Larcker-Kriterium (aggregiertes Strukturmodell)

	1	2	3	4	5	6	7
1. Einstellung zum Anbieter	**0,94**						
2. Vertrauen in den Anbieter	0,68	**0,89**					
3. Glaubwürdigkeit	0,61	0,72	**0,90**				
4. Kaufabsicht	0,70	0,50	0,45	**0,91**			
5. Kompetenzvermutung	0,72	0,72	0,74	0,52	**0,89**		
6. Sympathie	0,86	0,64	0,61	0,75	0,70	**0,94**	
7. Weiterempfehlungsabsicht	0,73	0,55	0,49	0,79	0,57	0,77	**0,95**

Quelle: Eigene Darstellung (n=2868).

Anhang 3: Ergebnisse der formativen Messmodelle

Tabelle 63: Ergebnisse des formativen Messmodells (Cuxhaven)

Konstrukt	Indikator	Dimension	Gewichte	t-Werte	VIF
				Grenzwerte	
			> 0,1	≥ 1,96	< 5
Anbieter-reputation	REPU1	Verantwortung	0,03	(n.s.) 0,69	1,80
	REPU3	Qualität	0,22	3,60**	2,74
	REPU4		0,10	2,24*	2,11
	REPU5	Wirtschaftliche Stabilität	0,17	2,92**	3,07
	REPU7	Arbeitsatmosphäre	0,34	5,80**	3,35
	REPU10	Kundenorientierung	0,28	4,71**	3,36
n.s. = nicht signifikant; * = signifikant mit 5%iger Irrtumswahrscheinlichkeit; ** = signifikant mit 1%iger Irrtumswahrscheinlichkeit					

Quelle: Eigene Darstellung (n=719).

Tabelle 64: Ergebnisse des formativen Messmodells (HolidayCheck)

Konstrukt	Indikator	Dimension	Gewichte	t-Werte	VIF
				Grenzwerte	
			> 0,1	≥ 1,96	< 5
Anbieter-reputation	REPU1	Verantwortung	0,12	3,51**	1,88
	REPU3	Qualität	0,36	5,94**	4,02
	REPU4		0,04	(n.s.) 0,88	3,05
	REPU5	Wirtschaftliche Stabilität	0,23	4,86**	2,82
	REPU7	Arbeitsatmosphäre	0,30	5,43**	4,56
	REPU10	Kundenorientierung	0,25	4,80**	3,97
n.s. = nicht signifikant; * = signifikant mit 5%iger Irrtumswahrscheinlichkeit; ** = signifikant mit 1%iger Irrtumswahrscheinlichkeit					

Quelle: Eigene Darstellung (n=760).

Anhang 4: Mediierende Beziehungen

Tabelle 65: Quantifizierung der Mediatoreffekte (Cuxhaven)

Mediator	Mediierte Beziehung	z	VAF
Anbieterreputation	Kompetenzvermutung → Einstellung zum Anbieter	5,12**	22,74%
Anbieterreputation	Sympathie → Einstellung zum Anbieter	3,38**	4,07%
Anbieterreputation	Glaubwürdigkeit → Einstellung zum Anbieter	5,12**	30,07%
Einstellung zum Anbieter	Anbieterreputation → Vertrauen in den Anbieter	8,74**	29,33%
Einstellung zum Anbieter	Anbieterreputation → Kaufabsicht	15,63**	90,03%
Einstellung zum Anbieter	Anbieterreputation → Weiterempfehlungsabsicht	12,56**	72,80%
n.s. = nicht signifikant; * = signifikant mit 5%iger Irrtumswahrscheinlichkeit; ** = signifikant mit 1%iger Irrtumswahrscheinlichkeit.			

Quelle: Eigene Darstellung (n=719).

Tabelle 66: Quantifizierung der Mediatoreffekte (HolidayCheck)

Mediator	Mediierte Beziehung	z	VAF
Anbieterreputation	Kompetenzvermutung → Einstellung zum Anbieter	4,28**	21,44%
Anbieterreputation	Sympathie → Einstellung zum Anbieter	4,76**	8,75%
Anbieterreputation	Glaubwürdigkeit → Einstellung zum Anbieter	3,37**	22,81%
Einstellung zum Anbieter	Anbieterreputation → Vertrauen in den Anbieter	7,40**	32,26%
Einstellung zum Anbieter	Anbieterreputation → Kaufabsicht	9,52**	55,94%
Einstellung zum Anbieter	Anbieterreputation → Weiterempfehlungsabsicht	10,62**	59,99%
n.s. = nicht signifikant; * = signifikant mit 5%iger Irrtumswahrscheinlichkeit; ** = signifikant mit 1%iger Irrtumswahrscheinlichkeit.			

Quelle: Eigene Darstellung (n=760).

Tabelle 67: Quantifizierung der Mediatoreffekte (Kartoffelhotel)

Mediator	Mediierte Beziehung	z	VAF
Anbieterreputation	Kompetenzvermutung → Einstellung zum Anbieter	7,94**	24,70%
Anbieterreputation	Sympathie → Einstellung zum Anbieter	5,42**	5,71%
Anbieterreputation	Glaubwürdigkeit → Einstellung zum Anbieter	7,00**	36,52%
Einstellung zum Anbieter	Anbieterreputation → Vertrauen in den Anbieter	8,17**	23,43%
Einstellung zum Anbieter	Anbieterreputation → Kaufabsicht	22,21**	80,06%
Einstellung zum Anbieter	Anbieterreputation → Weiterempfehlungsabsicht	18,56**	70,83%
n.s. = nicht signifikant; * = signifikant mit 5%iger Irrtumswahrscheinlichkeit; ** = signifikant mit 1%iger Irrtumswahrscheinlichkeit.			

Quelle: Eigene Darstellung (n=1389).

Anhang 5: Multigruppenvergleich

Tabelle 68: Ladungen und Gewichte (Erfahrung mit Cuxhaven)

Moderator: Erfahrung mit dem Anbieter (Cuxhaven)			
Konstrukt	Ohne Erfahrung	Mit Erfahrung	Differenz
EINS1	0,94	0,92	0,02
EINS2	0,95	0,94	0,02
EINS3	0,96	0,95	0,01
EINS4	0,95	0,93	0,02
REPU1	0,06	-0,01	0,06
REPU3	0,15	0,32	-0,17
REPU4	0,10	0,08	0,02
REPU5	0,21	0,16	0,06
REPU7	0,29	0,33	-0,04
REPU10	0,33	0,27	0,06
VERT1	0,87	0,90	-0,02
VERT2	0,86	0,87	-0,01
VERT3	0,88	0,89	-0,01
GLAU2	0,91	0,87	0,04
GLAU3	0,94	0,95	-0,01
GLAU4	0,90	0,89	0,01
KAUF1	0,94	0,94	0,00
KAUF2	0,87	0,80	0,07
KAUF3	0,90	0,94	-0,04
KOMP1	0,86	0,84	0,02
KOMP2	0,93	0,93	0,00
KOMP3	0,90	0,85	0,04
SYMP2	0,90	0,92	-0,01
SYMP3	0,96	0,96	0,00
SYMP4	0,94	0,94	0,01
WEIT1	0,91	0,91	0,00
WEIT2	0,94	0,95	-0,01
WEIT3	0,97	0,96	0,01

Quelle: Eigene Darstellung.

Tabelle 69: Ladungen und Gewichte (Erfahrung mit HolidayCheck)

Konstrukt	Moderator: Erfahrung mit dem Anbieter (HolidayCheck)		
	Ohne Erfahrung	Mit Erfahrung	Differenz
EINS1	0,93	0,91	0,02
EINS2	0,96	0,93	0,03
EINS3	0,95	0,94	0,02
EINS4	0,95	0,92	0,03
REPU1	-0,10	-0,12	0,01
REPU3	0,23	0,40	-0,17
REPU4	0,12	0,02	0,10
REPU5	0,35	0,19	0,16
REPU7	0,20	0,37	-0,17
REPU10	0,27	0,22	0,06
VERT1	0,93	0,90	0,04
VERT2	0,92	0,88	0,04
VERT3	0,91	0,88	0,03
GLAU2	0,94	0,90	0,04
GLAU3	0,95	0,92	0,02
GLAU4	0,92	0,88	0,04
KAUF1	0,94	0,94	0,00
KAUF2	0,84	0,87	-0,03
KAUF3	0,88	0,93	-0,05
KOMP1	0,89	0,85	0,04
KOMP2	0,93	0,93	0,01
KOMP3	0,92	0,92	0,00
SYMP2	0,92	0,92	0,00
SYMP3	0,97	0,96	0,01
SYMP4	0,94	0,96	-0,01
WEIT1	0,91	0,90	0,01
WEIT2	0,97	0,96	0,01
WEIT3	0,97	0,96	0,01

Quelle: Eigene Darstellung.

Tabelle 70: Ladungen und Gewichte (Stimulusumgebung HolidayCheck)

Konstrukt	Moderator: Stimulusumgebung (HolidayCheck)		
	HolidayCheck (Cuxhaven)	HolidayCheck (Kartoffelhotel)	Differenz
EINS1	0,92	0,93	-0,01
EINS2	0,94	0,94	-0,01
EINS3	0,95	0,94	0,00
EINS4	0,94	0,93	0,00
REPU1	-0,11	-0,13	0,02
REPU3	0,47	0,27	0,20
REPU4	-0,05	0,12	-0,17
REPU5	0,26	0,20	0,06
REPU7	0,19	0,39	-0,20
REPU10	0,32	0,20	0,12
VERT1	0,91	0,91	0,00
VERT2	0,90	0,89	0,00
VERT3	0,89	0,88	0,02
GLAU2	0,90	0,92	-0,01
GLAU3	0,92	0,94	-0,01
GLAU4	0,88	0,92	-0,04
KAUF1	0,94	0,94	0,00
KAUF2	0,87	0,84	0,03
KAUF3	0,91	0,92	-0,01
KOMP1	0,86	0,86	0,00
KOMP2	0,93	0,92	0,01
KOMP3	0,92	0,93	-0,01
SYMP2	0,92	0,91	0,01
SYMP3	0,97	0,96	0,01
SYMP4	0,96	0,95	0,01
WEIT1	0,91	0,91	0,01
WEIT2	0,96	0,96	0,00
WEIT3	0,96	0,97	-0,01

Quelle: Eigene Darstellung.

Anhang 6: Rohindikatoren der Anbieterreputation

Tabelle 71: Indikatoren der Unternehmensreputation nach Helm

Indikator	Dimension	Quelle
Qualität der Produkte	k.a.	Helm (2007)
Engagement für den Umweltschutz	k.a.	
Unternehmerischer Erfolg (Stellung am Markt, Zukunftsaussichten des Unternehmens)	k.a.	
Verhalten gegenüber Mitarbeitern	k.a.	
Kundenorientierung (Bemühen, Konsumentenbedürfnisse zu erfüllen)	k.a.	
Engagement für wohltätige Zwecke (z.B. im sozialen oder kulturellen Bereich)	k.a.	
Prei-Leistungs-Verhältnis der Produkte	k.a.	
Finanzielle Lage des Unternehmens	k.a.	
Qualifikation des Managements	k.a.	
Einhaltung von Werbeversprechen (die Produkte halten, was die Werbung verspricht; die Werbung ist glaubwürdig)	k.a.	

Quelle: Helm (2007: 395).

Tabelle 72: Indikatoren der Unternehmensreputation nach Wiedmann

Indikator	Dimension	Quelle
[Anbieter] ist sehr erfolgreich	Performance	Wiedmann et al. (2010)
[Anbieter] ist sehr profitabel	Performance	
[Anbieter] ist sehr innovativ	Innovation	
[Anbieter] ist sehr fortschrittlich	Innovation	
[Anbieter] bietet sehr gute Produkte an	Product- and Servicequality	
[Anbieter] bietet Produkte an, die den Bedürfnissen der Kunden entsprechen	Product- and Servicequality	
[Anbieter] ist ein sehr guter Arbeitgeber	Workplace	
[Anbieter] ist ein sehr attraktiver Arbeitgeber	Workplace	
[Anbieter] ist sehr transparent	Governance	
[Anbieter] wahrt sehr hohe ethische Standards	Governance	
[Anbieter] ist sehr verantwortungsbewusst	Citizenship	
[Anbieter] fördert das Allgemeinwohl	Citizenship	
[Anbieter] wird sehr gut geführt	Leadership	
[Anbieter] hat ein hervorragendes Management	Leadership	

Quelle: Wiedmann et al. (2010: 27-28).

Tabelle 73: Indikatoren der CBR[54] nach Walsh et al.

Indikator	Dimension	Autor
Die Mitarbeiter von [Anbieter] legen Wert auf einen höflichen Umgang mit Kunden	Customer orientation	Walsh et al. (2009)
[Anbieter] hat Interesse an der Meinung seiner Kunden		
Die Mitarbeiter von [Anbieter] zeigen Interesse an den Bedürfnissen ihren Kunden		
[Anbieter] vermittelt mir den Eindruck eines Unternehmens für das man gerne arbeiten würde	Good Employer	
[Anbieter] bemüht sich um eine gute Mitarbeiterführung		
[Anbieter] hat eine kompetente Führungsmannschaft		
[Anbieter] tendiert dazu, Wettbewerber zu übertreffen	Reliable and financially strong company	
[Anbieter] erkennen und nutzen im Rahmen der Liberalisierung Marktchancen		
[Anbieter] wirken wie ein Unternehmen mit guten zukünftigen Wachstumsaussichten		
[Anbieter] ist ein starkes und glaubwürdiges Unternehmen	Product and Service Quality	
[Anbieter] entwickelt innovative Produkte und Dienstleistungen		
[Anbieter] bietet hoch-qualitative Produkte und Dienstleistungen an		
[Anbieter] bemüht sich, neue Arbeitsplätze zu schaffen	Social and environmental responsibility	
[Anbieter] handelt in Bezug auf die Umwelt verantwortungsbewusst		
Für eine saubere Umwelt würde [Anbieter] auf einen Teil seines Gewinns verzichten		

Quelle: Walsh et al. (2009: 927)[55].

---

[54] CBR steht für Customer-Based Corporate Reputation.

[55] Übersetzung aus dem Englischen mithilfe eines von Prof. Dr. Gianfranco Walsh zur Verfügung gestellten deutschen Indikatorensets.

Tabelle 74: Indikatoren der Reputationstreiber nach Schwaiger

Indikator	Dimension	Quelle
Die von [Anbieter] angebotenen Produkte sind von hoher Qualität	Qualität	Schwaiger (2004)
Das Preis-Leistungs-Verhältnis bei den Produkten von [Anbieter] halte ich für angemessen		
Das Serviceangebot von [Anbieter] ist gut		
Man merkt, dass der Kundenwunsch bei [Anbieter] im Mittelpunkt steht		
[Anbieter] scheint mir ein zuverlässiger Partner für Kunden zu sein		
Ich habe den Eindruck, dass [Anbieter] die Öffentlichkeit aufrichtig informiert		
[Anbieter] halte ich für ein vertrauenswürdiges Unternehmen		
Vor dem, was [Anbieter] insgesamt leistet, habe ich Respekt		
Nach meiner Einschätzung ist [Anbieter] meistens Vorreiter und nur selten Mitläufer		
[Anbieter] ist ein sehr gut geführtes Unternehmen	Performance	
[Anbieter] ist ein wirtschaftliche stabiles Unternehmen		
Im Vergleich zu den Wettbewerbern schätze ich das Risiko für [Anbieter] gering ein		
Ich denke, dass [Anbieter] in Zukunft wachsen wird		
[Anbieter] hat klare Vorstellungen über die Zukunft des eigenen Unternehmens		
Ich glaube, dass es [Anbieter] gelingt, auch höchst qualifizierte Mitarbeiter für sich zu gewinnen	Attraktivität	
Ich könnte mir gut vorstellen, für [Anbieter] zu arbeiten		
Das gesamte Erscheinungsbild von [Anbieter] (z.B. Logo, Firmengebäude/Filialen, Internet) gefällt mir		
Ich habe den Eindruck, dass sich [Anbieter] gegenüber Wettbewerbern fair verhält	Verantwortung	
Ich habe das Gefühl, dass [Anbieter] nicht nur an den Profit denkt		
[Anbieter] verhält sich gegenüber der Gesellschaft verantwortungsbewusst		
[Anbieter] engagiert sich auch für den Erhalt der Umwelt		

Quelle: Eberl (2006: 224-225).